クルティウス・ルフス
アレクサンドロス大王伝

西洋古典叢書

凡例

一、翻訳にあたっては、H. Bardon による校訂本を底本とした。底本以外の読みを採用する場合には註記した。

Quinte-Curce, Histoires, texte établi et traduit par H.Bardon, 2 vols, Paris: Les Belles Lettres, 1976.

二、本書は全十巻よりなるが、冒頭の第一巻、第二巻が完全に散逸しており、本文は第三巻から始まる（「本文の梗概」「第一巻、第二巻の梗概」は訳者による）。第三巻－第六巻は谷栄一郎、第七巻－第十巻は上村健二が担当した。本文末に関連地図、および巻末に「解説」「固有名詞索引」を収める。

三、本文中のゴシック体漢数字は節番号を表わす。また、〔 〕は原文欠落を推測、要約（または復元）した部分、［ ］は訳者による補足である。

四、ラテン語のカナ表記は次の原則に従った。

(1) ph, th, ch は p, t, c と同音に扱う。

(2) cc, pp, ss, tt は「ッ」で表わす。ただし、ll, rr は「ッ」を省く。

(3) 固有名詞の音引きは省く。ただし、慣例や語感などを考慮してこれに従わない場合もある。

五、本書はラテン語でギリシア・東方の世界を記載したものであり、固有名詞のみならず多くの文物がラテン語で表現されている。翻訳に際しては、可能なかぎりギリシア語に戻したが（例えば、ミネルウァはアテナに、デーナーリウスはドラクマになど）、該当するギリシア語形が不明な場合など一部ラテン語形をそのまま表記した場合もある。

目次

本文の梗概

第三巻

アレクサンドロスは小アジア西部の征服を終え、エウプラテス河畔に軍隊を集結していたダイレイオスとの会戦へと急ぐ。両者はイッソスで会戦、マケドニア軍の密集歩兵隊と騎兵隊は機動性の悪いペルシア軍を粉砕、ダレイオスは戦車から飛び降りて逃走する。

第四巻

ダレイオスはバビュロンに大軍を集結してからアルベラに陣を布く。アレクサンドロスはフェニキアに進軍し、テュロスついでガザの町を包囲、陥落させてからエジプトに向かい、エジプトではゼウス・アンモンの神託を訪れる。アルベラ（ガウガメラ）で両軍激突、ダレイオスは再び敗走させられる。

第五巻

ダレイオスは軍勢を集めるためメディアに出発する。アレクサンドロスはアルベラを取り、ついでバビュロンに入城する。ペルセポリスを占領するが遊女の唆しにより王宮を焼いてしまう。ダレイオスは最後の決戦に備えていたが、将軍たちの陰謀により捕縛される。アレクサンドロスは救援にかけつけるが、王は槍で刺されており、アレクサンドロスに感謝して息をひきとる。

第六巻

アレクサンドロスがアジアで勝利を収めているころ、スパルタ王アギスがマケドニアに対して反乱を起こす。アレクサンドロスが異国の風習を採用したことに多くのマケドニア人が反発する。パルメニオンの息子ピロタスが謀反を計画しているとして告発を受け、死刑を宣告される。

第七巻

アレクサンドロスは陰謀の後始末にパルメニオンを殺害させてからオクソス川を越える。ダレイオスの王位を簒奪したベッソスが捕らえられ、それで平定されたはずのソグディアナが反乱を起こす。アレクサンドロスはタナイス川を渡ってスキュティア人を破り、ソグディアナを取り戻す。

第八巻

アレクサンドロスは、帰順したバクトリアの将オクシュアルテスの娘ロクサネと結婚する。ペルシア式跪拝礼を強制しようとする王に反発した近習の陰謀が発覚、古くからの友カリステネスも処刑される。インドス、ついでヒュダスペス川を渡り、インド人の王ポロスと対戦、これを破る。

第九巻

ヒュパシス川まで進軍したマケドニア軍は疲労を示し、それ以上の行軍を拒む。王はついに方向を転じ、インドス川を下って大洋《オケアノス》に達する。ネアルコスには艦隊を率いて海路で帰国を命じ、自分はケドロシアの大砂漠を通って帰路に着く。

第十巻

アレクサンドロスは腐敗した総督たちを厳しく罰する。バビュロンに入城した王は病気になり、王国を最も優れた者に譲ると言って死ぬ。帝国は王の兄弟のアリダイオスとマケドニアの将軍たちの間で分配される。王の遺体はエジプト風に保存処理され、プトレマイオスによってアレクサンドリアに運ばれる。

アレクサンドロス大王伝

谷 栄一郎
上村健二 訳

第一巻、第二巻の梗概

第三巻までの状勢

マケドニア王ピリッポス二世はコリントス同盟の盟主となり、ペルシア討伐軍の総指揮権を獲得、まず将軍パルメニオンとアッタロスを先遣隊として小アジアに先発させ、自身も遠征に出発しようとしていた矢先にマケドニアの貴族パウサニアスによって暗殺されてしまう。王子アレクサンドロスは軍隊によりマケドニア王に推戴されるが、若輩を侮って北方の蛮族やギリシア諸ポリスが反乱の動きを見せる。しかしアレクサンドロスが軍を率いて南下するや諸都市は服従し、コリントス同盟は更新され、若き王はピリッポスの時と同様に同盟の盟主とされ、ペルシア遠征の総指揮権が与えられる。ところが、アレクサンドロスがイリュリア平定に出撃しているあいだにアレクサンドロス死すという風評が飛び交い、ギリシアのポリスとくにテバイ、アテナイが再び反乱を企てる。テバイはマケドニア駐屯軍を攻撃した。アレクサンドロスは急遽南下、テバイを包囲し、反乱の首謀者の引き渡しを要求するがテバイ側はこれを拒否、マケドニア軍と近隣の反テバイ派のポリスからの連合軍による総攻撃が開始され、テバイは陥落、アレクサンドロスはコリントス同盟会議の決議に従い、テバイの町を徹底的に破壊、生き残った市民は奴隷に売られた。破壊を免れたのは神殿とアレクサンドロスが敬愛するテバイの詩人ピンダロスの家だけであった。反マケドニアの動きを見せ、テバイに武器を送っていたアテナイにもアレクサンドロスは反乱の首謀者の引き渡しを要求したが、アテナイの使節の説得に折れ、将軍カリデモスの追放だけで和解した。カリデモスはペルシアのダレイオスの宮廷に亡命する。再び召集されたコリントス会議でペルシア遠征の出発は半年後の前三三四年春に決められた。老将アンティパトロスとパルメニオンは若き王に、結婚して世継ぎができるまで遠征を延期するよう説得したが、アレクサンドロスは聞き入れなかった。

翌春アレクサンドロスはマケドニアの統治は将軍アンティパトロスにゆだね、マケドニア軍を率いてペラを出発、アンピポリスで同盟軍を加え、ヘレスポントス海峡のセストスに着いた。王は軍の上陸作戦の指揮をパルメニオンに任せ、自分は六〇隻の船を率いてトロアスに渡り、トロイアの古跡を訪れ、敬愛してやまなかった英雄アキレウスの墓に詣でて花冠を捧げた。一方ペルシア側では急遽作戦会議が開かれ、ロドス島出身の将軍メムノンが、ギリシア軍の進路にあるすべての村、穀物を焼却するという焦土作戦を提案したがペルシア人総督たちの採用するところとはならなかった。結局、両軍は小アジア北部のグラニコス川両岸で対峙、しばらくにらみ合いを続けたがまずアレクサンドロスが騎兵隊を率いて渡河を敢行、激しい戦いとなり、王自身も間一髪の危険な目に遭うが、朋友のクレイトスに救われる。結果はギリシア軍の圧勝で、王は戦利品の中からペルシアの甲冑三〇〇領に「ピリッポスの子アレクサンドロスと、スパルタを除くギリシア人がアジアに住む異民族《バルバロイ》から得たもの」という銘を刻んでアテナイのパルテノン神殿に奉納させた。ギリシア軍はリュディアを通って南下、首邑サルデイスに近づくと、リュディア総督のミトレネスが出迎え、町をアレクサンドロスに引き渡した。次いでギリシア軍はエペソスに向かったがこの町も無血開城した。続いてミレトスも開城の予定であったが、救援のペルシア艦隊が近づいているとの報により籠城戦が始まる。しかしアレクサンドロスがペルシア艦隊の給水地を占領することによりペルシア艦隊は退却、ミレトスも攻城機により城壁を破られ、たちまち陥落した。メムノン率いるペルシア軍はハリカルナッソスに拠って抗戦することにした。メムノンは忠誠のしるしとしてここからダレイオスのもとへ妻子を送った。ダレイオスはメムノンに下アジア（小アジア沿海地方）とペルシア全艦隊の指揮権を与えていた。ギリシア軍は攻城機を繰り出し、城壁を崩しにかかったが、ペルシア軍もあるいは城門から出撃し、あるいは城壁から火矢を飛ばして激しく抵抗した。ギリシア人傭兵を率いて華々しく戦っていたアテナイ亡命者のエピアルテスが戦死するに及びペルシア側は劣勢となり、メムノンは城塞に守備隊を残してハリカルナッソスを放棄、エーゲ海のコス島に向かう。アレクサンドロスはプトレマイオスに攻撃を続行させ、本隊は東方へ進軍を続けることにした。まず本隊を二分し、パルメニオンに一隊を率いてサルディスに向かわせ、越冬してから翌春ゴルディオンで合流するよう命じた。一方ペルシア艦隊を率いるメムノンはキオス島とレスボス島を占領し、さらに三〇〇隻の船でギリシア本土に渡って反マケドニア蜂起を引き起こさせようと計画していていたが病死してしまう。

（谷　栄一郎）

第三巻

第一章

一　そうこうしているあいだにアレクサンドロスは、ペロポンネソス半島からギリシア人傭兵を募るためクレアンドロス[1]に軍資金を持たせて出発させ、リュキア[2]とパンピュリア[3]の情勢が落ちつくとケライナイ[4]の町へ軍隊を進めた。二　その頃、町の中央を流れていたのは、ギリシアの詩歌に歌われたマルシュアス川[5]であった。三　その水源は山の頂から流れ出し、下の岩に滝となって落下しては大きな音を響かせている。そこからいくつもの支流に分かれ周りの平野を潤し、他の流れの水を入れることなく、ことのほか透きとおっている。四　それで穏やかな海のような色をしているため、詩人たちの想像をたくましくさせることとなった。実際ニンフたちが川に恋をして、そこの岩に住みついたと言われている。五　さて、川は市壁の中を流れているあいだはマルシュアスという名前を保っているが、城壁の外へ出ると、流れも激しく、水量も豊富になって名前もリュコスと変わる。

六　アレクサンドロスはケライナイの町に入城したが、住民たちはすべて城塞に待避していたので[6]、ただちに城塞の攻撃を始めることにしたが、まず使者を送り、降伏しなければ最悪の結果を招くであろうと警告した。七　住民たちは使者に地形と防壁で固められた城塞の中を案内し、城塞がどれほど高いものかを見せ、防塁の堅固さについてアレクサンドロスと自分たちでは考えが違うということを王に報告するよう言いつけた。自分たちの城塞は難攻不落であり、最後まで死守するつもりであると言い添えた。八　しかし城塞が包囲され、糧食が日に日に逼迫してくるのを見ると、六〇日間の休戦を結び、そのあいだにダレイオスからの救援が来なければ降伏すると約束した。ダレイオスからの救援は来たらず、取り決めてあった日にアレクサンドロスに降伏した。

九　それからアテナイの使者がやって来て、グラニコス川(7)のほとりで捕らえられた捕虜たち(8)を釈放してほしいと懇願した。アレクサンドロスはアテナイの捕虜たちのみならずその他の捕虜も、ペルシアとの戦争が

(1) ポレモクラテスの子、コイノスの兄弟。傭兵を募るためアレクサンドロスにより派遣され、前三三二年の晩春テュロス包囲中のアレクサンドロスのところへ四〇〇〇名のギリシア人傭兵を連れて帰還。

(2) 小アジア南部の地域。

(3) 小アジア南部の地域。リュキアとキリキアのあいだ。

(4) 大プリュギア（小アジア中西部）の首邑。

(5) 大プリュギア（小アジア中西部）の川。マイアンドロス川に流入する。河神マルシュアスはアポロンと歌比べを競い、敗れて皮を剥がれた。彼の血潮からこの川が生じたと言われる。

(6) アリアノス『アレクサンドロス大王東征記』第一巻二九-一によれば、城塞は大プリュギア（小アジア中西部）総督の指揮のもと一〇〇〇人のカリア人守備隊と一〇〇人のギリシア人傭兵によって守られていた。

(7) 小プリュギア（小アジア北西部）の川。イダ山に発し、マルマラ海に注ぐ。アレクサンドロスはここでペルシアの総督たちが率いるペルシア軍を撃破した。

(8) 約二〇〇〇名のギリシア人兵士。

終わり次第祖国に帰還させてやると答えた。一〇　一方、ダレイオスがまだエウプラテス川を渡河していないとの知らせを受けたので、四方から全軍勢を召集し、全力をあげてダレイオスとの決戦を目指した。一一　ちょうどプリュギア[1]を軍隊が通過していた。町が多いというよりはむしろ村が多い国であったが、ここにはミダス王[2]の名高い王宮があった。一二　町の名前はゴルディオン[3]といい、黒海とキリキア海[4]の二つの海のちょうど中央を流れているサンガリオス川[5]がそばを流れていた。一三　この二つの海に挟まれた部分がアジアの最も狭い部分で、いわば隘路を作っている。アジアは大陸につながってはいるが、大部分を海で囲まれており、半島の観を呈している。そしてもしこの部分の妨げがなければ、二つの海は一つになってしまうであろう。

一四　アレクサンドロスは町を支配下に置いたのち、ゼウスの神殿に入った。そこでミダス王の父ゴルディオス[6]が乗っていたという車を見た。卑しい者たちが乗る車とほとんど変わらぬ代物である。一五　ただその車には、互いに絡みあって結び目が見えなくなっている紐で縛られた軛《くびき》がついていた。一六　そのほどくことのできない紐をほどいた者はアジアを支配するであろうという神託が出ていると、住民たちが言いふらしているのを聞いて、王はその神託を成就したいとの願望にとりつかれた。一七　王の回りをプリュギア人の群衆とマケドニア人たちが取り囲んだ。プリュギア人たちは期待に胸を躍らせていたが、マケドニア人たちは王の向こう見ずな自信の結末を心配していた。なにしろ結び目がどこから始まるのか、どこで終わるのか、目で確かめることも推測することもできないように皮紐が堅く結びあわされていたからである。マケドニア人たちは王の試みの失敗が不吉な前兆になりはしないかと恐れた。一八　王は長いあいだ隠れた結び目と格闘したあと、「どうほどこうと、ほどき方は問題ではない」と叫んで、剣を抜いてすべての皮紐を断ち切り、神託を成就したというか、回避したのである。

一九　それから、ダレイオスがどこにいるにせよ、先制攻撃をしかけるためには背後の安全を確保する必要があるため、ヘレスポントスの海岸[7]に配置してある艦隊の指揮をアンポテロスに、陸軍の指揮はヘゲロコロスに任せ[9]、レスボス[10]、キオス[11]、コス島[12]を敵の守備隊から解放するよう命令した。二〇　二人には軍資金として五〇〇タラントン[13]を分け与え、アンティパトロス[14]とギリシアの町を守っている者たちには六〇〇タラン

---

(1) プリュギアは小アジア北西の小プリュギア（ヘレスポントス・プリュギア）を指す場合と小アジア中西部の大プリュギアを指す場合がある。ここでは大プリュギア。
(2) 触れるもの何でも黄金に変わったという神話上の王。
(3) 大プリュギア（小アジア中西部）の古い首邑。
(4) 小アジア南東部の地域。
(5) ゴルディオン付近を流れる川。黒海に注ぐ。
(6) 車に乗ったままゼウスの神殿に入り、神託に従って王として認められた。
(7) エーゲ海とマルマラ海のあいだの、ヨーロッパとアジアを分かつ海峡。現在のダーダネルス海峡。アレクサンドロスは前三三四年、ペルシア遠征のためこの海峡を渡った。
(8) マケドニア艦隊の指揮官。アレクサンドロスが最も信頼する指揮官の一人クラテロスの兄弟。
(9) マケドニアの貴族。アンポテロスとともにヘレスポントスに新しく編成された艦隊の指揮を執った。
(10) エーゲ海北東部の島。
(11) エーゲ海東部の島。
(12) エーゲ海南東部の島。
(13) これはかなりの額。一タラントンは六〇〇〇ドラクマに当たり、傭兵の日給が一ドラクマであった。
(14) ピリッポスの将軍でアレクサンドロス東征に際し、マケドニアの代理統治者として残される。

トンを送った。二一　またヘレスポントス守備のため協定に基づき同盟軍に艦船を徴発した。メムノン(1)が死んだことはまだ知らなかったのである。メムノンが動きださなければすべては順調と、彼への対策だけを考えていたのであった。

二二　さてアレクサンドロスはアンキュラ(2)の町に到着、兵員の点検を行なってからパプラゴニア(3)に入った。ヘネティ族(4)の地がこれに続くが、イタリアのウェネティ族(5)はこのヘネティ族に起源を持つと考える人もいる。

二三　これらのすべての地方は王に服従し、人質を差し出して、ペルシア人にも支払っていなかった貢税だけは免除してほしいと願い出て、許された。二四　カラス(6)をこの地の指揮官とし、王自身はマケドニアから到着したばかりの兵士たちを加え、カッパドキア(7)を目指した。

第二章

一　一方、ダレイオスのほうはメムノン死すの知らせを聞くと大いに驚き、他のすべての期待は捨て、自ら決戦することに決めた。実際、多くの者には配慮が、すべての者には幸運が欠けていたと考え、部下を通してやらせたことのすべてを叱責した。二　それから陣営をバビュロンの近くに置き、部下たちの戦意をいっそう高めるため全軍を閲兵することにした。一万の兵士が入るだけの防御柵を回りに巡らしてからクセルクセス(8)の例に倣って全軍勢の数を数えることにした。三　日の出から日没まで全軍が順番に防御柵の中に入場した。そこから出発した騎兵と歩兵の数えきれない軍勢がメソポタミアの平原に展開し、実際の数以上に巨大な軍隊の観を呈した。**四**　ペルシア人は一〇万人であった。そのうち騎兵が三万を占めていた。メディア人[9]は騎兵一万、歩兵五万であった。**五**　バルカニ族[10]の騎兵は二〇〇〇、両刃の斧と皮の盾ケートラ[11]とよく似た軽い盾で武装していた。この騎兵隊に同様に武装した一万の歩兵が続いた。**六**　アルメニア人[12]たちは四万の歩兵と七〇〇〇の騎兵を派遣した。ヒュルカニア人[13]たちは当地の民族のあいだでは優秀な騎兵を六〇〇〇、これにタプロイ族[14]の騎兵が一〇〇〇人加わった。**七**　デルビケス族[15]は四万の歩兵を武装させた。大部分

(1) ロドス人。ダレイオスに仕え、グラニコス川の戦いではギリシア人傭兵隊を指揮、その後、ペルシア艦隊を率いてキオス、レスボス島を占領、ギリシア本土への戦線拡大を図ったが、病死する。

(2) 現在のトルコの首都アンカラ。

(3) 黒海南岸、小アジア北部の地域。

(4) リウィウス、ウェルギリウスによれば北イタリアに定住したウェネティ族はこのヘネティ（ヘネトイ）族に由来するという。

(5) 現在のヴェネツィア（ベニス）一帯に住んでいた民族。

(6) パルメニオンとともに先遣隊指揮官として先に小アジアに渡り、ペルシア軍と戦う。アレクサンドロスの遠征開始後はテッサリア騎兵隊を指揮。

(7) 小アジア東部、キリキアと黒海のあいだの地域。

(8) 前四八〇年にギリシアに侵攻した（第二次ペルシア戦争）ペルシア王。侵攻に先立ち、トラキアのドリスコスで参加兵士の数を数え上げた。

(9) カスピ海の南側、現在のイラン北西の地域。

(10) カスピ海南東岸の部族。

(11) イベリア人たちが使っていた皮の盾。

(12) イラン北西の地域。

(13) カスピ海南東の一地方。

(14) ヒュルカニアの一部族。

(15) カスピ海東岸の部族。この箇所はテクストが損なわれている。フォスの推定に従う。

の者は青銅もしくは鉄の先の槍を持っており、なかには木の槍の先を火で固くしただけの者もいた。この歩兵に同部族の二〇〇〇の騎兵が続いた。八　カスピ海からは八〇〇〇の歩兵、二〇〇の騎兵がやって来た。そのほかに名の知られざる部族から二〇〇〇の歩兵、四〇〇〇の騎兵が用意された。九　これにギリシア人の若い傭兵三万が加わった。バクトリア人(1)、ソグディアナ人(2)、その他の紅海の住民(3)、王自身も知らない名前の諸部族については、徴兵が急であったため召集が間に合わなかった。一〇　軍勢の数だけは十分すぎるほどであった。

　この軍隊の壮観さに喜び、かつ廷臣のお決まりの追従に気をよくしたダレイオスは、アテナイから亡命してきていた軍事顧問のカリデモス(4)に向かって、この軍勢は敵を倒すのに十分であるか尋ねたのである。このカリデモスという男はアレクサンドロスの命令で祖国を追放されたので、アレクサンドロスを憎んでいた。一一　ところがカリデモスのほうは自分の境遇と王の傲慢さを忘れ、次のように答えたのである。「王はあるいは真実を聞くことを望まれないかもしれませんが、今わたしが真実を語るのでなければ、あとで語っても無意味になってしまうのです。一二　この大軍の装備、これだけの数の民族、全オリエントから駆り集めたこれだけの大軍勢は近隣の諸部族にはたしかに恐るべきものとなりましょう。紫衣と黄金に輝き、武具と装身具の輝きはそれを実際に目にしなかった者にはとても想像できないものです。一三　しかし戦うマケドニア人たちは粗野で獰猛ではありますが、盾と投槍により人間たちの不動の楔《くさび》と密集した塊《かたまり》を守っています。この歩兵の堅固な隊形を密集歩兵隊形《パランクス》(5)と呼んでおり、兵士と兵士、武具と武具が密接に組み合わされております。兵士たちは命ずる者の指図を待ち、軍旗のあとに従い、戦列を守ることを学んでおります。命じられたことに全員が従う用意があります。一四　停止、迂回、両翼への移動、隊形変更等に兵士たちは指揮官以上に熟練しております。

一五　しかも金や銀への熱望にとらわれているどころか、貧困を教師として規律が維持されているのでございます。疲れた者たちには地面が寝床であり、手に入れた食物が腹を満たしてくれ、睡眠の時間は夜の時間より短いのです。一六　今やテッサリア(6)やアカルナニア(7)、アイトリア(8)の騎兵が、戦争において不敗の部族たちとはいえ、わたしが思うに、投石器と火で硬くした槍によって撃退されるでありましょう。今や同じような強靭さが必要であります。彼らを生んだ同じ土地に援軍を求めなくてはなりません。陛下のその金と銀を兵士を雇うために送られますように」。一七　ダレイオスは穏やかで扱いやすい性格であったのだが、運

(1) 現在のアフガニスタン北部、オクソス川とヒンドゥー・クシ山脈のあいだの地域。
(2) アラル海南東、オクソス川とヤクサルテス（タナイス）川のあいだの地域。現在のウズベク共和国のあたり。
(3) ここでは現在のインド洋を指す。他の箇所ではペルシア湾を指すこともある。
(4) アテナイの将軍。アレクサンドロスにより追法令を受け、ペルシアに亡命、ペルシア側傭兵隊長となる。
(5) それまでのギリシアの歩兵は左手に大きな盾、右手に槍を持っていた。槍は主として投げる武器（投槍）で、それほど長いものではなかった。アレクサンドロスの父ピリッポスはその約二倍の六メートル近い長槍を両手で持たせ、大きな盾の代わりに小さな丸い盾を首から吊るして体の防御とした。このような歩兵が密集した方陣を組むことにより強大な破壊力が生まれた。
(6) マケドニアの南方、ギリシア北部の地域。
(7) ギリシア西部のイオニア海に面した地方。
(8) ギリシア中西部の地域。

命の女神はしばしば生まれつきの性格をゆがめてしまうものである。かくて真実に耐えきれなくなった王は、そのとき最も有益なことを忠告していた嘆願者で客人を処刑のため引っ立てるように命じた。一八　カリデモスはその時でさえも歯に衣《きぬ》を着せぬ言い方をやめずに叫んだ。「わたしの死に対して復讐者が用意されております。わたしの忠告が聞き届けられなかった罰を加えるのは、わたしが陛下にその対抗法を忠告申し上げたまさにその相手なのです。陛下は王権に驕りすっかり変わられてしまいました。これでは後世の人々に、人は幸運に身をゆだねてしまうと自分の本性まで忘れてしまうというよい見本になることでありましょう」。ギリシア人はこのように叫んだが、臣下の者たちは命じられたとおりに男の首を切り取った。一九　やがて王は後悔し、彼の言ったことは正しかったと認め、彼を埋葬するように命じた。

第三章

一　メントル(1)の子でテュモデス(2)という元気のいい若者がいた。彼はあらゆる外国人の用兵をパルナバゾス(3)から受け取るようにと、王から命令を受けていた。王は外国人兵士に大いに望みを託し、戦争においては彼らの力を借りようと考えていたのである。パルナバゾスにはメムノンが持っていた権限を与えることにした。

二　現実の差し迫った心配事のほかに、ダレイオスは降りかかる災いを暗示する夢にも悩まされた。それは心が病んでいるためかもしれず、未来を予知する夢かもしれなかった。三　まずアレクサンドロスの陣営が大きな火で輝くのが見え、次いでダレイオスがかつて身につけていたのと同じ服装で彼の前に現われ、さらに馬に乗ってバビュロニア(4)に進んでから突然その馬もろとも見えなくなったのである。四　この夢見に対し占い師たちはさまざまな解釈を下して王を悩ませた。ある者は、敵の陣営が燃え上がったこと、またアレクサンドロスが王の衣を捨て、ペルシアの民の服を着て連れてこられるのを見たのであるから王にとって吉夢であると言い、それに対しある者は、反対の解釈をした。五　それによれば、マケドニアの陣営が輝いたのはアレクサンドロスにとって光輝を示す予兆であり、彼がペルシアの服をまとっていたのは、疑いもなく彼がアジアの王権を掌握することを意味している。ダレイオス自身、王と宣言されたとき同じ服装をしていたからである。六　このような場合によくあることだが、不安に駆られた占い師は昔の予兆のことまで思い出していた。ダレイオスは治世の初めに、短剣(5)の鞘をギリシア人が使っている鞘の形に変更するよう命じたのであるが、そのときカルデア人(6)たちがペルシア人たちの帝国はその武器を模倣する者たちの手に移るであろうと予言したことがあったからである。七　ともあれ、王は一般に流布している占い師の解釈と夢で見たことに満足し、陣営をエウプラテス川に向かって進めるよう命じた。
八　ペルシア人たちの父祖の慣例では、日が昇って初めて行進を始めることになっていた。日がすでに明

(1) メムノンの兄、ペルシア側傭兵隊長となる。
(2) アリアノス『アレクサンドロス大王東征記』ではテュモンダス。メントルの子で、メムノンの甥。イッソスの戦いで傭兵隊を指揮。
(3) ペルシア側海軍提督。メムノンの甥。メムノンの死後エーゲ海艦隊の最高指揮権を得る。
(4) バビュロン（バビロン）を中心に成立した地域。
(5) 原語は acinaces。ペルシア人が使っていた短剣。
(6) バビュロニアの神官。卜占術で名高い。

るくなった頃、王の幕舎からラッパで出発の合図がなされた。王の幕舎の上には、周りのすべての者から見えるように、水晶の中に嵌《は》め込まれた太陽の像(1)がまばゆく輝いていた。九　王の行軍隊列は次のようであった。まず、ペルシア人たちが神聖にして永遠なるものと呼んでいる火が銀の祭壇にのせられて運ばれた。一〇　マゴス僧(2)たちがそれに続き祖国の讃歌を歌った。マゴス僧たちの次に、一年の日数と同じ三六五人の緋色のマントを着た若者が続いた。ペルシア人のあいだでも一年は三六五日に分けられていたからである。一一　続いてゼウス神(3)に捧げられた車を白い馬が引いた。これにひときわ背の高い「太陽神の馬」といわれる馬が続いた。黄金の鞭と白の衣装が御者たちを飾っていた。一二　そこから遠くないところに、多くの黄金と銀の浮き彫りをほどこした一〇輌の戦車が続いた。一三　これに一二の民族からなるさまざまな武具と風俗の騎兵隊が続いた。

　続いてペルシア人たちが「不死部隊(4)」と呼ぶ一万の部隊が進んだ。とりわけこの部隊は異国の華美という点で際立っていた。彼らは黄金の首飾り、金の刺繍をほどこし、宝石で飾られた袖のある外套を身につけていた。一四　そこからわずかの距離を置いて、「王の血族(5)」と呼ばれる一万五〇〇〇の部隊が進んだ。この部隊はほとんど女性かとも思われる服装をしていたが、武具の優雅さというよりむしろその豪華さで際立っていた。一五　これに続く部隊は「槍持ち」と呼ばれ、王の衣装の運搬を担当していた。この部隊のあとに王を乗せた御車が進んだが、王の存在はひときわ目立つものであった。一六　御車の両側を金と銀で作られた神々の像が飾っていた。軛《くびき》には宝石がちりばめられていたが、その上には一腕尺《ペーキュス》(6)の大きさの二体の黄金の像が輝いており、その一つはニノス(7)の像であり、もう一つはベロス(8)のものであった。これらのあいだに、翼を広げているかに見える黄金の鷲(9)が置かれ、崇拝の対象となっていた。一七　王のいでたちはとりわけ豪華さで際立っていた。紫のトゥニカ(10)の中央に銀が縫い込まれており、金の刺繍の外套を二羽の金の鷹が飾っていたが、それはあたかもくちばしで互いに争っているかのようであった。一八　王はまた女のように黄金の帯をつけており、そこから短刀がぶら下がっており、その鞘は宝石でできていた。一九　王の頭飾りをペルシア人たちはキダリスと呼んでいた。それは白の線が入った青のリボンで結ばれていた。二〇　一万の投槍兵の戦車が続いた。銀で美しく飾られた槍を持ち、その槍先は黄金であった。二一　王の右手と左手には約二〇〇名の最も高貴な近親者がつき従っていた。この隊列のしんがりを三万の歩兵が務め、これに四〇〇頭の王の馬が続いた。

(1) 太陽はペルシア人たちにより神（ミトラ神）として崇拝されていた。
(2) ゾロアスター教の祭祀を司る神官。
(3) ペルシア人の神アフラマズダ。
(4) 欠員ができるとただちに補充されたので「不死」と言われた。
(5) 実際に王と血縁があったわけではなく、名誉の称号であった。
(6) ラテン語原文ではクビトゥム（ローマの長さの単位。ギリシアのペーキュスに相当する）。一腕尺《ペーキュス》は約四五センチメートル。
(7) アッシリア王朝の創設者とされる。
(8) バビュロニアの最高神。
(9) ペルシアの王権の象徴であった。
(10) 肌の上に直接着る半袖もしくは袖なしの衣服。

二二　そこから一スタディオン(1)の距離を置いてダレイオスの母シシガンビス(2)の車が進み、別の車には妻(3)が乗っていた。両者につき従う女官たちは馬に乗っていた。二三　さらにアルママクサスと呼ばれる車(4)一五輛が続き、それには王子たちや王子たちを教育する女官たち、そしてかの民族にあっては決して卑しくない宦官の群れが乗っていた。二四　それから王の妾たち三六〇人が続き、彼女たちも王侯並みの衣装、飾りをしていた。そのあとに六〇〇頭の騾馬《らば》と三〇〇頭の駱駝が王の貨幣を運び、弓兵の護衛がついていた。二五　この隊列に続いて王の近親者や友人の妻、次いで従軍商人、従者が進んだ。しんがりを務めたのが軽装歩兵で、それぞれ隊列を指揮する指揮官がついていた。

二六　これに対し、もし誰かがマケドニアの行進隊形を見るならばまったく違った印象を覚える。そこでは馬も人も黄金や色とりどりの衣装によってではなく、鉄と青銅で輝いているのを見るのである。二七　隊列はいつでも停止もしくは行進の用意ができており、運ぶ荷物のため動きにくいことはなく、指揮官の合図のみならず、うなずきにもよく注意している。そうして陣営を選ぶにも苦労せず、軍隊の糧食も十分であった。二八　かくて戦闘においてアレクサンドロスは兵士に不足せず、あれほどの大軍を率いる王であるダレイオスは敵の数の少なさを軽蔑していたにもかかわらず、戦場の狭さのため少ない数で戦うことになったのである。

第四章

一　一方アレクサンドロスは、アビスタメネス[5]にカッパドキアの指揮をゆだね、全軍勢を率いてキリキアを目指し、キュロスの陣営と呼ばれている地方に到着していた。かつてキュロス[6]がリュディア[7]のクロイソス[8]に対して出陣したとき、そこに駐留陣営を築いたところである。二　その地はキリキアに通じる入り口から五〇スタディオン離れている。その非常に狭くなった入り口を住民はキリキアの門と呼んでいるが、それは人間が作る防塁を自然が模した天然の要害である。三　それでキリキアの指揮官となっていたアルサメス[9]は戦争の初めにメムノンが言ったことを思い返し、かつては有益であった計画を遅くなって実行することに決めた。すなわち、敵に荒廃の地を残すためキリキアを火と剣で荒廃させたのである。役に立つようなものが

(1) ギリシアの長さの単位。一スタディオンは約一八五メートル。
(2) ダレイオス二世の息子オスタネスの娘で、ダレイオス三世の母親。
(3) スタテイラ。ダレイオスの妹でもあった。アジアで最も美しい女性と言われていた。
(4) 有蓋馬車で、とくに婦女子の運搬に使われた。
(5) ペルシア人と思われるが不詳。
(6) アケメネス朝ペルシアの創建者。リュディアを併合する。
(7) 小アジア西部の地域。
(8) リュディアの王。その膨大な富はギリシア人のあいだで伝説となった。
(9) キリキア総督。

あればことごとく破壊し、守ることができない地は不毛で何もない地として残そうとした。

四　しかしキリキアに通じる隘路を強力な守備隊で先取りし、道路を好都合に見下ろす尾根を占拠して、下から近づいてくる敵を妨害したり、粉砕できるようにしたほうがずっと有益であったろう。**五**　そんなわけで山道を守備する少数の兵を残しただけで自分は後方に退き、敵による荒廃から防ぐべき務めがありながら、その地を荒廃させてしまったのである。かくて、残された者たちは自分たちは裏切られたと思い、もっと少数でもその場を守りぬくことができたにもかかわらず、敵を見るだけでも耐えられなかった。**六**　というのも、キリキアは途切れることなく続く、険しく切り立った山脈に囲まれている。それは海から隆起し、いわば一種の湾のように湾曲し、再び別の端で別の海岸に続くのである。

七　この山脈で海から最も内陸へ隔たったところに、険しく非常に狭い入り口が三つあり、キリキアに入るにはその中の一つを通らなければならない。**八**　海に迫っているところは平たくなっていて、平原を多くの川が走っているが、その中でもピュラモスとキュドノス[1]は名高い川である。キュドノス川は水の広がりではなく水の色で有名である。実際、水源から緩やかな傾斜で流れ出し、汚れのない土壌の上に注ぎ、静かに流れる水を汚してしまう急流が流入することもない。**九**　それで汚されることなく、同時に冷たくて美しい川岸の影を受けて非常に冷たく、どこまでももとの水源と同じ状態のまま海に注ぐのである。**一〇**　その地方には歌に詠まれた多くの名所があったが、時の経過のために消えてしまった。リュルネソスとテベ[2]の町の跡は残っている。テュポン[3]の洞窟やサフランが生えるコリュコス[4]の聖林もあるが、その他のものは名ばかりで何も残っていない。

一一　アレクサンドロスは「門」と呼ばれている隘路に入った。王はその場所の地形を眺めて、この時ほど自分の幸運に驚いたことはなかったと言われる。近づいてくる者を追い払おうとする者がいたならば岩だけでも粉砕されたであろうと自ら語っている。一二　道は武装兵士四人が横に並んでかろうじて通れるものであった。狭くて、たいていは険しい道を山の麓から湧き出た小川がしばしば横切っており、上からは山の尾根が迫っていた。一三　アレクサンドロスはそれでも軽武装したトラキア兵たちを先行させて道を偵察させ、隠れた敵が近づいてくる者に襲いかかってくることがないように警戒した。弓兵の部隊も尾根を確保した。彼らは行進するのではなく戦闘を始めるのだと警告を受け、弓を張ったまま進んだ。一四　このようにして軍はタルソス(5)の町に到着した。まさにその時ペルシア人たちは、敵が豊かな町を手にすることがないようにと火を放っていた。アレクサンドロスは火事を消し止めるためパルメニオン(6)に軽装歩兵の一隊を連れて先発させたが、異民族《バルバロイ》が自軍の到着により潰走させられたというのを聞き、自分の手により守られた町に入

(1) ピュラモスは小アジア東部の川。キュドノスはキリキア地方の川。どちらもキリキアのイッソス湾に注ぐ。
(2) リュルネソスはアキレウスの愛人ブリセイスの故郷。テベはクリュセイスの故郷。正確には両市はキリキアにはなく、トロアスのキリキア人居住地域にあった。
(3) 一〇〇の頭を持つ神話上の怪物。ゼウスに挑戦するが雷撃を受け、山の下敷きになる。
(4) キリキアの町。自生のサフランで有名であったらしい。
(5) キリキア地方の首邑。のち、聖パウロが生まれたことで有名。
(6) 前王ピリッポス二世以来の重臣で、アレクサンドロスの遠征における副司令官格。ピロタスの陰謀事件により疑惑を受け、暗殺されることになる。

城した。

第五章

一　キュドノス川については少し前に述べたが、メディアを貫流しており、この時は夏でとくにキリキアの沿岸部はうだるような熱気に覆われ、しかも一日で最も熱い時間帯であった。二　ほこりと汗にまみれていた王は熱くなった体を川の水で洗いたくなった。それで全軍勢が見ている前で――簡素な「身だしなみ」に満足しているということを部下に示すことは王たるにふさわしいことと考えていたからであるが――服を脱いで、川の中に入った。三　しかし川の中に入るや体が硬直しはじめ、真っ青になり、ほぼ全身から血の気が引いた。四　息絶えたかに思われた王を召使の者たちが抱きかかえ、急ぎ幕舎へ運んだがほとんど意識がなかった。

陣営中に大変な動揺と嘆きが広がった。五　あらゆる時代を通じて最も輝かしい王が偉業半ばにして、戦場ではなく、敵に負かされるでもなく、体を水で洗っているあいだに自分たちから奪われ、息絶えてしまった、六　敵を見ないうちから勝者となったダレイオスが迫っている、自分たちは勝ち誇って進んだ同じ土地を再び引き返さなければならない、しかしすべての土地は自分たちか敵軍によって荒廃させられてしまった、たとえ追跡する者が誰もいないにしても、広大な砂漠を行進するうちに食料不足のため飢えでやられてしまう、七　逃走する者に誰が合図を与えてくれるのか、アレクサンドロスの後継となるものが誰かいるであろうか、さらにたとえヘレスポントス(1)にたどり着いたにしても、海峡を渡るための艦隊を誰が用意してくれるであろうかと言って嘆いたのである。八　また自分たちのことを忘れ、王自身を哀れみ、あの若さの盛りで、あの強靭な精神の持ち主にして、戦友でもある王が自分たちから取り上げられ、さらわれようとしていると嘆いたのであった。

九　そうこうしているあいだに、息が少し楽になり、王は眼を上に向け、少しずつ意識も回復し、回りにいる朋友(2)たちを認めることができるようになった。病の重さに気づくようになったということだけでも病状が緩和したことが見てとれた。一〇　しかし、ダレイオスが五日後にはキリキアに到着の予定であると聞かされて、心の苦しみが体の苦しみに加わった。自分は縛られて敵に引き渡され、これほど大きな勝利が自分の手から取り上げられ、幕舎で人知れず、不名誉に死んでいかなければならないと言って嘆いた。一一　それで友人たちと医者たちを集めて次のように言った。「運命の女神がわたしをどのような状況に置いているか、諸君はわかっていよう。敵の武器の音が今にも聞こえるようだ。わたしのほうから戦争をしかけたのに、今やわたしが戦争の挑発を受けているのだ。一二　ダレイオスがわたしに傲慢な手紙(3)を送ってきたとき、わ

(1) 本巻第一章一九参照。
(2) 原語 amici は「友人たち」を意味するが、アレクサンドロスの周辺を指す場合はとくに王のそばにあって国政に参与する重要な近臣団を指すことが多いので、そのときは「朋友」という訳語をあてておく。
(3) この手紙については失われた第二巻に言及されていたと思われる。

たしの幸運を考慮していた。しかし、わたしの思いどおりの治療が行なわれるのでなければ、それも空しい。一三　この緊急の時にゆっくりした治療、ぐずぐずした医者は必要ではない。ゆっくりと回復するぐらいならひと思いに死んだほうがましなくらいだ。医者たちにいくらかでも役に立つ技術があるのならば、わたしが死に対する治療法を求めているのではなく、戦争をやるだけの力を求めているのだということを承知しておけ」。

一四　王が治療にあまりにも性急なため、すべての者が大いなる不安に襲われた。かくて、事を急ぐことによって危険を増すことがないように、医者たちにすべてをゆだねるようにと各自が懇願に務めた。一五「敵が大金で王の殺害を側近の者たちにまで持ちかけているときに、まだ試したことがない治療法など自分たちには疑わしいかぎりである」と。一六　それというのもダレイオスは、アレクサンドロスを殺した者には一〇〇〇タラントンを与えると触れさせていたからである。それゆえ、新奇さゆえに疑いをかけられそうな治療を試みる者は誰もいないであろうと思われたのであった。

第六章

一　マケドニアから王につき従ってきた高貴な医者たちの中にアカルナニア(1)出身のピリッポス(2)という者がおり、王に大いに信頼されていた。王が少年の時から友としてまた護衛として与えられ、アレクサンドロスを王として敬愛しただけではなく里親が里子を慈しむように王を愛していた。二　彼は即効ではないが強力な薬を調合し、それほどの病勢をその薬剤によって軽減することができると保証した。三　しかしそんな保証を信用したのは生死の危機にある王だけであった。アレクサンドロスにとって何より我慢ができないのは時間の遅れであった。武具と戦列がつねに彼のまぶたに浮かび、もし軍旗の前に立つことさえできれば勝利は疑いないと考え、三日目に薬を飲むこと——医師がそう決めていたのであるが——をしぶしぶ承知したのであった。

四　その三日間が過ぎる前に、最も信頼されている高官の一人パルメニオンから書簡が届いた。それには、身の安全をピリッポスにゆだねるべきではない、彼はダレイオスから一〇〇〇タラントンと王女との結婚の約束で買収されていると書かれていた。五　手紙の内容は王を激しく悩ませた。希望と恐れのそれぞれが示唆するかぎりのことを、ひとり思案した。六　もし毒が盛られているのであれば、どのようなことが起きようと、それは起こって当然だと思われないようにわたしは飲むことに固執しなければならぬのか。医者の信義を疑うべきなのか。そうすると幕舎で倒されることを許すのか。しかし、他人のたくらみによって死んでもよいが、断じてわたしの恐怖心による死であってはならぬ。七　長いあいだいずれに解釈すべきか思案したのち、手紙の内容は誰にも知らさず、自分の指輪の印章で封をしてから自分が横たわっている枕元へそれを置いた。

八　このように思案に明け暮れた二日が過ぎ、侍医ピリッポスが指定していた三日目の日が明けた。そう

（1）本巻第二章一六参照。

（2）アレクサンドロスの幼少時から侍医を務める。

して侍医が薬を溶かした杯を手に、幕舎に入ってきた。九　アレクサンドロスはそれを見ると、ベッドの上で体を起こし、パルメニオンから送られた手紙を左手に持ったまま右手で杯を受け取り、恐れずに飲み干した。それからピリッポスに手紙を読むように命じ、読んでいる侍医の顔から目をそらさなかった。その顔から何らかの良心のとまどいを読み取ることができないかと考えてのことであった。一〇　ピリッポスは手紙を最後まで読み終えると、恐怖というより怒りの表情を示し、外套と手紙を床の前に投げ出して言った。「王よ、わが命はつねにあなたの胸しだいなのですが、とくに今は、あなたの神聖にして敬うべきお口にかかっております。一一　わたしにかけられた暗殺の嫌疑はあなたの病気が治ることにより雲散霧消することでしょう。わたしによって救われたあなたの命が、わたしの命を救ってくださるのです。さあ、恐怖を振り払って、薬が体に行き渡るままにされるようお願いします。忠実ではあるが気を使いすぎる側近たちによって不都合な不安をかき立てられましたが、どうかしばらくのあいだ心をお静めください」。

この言葉はアレクサンドロスを安心させたばかりか、王を希望で明るく満たしたのである。一二　王はそれに答えて言った。「ピリッポスよ、もしわたしの心を試す方法で最もおまえが望む方法を神々がおまえにお許しになったとしたら、間違いなくおまえは別の方法を選んだことであろう。しかし、おまえが試みたこの方法より優れた方法は願いもしなかったであろう。わたしはこのような手紙を受け取ったがおまえが調合した薬を飲んだ。今は、よいか、わたしの病の回復に劣らずおまえの嫌疑が晴れることを望んでいる」。王はこう言って、ピリッポスに右手を差し出した。一三　しかしながら薬の作用は強力で、その経過を見れば、パルメニオンの告発を補強する結果となった。呼吸が苦しくなった。一四　ピリッポスはありとあらゆる処方を行なった。体には湿布を当て、意識が弱くなっていくとある時は食べ物の匂いで、ある時は葡萄酒の匂いで息を吹き返させようとした。一五　そうして、ひとたび意識が戻るやある時は母親や姉妹のことを、ある時は近づく勝利のことをたえず思い起こさせたのであった。一六　薬が体中の血管に行き渡り、全身に生気が回復しだすと、まず精神ついで肉体が予想以上に早くもとの力を回復したのである。実際、三日間このような状態が続いたあと、王は兵士たちの前に現われた。

一七　兵士たちは、王に劣らずピリッポスに対し熱い視線を注いだ。兵士ひとりひとりが彼の右手を握り締め、あたかも現前する神のように感謝の意を示したのである。それというのも、かの民族には自分たちの王に対する生まれつきの崇敬があったが、とりわけこの王に対してどれほどの敬慕があり、どれほど熱愛していたかほとんど言いがたいほどである。一八　まずもって彼が取りかかるすべてのことに神々の援助がはたらいていると思われた。いたるところに幸運がつき従うので、無謀な企てさえ栄光に変わったのであった。一九　これほどの大事業には本来ならとても無理と考えられる年(1)ではあったが、その年齢が十分すぎるものであることが実証されるにおよび、それは彼のあらゆる偉業を高貴なものとした。そうして、普通の人々には取るに足らぬことと思われがちなことでさえ、兵士たちにとっては多くの場合いっそう喜ばれる結果となった。たとえば、兵士たちのあいだで体の鍛錬をしたり、一般の兵士とほとんど変わらぬ服装や立ち居振る舞い、戦士としてのたくましさなど、二〇　それが生まれつきのものであったかあるいは意図して習得した

(1) ペルシア遠征に出発するときアレクサンドロスは二二歳であった。

ものであったかはともかく、そうしたものは王を兵士たちに敬われると同時に愛されるものとしていたのであった。

第七章

一　一方ダレイオスはアレクサンドロス急病の知らせを聞くと、大軍勢としては可能なかぎり全速力でエウプラテス川に急行し、いくつもの橋で川を渡れるようにして五日目にようやく渡河し、キリキアを先に占拠せんと急いだ。二　すでに体力を回復していたアレクサンドロスのほうはソロイ(1)の町に到着していた。町の攻略が終わると、罰金の名目で二〇〇タラントンの金を徴収し、城塞には兵士の守備隊を置いた。三　それから平癒祈願のための願掛けに従い競技を執り行ない、兵士たちに休息を与え、どれほどの自信を持って異民族《バルバロイ》たちを見下しているか示した。実際、アスクレピオス(2)とアテナ(3)に競技(4)を奉納したのである。四　試合を見物しているアレクサンドロスに、ハリカルナッソス(5)にてペルシア軍が自軍により敗北させられたこと、ならびにミュンドス(6)とカウノス(7)などその地域の大部分がマケドニアの支配下に入ったといううれしい知らせが届いた。

五　このようにして奉納競技を終えてから陣営を動かし、ピュラモス川に橋を架けてマロス(8)に到着、そこからもう一度の陣営移動でカスタバロン(9)に着いた。六　そこでパルメニオンが王を迎えた。パルメニオンは、イッソス(10)という町に通じる隘路を探索しておくため先発させられていたのである。七　彼は隘路を占領し、小規模の守備隊を置いてから、異民族《バルバロイ》の者たちが退去したイッソスもすでに占拠してしまっていた。そこからさらに進み、山の奥のほうを守っていた者たちを蹴散らし、守備隊を置いてすべてを固め、すでに述べたように進路を確保し、自らやり終えたことの報告者となったのである。

八 それから王は部隊をイッソスへと移動した。そこで会議を開き、さらに進むべきか、それともマケドニアから来援することになっている新兵士を待つべきか議論となったが、パルメニオンはそこ以上に戦いにふさわしい場所はないと意見を述べた。**九** 「何となれば、そこでは隘路が多数の進軍を阻んでいるため、両者の兵力が伯仲するのです。平地は包囲され、挟撃により圧倒される恐れがあるため、わが軍は避けるべきであります。敵軍の武勇によってではなく、わが軍の疲労のため敗北するのではないかと恐れるのです。広く展開することになれば、次から次と新たなペルシア勢が駆けつけることでしょう」。**一〇** 分別あるこ

(1) キリキア西部の町。
(2) 医術の神。アポロンの子とされる。アレクサンドロスは自分の健康回復に対する感謝を捧げたわけである。
(3) 知恵、芸術、学芸、戦争の女神。
(4) 松明競走や体育、音楽の競技を催したという(アリアノス『アレクサンドロス大王東征記』第二巻五-八)。
(5) カリア(小アジア南西部の地域)の都市。
(6) カリア(小アジア南西部の地域)の都市。
(7) カリア(小アジア南西部の地域)南東の港町。
(8) キリキアの町。
(9) カスタバラともいう。キリキアの町。
(10) シリアとの国境に近いキリキア最果ての町。アレクサンドロスがダレイオスを破った場所として以後有名。ポンペイ出土の有名な壁画はこの地での両雄の激戦を描いたものとされる。

の作戦はすぐさま採用されることとなり、山間の隘路で敵を待つことが決められた。

一一　王の軍隊の中にペルシア人シセネス[1]なるものがいた。かつてエジプト総督のところからピリッポス[2]のもとへ派遣されたが、さまざまな褒賞、名誉を受け祖国を捨ててマケドニアにとどまることになった。このたびのアレクサンドロスのアジア遠征にもつき従い、信頼すべき側近の一人に数えられていた。一二　この男に、あるクレタの兵士が指輪で封印した書簡を届けた。それはシセネスが知らない封印であった。ダレイオスの総督ナバルザネス[3]が、彼に高貴な身分と血筋にふさわしい行為をするよう勧めるものであった。そうすれば、大王のもとで大いなる名誉を得るであろうというのである。一三　シセネスとしては裏切るつもりはなかったのでその書簡をアレクサンドロスのもとへ届けようとしばしば試みたのではあるが、王が戦争のための多くの準備と配慮に忙殺されているのを見て、適当な時期を待っているあいだに謀反の意図ありとの疑いを抱かせるに至った。一四　何となれば一通の手紙が彼のもとに届く前にアレクサンドロスの手に入り、王はそれを読んでから、再び知られていない指輪の封印をしてシセネスに届けさせ、この異民族《バルバロイ》の男の信義を試そうとしたのである。一五　それから数日シセネスは王のところへ来なかったため、反逆の意図を持って通報しなかったと見なされ、行軍中クレタ兵たちによって殺害された。それが王の命令であったことはほぼ確かである。

第八章

一　一番の、いやほとんど唯一の希望である、テュモデスがパルナバゾスから受け取っていたギリシア人部隊(4)が、今やダレイオスのもとに到着していた。二　彼らは、後方に退きメソポタミアの広い平原を目指すようにダレイオスに強く勧めた。大王がもしその戦略を非とするなら、せめて無数の軍勢を分割するように、そして王国の全勢力が運命の一撃で総崩れになるというようなことは避けるようにと説いた(5)。三　この計画は大王にはまずまずであったが、廷臣たちにはことのほか不興であった。「彼らの信義は金しだいのもので、安心できず、たえず裏切りの恐れがあり、彼らが軍勢を分けたいというのも、彼らがばらばらの方向に配置されれば、自分たちにゆだねられたものをそっくりアレクサンドロスに引き渡すつもりでいるからだ。**四**　このような連中は全軍隊で取り囲み、投槍(6)を浴びせるに如くはない、そうすれば、裏切り者はただではすま

(1) シシネスとも。ペルシア人。アリアノス『アレクサンドロス大王東征記』にこの話はない。
(2) アレクサンドロスの父ピリッポス二世のこと。
(3) ダレイオスのもとで千人隊長(キリアルコス)を務めていた。
(4) 本巻第三章一参照。
(5) アリアノスによると、この戦略を説いたのはアンティオコスの子アミュンタスということになっている(『アレクサンドロス大王東征記』第二巻六-三)。
(6) 原語 tela は投槍、矢、石などのあらゆる種類の投擲物、飛び道具を意味する。訳では矢玉、飛び道具、投槍、矢、矢石などさまざまな訳語を適宜あてている。

ぬといういい見本となるであろう」。五　しかし正しく、穏やかな人であったダレイオスは、自分の信義につき従ってきた兵士たちを殺せと命じるような、そんな残酷な仕打ちはするつもりはないと言った。「もし、自分がそれほどにも数多くの兵士の血で手を汚してしまったなら、外国の民族のいったい誰が信義を自分にゆだねたりするであろうか。六　誰であれ、馬鹿げた提案をしたことを死で償うというようなことがあってはならない。提案をすることが危険なことであるならば、これから提案しようとする者は誰もいなくなるであろう。最後に、おまえたち宮廷人は毎日会議に召集され、さまざまな意見を述べているが、分別ある提案をした者が必ずしも忠誠心に富んでいるというわけではない。七　それで、ギリシア人たちに、彼らの好意を大王は感謝していると伝えるよう命じた。しかしながら、後退することは、明らかに、王国を敵にゆだねることになる。戦争は風聞によって成り立つもの、退く者は逃亡していると思われるのだと。八　戦争を長引かすべき理由はない。とにかく冬が迫っているのであるから、この広大な土地、それも自軍と敵軍双方から徴発を受け苦しんでいる地方で、これほどの大軍勢のための食料が不足してくるのだ。九　全軍隊を一度の戦闘に賭けてきた祖先の人々の慣習を守るならば、軍隊を分割などできるものではない。一〇　それに、それまでは恐るべき王とされ、大王がいないことをよいことに思い上がり、むなしい自信をつけているあのアレクサンドロスもいざ大王がやって来たことを聞くと、無鉄砲さを捨てて、そばを通る人の物音におびえて木々の茂みに身を隠す卑しき野獣よろしく、警戒して山間の隘路に隠れたではないか。一一　今や奴は仮病まで使って兵士たちの戦意をくじいている。大王はこれ以上戦闘を逡巡するのには耐えられない。おびえた者たちが逃げ込んだ洞窟であわてふためく奴らを粉砕するつもりだ」。

一二　これは的確な発言というよりは大言壮語であった。とはいえ、すべての財貨と貴重品は少数の守備隊とともにシリア(1)のダマスコス(2)に送り、残りの軍勢を率いてキリキアに入った。軍勢には祖国の慣習に従って妃と王母がつき従っていた。王女たちと幼い王子も父王の供をしていた。

一三　アレクサンドロスとダレイオスはたまたま同じ夜に、シリアに通じる隘路でアマノス門(3)と呼ばれる場所に着いた。一四　マケドニア軍は占領していたイッソスを捨て敗走するであろうと、ペルシア人たちは疑わなかった。というのも行軍に耐えられなくなった負傷兵や病人たちが捕らえられていたのであるが、一五　異民族《バルバロイ》らしく残忍な処置を求める廷臣たちのそそのかしにより彼らの手首を切り取り、焼け焦がしてから大王の軍隊を知ることができるように連れてまわり、すべてを十分に見せたのち、見たものを自分たちの王に報告するように命じて解放してやったからである。一六　それから、陣営を出発し、逃亡を始めていると思っていた者たちの背後に迫ることができるようにピナロス河(4)を渡った。一方、手を切り取られていた者たちはマケドニアの陣営に到着し、ダレイオスが全速力で追跡してきていると報告した。一七　とても信じられなかった。それで偵察兵を海岸地域へ先発させ、大王自ら来ているのか、それとも総督の誰かが大王全軍が到着しているかのように装っているのか調べてくるようにと命じた。

(1) エウプラテス川、アラビア、地中海、タウロス山脈に囲まれた地域。
(2) シリアの首邑。
(3) イッソス北方の隘路。
(4) キリキアの川、イッソス湾に注ぐ。両軍はこの川を挟んで対峙した。

一八　しかし偵察隊が帰ってこようとしているとき、遠くにおびただしい軍勢が確認された。次いで平野中で火が輝きはじめ、すべてが一面の火事のように燃えているように見えた。駄獣が多いため軍勢が広く距離を置いて設営したからである。一九　それでアレクサンドロスは大喜びで、まさにその場で陣営の測量をするように命じた。彼が毎回祈ってきたように、願っていたまさにその隘路で決戦ということになったからである。二〇　しかしながら、いざ決戦ということになった場合よくあることだが、自信が心配に変わった。幸運の女神の微笑みによって、これまで輝かしい勝利を収めてきたのであるが、今やその幸運の女神自身を恐れはじめたのであった。それというのも、これまで幸運の女神が彼に与えてきたものを振り返ってみて、女神がいかに気まぐれであるか彼が考えたとしてもそれは無理からぬことである。二一　ところがまた危険より大きな報酬が待っていることを思い、勝つことができるかは確実ではないものの、少なくとも堂々と大きな栄光とともに死ぬことは確かであった。

二二　それで兵士たちに腹ごしらえをして休み、第三更(1)に武装して戦闘隊列をとるように命じた。アレクサンドロスは自ら高い丘の尾根に登り、大勢の松明《たいまつ》が輝く中、父祖の慣習に従いその地の守護神たちに犠牲を捧げた(2)。二三　かねて命じておいたように第三更を知らせるラッパが鳴ると兵士たちは行軍と同時に戦闘の用意をし、力強く行進して明け方には先に占領するように決めていた隘路に到着した。ダレイオスはそこから三〇スタディオンのところにいると先発隊が報告。二四　そこで行軍停止を命じ、王自らも武器を取り、戦闘隊形を整えた。

農民たちがびっくりして敵軍の到着をダレイオスに告げたが、逃走している連中を追跡していると思っていた大王はほとんど信じられなかった。二五　かくてすべての者の心を尋常ならざる恐怖が捕らえた。行軍の準備はしていたが戦闘の準備はまったくできていなかったからである。あわてて武器を取ろうとした。二六　しかし、ばらばらに急いで駆け回ったり、部下の者たちに武器を取るように叫んだりする者たちのあわてふためきが恐怖を倍加した。敵の隊列を見るため山の尾根に逃げ出す者もいた。大部分の者は馬に馬勒をつけようとした。軍隊は指令を統一することができず、ばらばらになり大混乱に陥った。二七　ダレイオスはまず一部の部隊を率いて丘の頂を占拠し、敵を前面からも背後からも包囲しようとした。右翼が海で守られていたのであるが、その海の側でも敵の他の部隊に対抗し、いたるところで敵を追いつめようと考えたのである。二八　このほかにも弓兵隊とともに二万の兵に、両軍のあいだを流れているピナロス川を渡り、マケドニアの軍勢と対抗せよと命じていた。もし、それができない場合には、山に退き、ひそかに敵のしんがりを包囲せよと。二九　しかしながら、賢明な策もあらゆる人知より強力な運命の女神が粉砕した。三〇　何となればある者は恐怖のあまり命令を実行しようとはしなかったし、ある者は実行しようとしたが無駄であった。一部が崩れだすと全体が崩壊してしまうものだからである。

（1）「更」は vigilia の訳で、日没から日の出までを四等分した時間の単位。第三更は深夜〇時から三時ぐらいまでの時間帯にあたる。

（2）実際アレクサンドロスはイストロス川（ドナウ川）を渡るときには河神ダヌウィウスに、エライウスではプロテシラオスに、ヘレスポントスではポセイドンとネレイデスに、トロイアではプリアモスとアテナに、エペソスではアルテミスに犠牲を捧げている。

第九章

一　ダレイオスの側の陣形は次のようであった。ナバルザネス[1]が投石隊および弓兵隊約二万とともに、騎兵隊で右翼を守っていた。二　右翼には、さらにテュモデス[2]がギリシア傭兵歩兵隊の指揮を執っていた。この隊こそ大王軍の枠というべく、マケドニアの密集歩兵隊に匹敵するものであった。三　左翼でテッサリア[3]出身のアリストメデス[4]が、二万の異民族《バルバロイ》歩兵部隊を指揮していた。大王は最も好戦的な部族を補助軍に配置していた。四　同じ翼で戦うつもりの王には騎兵の精鋭三〇〇〇、王の通常の護衛兵、歩兵陣四万がつき従っていた。五　ヒュルカニアとメディアの騎兵が続く。この騎兵に続き、その他の部族の部隊が左右に配備されていた。この戦列に、すでに述べたように六〇〇〇の投槍隊、投石隊が先導していた。六　かの隘路で足を踏み入れることができるところは、くまなく軍勢で一杯になり、翼も尾根から海岸にまで伸びていた。大王の妻子や他の女性たちは中央の隊列に配されていた。

七　アレクサンドロスはマケドニア人がとりわけ得意とする密集歩兵隊を前面に据えた。右翼はパルメニオンの息子ニカノル[5]が守っていた。コイノス[6]、ペルディッカス[7]、メレアグロス[8]、プトレマイオス[9]、アミュンタス[10]がこれに続き、それぞれ自分の部隊を指揮していた。八　海岸にまで伸びていた左翼はクラテロスとパルメニオンが配置されていたが、クラテロス[11]はパルメニオンの指揮に従うよう命令されていた。右翼はテッサリア人を交えたマケドニア軍が、左翼はペロポンネソス軍が守っていた。九　王はこの戦列の前に投石隊と弓兵隊を配置した。軽装備のトラキア人部隊とクレタ人部隊も戦列の前を進んだ。一〇　一方ダレイオスにより先発され、丘の尾根を先取していた部隊に対しては、新しくトラキアから来援したアグリアネス人(12)を対抗させた。またパルメニオンには異民族《バルバロイ》部隊が占領している丘から戦列ができるだけ離れるよう、できるかぎり海の方へ隊列を延ばすように命じておいた。一一　ところが異民族《バルバロイ》部隊は、向かってくるマケドニア軍に抵抗したり、そばを通過する部隊を包囲しようとはせず、とりわけ投石隊を見て逃げ出してしまったのである。その結果、上からの攻撃を恐れていたアレクサンドロスにとり、その側面の安全が確保された。一二　マケドニア軍は二二列で進んだ。それ以上に展開することは隘路が許さなかったのである。やがて山

(1) 本巻第七章一二参照。
(2) 本巻第三章一参照。
(3) 本巻第二章一六参照。
(4) テッサリアのペライ出身。アレクサンドロスの軍隊から脱走、ペルシア側の傭兵隊長になっていた。
(5) パルメニオンの子。近衛歩兵部隊を指揮していた。
(6) マケドニアの将軍。ポリモクラテスの子、密集歩兵隊を指揮。パルメニオンの娘と結婚していたが、ピロタスの陰謀事件では、これを弾劾する側に立った（第六巻第八章参照）。
(7) マケドニアの将軍。側近護衛官。アレクサンドロスの死後、遺児の後見人（摂政）となるが、エジプト侵攻中に暗殺された。
(8) マケドニアの将軍。歩兵隊指揮官。
(9) セレウコスの子、指揮官。本書には記述がないが、このイッソスの戦いで戦死。のちのエジプト王プトレマイオスとは別人。
(10) アレクサンドロスの朋友の一人で密集歩兵隊指揮官。
(11) マケドニアの将軍。アレクサンドロスの信任厚い忠臣。パルメニオンの死後は全軍の副将格。
(12) ラテン語ではアグリアニ。トラキア系の部族。軽装隊に属する投槍兵として活躍した。

の隘路が少しずつ開けてきて、より広い空間がとれるようになり、歩兵が整列できるだけでなく騎兵隊も両側を援護できる態勢となった。

第十章

一　今や両軍相対峙していたが、投槍や矢の届く距離ではなかった。まずペルシア軍側が調和がとれていない荒々しい雄叫びを上げた。二　マケドニア軍も喚声を返したが、山の尾根や漠たる峡谷にこだまし、数の割に大きく聞こえた。山中で声を出すとそれが周りの山や岩が数倍にして返すのが常である。三　アレクサンドロスは前面の軍旗の前に出て、兵士たちがあまりに戦いを急いで息切れがしたまま戦闘にのぞむことがないように、何度も手で部下を制止した。**四**　隊列の前に駆けていってはそれぞれの気持ちに合うように言い方を変え、兵士たちに語りかけた。ヨーロッパでの数多くの戦いの勝利者であり、王の意志というより自らの意志でアジアと東洋の最果てを征服するため国を出発したマケドニア兵士たちは、自分たちのかつての武勇を思い起こさせられた。**五**　──彼らは世界の解放者であり、ヘラクレス(1)と父バッコス(2)がかつて築いた境界を越え、今度はペルシア人のみならずあらゆる民族に軛《くびき》を課すことができるであろう。バクトラ(3)とインドはマケドニアの属州になるであろう。現在目にしているものはわずかであるが、勝利によりあらゆるものが開かれるのだ。

六　イリュリア(4)やトラキアの険しい岩山で、実りの少ない収穫をするのではない。今や全オリエントの戦利品が目の前なのだ。剣などはほとんど必要ではない。恐れおののいている敵の全軍勢は盾で一押しするだけで敗走させることができるのだ。七　ここにおいて、アテナイ人に対する勝利者である父ピリッポスに勝利への加護を祈った。またボイオティア[5]の征服とその地の名高きポリス[6]が徹底的に破壊されたことを心に呼び起こさせた。ときにはグラニコス川[7]を、またあるときは数多くの攻め取られた町を、あるいは降伏を受け入れた町を、さらに自分たちの足で蹂躙され、服属させられたすべてのものを思い起こさせた。八　ギリシア人たちの前ではかの民族によるギリシアの侵略を、最初はダレイオス[8]の、続いてはクセルクセスの傲慢さを、ギリシア人に水と土を要求し、泉の水を汲むことも食べ慣れた食べ物を食べることも許そうとしなかった彼らの傲慢さを思い起こさせた。九　彼らのため神殿が破壊され、燃やされたこと、多くのポリスが攻略されたこと、神々と人間の法に則る条約が破られたことが語られた。一〇　略奪をこととしているイリュリ

(1) ゼウスとアルクメネの息子で、ギリシア神話中最大の英雄。十二功業で知られる。その中の一つの冒険では、西の果ての島に到達、世界の果てに達した記念として、ジブラルタル海峡を挟むスペイン側とアフリカ側の山に「ヘラクレスの柱」を立てたとされる。

(2) ラテン語原文ではリベル・パテルで、酒の神ディオニュソス（バッコス）と同一視されるイタリアの神。ディオニュソスには、インドに至るアジアを征服したという伝説がある。

(3) 現在のバルフ（アフガニスタン北部の町）。

(4) アドリア海の東側の地域。

(5) ギリシア東部のテバイを中心とする地方。

(6) テバイのこと。

(7) 本巻第一章九参照。

(8) 第一次ペルシア戦争の時のペルシア王、ダレイオス一世。前四五〇年マラトンの戦いで敗退。

ア人とトラキア人に対しては黄金と紫に輝く敵の戦列を見るように、奴らは武器ではなく戦利品を身につけているのだと考えるように言いつけた。さあ、行ってかの弱々しい女どもより黄金を奪い、自分たちのごつごつした山の尾根や何も生えずたえず凍りついている山道を、ペルシア人たちの豊かな平野や耕地と取り替えよと叱咤した。

第十一章

一　さて、両軍が投槍の到達距離にまで近づいたとき、ペルシア軍の騎兵がこちらの左翼に激しく突撃してきた。ダレイオスは密集歩兵隊がマケドニア軍の核であると考え、騎兵戦で決着したいと思ったのである。今やアレクサンドロスの右翼まで包囲されようとしていた。二　マケドニア王はそれに気づくと騎兵二個中隊を山の尾根にとどめ、他の部隊は戦いが最も激しく行なわれている方へただちに派遣した。三　それからテッサリアの騎兵の指揮官たちに騎兵を戦列から退かせ、こっそり自分たちの背後に回りパルメニオンと合流し、彼が命じることを熱心に実行するよう命じた。四　今やペルシア軍の真っただ中に突っ込んでいたマケドニア軍は周りをぎっしり包囲されながらも見事な働きを見せた。しかし、密集していてほとんどくっついている状態で、投槍を振り回すことができなかった。投げられた投槍も同じ方向へ飛んでいく途中で絡みあい、敵軍まで届くものは少数でしかも勢いはなく、大部分は誰に当たることもなく地面に落ちた。そのため接近戦を戦うことを余儀なくされた彼らは、威勢よく剣を抜いた。

五　まさにこの時多くの血が流れた。両軍は武具と武具がぶつかりあい、剣先が互いに顔に当たるほど密接しあっていた。臆病者、卑怯者に逃げる余地はなかった。あたかも二人で一騎打ちをやるかのように同じ場所に踏ん張りあい、一方が他方を倒すまでその場を動けなかった。六　相手を倒してはじめて前に進むことができたのである。しかし疲れてくる兵士に対して新しい敵が現われ、いつもの戦いのときのように、傷ついた者も戦列から離れることができなかった。前には敵が迫り、後方からは味方の兵たちに押されたからである。

七　アレクサンドロスは指揮官の務めよりむしろ兵士の務めを果たそうとし、王を殺して最高の名誉を得ようとした。それというのもダレイオスは戦車に乗りひときわ高く目立ったので、部下の者たちは防衛しようと励み、敵は攻撃しようと大いにはやったのである。八　それで大王の弟のオクサトレス[1]は、アレクサンドロスが大王に迫るのを見ると、自分が率いていた騎兵隊を王の戦車の前に向かわせたのである。武具と体力で他の者にずっと秀でており、勇気と忠誠心でもたぐいまれなこの王弟はとくにこの戦いでは華々しく不用意に近づいてきたある者たちを倒し、他の者たちを敗走させた。九　一方アレクサンドロスの回りにいたマケドニア人たちは互いに鼓舞しあい、王とともに騎兵隊に突っ込んだ。まさにそのとき建物が崩れるように大殺戮が起こった。ダレイオスの戦車の回りで名高い将軍たちが王の目の前で見事な戦死を飾った。全員戦いながら体の正面に傷を受けて前に倒れたのである。一〇　その中には大軍の指揮をしていたアティジュ

（1）ダレイオスの弟。王の死後、投降。

エス[1]、レオミトレス[2]それにエジプトの太守サバケス[3]が著名であった。彼らの回りには無名の歩兵、騎兵たちの死体の山ができた。マケドニア側での犠牲は多くはなかったが、最も勇敢だった者たちが倒れた。そうした中でアレクサンドロスも右腿を剣で軽く負傷した。

一一　さてダレイオスを運んでいた馬も投槍が刺さり、痛みで暴れ出して軛を振り払い、王を車から振り落とそうとした。王は敵の生け捕りになるのを恐れて、まさにそのような時のために背後に用意してあった馬に飛び乗った。その際、不名誉なことではあるが、王が逃げ出したことが悟られないように、王のしるし[4]を投げ捨てた。一二　すると他の者たちも恐怖で四散し、少し前に体を守るために手に取った武器を投げ捨て、各自に開かれた逃げ道に殺到した。恐怖におびえる者は、本来なら守りになるはずのものまで恐れるのだ。

一三　逃げるペルシア兵にパルメニオンが急派した騎兵が迫ったが、たまたまその翼[5]へ皆が逃げてきていたのである。右翼ではペルシア軍がテッサリアの騎兵を激しく攻めていた。一四　この攻撃で一中隊が踏みつぶされたその時テッサリア兵たちは馬を旋回し、拡散してから再び戦闘に入り、ばらばらになり、勝利すると思い込んで隊列を乱していたペルシア軍を圧倒し、大殺戮となった。一五　ペルシア軍の馬も騎兵も装甲が重く、スピードが第一のこの種の戦闘には対応が困難であった。テッサリア兵は馬の旋回においてはペルシア兵を圧倒しており、損害を受けずに攻撃できたのである。

一六　アレクサンドロスはそれまで異民族軍《バルバロイ》を追跡しようとはしなかったが、この輝かしい戦果が報告され、今や両翼において勝者となると、逃げる敵の追跡を開始した。一七　王につき従う騎兵は一〇〇〇人を超えず、一方、逃げていく敵はおびただしい数であったが、勝利のときあるいは敗走のとき誰が軍勢の数を数えよう。ちょうど家畜が人に追われるように、こんなにも小数の者たちによって駆り立てられた。彼らは恐怖のため敗走していたのであるが、その同じ恐怖のため逃げ足が鈍っていた。一八　一方ダレイオス側についていたギリシア軍たちはアミュンタス(6)を指揮官として——アミュンタスはもとアレクサンドロスの将軍であったが、ペルシア方へ逃亡してきていた——他の軍勢から離れ、ほとんど敗走者よろしく逃げ出した。一九　異民族《バルバロイ》たちはまったく違った逃亡の仕方をした。ある者はペルシアへの道をまっすぐに、ある者は回り道をして山の絶壁や隠れた隘路を目指した。少数の者だけがダレイオスの陣営を目指した。二〇　しかし、あらゆる富に満ちたそのダレイオスの陣営も勝利者の手に落ちることになった。戦争の用意ではなく、奢侈な装飾品でしかない莫大な量の黄金と銀を兵士たちが略奪した。皆が持てる以上のものを持ち去ろうとしたので、道路はいたるところ高価さの劣る荷物がまき散らされた。高価な調度も、貪欲さがより高価なものを求めた場合は軽蔑されるのだ。

二一　次いで女たちが襲われる番である。高価な装飾品であればあるほどそれだけ乱暴に取り上げられた。

---

(1) 大プリュギアの総督。イッソスの戦いで戦死。
(2) ペルシア軍の指揮官。イッソスの戦いで戦死。
(3) ペルシア軍の指揮官。イッソスの戦いで戦死。
(4) 王のしるしがついた外套を指す。本巻第十二章五参照。
(5) 左翼。
(6) アンティオコスの子。アレクサンドロス即位後すぐにペルシアに亡命し、ギリシア人傭兵隊を指揮していた。

兵士たちの情欲は体をも容赦しなかった。二二　女たちは降りかかった運命に応じて陣営をあらゆる嘆きと騒動で満たした。あらゆる身分、あらゆる年齢に対して残酷と放縦が荒れ狂ったため、いかなる非道が欠けることもなかった。二三　まさにその時、歯止めを知らぬ運命の非情さが明らかになった。ダレイオスのためにあらゆる奢侈と贅を尽くして幕舎を飾った者たちが、あたかももとの持ち主のためでもあるかのように新しい持ち主アレクサンドロスに用意していたのであった。というのも慣習に従い、勝者の王を敗者の王の幕舎で迎えることができるように、その幕舎だけは兵士たちも手をつけなかったからである。

二四　しかしすべての者の目と心を釘付けにしたのは、捕虜となったダレイオスの母と妻であった。母のほうは威厳だけでなく年齢の点で、妻はこのような運命にあって汚されぬ美しさのゆえに尊かった。妻はまだ六歳にもならぬ息子をふところに抱いていた。父親が少し前までは持っていたあれだけの財産を引き継ぐべく生まれた子ではあったが。二五　一方、年老いた祖母の膝の上では、成人した二人の乙女が自分の悲しみだけでなく、祖母の悲しみのため悲嘆に暮れて横たわっていた。その老女の回りではおびただしい数の高貴な女性たちが立ちすくんでいた。彼女たちはかつての地位を忘れ、髪の毛をかきむしり、服を裂いて、かつては本当であった称号で妃や女主人を呼んだが、今やその称号は失われていたのである。二六　彼女たちは自分たちの運命のことは忘れて、ダレイオスがどちらの翼にいたか、どのような運命に恵まれたのか、心配していた。王が生存しているかぎり、自分たちは捕虜ではないと言い張っていた。しかし王は、そこから何度も馬を替え、ますます遠くへ逃げのびていたのである。

二七　さて、ペルシア軍側で戦場で倒れたものは歩兵一〇万、騎兵一万であった。一方、アレクサンドロス側では負傷約四五〇〇、歩兵のうち全部で三〇二名(1)が行方不明、騎兵は一五〇名が死亡した。これだけの犠牲で巨大な勝利が得られたのである。

第十二章

一　王はダレイオスを熱心に追いすぎて疲れ、夜も迫ってきて、追いつく見込みもなかったため、引き返し、味方の兵によって少しばかり前に攻略されたダレイオスの陣営に入った。二　それから、招くことが習慣になっている友人たちを招待するよう命じた――腿の怪我は皮膚をかすっただけであったので宴会に加わるのを妨げるものではなかった。三　ちょうどその時突如すぐ近くの幕舎から異民族《バルバロイ》の呻き声と胸をたたく音が混じった悲痛な叫びが、宴会をしている者たちをおびえさせた。王の幕舎の近くで夜警をしていた部隊も何か大きな暴動が起こったのではないかと武器を取り、身構えはじめた。四　突然の騒動の原因は、ダレイオスの母と妻が高貴な捕虜たちといっしょに大王が殺されたと思って、胸が張り裂けんばかりに嘆き悲しんだためであった。五　というのも捕虜となった宦官の一人がたまたま彼女たちの幕舎の前に居合わせ、少し前に述べたように、ダレイオスが服装によって王だと知られることがないようにと投げ捨てた外套をその発見者が持っているのを見つけ、王を殺害して奪ったのだと考え、王が死んだという嘘の報告をもたらして

(1)写本では三二一であるが、犠牲者数としてはあまりにも少ないので、ヘディッケに従って三〇二と読む。

しまったからである。

六　アレクサンドロスはこの女たちの勘違いに気づくと、ダレイオスの運命と彼女たちの王を思う気持ちに涙したと言われる。そうしてまずペルシア語に堪能で、サルディス[1]の引き渡しをしたミトレネス[2]に彼女たちを慰めに行くよう命じた。七　それから捕虜の女たちが裏切り者を見て、怒りと心痛を新たにしないかと心配し、廷臣の一人レオンナトス[3]を派遣し、彼女たちは王が生きているのに、間違って死んだものと思い込んで嘆いていることを教えるように命じた。レオンナトスは少数の衛兵を連れて女たちがいる幕舎へ行き、自分が王から派遣されたことを伝えるよう命じた。八　ところが玄関にいた者たちは武装した者たちが来たのを見て、主人たちはもうお終いだと思い、幕舎に駆け込み、最後の時が来た、捕虜たちを殺す者が派遣されてきていると大声で叫んだ。九　そのため女たちはレオンナトスたちを防ぐこともできず、あえて中に入れることもせず、何の返答もせずにただ黙って勝利者の審判を待っていた。

一〇　レオンナトスは自分を中に入れてくれる者が出てくるのを長いあいだ待っていたが、誰も出てこようとしないので、入り口のところに衛兵たちを待たせ、自分は幕舎の中に入った。女たちはそれを見て、招き入れてない者が侵入してきたと思って驚きあわてた。一一　かくて母と妻はレオンナトスの足にすがりつき、殺される前に父祖の慣習に従ってダレイオスの遺体を葬る[4]ことを許してくれるよう嘆願しはじめた。王に対する最後の勤めを果たしたら喜んで死ぬつもりであると。一二　レオンナトスはダレイオスが生きていること、彼女たち自身も命は無事であるだけでなく、かつての装束を身につけ王母であり妃であり続けることができることを確言した。ダレイオスの母は、それを聞いてはじめて立ち上がることを承諾した。

一三　翌日アレクサンドロスは遺体で見つかった兵士たちを丁重に埋葬、次いでペルシア人の最も高貴な者たちについても同じ栄誉を与えてやるよう命じ、ダレイオスの母に埋葬したい者たちを父祖のやり方で埋葬することを許した。一四　彼女はごく近親の少数の者たちを現在の運命にふさわしい仕方で埋葬するよう命じた。勝者たちが費用をかけず火葬にされているのに、ペルシア人が贅を尽くした葬送を行なえば嫌悪されるであろうと考えてのことであった。一五　さて死者の遺体に対するしかるべき儀式が終わったあとアレクサンドロスは、捕虜の女たちのもとへ王自ら出かけることをあらかじめ告げさせ、供の者たちはとどめ、ヘパイスティオン(5)一人だけを連れて幕舎に入った。一六　ヘパイスティオンはすべての友人たちの中で最も王と親しかった。王といっしょに育てられ、あらゆる秘密の相談相手であった。彼には他の誰よりも王に対して自由に忠告する権利があったが、彼はその権利を当然の権利として要求するというより、むしろ王に認めてもらうかのように行使した。また年の点でも王と等しかったが、体格では王よりまさっていた。一七　そのため妃たちは、彼を王だと思って彼女たちのやり方で彼を拝した。それから捕虜になっていた宦官たちから誰がアレクサンドロスであるか聞くと、王母シシガンビス(6)が王の足もとに身を投げ出し、それまで一度も

(1) リュディアの首邑。
(2) ペルシア側守備隊指揮官。サルデイスの城塞を無抵抗で明け渡した。
(3) アレクサンドロスの朋友の一人。
(4) 遺体に防腐処置を施して埋葬すること。ペルシア人は火を神聖なものと見なしていたので他の民族のように火葬はしなかった。
(5) マケドニアの将軍。アレクサンドロスの無二の親友。
(6) 本巻第三章二二参照。

王を見たことがなかったので間違えてしまったことを詫びた。王は彼女の手を取って立たせながら「母君、あなたは間違ってはいません」と言った。「この男もアレクサンドロスだからです」。

一八　この時のような自制心を人生の最後まで保持することができたなら、父バッコスの凱旋をまねてヘレスポントスから大洋《オケアノス》(1)に至るまであらゆる民族を征服して幸運な人と見られた以上に、幸運な人となったであろうと本当に思えるのである。一九　そうすればあの御しがたい欠点、傲慢さを怒りを疑いなく克服できたであろう。そうすれば宴会の最中に友人たちを殺すことは控えたであろう、戦争においてとくに優れた者たちやともに数多くの民族を征服してきた者たちを(2)裁判にもかけずに殺したりすることはためらったであろう。二〇　しかし、幸運はまだあふれ出して彼の心を酩酊させてはいなかった。それで成長しはじめた幸運を節度を持ち、懸命に処理することができた。しかし最後にはその大きな流れを支えることができなくなったのである。二一　王は、このとき自制心と寛大さにかけてはそれ以前のいかなる王にも負けぬよう振る舞った。美貌の王女たちをあたかも同じ親から生まれた姉妹であるかのように敬意を持ってのぞんだのである。二二　美貌の点では同年代のどの女性にも負けぬ妃に対してもアレクサンドロスは最高の敬意を払って遇し、誰も囚われの彼女の体に狼藉を加えることのないようにした。二三　女たちにあらゆる装具を返却してやるよう命じた。捕虜の彼女たちに、かつての豪華さの中で自由以外は何も欠けるものがなかった。

二四　それでシシガンビスは言った。「王よ、あなたはわたしたちがわたしたちのダレイオスのために、かつて祈ったのと同じことを祈るに値します。今わたしがはっきり認めるように、あなたはあの偉大な王に幸運だけでなく、公平さの点でもまさったのですから。二五　あなたはわたしを母君と呼ばれましたが、わたしはあなたの婢女《はしため》であることを告白いたします。かつての運命の頂点を極めたわたしは現在の軛《くびき》にも耐えることができるのです。わたしたちに対してどのような処置がなされるか、もしそれが残酷さによってではなく慈愛によってなされたと証言されることを願われるのであれば、それはあなたの名誉となるでありましょう」。

二六　王は彼女たちに元気を出すように言いつけた。ダレイオスの息子を自分の首のほうへ持ち上げた。すると子供は初めて見る顔におびえず、彼の首に両手を出して抱きついた。すると王は子供の物怖じしない態度に感心し、ヘパイスティオンを見て「ああ、ダレイオスもこのような性格の一部でも受け継いでいたならば……」と言って幕舎を出た。

二七　ピナロス河畔(3)でゼウス、ヘラクレス、アテナのため三つの祭壇に犠牲を捧げたのち王の宝物が置かれているダマスコスへパルメニオンを先発させ、シリアに向かって出発した。

第十三章

一　しかしパルメニオンは、ダレイオスの総督が先にそこへやって来ていることに気づくと自軍の数の少

---

(1) ここではインド洋のこと。

(2) 具体的には、クレイトス、ピロタス、パルメニオン、カリステネスたちのこと。

(3) イッソスの南方、北シリアの川。

なさが侮られることを恐れ、増援部隊を呼ぶことに決めた。二　ところが彼が先発させていた偵察兵がマルドイ族(1)の男をたまたま捕らえた。その男はパルメニオンのところへ連れていかれると、ダマスコスの指揮官からアレクサンドロスへ宛てた書簡を彼に渡し、指揮官は大王のあらゆる調度と金銭を引き渡すことをためらわないとつけ加えた。三　パルメニオンがその男を拘束するよう命じてから書簡を開くとそこには、アレクサンドロスが早く将軍の一人を少人数の部下とともに派遣するように、そうすれば大王が自分のもとに預けたものはすべて引き渡す旨が書かれていた。それでそのマルドイ族の男に部下をつけて裏切り者の総督のところへ送り返すことにした。四　その男は見張りの者たちから逃げ出し、夜明け前にダマスコスに入った。

　パルメニオンはそのことに狼狽した。待ち伏せを恐れたし、案内人なしで知らない道を行くことを恐れたのである。しかし王の幸運を信じ、道案内になるような農民を捕らえるようにと命じた。案内人はすぐに見つかり、四日目には町に到着した。今や総督は自分が信用されなくなったのかと恐れた。五　それであたかも町の防備が信用できないかのように、日の出前に王の金子《きんす》——ペルシア人はガザと呼んでいた——を最も貴重な品々とともに運び出すように命じた。逃亡を装っていたのだが実際のところは、敵に戦利品を提供するためであった。六　町から出る彼のあとを、何千もの男女が続いた。彼らの保護をゆだねられていた男を除いてすべての人の目に悲惨な群集であった。総督は裏切りの代価がより大きいものになるように、あらゆる金銭より喜ばしい戦利品を敵に差し出す用意をしていた。高貴な身分の男たち、ダレイオスの総督の妻子、そのほか、ギリシアの諸ポリスからの使節、ダレイオスはそんな人々を最も安全な砦と思って裏切り者の手にゆだねていたのだった。

七　肩で荷物を運ぶ者たちをペルシア人たちは、ガンガバと呼んでいた。彼らは金銭とともに黄金と紫で輝く衣装を運んでいたが、寒さに我慢できなくなり――突然の嵐が雪を舞わせ、地面も固く凍りついていたからであるが――、誰も咎める者もいないのでその王侯の衣装を身につけた。王の運命は最も卑しい者たちにまでかかる無礼を許してしまうのだ。八　このようなわけで、彼らはパルメニオンには侮りがたい軍隊のように見えてしまった。それであたかも正規の戦いに向かうかのように、注意深く部下の兵士を短い言葉で鼓舞し、馬に拍車を当て、勢いよく敵に突進するよう命じた。

九　するとガンガバたちはおののき、担っていた荷物を放棄して一目散に逃げ出した。彼らを護衛してきた武装した者たちも同じ恐怖にとらわれ、武器を投げ捨て、知っている隠れ家を目指した。一〇　総督自身もいっしょにおびえているかのように振る舞い、すべて恐怖に包まれた。平野一面に王の財宝が散らばっていた。兵士たちの莫大な給料のために用意されたあの金が。あれだけ多くの身分の高い男たちの、あれだけ多くの名高い女たちの衣服が、一一　黄金の容器が、黄金の轡《くつわ》が、贅を尽くして装飾された幕舎が、主人たちに見捨てられながらもおびただしい富が詰まった乗り物までが。略奪する者にとっても悲痛な光景であった、貪欲さをとどめる何物かがあるとしての話だが。実際あれほどの年月にわたって、想像を絶する信じられない幸運によって集められたものが、今やあるものは木の株に引き裂かれ、あるものは泥の中に浸かっているのが認められた。略奪者の手の数は戦利品の数に足らなかった。

(1) ヒュルカニア（カスピ海南方）の民族。

一二　今や一番に逃げ出していた人々に追いついていた。女たちはたいてい小さな子供を連れて逃げていた。その中に三人の乙女がいた。ダレイオスの前に王であったオコス[1]の娘たちである。かつて父は最高の位についていたのであるが革命のため娘たちも運命の階段を滑り落ち、今や彼女たちの運命はさらに過酷なものになろうとしていた。一三　同じ群れの中にオコスの妻、ダレイオスの弟オクサトレス[2]の娘、廷臣の第一人者アルタバゾス[3]の妻と息子がいた。イリオネウス[4]という名前であった。

一四　大王が海岸地帯の最高指揮権を与えていたパルナバゾス[5]の妻子も捕まった。さらにメントル[6]の三人の娘と最も高貴な指揮官メムノンの妻子[7]が。廷臣のどの家もこれほどの災厄から逃れられなかった。一五　同様に、同盟を破ってペルシア方についたスパルタ人やアテナイ人も捕まった。アテナイ人のあいだでは生まれにおいても名声においてもことのほか名高いアリストゲイトン、ドロピデス、イピクラテス[8]が、スパルタ人ではパウシッポス、オノマストリデス、モニモス、カリクラティデス[9]たちが。この者たちも故郷にあっては名高き人々である。

一六　鋳造貨幣の総額は二六〇〇タラントン、加工された銀の重量は五〇〇タラントンであった。そのほかに三万の人と、背に荷物を積んだ七〇〇〇頭の駄獣が捕獲された。一七　しかしながらこれほど莫大な財産を売り渡した者に、つねに報復者である神々がすばやくふさわしい罰をお与えになった。というのも彼の共犯者の一人が、思うに、そのような状況においても王のことを敬い、裏切り者を殺し、その首をダレイオスのもとに届け、裏切られた大王には時を得た慰めとなった。何となれば、裏切り者を罰することができたわけであり、自分の権威の思い出がすべての人の心からなくなっているわけではないことがわかったからである。

(1) ダレイオスの前のペルシア王、アルタクセルクセス三世のこと。のちにアレクサンドロスは前三二四年、スサで彼の末娘パリュサティスと結婚する。

(2) ダレイオスの弟。本巻第十一章八参照。

(3) 大プリュギア（小アジア中西部）総督のパルナバゾスと、アルタクセルクセスの娘アパメの子。最後までダレイオスに忠節を尽くす。ダレイオス死後はアレクサンドロスに投降。

(4) アルタバゾスの子。ダマスコスで捕虜になる。

(5) 本巻第三章一参照。

(6) 本巻第三章一参照。

(7) メムノンの寡婦バルシネは美人で教養があった。のちアレクサンドロスは彼女を娶り、ヘラクレスという息子が生まれている。

(8) アリストゲイトン、ドロピデス、イピクラテスはアテナイ人使節。イッソスの戦い後、ダマスコスで捕虜になる。

(9) パウシッポス、オノマストリデス、モニモス、カリクラティデスはスパルタ人使節。イッソスの戦い後、ダマスコスで捕虜になる。

第四巻

第一章

一　つい先ほどまではあれほどの大軍の王であり、戦闘する人というよりはむしろ凱旋する人のように戦車の上で高く立ち上がって戦いに入ったダレイオスであったが、かつてほとんど無数の軍勢で一杯にした場所を、今や何もなく、広漠たる世界が続いているところを逃げていた。二　王に従うものは少数であった。というのもすべての者が同じ方向に逃げようとしたわけではなかったし、馬の用意がなく、次から次へと馬を替える王の速さについていくことができなかったからである。三　それからオンカイ[1]の町に到着した。そこでは四〇〇〇人のギリシア人が王を迎えた。そこからは一直線にエウプラテス川を目指した。速さによって先取りできたものこそが自分の領土となると思ってのことであった。

四　一方アレクサンドロスは、パルメニオンを通してダマスコスの戦利品を確保したが、その戦利品と捕虜たちを大事に扱うよう命じてから、パルメニオンをコイレと呼ばれているシリア[2]の長官に任じた。五　敗戦によってまだ従順にはなっていないシリア人たちは新しい支配権を拒もうとしたが、すみやかに平定され、命令されたことを進んで実行した。アラドス[3]という島もアレクサンドロスに降伏した。六　当時、その海岸地帯とさらに海からかなり離れた地域も大部分がその島の王ストラトン[4]の所有であった。彼の降伏を承認してからマラトス[5]という町に陣営を移した。七　その町でダレイオスからの書簡が届けられたが、それには傲慢に書かれた部分があり王は激しく立腹した。とくに彼を怒らせたのは、ダレイオスが自分には王の称号を使っていながら、アレクサンドロスの名には同じ称号をつけていないことであった。八　さらに、全マケドニアが受け取れるかぎりの身代金を受け取り、母と妻を返還するようにと懇願するというよりは要求していた。さらに、王権については、望むならば、対等の条件で張り合おうとあった。九　続けて、もし、より健全な忠告に耳を傾ける余裕があるならば、父祖伝来の領土に満足して他人が支配する領地から退き、同盟者、友人になるように。一〇　そのような条件でなら自分は信義を与え、守る用意があると書かれていた。

　これに対しアレクサンドロスはほぼ次のような返事を書いた。「王アレクサンドロスよりダレイオスへ。あなたが名前を僭称しているダレイオス[6]はヘレスポントスの海岸に住むギリシア人やイオニアのギリシア人たちの植民市をあらゆる仕方で略奪し、さらに大軍を率いて海を渡り、マケドニアとギリシアに戦争をしか

---

(1) はっきりしないが、おそらくアマノス門から二日の行程にあるソコスと同一であろう。
(2) コイレ・シリアとは「空ろなシリア」の意。リバノス山とアンティ・リバノスのあいだにある谷。
(3) フェニキアの島また町。大陸から二〇〇複歩（約三〇〇メートル）離れていた。
(4) フェニキアの町アラドスの王ゲロストラトスの子。
(5) アラドス対岸の町。
(6) ダレイオスが世襲ではなく、宦官の陰謀によって王位についたことを批判している。ダレイオスのもとの名はコドマンノス。

けた。一一　また同じ民族のクセルクセスは、われわれを攻撃するためにおびただしい異民族《バルバロイ》の大軍を率いてやって来た。彼は会戦で敗れはしたが自分がいなくても町を略奪し、耕地を焼くことができるようマルドニオス(1)をギリシアに残した。一二　わが父ピリッポスも、貴国の者が約束した、膨大な報奨金によってそそのかされた者たちによって殺されたことを、誰か知らない者があろうか。何にしてもあなた方は不埒な戦争をやっている。武器を手にしながら敵将の首に賞金をかけるとは。これほどの大軍の王でありながら、あなたはつい最近もわたしを狙う刺客に一〇〇〇タラントンを払おうとしたではないか。一三　したがってわたしは、しかけられた戦争に反撃しているだけで、こちらからしかけたわけではない。神々もより正しい側に味方してくださる。わたしはアジアの大部分を平定、あなた自身も戦場で破った。わたしに対し戦争の掟を守らなかったあなたには、わたしに何一つ要求する資格はないが、もし嘆願者としてわたしのところに来るならば身代金なしで母親と妻と子供を解放してやると約束しよう。一四　わたしは勝つことも敗者をいたわることも心得ている。しかしあなた自身をわたしにゆだねることを心配するなら、あなたに何ら危害は加えないことを確約しよう。ところでわたしに書簡を送る場合、あなたは王宛ての、いやあなたの王宛ての書簡をしたためているということを忘れないように」。この書簡を届けるためにテルシッポス(2)が派遣された。

一五　それからフェニキアへ下り、ビュブロス(3)の町の降伏を受け入れた。そこから、古い歴史と創設者たちの名声で名高いシドン(4)の町へ向かった。一六　ダレイオスの富に助けられてシドンを治めていたのはストラトン(5)であった。しかし彼が降伏したのは自発的というより民衆の意思によったので、王権にふさわしい者とは見なされず、結局、シドンの人の中からその地位に最もふさわしい者を王として立てる役目がヘパイスティオンにゆだねられることになった。[6] 一七　ヘパイスティオンは市民たちの中でも名高い二人の青年に客人として厚遇されていたのであるが、そのふたりは王になる機会を与えられたとき父祖の慣例により王の血筋を受けていない者は誰であれその地位につくことはできないと答えた。一八　ヘパイスティオンは、他の人々がたとえ火や剣をくぐってでも手に入れようとするものを拒むとは見上げた心がけと感心して、次のように言った。「王権を受け取るより王権を拒むほうがどれほど偉大であるか初めて悟ったあなた方はえらい、立派だ。しかし、王の血筋を引いていて、王権をあなた方から受け取ったということを忘れないような人を誰か指名してください」。

一九　すると二人は大勢の者がこうした大望にとりつかれており、王権を熱望するあまりあさましくもアレクサンドロスの側近のひとりひとりに働きかけているのを見ていたので、アブダロニュモス[7]という者ほどこれに適切な人物はいないと結論した。その男というのは遠縁ではあるが王族とつながっており、生活困窮のため郊外の庭で菜園を作り、わずかな収入を得ている。二〇　その貧困の理由は他の大勢の人々の場合と同じく正直さであった。日々の労働に没頭していたので、そのとき全アジアを揺り動かしていた戦争の喧騒

(1) ペルシア側の将軍。クセルクセスにより残されるが、翌年、プラタイアの戦いで敗れる。
(2) 不詳。
(3) フェニキアの要塞都市。
(4) フェニキアの町。テュロスと同じくアゲノル創建とされる。
(5) シドンの王。前述のアラドスの王とは別人。
(6) 四九頁註(5)参照。
(7) シドンの名士。王家の血筋を引いている。

を聞いていなかった。二一　上述の二人はそれからすぐに、王の紋章がついた衣服をもってアブダロニュモスの庭に入った。当人はその時たまたま雑草をより分け、菜園をきれいにしているところであった。二二それから二人の中の一人が彼を王と呼び、次のように言った。「さあ、今のあなたのその汚れた服とわたしの手にあるこの衣服を交換していただかなくてはなりません。泥と長いあいだの垢で汚れた体を洗って清めてください。王としての気品を持ち、あなたのその自制心を持ってあなたにふさわしい地位についてください。そして玉座に座り、生殺与奪の権を持つ全市民の主となられたとき、王権を受ける今の服装、いや、まさにその服装ゆえに王権を受けられるわけですが、この服装のことを忘れないようにしていただきたいのです」。二三　アブダロニュモスにはまるで夢を見ているように思われ、時には、そんなにも厚かましく自分をからかうとは正気なのかと尋ねた。しかし、ためらいながらも体の汚れが洗い落とされ、紫と黄金の縫い取りがなされた服が着せられ、二人が信義を誓うと、王であることを真面目に自覚し二人を供として王宮に到着した。二四　それからよくあることだが、すぐさま噂が全市を駆けめぐった。それに熱狂する人もあれば怒りを表わす人もあった。最も富裕な者たちはこぞってアレクサンドロスの側近たちのところへ出かけていっては彼の貧しさと身分の低さを非難した。二五　アレクサンドロスはただちに彼を呼び寄せ、長いあいだじっと彼を見つめてから言った。「風格は出自の噂に違わぬ。しかし、どのような忍耐心をもって貧困に耐えたのか知りたいものだ」。するとと、彼は答えて言った。「ああ、どうか同じ精神で王権に耐えることができますように。わたしの願望にはこの二つの手だけで十分でございます。何も持っていないわたしに何も欠けることはございませんでした」。二六　この言葉から彼の高潔な人格を読み取った王は、ストラトンの王の家財道具だけではなくペルシアの戦利品の多くを彼に分け与えるよう命じ、さらに町に隣接する地域も彼の領地に加えてやった。

二七　そうこうするうちに、アレクサンドロスからペルシア方《がた》へ逃亡していたと言及したことのあるアミュンタス(1)は、戦闘から逃亡して自分についてきたギリシア兵四〇〇〇名を連れてトリポリス(2)に到着した。そこから兵士を船に乗せ、キュプロスに渡らせた。そのような状況下では、誰でも自分が占拠したものは当然の権利として自分のものになると考えたので、エジプトを目指すことにした。両王に対して敵対することになるが、時勢の転変はつねに利用しようと思ったのである。二八　そうして、兵士たちに大きな希望を吹き込み、エジプトの総督サバケス(3)は戦死したこと、ペルシア人たちの守備隊は指揮官を欠いており、無力であること、エジプト人たちはつねに総督たちに敵意を持っており、自分たちを敵ではなく味方と見なしてくれるだろうと説いた。二九　必要はあらゆることを試してみるよう強いるものである。実際、最初の希望が運命によって見捨てられてからは、未来は現在よりもよいもののように思えたのであった。そうして彼は、兵士たちが期待に胸を膨らませているあいだにその士気を利用しない手はないと考え、ダレイオスにより先発させられたと偽り、河口の町ペルシオン(4)に入城した。三〇　かくしてペルシオンを手に入れたのち、軍勢を

(1)第三巻第十一章一八参照。
(2)フェニキアの港町。アラドスとビュブロスのあいだにある。
(3)第三巻第十一章一〇参照。
(4)ナイル河口東側の町。

メンピス(1)へと向けた。その報を聞いて、気まぐれで、大事を行なうより変革を好む民族のエジプト人たちは、ペルシア人の守備隊をやっつけるためそれぞれの村や町から駆け集まった。

ペルシア人たちはおびえたが、エジプトを保持する希望は捨てなかった。三一　しかしアミュンタスは戦闘で彼らを破り、町の中へ退かせた。そうして陣営を設け、勝利者として耕地を略奪してまわった。あたかも敵の財産がその場に放棄されたかのごとく、すべてが略奪の対象になった。三二　それでマザケス(2)は、戦闘に敗れて自軍の兵士たちが恐怖に沈んでいるのがわかってはいたが、敵はばらばらになっていて、勝利の自信のため油断していることを示し、町から出撃して、失ったものを取り返すことをためらうなと説き伏せた。三三　この計画は理に合っており、よい結果を生んだ。すなわち、敵は指揮官ともども全員が一人残らず倒れたのである。自分が逃げ出した王に劣らず自分が逃げ込んだ王に対しても忠義でなかったアミュンタスは、このようにして両王に対して罪を償った。

三四　イッソスの戦いで生き残ったダレイオスの将軍たちは、ついてきた全軍勢にカッパドキアとパフラゴニアの若者を加え、リュディアを奪還しようと試みていた。三五　アレクサンドロスの将軍アンティゴノス(3)がリュディアの指揮官をしていた。彼は守備隊から大部分の兵士を王のもとへ送っていたが、異民族《バルバロイ》軍を侮っていたので出撃して戦闘隊形を組んだ。ここでも幸運の女神はマケドニア軍に微笑んだ。場所を変えて三度会戦したが、ペルシア軍が敗走させられた。三六　同じ頃、ギリシアから召集したマケドニア海軍は、ヘレスポントスの海岸を奪還すべくダレイオスによって派遣されていたアリストメネス(4)を打ち破り、彼の艦船を捕獲もしくは沈没させた。三七　それからペルシア艦隊の指揮官パルナバゾスはミレトスの人々から軍資金を徴収し、守備隊をキオスの町に入れてから、一〇〇隻の船でアンドロス島とシプノス島[5]に向かった。この二島も守備隊で占拠し、罰金を課した。

三八　ヨーロッパとアジアの最も裕福な王たちによって全世界の支配権をめぐって戦われていた大戦争は、ギリシアとクレタにおいても戦争を引き起こしていた。三九　ラケダイモンの王であったアギス[6]はキリキアから亡命し、帰国を達成していた八〇〇〇人のギリシア人たちを集め、マケドニアの指揮を任されていたアンティパトロスに戦争をたくらんでいた。四〇　クレタ人たちはこちら側についたり、あちら側についたりし、ある時はスパルタ人の、ある時はマケドニア人の守備隊によって占領されていた。しかし彼らのあいだの戦いは、たいした問題ではなかった。運命の女神が注目する戦いは一つで、その戦いに他のすべての戦いの命運がかかっていた。

（1）エジプトの古都。
（2）イッソスの戦いで倒れたサバケスの指揮官代行と思われる。
（3）アリアノス『アレクサンドロス大王東征記』第一巻二九-三によればリュディア総督ではなく、大プリュギア総督であったという。アンティゴノスはアレクサンドロス存命中は目立った働きを示さなかったが、王の死後強力なディアドコイ（後継者）の一人となる。
（4）ダレイオスに仕えていたギリシア人将軍。
（5）どちらもエーゲ海キュクラデス諸島に属する島。
（6）スパルタ王。ギリシア本土での反マケドニア勢力の指導者。ペロポンネソス諸国の大部分をマケドニアから離反させることに成功するが、アンティパトロスに破られ、戦死。第六巻冒頭参照。

第二章

一　すでに全シリアとテュロス[1]を除くフェニキアもマケドニア人の支配下に入り、王は陸地に陣営を築いていたが、その陸地から狭い海峡がテュロスの町を分けていた。二　テュロスは大きさにおいても名声においてもすべてのシリア、フェニキアの町に比べて際立った町であり、アレクサンドロスとの同盟は歓迎するものの支配権は受け入れる気はないように思われた。それで贈り物として黄金の冠を使節が運んできた。また町から大量の糧食を快く提供した。王は、贈り物は友人からのものとして受け取るよう命じ、使節に愛想よく話しかけ、テュロスの人々がとくに崇めているヘラクレス[2]に犠牲を捧げたい、三　マケドニアの王は血筋をかの神から引いていると思っており、自分はそうするようにとの神託があったと言った。四　使節は答えた。「ヘラクレスの神殿は町の外、自分たちがパライテュロス[3]と呼んでいる場所にあります。王はそこでしかるべく神に犠牲を捧げられたい」。五　アレクサンドロスは通例怒りの抑制ができなかったが、このときも怒りを抑えられなかった。「おまえたちは」彼は言った。「島に住んでいるからと思って地形を過信し、この歩兵の軍隊を見くびっているが、すぐにおまえたちが大陸にいるのだということを教えてやろう。それゆえわたしを町に入城させるか、さもなくば攻略されることになるということを覚悟せよ」。

六　退出を許された使節はこの返答を持ち帰り、シリア、フェニキアが受け入れた王の町への入城を認めるよう市民たちに警告しようとした。七　しかし住民たちは、地形を頼りに包囲に耐えることを決めた。というのも、町は大陸から四スタディオン[4]の海峡で隔てられているからである。とりわけ南西風が沖からの波をたえず海岸に打ちつけていて、八　マケドニア人たちが島を大陸と結びつけようと計画している工事の遂行に、その風ほど妨げとなるものはないのであった。実際、海が穏やかで静かなときでも、突堤を作ることはきわめて困難なのである。基礎が築かれようとするたびに南西風が吹きつけ、波の一撃を受け、崩れてしまうのである。波の破壊力は強く、結合部分に入り込んだり、風が激しいときは突堤の最上層部まで叩きつけ、どのように堅固な建造物でも破壊してしまうのである。この困難さのほかにもまたこれに劣らぬ問題があった。九　町の城壁と塔は、深い海によって囲まれていたのである。弩《ど》砲も遠く離れた船から撃つのでないかぎり使えず、城壁に梯子をかけることもできなかった。海中から切り立った城壁は歩兵の進軍を不可能にしていた。王はまた船を持っていなかった。たとえ船を近づけたとしても、ぐらぐらして安定していない船は弓矢や投石器で撃退が容易であった。

一〇　そうこうしているうちに、ある小さい出来事がテュロス人の自信を高めることとなった。カルタゴ人の使節が、毎年恒例の儀式を父祖の慣例に従って行なうためやって来ていた。実際カルタゴはテュロス人

---

(1) フェニキアの都市。本土側のパライテュロス（古いテュロス）とは切り離された島の上に築かれた。このテュロス攻囲戦が始まったのは前三三二年一月。

(2) ギリシア人たちはフェニキア人たちの最高神メルカルトをヘラクレスと同一視していた。

(3)「古いテュロス」。対岸の陸地にあった。

(4) 約七二〇メートル。

が建設したものであり、カルタゴ人はいつも母市を敬っていたのである。一一　それでカルタゴ人たちは包囲に勇気を持って耐えるように励ましはじめた。「そのうちカルタゴから援軍が来るであろう」と。というのも、当時カルタゴの艦隊は地中海の大部分を支配していたからである。一二　それで戦争の宣言がなされ、すべての城壁、塔に弩《ど》砲が配備され、若者たちには武器が配られ、町にたくさんいた職人たちは工房に配置された。町中が戦争の準備の音でこだました。敵の構築物に投げかけるためのハルパゴン[1]と呼ばれる鉄の手、カラス[2]、その他の町を防御するための防具が考案され、準備されていた。

一三　しかし鍛造《たんぞう》する鉄を炉に入れ、ふいごを近づけ火を煽っていると、炎の中で血がしたたり流れたと言われる。この予兆はマケドニア側の災いを示すと、テュロス人たちは解釈した。一四　マケドニア人側でも、たまたま一人の兵士がパンを裂いているとき血がしたたるのが認められた。王は驚き恐れたが、占い師の中でも最も占術に長けたアリスタンドロス[3]が、血が外から流れたのであれば、マケドニア人たちに災いが、内側からであればいま包囲を決めている町に災いを指し示すものであると解いた。一五　アレクサンドロスは、艦隊は遠くにあり、長期にわたる包囲は他の事業の妨げとなると判断、彼らを何とか講和させようと軍使を派遣した。ところがテュロス人たちは万民法に反してその軍使を殺し、海に投げ込んだ。アレクサンドロスはかくも非道な部下の殺害に激怒し、町の攻囲を決意した。

一六　しかし町を陸と結ぶためには、まず突堤を作る必要があった。神の援助があっても埋め立てることはできそうにはない深い海を眺めて、兵士たちの心は絶望に沈んだ。それほど巨大な岩がどこに、それほど高い木がどこに見出されるというのか？　それだけの海を埋め立てるには、その地の土をことごとく掘り出さなければならない。つねに海は荒れ、島と陸のあいだで、動きを抑えつけられれば抑えつけられるだけいっそう激しく波は荒れ狂う。一七　ところが兵士たちの心の扱いに熟練していたアレクサンドロスは、夢にヘラクレスが現われ、右手を差し出したと明言したのである。かの神が導き手となり、かの神が扉を開け、自分が町に入る夢を見たと。ついでながら、軍使が殺されたこと、万民法が破られたことを語った。この町こそ自分の勝利の進軍を遅らせる唯一の町なのだと。一八　それから、指揮官たちに各自部下を叱咤するよう命令を出した。こうしてすべての者を焚きつけてから工事に取り組んだ。

テュロス旧市から大量の岩が供給された。リバノス山(4)からは、筏や塔建設のための資材が運ばれた。一九　突堤は今や海の底からかなりの高さにまで積み上げられていたが、まだ海面にまでは達していなかった。二〇　その時テュロス人たちが小船を漕ぎ寄せ、武器の扱いで名高い兵士たちが駄獣よろしく重荷を背中に担いでいると言ってからかった。さらに、アレクサンドロスはポセイドンより偉いのかと、ひやかした。こうした罵詈雑言は兵士たちをいっそう奮い立たせた。二一　突堤はすでに水面から顔を出し、その幅も増し、町に近づいていた。テュロス人たちにその建設の速さは予想外であったが、その規模の大きさに気づくと快速艇で未完成部分の周りを巡り、その上で工事している者たちを矢や投槍で攻撃しはじめた。二二　小船の

(1) 敵船に引っ掛けて、引き寄せて乗り込むのに使う道具。
(2) 敵船に投げ込み、引き寄せて破壊するための道具。鴉の嘴の形状をしていた。
(3) テルメッソス出身の名高い占い師。
(4) 現在のレバノン山脈。

接近、後退は容易であったので、こうしてテュロス側は自ら被害を被ることなく大勢のマケドニア兵士を傷つけ、突堤建設より自分たちの身を守ることのほうへと気をそらさせることができた。また突堤が岸から遠くなればなるほど、投げ込まれる資材を深い海がいっそう多く吸い込んだ。

二三　それで、王は作業をしている者たちを皮革や幕で覆い、投槍、弓が当たらないようにするように命じ、突堤の上に二基の塔を建設させ、近づいてくる小船には投擲物を投げつけることができるようにした。

二四　これに対しテュロス人たちは敵の目の届かない海岸に船を着け、兵士を上陸させ、岩を担いでいる者たちを虐殺させた。リバノス山でもアラビア人の農夫が統制のとれていないマケドニア人たちを襲い、三〇人近くを殺し、少数を捕虜にした。

第三章

一　この結果、アレクサンドロスは軍勢を二分せざるをえなくなった。一つの町の包囲にあまりに手こずっているように思われないよう、作業の指揮をペルディッカスとクラテロスに任せ、自分は軽装歩兵を率いてアラビアに向かった。二　一方テュロス人たちは、船尾に岩や砂を積んで船首が高くそびえるようにしたうえで、瀝青と硫黄を塗った大きな船を櫂で漕ぎ寄せた。ちょうどそのとき風が強く吹き、帆を張らせたのですみやかに堤防に近づいた。三　それから漕ぎ手たちは船首に火をつけてから、まさにこの時のためにあとについて来ていた小船に跳び下りた。火をつけられた船はますます炎を大きくしながら、堤防の上に設けられた塔やその他の建造物を火で包んだ。四　一方、小船に跳び下りた者たちは、松明やその他の火を煽るのに適した物を突堤めがけて投げつけた。今やマケドニア人たちの塔の下部だけでなく、てっぺんまで火がつき、塔の上にいた者たちは、一部は火災に飲み込まれ、一部は武器を投げ捨てて海の中に跳び込んだ。五　するとテュロス人たちは、跳び込んだ者たちを殺してしまうよりは捕まえることを望んだので、泳いでいる者たちの手を棒や石で痛めつけ、弱って何も抵抗できなくなったところを船に引っぱり上げた。六　建造物が火事で消失しただけではなかった。たまたまその日は風がいつもより激しく海から吹きつけ、突堤の継ぎ目が波で何度も打ちつけられるうちに緩み、岩のあいだに入り込んだ水で構築物の中央が破壊されるに至った。七　投げ込まれた土の支えとなっていた石の山が崩れると、全体がまっすぐ海の底へ沈み、アレクサンドロスがアラビアから戻ってきたとき、あれだけの構築物の痕跡は何もなくなっていた。

ここにきて、不運な場合によくあるように、各自がそれぞれ別の人のせいにしたのであるが、本当は海の猛威のせいと言うべきであったろう。八　王は新しい突堤の建設を開始し、強風にそなえて、風が側面ではなく正面に当たるようにした。その結果、いわば他の部分は正面に隠されるかたちで風から保護されるようになった。突堤の幅も広げ、中央に立てられた塔が弓矢の射程外になるよう配慮した。九　枝の茂った木をまるごと海に投げ込んでから岩をのせ、岩を積んだ上にまた木をのせ、それから土が盛られる。岩と木の山を次々と積み重ねていき、いわばある種の接着剤を使ったように全体が結びつけられた。テュロス側も、突堤建設を妨害する対策を考案するのにやぶさかではなかった。一〇　とくに有効であったのは、敵から見えないところから水中を潜って、こっそり突堤のところまで行き、高く出ている木の枝に鉤《かぎ》をひっかけて引っ張る方法である。木がそれに続くと、その他の構造物の大部分もいっしょに海の中へ引きずりこまれた。それから重しがなくなった枝や幹を引っぱることは容易で、木材に支えられていた本体も基礎がはずされて底に沈んでいった。

一一　アレクサンドロスは落胆し、攻囲を継続すべきか放棄すべきか悩んでいたところへ、ちょうどキュプロスから艦隊が到着した。また同時に、クレアンドロスが先頃アジアへ移されたばかりのギリシア兵を率いてやって来た[1]。それでこの一九〇隻の船を二翼に分け、左翼をキュプロス王ピュタゴラス[2]とクラテロスとに指揮を執らせた。アレクサンドロス自身は右翼で五段櫂船に乗り、指揮を執った。一二　テュロス側は、艦隊は持っていたものの海戦を戦う勇気はなく、城壁の前に三隻を繰り出しただけであった。王はその三隻を攻撃して沈めた。

一三　翌日、艦隊を城壁に近づけ四方から弩砲で攻撃し、さらに破城槌をぶつけ、城壁を打ち砕いた。テュロス人たちは急いで岩でふさいで修復し、さらに、外壁が落ちても内壁で守れるように、内壁の建設に取りかかった。一四　しかし、全方面にわたってテュロス側の状況は不利であった。防波堤はもはや投擲物の射程距離に入っており、艦隊が城壁の回りを巡っていた。陸戦でも海戦でも敗北が続いていた。マケドニア人たちは四段櫂船を二隻ずつ、船首を結びつけ、船尾はできるだけ離れるようにした。一五　離れた船尾どうしのあいだを帆桁や丈夫な柱で縛り、その上に板を張り巡らして兵士たちが乗れるようにした。このように細工をほどこした四段櫂船を町へ近づけた。兵士たちは船首で保護されていたため、ここから町を防戦している者たちに対し安全に矢玉を投げ込むことができた。

一六　真夜中のことであった。上に述べたように細工した艦隊に、城壁の回りを周航するよう王は命じた。今や四方から船舶が町に迫り、テュロス人たちは絶望のあまり体が動かなかった。ところが突如空に暗雲が立ち込め、ところどころに輝いていた光も一面の霧のため消えてしまった。一七　続いて、海が荒れ、少しずつ隆起を始め、激しい風で波が湧き起こり、船どうしがぶつかりあったのである。今や四段櫂船どうしをつないでいた綱も切れはじめ、板の床は激しい音を立てて崩れ、兵士たちは深い海へと引きずりこまれた。一八　船どうしが結び合わされていたので、荒れ狂う海ではどうやっても舵を取ることができなかったのである。兵士が水夫たちの仕事を、漕ぎ手が兵士の仕事の邪魔をした。このような状況にあってはよく起きることだが、熟練した者が無知な者に従った。実際、いつもは命令をするのが常の漕ぎ手たちがそのときは死を恐れるあまり、命令されたことを実行していたのであった。櫂で激しく、執拗に打たれた海は、ついに水夫たちに屈服した。船は水夫たちに救われ、岸に着けられた。いたるところ損傷を受けてはいたが。一九　たまたまほぼ同じ頃カルタゴからの使節三〇名が到着したが、それはテュロスへの援助というよりは慰めにすぎなかった。カルタゴ人たちは内戦のため援軍を送れず、支配権をめぐる戦いではなく、生存をかけての戦いをしているからというものであった。二〇　当時シュラクサイ人たちがアフリカを攻略(3)してお

(1) 四〇〇〇人のギリシア人傭兵を連れて帰った。第三巻第一章一参照。
(2) テュロス陥落後は名誉と報酬を得て、母国に帰っている。
(3) シュラクサイ人がアガトクレスの指揮のもとアフリカに渡ったのは前三一〇年のこととされるので、ここの箇所の記述は正確ではない。

り、カルタゴの城壁から遠くないところに陣営を設けていた。テュロス人たちは大いに失望したが戦意を失いはしなかった。とはいえ、妻や子供たちはカルタゴへ移送してくれるよう頼んだ。自分たちの大切な一部分が町の共通の運命に含まれなくなれば、これから起こるどのようなことにもいっそう勇敢に耐えられるであろうと考えてのことであった。二一　そうこうしているとき、市民の一人が集会で、テュロス人がとくに崇めているアポロンが夢に現われ、町を見捨て、マケドニア人たちが海に築いた突堤が森に変わったという話をした。十分信用ができるというわけではなかったが、二二　恐怖のため悪いほうへ悪いほうへ信じがちな人々は、かのヘラクレスが——テュロスの人々は町をヘラクレスに捧げている——アポロンを引き止めてくれはしないかと、アポロンの像とヘラクレスの祭壇を縄で結んだ。その神像はカルタゴ人たちがシュラクサイから奪って、母市に安置したのだが、自分たちが攻略した都市からのその他多くの戦利品で、カルタゴ以上にテュロスを飾っていたのである。

二三　自由人の男の子をクロノスに捧げるという犠牲の習慣(1)、わたしとしてはそれが神々に嘉《よみ》されるものとはとうてい思えないのであるが、長年中断されてきたその儀式の復活を唱える者が出てきていた。これは宗教的儀礼というよりは神々を冒瀆するものであるが、カルタゴ人たちは、都の創立者たちから受け継がれ、カルタゴの滅亡まで続けていたと伝えられる。この時も、あらゆることを諮問する元老会が反対しなかったならば、恐るべき迷信が人間愛に打ち勝ったことであろう。二四　さて、どのような発明家より想像力のある「必然の女神」が、通常の防御だけでなく、新奇な防御法を編み出した。城壁に近づいてくるマケドニアの船にからませるために、テュロス人たちは丈夫な棒にハルパゴン(2)を縛りつけ、弩砲でその棒を飛ばすと、すぐに綱が緩んで棒が船に落ちるようにした。二五　その棒からぶら下がっている鉤《かぎ》や鎌が、船の戦闘員や船自体を引き裂いた。また青銅の盾を強い火で熱し、高熱の砂や泥を焼いたものをその上にのせ、城壁の上から転がした。二六　どんな疫病もこれほど恐れられたことはなかった。実際、高熱の砂が鎧と体のあいだに入るとどうやっても振り払うことはできず、触れるものはことごとく焼き尽くし、兵士たちは武器を投げ捨て、体を守るすべてを引き裂き、傷に曝されるままとなり、反撃できなかった。カラス[3]や鉄の手も弩砲を使って発射され、大勢の兵士の命を奪った。

第四章

一　ここにおいて王は包囲を解き、エジプトを目指す決心をしていた。恐るべき速さでアジアを席捲したものの、たった一都市の城壁にてこずり、大いなる偉業を成し遂げる機会を逸しているからであった。二　とはいえ、膠着状態が続くことに劣らず、何の成果を収めることなく立ち去ることを恥とした。これまで武器を使う以上に、自分の名声で敵を屈服させてきたのであるが、もしテュロスがアレクサンドロスは不敗で

(1) ディオドロスによると前三一〇年にはクロノスに三〇〇人以上ものカルタゴ人が犠牲にささげられたという。ローマ人は人身御供を嫌悪していた。

(2) 六九頁註(1)参照。

(3) 六九頁註(2)参照。

はないという、いわば証拠として残されることになれば、この名声に傷がつくと考えたのである。それでどのようなことも試さずに済ましてしまうことがないよう、今まで以上の船を出動させ、兵の精鋭を乗り込ませるよう命じた。**三**　その時たまたま著しい大きさの怪物(1)が波間に背を見せ、マケドニア人たちが築いた突堤にその巨体を横づけし、波を打っては体を持ち上げるさまが両陣営から観測された。**四**　次いで突堤の頂から再び水に潜り、ある時は波の上にその大部分の姿を現わし、ある時は波の下に姿を隠し、町の防塁から遠くないところで身を沈めた。**五**　怪物の出現は双方の陣営にとって吉兆と解釈された。すなわち、マケドニア人たちは怪物が工事をする道しるべを示してくれたと考えたのである。一方、テュロス人たちは、海を占拠されたことに腹を立てたポセイドンが怪物を送り込んだのであり、間違いなく突堤は間もなく崩れるであろうと考えた。それでこの吉兆に喜んだテュロス人たちは分かれて酒盛りを始め、葡萄酒をたらふく飲んだ。こうして酒に酔った状態で、花輪で飾った船に日の出とともに乗り込んだ。勝利の予兆を祝ったばかりでなく、あたかももう勝利が決まったもののように、勝利の喜びにふけったのである。

六　その時たまたま艦隊は別の方向へ派遣されており、岸には三〇隻の小船が残されていた。テュロス人たちはそのうち二隻を拿捕、他の小船にも大きな恐怖を与えたが、部下の兵士たちの叫び声を聞いたアレクサンドロスはその声がした海岸のほうへ艦隊を急行させた。**七**　マケドニア艦隊の中で速さでは他にまさる五段櫂船が最初に到着した。テュロスの艦隊はそれに気づくと、二隻がそれぞれ反対の方向から五段櫂船の側面向かって突撃した。五段櫂船は二隻のうちの一隻に向かっていったが、もう一隻の方が船首をぶつけ、そのまま外れなくなった。**八**　船首が引っかかっていないほうの船は自在に旋回し、五段櫂船のもう一方の側面に突撃しようとしていた。ところが、アレクサンドロスの艦隊の三段櫂船が、五段櫂船に迫ろうとしている敵船に時機を見計らって激しく突っ込み、勢いでテュロスの舵取りは船尾から海に振り落とされた。九　それからマケドニアのさらに多くの船が来援、王も到着した。テュロス人たちは引っかかっていた船を、櫂を必死で漕いで逆走させ、全船で港を目指した。王はただちに追跡したものの、遠く城壁から矢玉を投げられ、港に入港はできなかった。しかし敵のほとんどすべての船舶は沈めるか捕獲できた。

一〇　それから兵士たちに二日間の休息を与えてから、艦隊と工兵隊に同時進撃し、おびえている敵に四方から迫るよう命じた。自分は塔のてっぺんに登り、勇気のあるところを見せたが、同時に狙われる危険も大きかった。一一　王の徴《しるし》と輝く武具は一目でわかり、とりわけ飛び道具の目標となった。王はまことに見事な武勲を見せた。城壁で防戦する大勢の敵を投槍で倒し、さらに接近戦でも何人かの兵を盾と剣で追いつめ、下に突き落とした。王が戦っていた塔は、敵の城壁とほとんど接していたからである。

一二　多くの破城槌の攻撃で城壁の石組みが緩み、城壁は崩れ、艦隊は港に入り、マケドニアの兵士たちの中には敵が見捨てた塔によじ登る者もいた。テュロス人たちはこれほどの災禍に圧倒され、ある者は嘆願者として神殿内に逃げ込み、ある者は家の戸を閉じて自発的な死を選び、なかには敵に突撃して、一矢を報いつつ倒れる者もいた。大部分の者は屋根の上に登り、石やそのほか、一三　その時たまたま手もとにあっ

(1) belua（怪物）という語はしばしば鯨を指すのに用いられているが、このエピソードはアレクサンドロス大王についてのヘブライの伝承から生じたものと言われている（旧約聖書のヨナと鯨の話参照）。こ

たものを、近づいてくる敵めがけて投げつけた。アレクサンドロスは、神殿に逃げ込んだ者を除き全員を殺し、家に火をかけるよう命じた。一四　このことが先触れによって告げられたが、武器を持っていた者で神々に助けを求めようとした者は誰もいなかった。神殿は男の子や女の子でいっぱいになったが、男たちはそれぞれ自分の家の玄関に立ち、迫り来る運命の時を待った。

一五　しかしマケドニア軍の守備隊にいたシドン人のおかげで大勢のテュロス人が救われた。勝利者たちに混じってシドン人たちも町に入場したからである。シドン人たちはテュロス人たちとの血のつながりを忘れず――というのもどちらの町もアゲノル[1]が建設したと信じていたからであるが――大勢のテュロス人たちをこっそり保護し、自分たちの船に連れ帰ったからである。船に隠されたテュロス人たちはシドンに運ばれた。一六　こうした救出により一万五〇〇〇の人が虐殺から免れた。どれほどの血が流されたかは、城壁内で六〇〇〇の武装市民が虐殺されたという記録から見積もることができる。一七　続いて王の怒りが勝利者たちに悲惨な見世物を提供することになった。兵士たちの怒りを免れた二〇〇〇の市民が、海岸の広大な区間にわたって十字架刑に科せられたのであった。一八　王はカルタゴの使節だけは助命したものの、カルタゴに対して宣戦布告した。実際の戦争は現在の状況のため延期されることになったが。

一九　古い歴史と運命の転変により後世に広く知られた町テュロスは、攻囲が始まってから七ヵ月目に陥落した[2]。アゲノルにより建設され、長いあいだ近隣だけでなく艦隊が向かうところはどこでも領土に加えた。そしてもし言い伝えを信じるならば、この民族が初めて文字を教えたか、もしくは学んだ。その植民市はたしかにほとんど全世界中に分布している。すなわち、アフリカのカルタゴ、ボイオティアのテバイ、大西洋に面するガデス(3)がそうである。二〇　思うに、海を自由に航行し、何度も出かけることにより、他の人々が知らなかった土地を当時人口が増えていた若者たちの居住地に選んだのだ。もしくは度重なる地震の被害に──そういう言い伝えもあるのだが──住民たちは疲れ、新しい外国の住居を武器で獲得することを余儀なくされたのであろう。二一　かくて多くの災難を経験し、陥落ののちに再生した町は、いま寛大なるローマの保護のもと、やっと長期の平和が世界を包むようになり、その恩恵に浴しているのである(4)。

第五章

一　ほぼ同じ頃ダレイオスからの書簡が届いた。今回ばかりは「王」宛てになっていた。自分の娘──スタテイラ(5)という名前であった──を娶ってくれるようアレクサンドロスに求めていた。ヘレスポントスからハリュス川までの地方(6)を持参金とすること、自分はそれより以東の領地で満足である。二　もし差し出されたものを受け取るのがためらわれるなら、幸運が長いあいだ同じ頂《いただき》にとどまることは決してないこと、人

(1) リビュエとポセイドンの子。カドモス、ポイニクス、エウロペの父。シドンおよびテュロスの王となる。
(2) 前三三二年の七月か八月のこととされる。
(3) 現在のスペインのカディス。
(4) pax Romana（ローマの平和）を享受しているとされるので、本書の執筆時期を考えるヒントになる。解説参照。
(5) ダレイオスの娘。やがてスサでアレクサンドロスの妻となる。
(6) かつてのリュディア王国の領域であった。

間はどれほど幸運であったとしても、それだけいっそう大きなねたみを受けることになるということを思い起こしてほしい。三　軽い体に生まれつき天空に翔け上がる鳥のように自らうぬぼれ、子供っぽく思い上がっているのではないかと恐れている。その年齢でこれだけの幸運をつかむことほど簡単なことは何もない。四　自分にはまだ多くのものが残されており、いつも隘路で不意打ちに遭うわけではない。アレクサンドロスは自分の王国の防塁であるエウプラテス川、ティグリス川、ヒュダスペス川[1]を越えねばならない。平原に出れば、兵力の少なさに赤面するであろう。メディア、ヒュルカニア、バクトラに、五　さらにオケアノスの住民インド人のところにはいつ着くのか？　ソグディアナ[2]、アラコシア[3]、その他カウカソス山脈[4]やタナイス川[5]に接する民族は言わずもがなだ。これほどの領地をたとえ戦闘なしで進軍するにしても年を取ってしまうであろう。六　自分を呼び寄せることはやめるように。自分がやって来たときにはそれはアレクサンドロスの破滅となるであろうと書かれてあった。

七　アレクサンドロスは書簡を持ってきた者に返答した。ダレイオスが与えようとしているものはもはや彼のものではない。すべてを失っていながら分配しようと言っている。リュディア、イオニア、アイオリス[6]、ヘレスポントスの海岸を持参金にくれるというがそれは自分の勝利の褒賞である。講和の条件は勝者が決め、敗者が受け入れるものである。両者がいったいどういう状態にあるのかダレイオスだけが知らないのであれば、できるだけ早く戦で決着をつけよう。八　海を渡っているとき自分の支配権に加えたいと思ったのは、キリキアあるいはリュディアではなく――これだけの戦争の報酬としてそれは少なすぎる――ペルシア帝国の首都ペルセポリス、それからバクトラ、エクバタナ[7]、さらに最果ての東方の海岸である。海を渡ることを知っている者に川の脅威を挙げることはやめるように。

九　両王はこのような書簡のやり取りを行なった。一方ロドス人たちは町と港をアレクサンドロスに明け渡した。王はキリキアをソクラテス(8)にゆだね、テュロス周辺の地の指揮をピロタス(9)に命じた。パルメニオンはコイレと呼ばれていたシリアをアンドロマコス(10)にゆだね、自らは残りの戦争に参加することになった。

一〇　王はヘパイスティオンにフェニキア沿岸を艦隊で航行するよう命じてから、全軍を率いてガザの町に赴いた。

一一　ほぼ同じ頃、全ギリシアのポリスが参加するイストモス祭(11)が催されていた。この集まりで、生まれつき日和見の民族であるギリシア人たちは、ギリシアの安全と自由のために成し遂げた偉業に対し、勝利の

(1) インドス川の支流。現在のジェルム川。
(2) アラル海南方、オクソス川とヤクサルテス(タナイス)川のあいだの地域。
(3) ペルシア帝国東部の一地域。
(4) 現在のカフカス(コーカサス)山脈ではなく、ヒンドゥー・クシ山脈を指す。
(5) この名は、一般には現在のドン川のことだが、ここではそうではなく、ヤクサルテス川(現在のシル・ダリヤ川)を指す。
(6) 小アジア西部の地域。
(7) メディアの首都。アケメネス朝ペルシアの王都の一つ。現在のハマダン。
(8) 指揮官の一人。
(9) 指揮官の一人。有名なピロタス(パルメニオンの子)ではない。
(10) 指揮官の一人。
(11) 二年に一度コリントスのイストモスで催される競技祭。このときは前三三二年の夏であった。

贈り物として黄金の冠を届けるべく一五人の使節を王のもとに送ることを決めた。一二　この同じギリシア人たちは少し前までは運命が自分たちの揺らぐ心を導くほうへついていこうと、不確かな噂に聞き耳を立てていたのである。

一三　さて、王自身まだ帝国の軛《くびき》を拒む町を平定していったが、優れた指揮官である王の将軍たちも多くの国を攻略していった。カラス[1]はパフラゴニア[2]を、アンティゴノスはリュカオニア[3]を、バラクロスはダレイオスの将軍イダルネス[4]を破り再びミレトスを確保した。一四　アンポテロスとヘゲロコスは一六〇隻の艦隊でアカイア[5]とアジアのあいだにある島々をアレクサンドロスの領地に加えた。テネドスの奪還も終わったので、次は住民からの要請もあるキオスを攻め取ることに決定した。一五　しかしダレイオスの総督であるパルナバゾスがマケドニア派の者たちを捕らえ、ペルシア派の人間であるアポロニデスとアタナゴラスに、ほどほどの守備隊とともに引き渡した。一六　アレクサンドロスの指揮官たちは町の包囲に固執しようとしたが、それは自分たちの力を頼んでというより、包囲されている住民の意思を頼みにしてであった。その判断は正しかった。というのもアポロニデスと兵士たちの指揮官のあいだで不和が生じ、それが町突入の機会を与えることになったからである。一七　すでに町を売り渡す計画を練っていた市民たちは、マケドニアの大隊が城門を破って侵入するや、アンポテロスとヘゲロコスに合流した。ペルシア人の守備隊は殺され、パルナバゾス、アポロニデス、アタナゴラスは縛られ引き渡された。一八　さらに、兵士と漕ぎ手を含む一二隻の三段櫂船、乗員なしのものが三〇隻、海賊船、ペルシア人に雇われたギリシア人傭兵三〇〇〇人も引き渡しを受けた。このギリシア人傭兵は各部隊の補充に分配され、海賊たちは処刑、捕虜となった漕ぎ手たちは艦隊に配属された。

一九　たまたまメテュムナ[6]の僭主アリストニコスがキオス島で起きたことを何も知らずに、海賊船を率いて第一更[7]に港の入り口にやって来た。歩哨に誰かと尋ねられ、アリストニコスがパルナバゾスに謁見を求めているのだと答えた。二〇　歩哨たちは、パルナバゾスはもう休んでおり謁見はできないが、同盟者で友人である者に対して港は開かれており、翌日パルナバゾスと謁見できるであろうと確言した。二一　アリストニコスは真っ先に入港することをためらわず、海賊船も指揮官に続いた。そうして船団が埠頭に接岸しているあいだに歩哨たちにより港の入り口が閉じられ、近くで夜の見張りをしていた兵士たちが召集された。抵抗する者はなく、全員が捕縛され、アンポテロスとヘゲロコスに引き渡された。二三　マケドニア人たちはそこからミュティレネ[8]に渡った。ミュティレネは先頃アテナイ人カレスが占領しペルシア人二〇〇〇の守備

(1) 指揮官の一人。一三頁註(6)参照。
(2) 小アジア北部、ビテュニアとポントスのあいだに挟まれる地域。
(3) 小アジアの内陸部、プリュギア、キリキア、カッパドキアに囲まれる地域。
(4) 総督マザイオスの子。パルナバゾスの艦隊の指揮官を務める。
(5) ここではギリシアを指す。クルティウスの時代にギリシアはアカイア属州となっていたため。
(6) レスボス島の都市。
(7) 日没から午後九時頃までの時間帯。
(8) レスボス島の都市。

隊で守っていたが、包囲に耐えることはできず、安全に撤退できる保障を得たのち、町を明け渡し、インブロス島(1)へ向かった。マケドニア人たちは降伏した者たちを助命した。

第六章

一 ダレイオスは書簡や使節を通して達成が可能であると思っていた講和が絶望的になると、いっそう強力に戦争を再開するため勢力を立て直すことに心を向けた。二 それで、各軍の指揮官たちにバビュロニアに集結するように、バクトリアの将軍であるベッソス(2)にもできるだけ多くの軍勢を集めて参上するよう命じた。三 このバクトリア人というのは野蛮な気質を持ち、ペルシア人たちの奢侈の風にはまったく染まっておらず、かの部族たちの中でも最も勇敢であった。最も戦闘的で、略奪を糧として生活しているスキュティア人たちから遠くないところに住み、つねに武装していた。**四** しかしベッソスは第二位の地位に決して甘んじようとはしない性格であったため、王は裏切りを疑い、彼を恐れていた。王位は謀反によってのみ獲得できるため、王位を狙う彼の謀反を恐れたのである。

五 しかしながら、アレクサンドロスはダレイオスがどの方向に向かったのかあらゆる手段を使って調べたが、突き止めることはできなかった。ペルシア人たちは独特の慣習により、王の秘密を驚くべき口の堅さで守っていたのである。六 恐怖によっても期待によっても隠されていることを、一言でも暴き出すことはできないのである。王侯の古い掟《おきて》が口外に死罪を定めていた。舌の軽さはいかなる犯罪より厳しく罰せられた。マゴス僧たちは、自然が人間に与えた最も容易なことである「沈黙を守る」ということが困難な者は、大事を引き受けることができないと考えていた。七　こういう理由により敵側で何が行なわれているのかアレクサンドロスは知ることができないまま、ガザ(3)の町を包囲していた。

町の指揮を執っていたのは王に対する忠誠心の厚いベティスで、小規模の守備隊で巨大な城壁を守っていた。八　アレクサンドロスは、地形の性状を見極めてから坑道を掘るよう命じた。海が近いため大量の砂の堆積により地面が柔らかくなっていて、秘密の坑道を掘りやすいからである。坑道を妨げるような岩や軽石もなかった。九　それで町の人々が工事を始めた方向を見ないように、町の逆の方向から攻城塔を城壁に近づけるよう命じた。しかし同じくこの土壌は塔を動かすのにも不適で、砂が陥没して車輪の回転を遅らせ、また塔の台座を砕き、多数の者が傷つけられても反撃できなかった。塔を前進させるのにも後退させるのにも同じ困難が兵士たちを疲弊させた。一〇　それで後退の合図を出し、翌日城壁をぐるりと包囲するよう命じた。そうして次の日の出に軍隊を展開させる前に父祖のやり方で犠牲を捧げ、神々の援助を嘆願した。

一一　たまたま一羽の鴉《からす》がそばを通りかかり、爪で挟んでいた土くれを突然落とした。その土くれは王の頭に当たり、砕けて散ったのだが、落とした鴉のほうはそばの塔にとまった。その塔は瀝青と硫黄が塗っ

(1) エーゲ海北東部の島、現イムロズ。
(2) バクトリアとソグディアナの総督。
(3) パレスティナの重要な海港都市。

てあったため鴉《からす》は翼がひっつき何度も飛び立とうとしたができず、そばにいる者たちに捕まってしまった。一二　これは占い師に占わせるべきことのように思われた。アレクサンドロスにも迷信深いところがあったのである。それで最も信頼されていたアリスタンドロスはその予兆はガザの陥落を予言するものであるが、王が負傷する恐れがある、それでその日は何事も始めないようにと警告した。一三　王は、安心してエジプトに入るのにたった一つの町が邪魔をしていることに我慢がならなかったが、ここは占い師の意見に従い、退却の合図をした。

　それを見ると、包囲されている者たちの意気はあがり、門から出撃して、退却していく者たちに突撃をかけた。敵のためらいは自分たちの好機と考えたのである。一四　しかし彼らは激しく戦いを始めたものの、戦意はそれに見合わなかった。何となればマケドニア軍の軍旗が方向を転じるのを見ると、ぴたと進むのを止めたからである。今や戦っている者たちの叫び声が、王のところまで聞こえていた。王は警告されていた危険のことはほとんど意に介さなかったが、朋友たちが嘆願するのでふだんはめったに着ない鎧を着て、前線に赴いた。一五　ダレイオスの兵士でアラビア人の一人がそれを見て、身の程を越えた所行をたくらみ、盾に剣を隠して逃亡兵として王の足もとに身を投げた。王は嘆願者に、立って部下たちのところへ行くように命じた。一六　すると異民族《バルバロイ》の男は剣をすばやく右手に持ち替え、王の首を狙った。王は体を少しひねって剣先をかわし、失敗した異民族《バルバロイ》の男の手を自分の剣で切り落とした。その日に警告されていた危険は、それで終わったと王は考えた。

一七　しかし、わたしが思うに、宿命は避けられないものである。実際、最前線で勇ましく戦っているとき矢で射られ、矢は鎧を貫き、肩に刺さっていたのを侍医ピリッポスが引き抜いた。一八　すると多量の血が流れ出し、鎧が邪魔をして傷がどれほど深いものかわからなかったためすべての者が恐れた。王自身は顔色ひとつ変えず、出血を止め、傷口を包帯で巻くよう命じた。一九　痛みを抑えてか、隠してか、先頭に立って長いあいだ戦いを続けたが、少し前に包帯で止められていた血が激しく流れ出し、血が暖かいうちは、痛みはひどくなかったが、冷めてくるにつれ傷口が腫れだした。二〇　それから気を失いかけ、膝をついた。そばにいた兵士たちが抱き上げ陣営へと運んだ。ベティスは、アレクサンドロスは死んだと思い、勝ち鬨をあげて町に戻った。

二一　アレクサンドロスは傷が完治するのを待たず、城壁の高さに匹敵する土塁を作らせ、またさらに多くの坑道を城壁の下に掘るよう命じた。二二　町の住民たちはそれまでの城壁の頂の上にさらに新しい防塁を作ったが、それすら土塁の上に立てられた塔の高さには及ばなかった。そうして町の内部まで飛び道具にさらされるようになった。二三　坑道で城壁が崩されたのが町にとっての最後のとどめとなり、破れた城壁の隙間から敵が入ってきた。王自ら最前列の兵士を率いて戦ったが、油断をしていて脚に石を投げつけられた。二四　前の傷もまだふさがっていなかったが、槍にすがり最前列で戦った。町の包囲で二度も負傷したことでいきり立ってもいた。

二五　ベティスは見事な戦いぶりを見せたが、多数の傷を受け疲弊し、部下たちに見捨てられていた。しかしそれでも、自分と敵軍の血でぬるぬるした武器を振るって、しつこく戦おうとした。二六　しかし四方から飛び道具で狙われ、力も尽きたので、ついに敵の生け捕りとなった。アレクサンドロスはそれまでは敵将に対しても武勇を賛嘆するのが常であったのだが、ベティスが連れてこられると[1]勝ち誇り、「おまえの望む仕方で死なせはせぬ。捕虜に対して考えうるかぎりの刑罰を用意するから覚悟しろ」と言った。二七　ベティスは少しも恐れを見せなかっただけでなく、王を軽蔑の目で見つめ、その脅しに対しては一言も返さなかった。二八　するとアレクサンドロスは言った。「おまえたち、こやつがなんと頑固に沈黙を保っているか見たか？　やつは膝を曲げたか？　嘆願の声を上げたか？　しかしその沈黙を破らせてやろう。たとえ何も言わなくても少なくとも呻き声を上げさせてやろう」。二九　それから怒りは狂気に変わり、新たな幸運が外来の風習を呼び込んだ。すなわちまだ生きているベティスのかかとに皮紐を通し、車につないで町の周りを馬に引きずらせたのである[2]。王は敵将に対する刑罰において、自分が血を受け継いでいるアキレウスをまねたのだと自慢した。

三〇　ペルシア人、アラビア人の約一万名が倒れた。マケドニア側も犠牲が出た。この包囲は町の名声によってというより、王が二度も負傷したことで名高いものとなった。王はエジプト遠征を急ぎ、アミュンタス[3]に三段櫂船一〇隻を与え、新兵徴発のためマケドニアに派遣した。三一　戦いが勝利しても軍勢は消耗するものであり、征服した部族の兵士よりは祖国の兵士のほうが信頼できるからであった。

第七章

一　エジプト人たちは以前から貪欲で傲慢な主人と見なしていたペルシア人に対して敵意を抱いていたの

で、王の到着という知らせに期待を膨らませていた。彼らは、すでに逃亡者であり、権威も曖昧なアミュンタス(4)さえ喜んで迎えていたのである。二　それで王が通過すると思われたペルシオンへおびただしい群集が集まっていた。そうして王はガザを出発して七日目に、現在アレクサンドロスの陣営と呼ばれているエジプトの地域に到着した。三　それから、歩兵の部隊にペルシオンを目指すように命じてから、自分は精鋭部隊を率いてナイル川で船に乗り込んだ。エジプト人の反乱に脅威を抱いていたペルシア人たちは、王の到着を待っているのに耐えられなかった。四　王はすでにメンピスからすぐのところに来ていた。ダレイオスの将軍で町の守備隊の指揮権を与えられていたマザケスは、八〇〇タラントン以上の黄金のすべてと王の家具調度一切をアレクサンドロスに引き渡した。五　メンピスから同じ川を船で下ってエジプト奥地に入り、エジプト古来の習慣を何も変えることがないよう事を取り決めてから、ゼウス・アンモン(5)の神託を尋ねることに決めた。

六　少数の軽装歩兵でも難渋する行程を進まなければならなかった。大地も天空も水が不足しており、不毛の砂地が横たわっていた。その砂地を太陽の熱気が焼きつけ、熱くなった地面が足の裏を焼き、暑さは耐

(1) 文頭 Sed cum undique telis（しかし四方から飛び道具で）以下欠落がある。フラインスハイムの復元を採用。
(2) ホメロス『イリアス』において、アキレウスはヘクトルの遺体を引きずってトロイアの城壁の周りを三度回った。
(3) アンドロメネスの子。第三巻第九章七参照。
(4) アンティオコスの子。本巻第一章二七参照。
(5) 原語のラテン語では Iuppiter Hammo。エジプト人によって敬われていた天空神アンモンはギリシア人からはゼウスと同一視されていた。

えがたいものであった。七　その地の熱気と乾燥だけではなく、足を入れると深く沈んでしまい、進むのが難渋するしつこい砂とも戦わねばならなかった。八　エジプト人たちはこのような旅程の困難さをいっそう大げさに吹聴していた。しかし、死すべき人間の血筋ではとうてい我慢ができぬアレクサンドロスは、ゼウスを自分たちの祖先であると自ら信じていたか、あるいは他の者たちに信じさせたいと思っていたわけであるが、そのゼウスの神殿を訪れたいという強烈な願望が彼を駆り立てたのであった。九　それで自分が連れていくとあらかじめ決めておいた者たちを連れ、川に沿ってマレオティス湖(1)へ下った。そこへキュレネの使節が贈り物を持ってきて平和を請い、自分たちの町を訪れるよう求めてきた。王は贈り物を受け取り、親交を結び、目的地を目指すことを続けた。

一〇　そうして一日目と二日目は、不毛で瀕死の大地ではあったが、広大で何もない砂漠にまだ到着しておらず、労苦は耐えられるように思われた。一一　しかし、深い砂に覆われた平原が姿を現わすと大海原に乗り入れた船乗りのように、目で大地を探そうとした。一二　一本の木も、何らの耕地の痕跡もなかった。おまけに皮袋に入れて駱駝が運んでいた水まで尽きてしまっていた。乾燥した灼熱の砂地の上には何一つなかった。一三　これに加え太陽がすべてを焦がし、一行の口はからからに渇ききっていた。その時突然、神々の恵みか偶然か、空が雲で覆われ、太陽を隠し、水はなくなっていたが、暑さに疲れた者たちにとってそれは大きな助けであった。一四　実際、嵐となり大粒の雨を降らせたとき、各自がそれぞれの仕方で雨を受け止めた。なかには、喉の渇きで疲弊していて口を大きく開けて受け止めようとする者もいた。

一五　広大な砂漠を通過するのに四日間が費やされた。すでに神託所から遠くないところにやって来たとき、たくさんの鴉《からす》が現われ、ゆっくりした速度で隊の前列の前を飛んだ。そうして隊の進度が遅いときは、地上で休憩し、また羽ばたいて舞い上がり、道案内をするかのごとくであった。一六　神に奉納された聖所へついに到着した。信じがたいことだが、広大な砂漠の中にあって周りはぐるりと樹木が繁茂し、日の光も茂みの奥まではほとんど届かないほど木で覆われ、多くの泉があって淡水が湧き出し樹木を育んでいた。一七　気候は驚くほど温和で、暖かな春に近く、一年中快適さが続いていた。一八　東側ではエチオピア人と接していた。南部はアラビア人――トロゴデュテスと呼ばれ、その居住地は紅海にまで伸びていた――の土地に面していた[2]。一九　西側にはシムオイ族[3]という別のエチオピア人が住んでいた。北にはシュルテス[4]の部族で、船舶の略奪を生業とするナサモネス族[5]が住んでいた。彼らは海岸を占拠し、自分たちがよく知る浅瀬に乗り上げた船を略奪していた。二〇　森の住民たちはアンモニオイと呼ばれており、散在する小屋に住んでいる。彼らは森の中央部を城塞と見なし、三重の城壁で取り囲んでいる。二一　この最初の城壁が、僭主たちの古い王宮となっている。二番目の城壁内には彼らの妻子や妾たちが住んでいる。ここにも神託所がある。三番目の城壁内が従者、衛兵たちの住居である。

二二　また別にアンモンの神託がある。中央に泉があり、太陽の水と呼ばれている。夜明けには生ぬるい

(1) ナイル川西部の湖。後のアレクサンドリアから遠くない。
(2) 本書の地理記述は正確ではない。トロゴデュテスの領域もこれほど広くはなかった。
(3) 不詳。
(4) リビア北方の大砂州地帯。
(5) オアシスの北ではなく、西部に住んでいた。

湯が湧き出ているが、気温が最も暑くなる正午には冷たくなる。夕方になるとまた暖かくなり、真夜中には沸騰する。夜が更け、明け方が近づくにつれ、温度は下がり、夜明けには再びもとの生ぬるさに戻る。二三神として崇められている神体はふつう彫刻家たちが神々を象《かたど》る形ではない。それは臍の形に非常によく似ており、エメラルドやその他の宝石が結びつけられている。二四　神託が求められるときは、神官たちがこの御神体を両側からたくさんの銀の皿がぶら下がった小船にのせて運ぶ。婦人や乙女たちが続き、父祖の慣習に従ってゼウスの心をなだめるためのある種の粗野な歌を歌い、確かな神託を告げるよう願うのである。

二五　さて王が近づくと、最長老の神官が「息子よ」と呼びかけた。そう呼ぶようゼウスご自身が言われたというのである。王は自分が人間であることを忘れ、その言葉を認め、受け入れた。二六　それから、父は自分に全世界の支配権を宿命によって与えられたのかどうか尋ねた。長老は王にへつらい、全世界の王になるであろうと答えた。二七　そのあと王は、自分の父の殺害者たちが全員罰を受けたのか尋ねた。神官は彼の父はどのような犯罪によっても犯されることはないが、ピリッポスの殺害者なら全員が罰を受けたと答えた。さらに、王は神々のところへ来るまでは不敗であるとつけ加えた。二八　それから犠牲を捧げ、神官たちと神に供物を捧げてから、友人たちにもゼウスに伺いを立てることが許された。友人たちは王を神々に対する名誉で崇めてよいかとだけ尋ねた。神官は、そうすることもゼウスは嘉《よみ》されると答えた。

二九　分別ある、健全な目で神託の信憑性を測るならば、それが偽りであることはわかったであろう。しかし、運命の女神が無理やり自分だけを信じるようにさせてしまった者たちはたいてい、栄光にふさわしい者になるというより、いっそう栄光を熱望するようになるのである。三〇　かくてアレクサンドロスは自分をゼウスの子と呼ぶことを許したばかりか、そうするよう命じるようになり、そうした呼称で自分の偉業の名声を高めようとしたのであるが、かえってそれを損なった。三一　王権にはたしかに慣れてはいたが他の民族とは異なり自由の影の中で暮らしてきたマケドニア人たちは、不死を求めようとする王に対し必要以上に頑固に顔をそむけたが、それは彼らにも王にもよからぬ結果を招くことになった。三二　しかし、このことについてはまたしかるべきときに述べることにして、今は話を続けよう。

第八章

一　アンモンから戻ったアレクサンドロスは、パロス島[1]から遠くないところにあるマレオティス湖に到着、地形の性状を観察してから、最初はその島に新しい町を建設することに決めた。二　しかし、島が大きな町を収容できないことが明らかになったので、現在アレクサンドリアがある場所を町の場所に選んだ。アレクサンドリアという名称は建設者の名前から取ったものである。湖と海のあいだのすべての土地を含む、周囲八〇スタディオンの城壁を定め、町の建設を指揮する者たちを残し、メンピスに向かった。三　エジプトの奥地のみならずエチオピアを訪れたいという、不適切ではないが時期尚早な欲望にとらわれていたのである。

(1) 陸からはわずか七スタディオン（約一・三キロメートル）しか離れていなかった。

メムノンやティトノス[1]の名高い王宮が、古代への強い憧れを持つ王をほとんど太陽の限界地点まで引きつけようとしていた。

四　しかし以前よりいっそうの努力を要する戦争が迫っていたため、のんびりした遊覧旅行の暇はとれなかった。それでロドスのアイスキュロスとマケドニア人のペウケステスにエジプトを統括させ、その地方の守備隊として四〇〇〇の兵士を与え、ポレモンにはナイル川の河口を防衛するよう命じ、そのために三〇隻の三段櫂船を与えた。**五**　それから、エジプトに接するアフリカの指揮にアポロニオスを、アフリカとエジプトからの徴税の役をクレオメネスにゆだねた。近隣の町よりアレクサンドリアに移住するよう命じ、新しい町を多数の人で満たした。**六**　ある噂によると、王がマケドニア人たちの風習どおり、小麦粉で城壁の周囲に線を引いたところ、鳥の群れが飛んできてその小麦粉を食べてしまい、その前兆は多くの人々によって凶兆と見なされたが、占い師は、町には多くの人が住みつき、多くの地に食物を提供することになる前触れだと解釈したという。

七　王が流れに沿って川を下っていたとき、パルメニオンの息子で、若い盛りであり、アレクサンドロスのお気に入りの一人であったヘクトルが追いつこうとして小船に乗り込んだ。ところが、その小船はのせることができる以上にはるかに大勢の者が乗っていた。**八**　そのため船は沈み、全員が投げ出された。ヘクトルは長いあいだ川の流れと格闘したが、濡れた服を着たままであることと足がサンダルできつく締められていたため泳ぎを妨げられていたが、それでも半死状態で岸に着いた。疲労困憊しており、危険の恐怖で張りつめていた緊張が解け、息を緩めたとき、ちょうどそばに助ける者は誰もいなかったため——他の者たちは反対側の岸に逃れていたからだが――絶息してしまった。九　王はヘクトルがいなくなったことをひどく嘆き、見つかった遺体を手厚く葬った。

この悲しみに、シリアの指揮官に任じていたアンドロマコス殺害[2]の知らせが追い討ちをかけた。サマリア人たちが焼き殺したのであった。一〇　その死に報復するためアレクサンドロスは全速力で急いだが、到着した王にその大犯罪の下手人たちが引き渡された。一一　それからアンドロマコスの代わりにメムノン[3]に指揮権をゆだね、将軍を殺した者たちを処罰し、メテュムナの僭主アリストニコス[4]やエルシラオス[5]を含む僭主たちを民衆の手に引き渡した。民衆たちはその残虐さゆえに彼らに拷問を加えて殺した。

一二　それから王はアテナイ、ロドス、キオスの使節を接見した。アテナイ人たちは勝利の祝いを述べ、捕虜になっているギリシア人たちを自分たちに返還してくれるよう嘆願した。ロドス人たちとキオス人たちは、守備隊について不満を述べた。一三　全員、その言い分が正当と認められ、願いは聞き届けられた。ミュティレネの人々にもその際立った忠誠のゆえに戦争に費やした費用を返却し、広い地域を領土に加えてやった。一四　ダレイオスに反旗を翻し、テュロスを攻撃している王に艦隊を送ったキュプロスの王たちには

（1）ギリシア神話ではメムノンはティトノスとエオスの子で、エチオピアの王であった。
（2）本巻第五章九参照。
（3）写本ではメムノンとなっているが、おそらくはメノンと読むべきなのであろう。メノンはアリアノス『アレクサンドロス大王東征記』ではケルディマスの子として登場する。
（4）本巻第五章一九参照。
（5）不詳。

ふさわしい名誉が与えられた。

一五　次いで艦隊の指揮官になっていたアンポテロスがクレタを解放するために派遣され——クレタの大半はペルシア人とスパルタ軍に占領されていた——、まず何より海賊船から海を守るよう命令を受けた。どちら側においても敵は相手の王とされたため、海は海賊が跳梁する場となっていたからである。一六　この問題を解決してから、テュロスのヘラクレスに黄金の混酒器と三〇枚の皿を奉納し、ダレイオスに迫るため行軍はエウプラテス川に向けてであると布告するよう命じた。

第九章

一　一方ダレイオスのほうは、敵がエジプトからアフリカへ転じたことを知るや、メソポタミア付近にとどまるべきか、それとも王国の奥地へ向かうべきか迷った。最果ての部族たちには熱意をもって戦争に取り組むよう総督を通してはたらきかけてきたが徹底せず、自分が現地に赴くならば間違いなく、よりいっそう強力に彼らの戦意を引き出すことができるのではと考えたのである。二　しかし、しかるべき筋より自分がどこへ行こうともアレクサンドロスは全軍を率いて向かってくるであろうという噂が広まったので、事態の深刻さを悟り、遠隔地の諸部族の残っている全部隊にバビュロニア集結を命じた。バクトリア人、スキュティア人、インド人がまず集まった。やがて他の部族の部隊もともに集結した。

三　ただ、キリキアに集結したときの戦力に比べるとほぼ倍の勢力ではあるものの、多くの兵士は武器を持っていなかったため、必死で武器の調達が図られた。馬と騎兵には、鉄の薄板を順につないで編み目にした鎧が与えられた。今までは投槍以外は何も与えられていなかった兵士たちに盾と剣が支給され、**四** 騎兵隊も前回より強化を図るため歩兵に荒馬が配布された。敵に恐るべき脅威となると考えられたかの民族独特の兵器、鎌戦車二〇〇輌が続いた。**五** 轅《ながえ》の端からは槍先が飛び出しており、軛《くびき》の両側からは三本の剣が、車輪の輻のあいだからも多数の槍が横に突き出ていた。さらに車輪の外輪には上向きと下向きに鎌がとりつけられ、疾駆する戦車に近づいたものは何であれ切り取られるようになっていた。

六 このように軍隊を整備、武装し終えたのちバビュロンから軍勢を出発させた。右手には名高い川ティグリスが、左手にはエウプラテス川が守っていた。メソポタミアの平原は軍勢で満ちあふれた。**七** それからティグリスを渡り、敵が近いという報告を聞いて、騎兵隊の指揮官サトロパテスを一〇〇〇名の精鋭とともに先発させた。マザイオスには六〇〇〇の兵を与え、敵の渡河を防ぐよう命じた。**八** また同時に、アレクサンドロスが到着予定の地域を略奪し、焦土とするよう指令を授けた。略奪して手に入れたもの以外何も持っていない者は物資を不足させることによって打ち破ることができると考えたからである。自軍への補給は、あるいは地上経由あるいはティグリス経由で運ばれていた。**九** やがて敗戦により名高くなるアルベラ(1)の村に到着していた。ここに糧食、輜重《しちょう》の大部分を残し、リュコス川(2)を橋でつなぎ、先にエウプラテス川

---

(1) 後世アルベラの戦いとして有名になるが、実際の戦闘はガウガメラで、かなり離れていた。

(2) ティグリス川の支流、今日の大ザブ川。

でやったように五日間で軍隊を渡河させた。一〇　そこから約八〇スタディオン進み、別のボウメロス[1]という川のほとりに陣営を設けた。馬が疾駆できる広大な平原で、部隊を展開するには絶好の場所であった。切り株や茂みが地面を覆っているということはなく、はるか遠くまで見通しがきいたのである。それで平野の中の隆起した部分があれば平らにし、高くなっている地点をならすよう命じた。

一一　遠くから見積もれるかぎりであるが、敵の軍勢を見積もった者たちの報告を聞いて、アレクサンドロスはほとんど信じられなかった。何千というあれだけの兵士が殺されたのに、さらにいっそう多くの軍勢が補充されていたのである。一二　しかし、あらゆる危険、いやとくに敵勢の多さを顧慮しない王は、一一日目にエウプラテス川に到着した。エウプラテスに橋を架け、まず騎兵を進ませ、密集歩兵隊に続くよう命じた。彼の渡河を防ぐため六〇〇〇の騎兵を率いてやって来ていたマザイオスは、自らの危険を冒してまで防衛しようとはしなかった。一三　それから休息ではなく、心の準備をさせるための期間二、三日を兵士たちに与えてから激しく敵の追跡を始めた。ダレイオスが王国の奥地を目指し、何もない広大な荒野を追わなければならない事態を恐れたのである。一四　かくてアルメニアを通り四日目にティグリスに到着した。川の向こうは全域、最近の火災の煙が立ち上っていた。実際マザイオスはいたるところ、まるで敵のように火をつけてまわったからである。一五　アレクサンドロスは、最初、立ち込めた煤煙が日の光を暗くしていたため待ち伏せを恐れて立ち止まっていたが、先発しておいた偵察兵たちが危険なものは何もない旨報告してきたため、川の浅瀬を見るため少数の騎兵を先発させた。川の深さは、初めは馬の胸までであったが、川の中央へ来ると馬の首にまで届いた。一六　東方を流れる川でこれほど激しく流れる川はなく、多くの急流の水のみならず岩まで引きずるほどであった。そのため、流れる速さからティグリスと名づけられたのである。ペルシア語で矢のことをティグリスと言うからである。

一七　それで、歩兵隊は戦場と同様に両翼に分けられ、騎兵隊に囲まれながら武具を頭上に持ち上げながら難なく川床まで進んだ。一八　歩兵たちのなかにあって王が一番に川岸にたどり着き、兵士たちに浅瀬の場所を手で示した。声では遠くまで届かなかったからである。しかし、兵士たちはぬるぬるする岩に足もとを奪われたり、速い流れに流されたりして、しっかり足を踏ん張ることができなかった。一九　とくに肩で荷物を担いでいる者たちの苦労はひとかたではなかった。実際、自分自身の制御ができなくなり、やっかいな重荷のため速い流れの渦に巻き込まれたり、各自自分の戦利品を取ろうと熱中するうちに、川との格闘というより仲間との格闘となってしまい、あちらこちらに浮かぶ荷物の山とぶつかってしまう者も多かった。二〇　王は、武器の保持だけで満足するように、他のものは埋め合わせをしてやると呼びかけた。しかし忠告も命令も届かなかった。恐怖の叫びと混じって戦利品を取りあう男たちの叫び声がこだましていたからである。二一　やっとのことで、流れが緩やかな浅瀬があるところを渡り、少数の荷物を除いて何も失われずにすんだ。

二二　もしこのとき誰かが打ち負かそうと思ったなら、軍隊を殲滅させることができたであろう。しかし王の幸運がそこから敵を遠ざけていた。キリキアの隘路でも同じようにあれほどの大軍を打ち負かすことが

（1）今日のハジル川。

出来たし、グラニコス河の場合も同じように対岸にはあれほどの歩兵、騎兵が待機しながら、無事渡河することが出来たのである。二三　アレクサンドロスは無謀さで勝ち進んできたのであるが、はたして軽率に事を運んだかどうかが問題とされたことは一度もないため、無謀であったという非難はあまり当たらない。川を渡ろうとしているところにマザイオスが駆けつけたならば、混乱しているマケドニア軍を間違いなく粉砕できたであろう。しかし現実に対岸に駆けつけたのは敵が完全に武装し終えたあとであった。二四　マザイオスはわずか一〇〇〇名の騎兵しか先発させていなかった。アレクサンドロスはその数を確かめてから冷笑し、パイオニア[1]人の騎兵隊の指揮官アリストンに全速力で攻撃するよう命じた。

二五　その日の騎兵隊の戦いは華々しいものであり、とくにアリストンの活躍はあっぱれであった。ペルシア人騎兵隊の指揮官サトロパテスの喉を槍で貫いたのだ。敵軍の真っただ中、逃げていくところを馬から突き落とし、抵抗するところを剣で首級をあげたのである。首は味方の兵が拍手喝采する中、王の足もとに届けられた。

第十章

一　そこで[2]二日間陣営を張った。それから次の目的地への進軍を布告するよう命じた。二　しかし、第一更に月が欠けはじめ、まず本来の輝きを失い、やがて血の色の染みがつき、全体が変色した[3]。戦いの前にすでに不安を感じていた兵士たちはこの不吉な現象に宗教的畏怖を覚え、さらにある種の恐怖に襲われ動揺した。三　自分たちは神々の意に反して陸の最果てにまで引き立てられようとしている、と彼らは不満を述べはじめた。もはや川を渡ることはできないし、星辰はもとの輝きを保てず、広大な大地、人の住まぬ砂漠があるだけだ。たった一人の虚栄心のためにこれほど多くの血が流され、祖国は嫌悪され、ピリッポスを父と認めず、気違いじみた思い上がりから天空を目指していると。四　今や事態は暴動寸前であったが、王はまったく恐れず、将軍たちや士官たちに大勢で自分の幕舎へ来るように命じ、天と星について最も詳しいと信じていたエジプトの占い師たちに、どう思うか述べるように言いつけた。五　占い師たちは四季を掌《つかさど》る天体が定められた運行をすること、月が欠けるのは月が地球の下側に回るか、太陽に覆われるためであることをよく知っていたが、自分たちにはわかっている理由を大衆たちに教えようとはしないのである。六　さて、彼らは、太陽はギリシア人たちを表わし、月はペルシア人たちを表わす、月食が起きるたびに、かの民族に破滅と殺戮が予知されるのだと確言した。そうしてペルシアの王たちが神々の意に反して戦ったことを月食が示した古い例をいくつも挙げた。七　迷信ほど大衆の心をうまくつかむものはない。ふつうは抑制がきかず、野蛮で、気まぐれな大衆も迷信にとりつかれると、指揮官たちよりも占い師たちに進んで従うのである。こうしてエジプト人占い師たちの回答が伝えられると、戦意を失っていた兵士たちは再び希望と信頼を取り戻した。

（1）マケドニアの北部に住んでいた民族。
（2）ティグリス河畔で。
（3）この月食は前三三一年九月二十一日から二十二日にかけての夜のあいだに起こった。

八　王はこの戦意の高揚を利用しない手はないと考え、第二更に陣営を移動させた。ティグリスを右手に、ゴルデュアイオイと呼ばれる山脈[1]を左手に進んだ。**九**　この方向を進んでいると、先発されていた偵察兵が夜明け近く、ダレイオスが近づいていると報告してきた。それで兵に支度をさせ、戦闘隊形を組んで自ら先頭に立った。**一〇**　しかし大軍と思われたのは、一〇〇〇名ほどのペルシアのはぐれ兵であった。実際、真実を確かめることができないとき、恐怖によって偽りの情報が誇張されるものである。**一一**　王はこれに気がつくと、少数の兵を率い、味方のもとへ逃げていこうとする敵兵を追跡、ある者を殺し、他の者を虜にしてから、偵察のため騎兵を先発させ、同時に、異民族軍《バルバロイ》が火を放った村々で火を消すように命じた。**一二**　それというのも、異民族軍《バルバロイ》は逃げながら急いで屋根や穀物の山に火をつけたのであるが、上のほうは燃えていても下のほうまではまだ火が達していなかったのである。

一三　それで火を消すと大量の穀物が見つかった。その他の糧食も豊富に手に入りはじめた。まさにこうした事情は、兵士たちに敵軍追跡の熱意をいっそう過熱させることになった。敵将が領地を焼き、荒廃させているため、火事ですべてが焼き払われてしまわないよう急がねばならなかった。**一四**　かくて必然が分別ある判断に取って代わった。マザイオスはそれまでは余裕を持って村落を焼き払っていたのが今や逃げるだけで満足し、大部分を無償のまま敵に残したのであった。**一五**　アレクサンドロスは、ダレイオスが一五〇スタディオンも離れていないことを察知していた。それで糧食を十二分に補給して、同じ場所に四日間とどまった。

一六　それからダレイオスの手紙が途中で捕捉されたが、それはギリシア人兵士たちに王を殺すか裏切るようそのかすものであった。アレクサンドロスはそれを兵士たちの前で読み上げるべきか迷った。ギリシア人たちの自分に対する好意と忠誠は十分信じていたからである。一七 しかし、パルメニオンは反対した。兵士たちの耳にそのような約束を聞かせるべきではない、たった一人でも王を狙うことはあるし、貪欲は何事も不敬とは考えるものではないからというのだ。王は彼の忠告に従い、陣営を移動させた。

一八 さらに行進を続けているとき、ダレイオスの妻につき添っていた捕虜の一人の宦官が、王妃の様態が悪く、息をするのも苦しくなっていると告げた。一九 絶え間ない行軍と心痛で消耗した王妃は姑や若い娘たちの手の中で倒れ、次いで息を引き取った。まさにそのことを知らせる第二の使者がやって来た。二〇 王は自分の母親の死を聞いたかのごとく、何度も嘆息し、ダレイオスが流すような涙を流し、ダレイオスの母が遺体につき添っている幕舎を訪ねた。二一 ここでまた彼女が地面にひれ伏しているのを見るや、悲しみが新たになった。このたびの不幸により、それ以前の不幸まで思い出した母は成人した王女たちを膝に抱いていたが、共通の悲しみに対する慰めでもある彼女たち自身をも慰めてやらなければならなかった。二二 彼女の前には小さな孫がいたが、まだ小さく、やがて自分に降りかかってくる不幸をまだ理解できていないがゆえに、いっそう不憫であった。

二三 アレクサンドロスは親しい友人たちのあいだで泣き、慰めを与えるのでなく、慰めを求めたとあなたは思うかもしれない。少なくとも食べ物に口をつけず、ペルシアの父祖伝来のやり方であらゆる弔いをし

(1) クルディスタン山脈。

てやった。まことに、今日でもその柔和さ、その節度の報いを得るにふさわしい。二四　王妃を見たのは、彼女が捕らえられた日の一度きりであった。それも彼女を見に行ったのではなく、ダレイオスの母に会うためであった。王妃の美貌は彼にとり、情欲ではなく栄光への導き手であった。

二五　王妃のそばにいた宦官でテュロスの男が、すべての者がこのように泣きくずれている混乱を利用して逃げ出し、敵側と反対側の、警備が手薄であった門から脱出してダレイオスの陣営に到着、警備の兵に迎えられ、服を裂き、呻きながら王の幕舎へ連れていかれた。二六　ダレイオスはそれを見ると、さまざまな悲報をすでに予感して心をかき乱されたが、いったいどのような悲報かはわからず、口を切った。「おまえの顔はなにがしか恐ろしい災いを告げている。しかしこの哀れなわしの耳に伝えることをためらうな。わしは不幸であることを学んだ。自分の運命を知ることはしばしば不幸の慰めとなるのだ。二七　ひょっとして、わしが最も恐れており、言うのをはばかられることだが、わしが愛する者たちに対する狼藉を、それも、思うに、彼らにとってもあらゆる拷問より悲しむべき狼藉をおまえは告げようとしているのであろう」。二八　それに対し、テュロス人は答えた。「とんでもございません。王妃様がたに対して臣下たちから受けられるかぎりの名誉が、勝利者の敵によって守られております。しかしながら、王妃様はしばらく前に逝去なされたのでございます」。

二九　すると、呻きのみならず哭声が全陣営内で聞かれた。王妃は侮辱を受けることを拒んだために殺されたのだと、王は疑わなかった。それで悲痛のあまり狂わんばかりになって叫んだ。「アレクサンドロスよ、わしの残酷さに対しこのような報復をするとは、わしがどのような犯罪を犯したというのか。おまえの近親者の誰を殺したというのか。おまえのわしに対する憎しみは、決してわしが挑発したものではない。おまえが始めた戦争が正当なものであるとしよう。そうだとしても、女たちにも冷酷であらねばならなかったのか」。三〇　テュロス人は父祖の神々に誓って、王妃に対して重大なことは何一つ企てられなかったこと、王妃の死に際してアレクサンドロス自ら嗚咽の声を上げたこと、ダレイオスに劣らず涙したことを証言した。三一　それを聞いて夫の情は再び疑惑の念に転じた。囚われの身となった王妃へのアレクサンドロスの思いは、明らかに肉体関係に基づくものと邪推したのである。三二　それで居合わせていた者たちを遠ざけ、テュロス人ひとりにし、涙は見せないが溜息をつきつつ言った。「テュロス人よ、嘘をつく余地が残っていないことがわかるであろう。間もなく拷問具が用意される。しかし、神々にかけて、おまえの王に対する敬意が残っているならば、あの若い王は王妃を虜にしたとき、わしが知りたいとは思うが、尋ねるのをはばかられることをやったのかどうか」。

三三　それに対し、テュロス人は、拷問は進んで受けること、しかし神々を証人として、王妃の操は神聖に守られたと証言した。三四　ついに、宦官の言っていることが本当であると信用できたので、ダレイオスは頭を衣服で覆い、長いあいだ泣いた。次いで、頭から衣服を除け、まだ泣きながら、天に向かって手を差し伸べて叫んだ。「父祖の神々よ、まずわたしの王国を安泰にしてください。それから、もしわたしの運命が終わりならば、これほどまでに善良な敵、これほどまでに慈悲深い勝利者以外の誰もアジアの王となることがないように」。

第十一章

一　それで、ダレイオスはすでに二度も講和の申し入れをしては拒否され、あらゆる戦争準備をしてきたにもかかわらず、敵の自制心に負けて、新しい和平を提案するため近親の貴族たち一〇名の使節を派遣した。アレクサンドロスは会議を開き、使節たちを入場させるよう命じた。二　使節の中の最長老が口火を切った。「このたび三度目の講和の申し入れをすることについて、これは何らかのやむをえない事情によるものではなく、あなたの正義と自制心によるものです。三　皇太后、お妃、王子たちともども、王がいないことを除いて、虜囚にあることをわたしたちは感じませんでした。生き残った王妃様たちに対し、『王妃』という称号で呼び、まるで親のようにその操を尊重され、以前の境遇の待遇をお許しになっています。四　あなたはちょうど、わたしたちを派遣されるときのダレイオスと同じ顔をされています。われらが王は妻の死を、あなたは敵の死を悼まれています。王妃の埋葬に気を配ることがなければあなたは今戦場に立っていたはず。これほどの好意を持った方に和平を申し出たとして何の不思議がありましょう。憎しみが取り払われた者どうしのあいだにどうして武器の必要があるでしょうか。五　以前は、リュディアを区切るハリュス川をあなたの帝国の境界と定めました。今は、ヘレスポントスとエウプラテスのあいだにあるすべてのものを、あなたにゆだねる娘の持参金として差し上げます。六　平和と信義の証の人質として捕虜になっている王子オコスを留め置き、母后と二人の王女をお返しください。三人の身代金として三万タラントンの黄金[1]をどうかお納めください。

七　あなたの自制心を存じているのでなかったなら、今こそ和平を許すときであるばかりか、和平をつかむときなのですと申し上げたでありましょう。八　どれだけのものを背後に残したか振り返ってください。どれだけのものを求めているか見つめてください。あまりにも巨大な帝国は危険です。つかむことができないものを保持することは困難なのですから。限度を超えて大きな船が制御できないことはご存じでしょう。ダレイオスがあれほど多くを失ったのは、あまりに多くの富が大損失を招くものだからかもしれません。九　財産を守るより勝ち取るほうが簡単なのです。誓って、われらの軍勢も、保持することより、なんと容易に奪うことができたことでしょう。あなたの憐憫の情も今は以前ほどには力がないことを、ほかならぬダレイオスの王妃の死が警告してくれています」。

一〇　アレクサンドロスは使節たちに幕舎から出るよう命じてから、どうすべきか軍議に諮った。王の意図が不明であったので、長いあいだ意見を述べる者は誰もいなかった。一一　やっとのことでパルメニオンが発言、ダマスコスにいる捕虜たちを身請けに来た者たちに渡してやるようにと提案した。「勇壮な兵士たちの手をわずらわせている大勢の捕虜たちから膨大な身代金を受け取ることができます。一二　そうして今や行軍の足手まといになっているたった一人の老婆と二人の娘を、三万タラントンの黄金と取り替えることに大いに賛成いたします。一三　肥沃な王国を戦争ではなく条約によって手に入れることができます。イス

(1) 膨大な額である。

トロス川[1]からエウプラテス川に至る広大な領土を手に入れた者は他には誰もいません。バクトリアやインドを見つめるよりむしろマケドニアのほうを振り返ってください」。

一四　その演説は王の気に入らなかった。それでパルメニオンの演説が終わると、すぐに「わたしがもし」と切り出した。「パルメニオンであったなら栄光より金を選んだであろう。一五　ところがわたしはアレクサンドロスであり、貧困は何ともないし、自分は商人ではなく、王であると自覚している。わたしは売るものは何も持っていないし、とくにわたしの幸運を売るつもりはない。捕虜を返すべきだということならば、身代金をもらって返すより贈り物としてくれてやるほうが名誉であろう」。

一六　それから使節たちを中に入れ、次のように回答した。「わたしが慈悲深く、気前よく行動したとしたら、それは貴王への友情からそうしたのではなく、わたしの気質のゆえなのだとダレイオスに伝えよ。一七　捕虜や女どもと戦争はしない主義なのだ。わたしが憎むものは武装していなければならぬ。一八　しかし、もし信義をもって講和を求めてくるならば、おそらく受け入れを考慮するところであろう。ところが、ある時は書簡でわたしの兵士に謀反をそそのかし、ある時はわたしを暗殺するように金で友人たちを買収しようとするのであれば、公正な敵としてではなく毒殺者、殺し屋として殲滅するまで追跡せねばならぬ。

おまえたちが持ってきた講和の条件であるが、わたしがそれを受け入れたなら、貴王を勝者としてしまうことになる。一九　エウプラテスの背後にある領土を気前よく与えようというのだから。わたしが今どこにいるのかおまえたちは忘れている。明らかにわたしはエウプラテス川を越えている。したがって、貴王が約束する気前のよい境界もわたしの陣営は越えてしまっているのだ。さあ、おまえたちが譲ろうとしている土地がおまえたちのものであることにわたしが気づくように、ここからわたしを追い出すのだ。二〇　同じ気前よさでわたしに自分の娘を差し出しているが、自分の奴隷(2)の一人に嫁がせるつもりだったことをわたしは知っている。まったく、マザイオスよりこのわたしを選んでくれるとは、名誉なことだ。

二一　さあ、帰ってダレイオスに告げるがよい。貴王が失ったものも、今持っているものも、戦争の報酬である。次の日の運命が割り与えたものを各自が受け取り、それが両国の境界となるであろう」。二三　使節たちは答えた。「王は戦争を望んでいるのであるから、平和への希望で欺こうとしないのは誠実である。われらが王のもとへできるだけ早く返してほしい。われらが王も戦争の準備をしなければならない」。使節たちは暇乞いをし、帰還すると、闘いが迫っていることを告げた。

第十二章

一　ダレイオスはただちにマザイオスに三〇〇〇の騎兵を与えて先発させ、敵が通る予定の道路を占拠するよう命じた。二　アレクサンドロスのほうはダレイオスの妃の弔いがすむと、足手まといになりそうなものはすべて小数の守備隊とともに野営地に残し、敵に向かって進んだ。三　歩兵は二つの翼に分け、両翼を騎兵で囲んでいた。輜重部隊がそれに続いた。四　それからメニダスに二〇〇の騎兵隊を率いて先発させ、ダレイオ

(1) ドナウ川。

(2) ペルシア王はすべての臣下を奴隷と見なしていた。

スがどこにいるのか偵察するよう命じた。メニダスはマザイオスが近くに設営していたのでそれ以上進まず、兵士たちの喧騒と馬のいななきのほかは何も聞かなかったと報告した。五　マザイオスのほうも遠くに偵察隊を認めたので陣営に引き返し、敵軍到着を知らせた。

それで、開けた平原で戦うことを望んでいたダレイオスは兵士たちに武装するよう命じ、戦闘隊形を組んだ。六　左翼には約一〇〇〇名のバクトリアの騎兵、同数のダアイ族(1)、さらに四〇〇〇名のアラコシア人(2)とスシアネ人部隊(3)が進んだ。これに一〇〇輛の鎌戦車が続いた。これに八〇〇〇の騎兵を率いたベッソスと、バクトリアの騎兵が続いた。七　ベッソスのあとを二〇〇〇名のマッサゲタイ人(4)が進んだ。この部隊に多数の部族からなる歩兵が合流していたが、部族が混じりあっていたわけではなく、各部族別々で参加していた。次いで、ペルシア人部隊とマルドイ人、ソグディアナ人部隊(5)をアリオバルザネスとオロントバテスが率いていた。八　この二人は部隊の一部の指揮を司り、全部隊の指揮は、ペルシアの七人(6)に由来し最も高貴な王とされるキュロスにまで血筋をさかのぼるオルシネス(7)が掌握していた。九　これに、同盟諸部族にもよく名前を知られていない他の部族たちの部隊が続いた。そのあとに、プラダテスがカスピ人の部隊を率いて五〇輛の戦車を先導していた。戦車の後ろにはインド人や、援軍の数に入るというより名前だけといったほうがよい紅海の住民たち(8)がいた。一〇　この部隊の最後には、外人部隊が加わった別の鎌戦車が進んだ。続いていわゆる小アルメニア人(9)が、アルメニアの次はバビュロニア人、続いてベリタイ族(10)とコッサイオイの山の住民(11)たちが続いた。一一　そのあとを、かつてはメディア人に従ったが、今は堕落して父祖の慣習を忘れてしまったエウボイア出身のゴルテュアイ族(12)が進んだ。これにプリュギア人とカタオネス人(13)が続いた。最後は、スキュティアを出て、現在パルティア人が住んでいる地域に住んでいるパルテュアイオイの人々[14]がしんがりを務めた。

一二　これが左翼の布陣であった。右翼は大アルメニアの部族、カドゥシオイ人[15]、カッパドキア人、シリア人、メディア人が占めていた。一三　彼らにも五〇輌の鎌戦車がつき、全軍の兵力は騎兵四万五〇〇〇、歩兵二〇万であった。彼らはこのような隊形で一〇スタディオン進んで、停止を命じられ、武装して敵を待った。

一四　アレクサンドロスの軍隊は、原因のわからない恐怖に捕らえられた。それというのも、すべての兵士たちの胸を目に見えない恐怖が襲い、狂ったようにおびえだしたのである。天空の輝きは、夏の日の灼熱

(1) カスピ海の東側に住むスキュティア系部族。
(2) 八一頁註（3）参照。
(3) ペルシア帝国行政の中心であるスサの住民。
(4) オクソス川（現アム・ダリヤ川）とヤクサルテス川（現スルハン・ダリヤ川）のあいだに住むスキュティア系部族。
(5) 八一頁註（2）参照。
(6) 七人のペルシア貴族、その中の一人がダレイオス一世として王位についた。
(7) キュロスの後裔、長いあいだペルシア総督であった。
(8) 本書では紅海（mare rubrum）とあれば、現在の紅海ではなく、ペルシア湾、アラビア湾、インド洋を指す。
(9) エウプラテス西部のアルメニアをいう。
(10) 不詳。
(11) メディア、スシアナ、バビュロニアのあいだに住む人々。
(12) エウボイア出身とあるが、実際はエレトリア出身か。
(13) カタオニア（カッパドキアの一地方）の人。
(14) パルティア人とパルテュアイオイに差があるのか不明。
(15) カスピ海南西部、メディア北部の山岳に住む。

に似て断続的に燃えているように見え、ダレイオスの陣営から炎がきらめき、突如彼らの部隊の中に投げ込まれたような錯覚を覚えたのである。一五　この時、もし行軍の指揮を執っているマザイオスが、恐怖にとりつかれたマケドニア軍を攻撃していたなら大殺戮を起こせたであろう。しかし、彼は先に占拠していた丘にのんびりとどまり、挑発を受けないことに満足していた。一六　アレクサンドロスは軍隊が恐怖に陥っているのに気づくと、行軍停止の合図をし、敵はまだ遠く、何らの恐怖にとらわれる必要もないと戒めて、まず武器を体から外して体を休めるよう命じた。一七　兵士たちはやっとわれに返り、士気を取り戻して武具を取った。目下のところ同じ場所で陣営を固めるのが最善と思われた。

一八　翌日マザイオスは――マケドニアの陣営がよく観察できる丘を騎兵の精鋭を率いて占拠していたのであったが――恐怖に駆られてか、もしくは偵察するよう命令されていただけなのか、ダレイオスのもとへ帰還した。一九　マケドニア人たちはマザイオスが退却したその丘を早速占拠した。実際、そこにいるほうが平原より安全であったし、そこからは平野に展開している敵軍の戦列が俯瞰できたからである。二〇　しかし、ちょうど周辺の湿度の高い山々から霧が流れ出し、視界を完全に奪ったわけではないが、軍の配置、隊列を見分けられなくなった。平原は兵士たちに埋め尽くされ、恐ろしい数の兵士たちの喚声が、遠くにいる人々の耳にまでこだました。二一　王は自分の考えとパルメニオンの案をよくよく検討した。実際、戦いに勝利しなければ軍隊は無事に帰還できないところまで来ていた。

二二　それで迷いの心を見せず、パイオニアから来た傭兵の騎兵に前進を命じた。二三　王自らはすでに述べたように密集歩兵隊を二翼に分け、両翼を騎兵が守っていた。やがて霧が晴れ、明るい日が差して、敵軍の戦列がはっきり現われると、マケドニア人たちは戦意にはやっていたのか待ちくたびれていたのか、攻撃するときのようにすさまじい叫び声を上げた。ペルシア側もそれに答え、近くの山や谷をとどろかせた。二四 マケドニア人たちは敵に向かって突撃するのをこらえきれなくなっていた。それでも王は、同じ丘にとどまっているのが得策と考え、防御柵を巡らすよう命じた。作業がすみやかに完成すると、敵の全軍が見渡せる幕舎に退いた。

第十二章

一 まさにその時、これから起きる戦いの全容が見てとれた。人も馬もひときわ目立つ武具で輝いていた。馬に乗って自分の部隊を閲兵している敵の将軍たちの熱意から、敵側ではあらゆる準備が全力をあげてなされているのがよくわかった。二 そうして人の喧騒、馬のいななき、あちこちで輝く武具のきらめきといった取るに足らないことの多くが、期待にはやる心をかき乱した。三 それで心が決まらなかったからか、それとも部下の兵士たちを試そうとしたのか、軍議を開き、それぞれ何をするのが最善と思うか尋ねた。四 戦争の技術に関して最も経験の深いパルメニオンは、公然たる戦闘ではなく、奇襲が必要だという意見を述べた。深夜に敵を制圧することが可能である。彼らは言語も風習も異なり、あまつさえ、予期せぬ危険を夢に見ておびえているのであるから、夜襲を受け狼狽しているとき、団結する暇などないであろう。五 昼間でこそスキュティア人やバクトリア人の顔は恐ろしい。彼らの顔には剛毛が生え、髪も切らず、さらに巨大な体をしている。兵士はもっともな恐怖の理由というより偽りの、実体のない理由により動揺している。六次いで、キリキアの隘路や道なき道ではなく、広く開けた平原で戦っているのであるからあれだけの大軍勢がこちらの少数の軍勢を包囲してしまう可能性があると。

七　ほとんどすべての者がパルメニオンの意見に賛成であった。ポリュペルコン(1)は、勝利はまさにその方策にかかっていると発言した。八　王はそのポリュペルコンを睨《にら》みつけながら——それというのも最近パルメニオンを、意図していた以上に激しく叱りつけたことがあり、もう一度叱りつけるに堪えなかったからであるが——「おまえたちが勧める策は山賊、泥棒の策である。泥棒たちの唯一の狙いは相手をだますことだからである。九　ダレイオスの不在(2)とか山の隘路とか夜間の奇襲といった作戦によって、わたしの栄光が台無しにされてしまうのにはもう耐えられぬ。日中に公然と戦うことにわたしは決めている。一〇　わたしの運命を恥じることがあってもわたしの勝利を恥じることはしたくない。さらに次の事情がある。異民族《バルバロイ》どもは警戒態勢をとり、武装したままであるので不意をつくことができないということがわかっているのだ。それゆえ、戦闘にそなえよ」、そう鼓舞してから体を休めるよう解散した。

一一　ダレイオスはパルメニオンが勧めた策を敵がとるものと考え、馬の手綱を引っ張ったままにし、軍の大部分は武装したままにしておき、いっそうの警戒態勢をとるよう命じていた。それゆえ彼の陣営中がかがり火で輝いていた。一二　自らは将軍たちや親族の者たちとともに臨戦態勢の部隊を見て回った。太陽神とミトラ神および神聖にして永遠の火に呼びかけ、過去の栄光と父祖の偉業にふさわしい武勇を兵士たちの心に吹き込んでくれるよう祈った。一三　そして、もし天佑の前触れを人間の心が読み取れるのであれば、間違いなく神々は自分たちの側にあると説いた。「神々はつい今し方もマケドニア人たちの心に突然の恐怖を吹き込み、彼らは今も気が触れ、武器を投げ捨て右往左往している。ペルシア帝国の守護神たちは狂人たちにしかるべき罰を下される。一四　彼らの指揮官とて正気ではない。何となれば野獣よろしく狙った獲物に気を取られているあいだに、その獲物の前に置かれた破滅にはまり込もうとしているからである」。

マケドニア人たちのあいだの不安も同様であり、兵士たちはあたかも夜のあいだに戦闘命令が出されたかのように不安な夜を過ごした。一五　ふだんは落ち着いているアレクサンドロスも、この時ばかりは不安になり祈願と誓願のためアリスタンドロスを呼ぶよう命じた。アリスタンドロスは白い服を着、手に聖なる枝を持ち、頭を布で覆って、王に先立ちゼウスとアテナ・ニケの加護を願って祈りを捧げた。一六　それから古式に則って犠牲を捧げ、残りの夜の時間を休息すべく幕舎に戻った。しかし、眠りにつくことも憩うこともできなかった。軍勢を山の尾根からペルシア軍の右翼に向かわせるべきか、それとも敵の真正面に当たらせるべきか、はた敵の左翼に突撃させるべきか迷った。一七　煩悶して疲れた体をいつもより深い眠りが捕らえた。

すでに日が昇り(3)、将軍たちは命令を受けるためにやって来ていたが、王の幕舎の回りの静寂に仰天していた。一八　いつもであれば王のほうが彼らを召集し、ときには遅い者を叱責するのが常であったからである。

（1）シンミアスの子、古参の指揮官。
（2）グラニコス川の戦いにはダレイオス自身参加していない。
（3）上述の月食から一一日目、前三三一年十月一日のことであった。

この決戦の重大なときに王がまだ目覚めていないことに驚き、安らかに眠っているのではなく、恐怖のため体が麻痺しているのだと考えた。一九　とはいえ、護衛の兵士たちの誰一人として幕舎にあえて入ろうとはしなかった。今や時が迫っていた。兵士は指揮官の許しがなければ、武器を取ることも戦闘隊形に入ることもできなかった。二〇　パルメニオンは長いあいだためらったのちに、兵士たちに食事をとるように命じた。それからついに幕舎に入り、何度も名前を呼んだが、声だけでは起きないので、体に触れて王を起こした。二一「もうお昼でございます」。パルメニオンは言った。「敵は戦闘隊形を敷いて近づいております。あなたの兵士はまだ武器を取らずに命令を待っております。あなたのいつもの元気はどうなされたのですか？あなたはいつもでしたらあなたが番兵を起こされたものですが」。

二二　これに対してアレクサンドロスは答えた。「眠りを妨げる懸念から解放されもせずにわたしが眠ることができたなどとおまえは思うのか」。それからラッパで戦いの合図をするよう命じた。二三　懸念から解放されて眠ることができたという王の言葉にパルメニオンがまだ驚いていると、「何も驚くことはない」と王は言った。「ダレイオスが土地を焼き、村を焼き尽くし、食料を焼滅させているとき、わたしは気が狂わんばかりであった。二四　しかし、いま戦闘で雌雄を決しようとしているときに何を恐れる必要があろう。ヘラクレスに誓って、これこそわたしの望みどおりなのだ。しかしこの策の説明はあとに回そう。おまえたちは各自自分が指揮する部隊へ向かえ。すぐにわたしも行って、何をすべきか指示を出そう」。二五　王が鎧を着ることはまれで、それも身の危険を恐れてというより側近たちの懇願によって着たのであった。少なくともその時は、鎧を身につけ兵士たちの前に進んだ。兵たちはこれほど元気がいい王を見たことがなく、彼の恐れを見せぬ顔から勝利が確かなことを読み取っていた。
二六　それから防御柵を壊して部隊に出撃を命じ、戦闘隊形をとらせた。右翼にはアゲマ[1]と呼ばれる騎兵隊を配置した。クレイトス[2]がその指揮官になり、さらにピロタス[3]の部隊が加わった。他の騎兵隊の指揮官たちをその側面の防御に当てた。二七　最後にメレアグロスの部隊が来て、密集歩兵隊がそれに続いた。密集歩兵隊の背後にはアルギュラスピデス[4]が来た。パルメニオンの子のニカノルがその指揮を執った。二八　補助軍ではコイノスが自らの部隊を率い、その背後にはオレスタイ族、リュンケスタイ族[5]が配置された。その後ろにはポリュペルコン、次いで外人部隊が続いたが、指揮官アミュンタスは不在であり、バラクロスの子ピリッポスが最近同盟軍に加わった彼らの指揮を執っていた。
二九　以上が右翼の布陣である。左翼ではクラテロスがペロポンネソスの騎兵を率い、それにアカイア人、

（1）騎兵親衛隊。次節に出てくるアルギュラスピデス（銀盾隊）とほぼ同じもののようである。
（2）マケドニアの有力な将軍。アレクサンドロスよりやや年長の側近。騎兵隊指揮官。グラニコス川の戦いではアレクサンドロスの命を救っている。
（3）将軍パルメニオンの長男。ピロタスの陰謀については第六巻で詳細に述べられる。
（4）銀（アルギュロス）の盾（アスピス）を持っていたのでこう呼ばれるが、このような呼称はインド遠征以後のことと言われる。第八巻第五章四参照。
（5）ともにマケドニアに服属するエペイロスの部族。

ロクリス人、マリス人[1]騎兵部隊が加わっていた。この背後にテッサリアの騎兵が来て、ピリッポス[2]が指揮していた。歩兵の戦闘隊列は騎兵隊の援護を受けていた。以上が左翼の前線であった。三〇　しかし大軍に包囲されることがないように、最後の部隊を強力な兵力で取り囲んでおいた。さらに両翼の正面ではなく側面を補助軍で強化し、もし敵が戦列を包囲しようと試みた場合には対抗できるようにしておいた。三一　この補助軍にはアッタロスが指揮するアグリアネス人がおり、クレタの弓兵隊が加わっていた。後衛部隊を最後尾に配置し、全戦闘隊形が円形の防御陣を形成していた。後衛にイリュリア人、傭兵隊、軽装のトラキア兵を配置した。三二　戦闘隊形は移動がきわめて自由で、包囲されないよう後方に配置された部隊も、前線に旋回できるようになっていた。したがって、前線の防御が側面より強固というわけではなく、側面が最後尾より強固ということもなかった。

三三　このように戦闘隊形を組んだのち、もし異民族《バルバロイ》たちが喚声を上げて鎌戦車を駆ってきたら、隊形を緩め、戦車の攻撃を黙って受け流すようにと命じた。誰も対抗する者がいなければ、何の損害を与えることもなく通り過ぎるであろうと考えていたのである。しかし、もし喚声を上げずに突入してきた場合には、こちらから喚声を上げて怖じけさせ、おびえた馬を四方から飛び道具で射殺するようにと。三四　両翼の指揮官たちには、密にしていると包囲される恐れがあるので翼を展開するように、ただし最後尾の戦列を薄くしないようにと命じた。三五　ダレイオスの母や子供たちを含む捕虜たちと輜重は戦列から遠くない小高い丘に移し、小規模の守備隊を残した。左翼はいつものときと同様にパルメニオンに守備を任せ、アレクサンドロス自身は右翼を指揮した。

三六　まだ矢玉の届く距離ではなかったが、ビオンという逃亡兵が王のもとへ全力で駆けてきて、ダレイオスは敵の騎兵が通る予定のところに鉄菱を埋め、自軍の者には避けられるようにしるしをつけていると告げた。三七　王は逃亡兵を監視するよう命じてから指揮官たちを召集し、伝えられたことを教え、示された箇所を避けるように警告し、騎兵に危険を知らしめた。三八　しかしながら双方の軍の喧騒で耳がふさがれ、部下の兵士たちは王の注意を聞き取ることができなかった。それで王は馬で回りながら全員の見える位置で、指揮官たちや手近の兵士に呼びかけた。

第十四章

一　「勝利を目指して戦わねばならないが、その勝利を願ってかくも多くの国々の征服を終えた今、この戦いだけが残っている」。王は、グラニコス川、キリキアの山、通過するだけで征服したシリア、エジプトが大いなる希望、大いなる栄光を駆り立てていたことを思い起こさせた。二　「ペルシア人たちはもはや逃走できなくなったので、逃走をやめて戦おうとしている。彼らは三日前から恐怖で血の気が失せ、自らの武具の重さに苦しみながら同じ場所にとどまっている。彼らが絶望している何よりの証拠は彼らが町や畑を焼いていること、彼らは自分たちが破壊できなかったものはすべて敵のものになるということを認めているの

（1）マリスはテッサリアとロクリスのあいだの地域。その部族。　（2）メネラオスの子。テッサリア人騎兵隊の指揮官。

だ。三　知らない名前の部族のこけおどしの名前を恐れる必要はない。彼らがスキュティア人と呼ばれているか、カドゥシオイ人と呼ばれているかなど戦争の帰結には何の関係もない。四　名前を知られていないというまさにそのゆえに彼らは無名なのだ。勇敢な者たちが無名ということはありえず、彼らは臆病者で隠れ家から掘り出されただけで名前のほかには何も誇るべきものは持っていないのだ。マケドニア人たちは武勇により、武勇ある者を知らない者がこの世界にいなくなるようにさせるであろう。

五　異民族《バルバロイ》たちの統制のとれていない戦列を見るがいい。ある者は投槍一本だけ、ある者は投石器で石を振り回し、まともな武器を持っているのは少数なのだ。敵の軍勢は多数であるが、戦える兵士の数はこちらのほうが多いのだ。六　もしわたしが武勇の範を他の者たちに示すのでなければ、勇敢に戦うよう鼓舞したりしない。わたしは先頭の軍旗の前に出て戦うつもりである。体の勲章ともいうべき多くの傷跡がその保証である。すべての者に共通の戦利品を王だけは受け取らず、自分の勝利の褒賞は兵士たちを敬い、顕彰するために使うということを知っているように。七　これを勇敢な兵士諸君に告げる。もし勇敢でない者がいるとすれば、このことを言っておかなければならぬ。諸君はもう逃げ出せないところに来ている。あれほど多くの土地を越え、あれほど多くの川や山を背後にしている今となっては、祖国と竈《かまど》に戻る道は力で切り開くしかないのだ」。

八　ダレイオスは左翼にあって、選り抜きの騎兵と歩兵からなる自軍の部隊に囲まれていた。敵兵の数の少なさを軽蔑し、翼を広げた戦闘隊形など取るに足らないと考えていた。九　そうして、戦車の高い位置から、右に左にと、周りの部隊に対して目と手を向けながら言った。「少し前までは、大洋《オケアノス》が岸を洗っている地からヘレスポントスに至る領土の主人であったわれわれは今や栄光についてではなく、身の安全のために、さらに身の安全以上に諸君が大切に思っている自由のために戦わねばならぬ。一〇　これ以上の大帝国を見た時代はかつてなかったが、その大帝国を立て直すことができるかそれとも滅びるかはこの一日にかかっている。われわれはグラニコス河畔でわが兵力のほんの一部を使って敵と戦った。キリキアでは敗れたがまだシリアに退くことができ、王国の大いなる防壁ティグリスとエウプラテスがあった。一一　今や撃退されれば逃亡の余地のないところまで来てしまった。長い戦争の結果、われわれの背後はすっかり消耗されつくしてしまった。町に住民はなく、畑に耕作人はいない。妻子までわれわれの行軍につき従っているが、もしわれわれの愛の証のためにわれわれが身を捧げようとしなければ、敵の獲物になってしまうのだ。

一二　わが力の致すかぎり、ほとんど果てしないばかりの平原に入りきれないほどの軍隊を集め、馬、武具を配り、これだけの軍勢に糧食が欠けることがないよう計らい、戦列が展開できるような戦いの場所を選んだ。一三　残りのことはおまえたちの肩にかかっている。さあ、勝つ勇気を持て、敵についての噂など勇敢なおまえたちに対する無力な矢のようなもの、気にするな。おまえたちが今まで敵の勇気だと思って恐れていたものは無謀さにすぎぬ。無謀なるものはいったん勢いをなくすと、ちょうど針を失ったある種の虫のように体が麻痺してしまうのだ。一四　キリキアの山では数の少なさを隠すことができたが、ここの平原では隠れようがない。見るがいい、戦列のまばらさを、広がりすぎた翼を、薄くなった中央の隊形を。前線から最も離れた後衛部隊など今や逃走の用意をしている。鎌戦車以外は何も投入せずともこいつらは、誓って、馬の蹄で踏みつぶすことができるわい。一五　そうしてこの戦いに勝つならば、戦争に勝つことができるであろう。彼らにも逃走の余地がないからである。こちら側にはエウプラテスが、あちら側ではティグリスが逃走を妨げているからである。

一六　さらに、以前は彼らに有利であったものが今や逆になっている。わが軍は邪魔が取り除かれ、動きやすくなっているのに対し、彼らは戦利品のおかげで動きにくくなっている。ゆえに、われらから奪った戦利品で動きを妨げられているところを血祭りにあげてやろう。同じものがわれらの勝利の原因となり、収穫となるのだ。一七　しかしもしおまえたちの中でマケドニアの名に恐れをなす者がいるならば、向こうにマケドニアの武具が見えるが、それを持つのはマケドニアの人間とは言えないのだ。何となれば、これまでわれわれ両者とも多くの血を流してきたが、数が少ない側のほうがつねに損害は重大なのだ。一八　というのも、アレクサンドロスが臆病者たちにはどれほど恐ろしく見えようとも、所詮、死すべきもの、そして、もしわしの言うことを信じてくれるならば、無謀で気が触れており、今まで幸運であったのもその武勇によってというよりわれわれの恐怖によってなのだ。一九　ところが分別に基づかないものは何であれ長続きはできないのだ。幸運が助けてくれているように思えても、無謀さは最後には見捨てられるものだ。さらに、人間の繁栄は短く、移ろいやすいもの、運命の女神がいつも味方するとはかぎらぬもの。二〇　おそらく神々は、わがペルシア帝国を二三〇年の長きにわたって(1)繁栄の頂点を極めさせたのち、帝国を大きく揺すぶるよう、運命を定められたのであろう。しかし、それは帝国を覆すためではなく、順境にあってはあまりにも忘れがちな人間の運命のはかなさをわれわれに警告するためであったろう。二一　昨日はわれわれのほうからギリシアに攻め込んだ。今やわれわれの領地で彼らの侵入を撃退しようとしている。われわれはお互いに運命の転変にもてあそばれているのだ。言うまでもなくわれわれが獲得にしのぎを削っているこの帝国は、一民族が支配するには手に余るものである。

二二　しかしながら、たとえ希望がないにしてもどうしても奮起しなければならない理由がわれわれにはある。行き着くところまで行き着いてしまったのだ。わが母、二人の娘、この帝国を受け継ぐために生まれてきたオコス、諸侯、王家の血を引くかの子供たち、おまえたちの将軍たちが今や刑を受ける被告のように鎖につながれている。おまえたちに希望を託すことができないなら、わしの体の大部分はすでに虜の身である。わがはらからを緊縛から救い出してくれ。おまえたちの生きる証である親や子供たちのために死ぬことをおまえたちはためらわぬが、わしに親や子供たちを取り返してくれ。わが妻はかの牢獄で死んでしまったのだが。二三　今やこの捕囚となった者たちが、足枷から、隷属から、物もらいの生活から救い出してくれるよう、おまえたちのほうへ手を差し伸べ、祖国の神々に嘆願し、おまえたちの援助を、憐憫を、信義を求めているのだ。あの者たちが臣下とすることさえためらわれる連中にしもべとして仕えて平気だと、おまえたちは思うのか。

二四　敵の軍勢が近づいてくるのが見える。しかし、決戦の時が近づくにつれ、わしはすでに言ったことに満足できなくなる。祖国の神々と祭壇に祭られ、わしの前を運ばれる永遠の火とわが王国の領土に昇る太陽神の輝きとメディア人とリュディア人から帝国を奪い、初めてペルシアにもたらしたキュロスの永久の追

(1) 前五六〇年から三三一年まで。

憶にかけて、おまえたちに嘆願する。ペルシア人の名と民族を最大の不名誉から守れ。二五　さあ、おまえたちの父祖たちから受け継いだ栄光を後世の者たちに残すため勇気を奮い、勢いよく進め。おまえたちは右手で自由と権力と未来の希望を支えているのだ。死を軽蔑した者は死を免れ、臆病な者ほど死は訪れる。二六　わしは祖国の慣習に従うと同時におまえたちにわしがよく見えるように戦車に乗るが、わしが武勇の見本を見せるか臆病の見本を見せるか、わしを見て見習うがよい」。

第十五章

一　一方アレクサンドロスは、逃亡兵によって教えられた待ち伏せ箇所を迂回し、片翼を守るダレイオスと対戦するために斜交《はすか》いに行軍するよう命じた。二　ダレイオスも同じ方向へ自軍を向けると同時に、マッサゲタイ人の騎兵にアレクサンドロスの左翼を横から攻撃させるようベッソスに命じた。三　ダレイオスは自分の戦車の前に鎌戦車を待機させていたが、合図を発し、その全鎌戦車を敵に向かって突撃させた。御者たちは手綱を緩め、その突然の攻撃によってより多くの敵が倒せるように突き進んだ。四　かくてある者は轅《ながえ》から突き出た槍に刺され、ある者は両横からぶら下がった鎌により切り裂かれた。マケドニア人たちはゆっくり引き下がるどころか散り散りに逃げ出し、隊列は崩れた。五　マザイオスも騎兵に、旋回して敵の輜重を略奪せよと命令し、混乱したマケドニア軍にいっそうの恐怖を煽った。輜重と同じ場所に監禁されていた捕虜たちも、味方が近づいてくるのを見れば、縄を断ち切るだろうと考えてのことであった。

六 左翼にいたパルメニオンはそれに気づき、ただちにポリュダマスを派遣し、王に危険を報告させ、何をなすべきか指示を請うた。七 王はポリュダマスから報告を受けると、「行って、パルメニオンに伝えよ」と言った。「われわれが戦いに勝てば、われわれのものを取り返すことができるのみならず、敵のものまでわれわれのものとなるであろう。八 それゆえ、兵力をいくらか割くというようなことは考えず、わたしや父ピリッポスにふさわしく、輜重の損害などは無視し、勇敢に戦うように」。九 そうこうするうちに、異民族《バルバロイ》たちは輜重を略奪、見張りの兵士たちの大部分が殺されると捕虜たちは枷《かせ》を壊し、手近にあった武器になるようなものは何であれつかんで見方の騎兵たちに合流し、包囲されているマケドニア人を攻撃した。マケドニア人たちは両側からの危険にさらされたのである。

一〇 シシガンビスの周りにいた者たちは大喜びで、ダレイオスが勝った、敵は大殺戮を受け粉砕された、最後に輜重まで奪われたと彼女に告げた。彼らは、戦線のどこにおいても状況は同じであり、勝利したペルシア人たちが戦利品を獲得するために四散しているのだと思っていたのである。一一 捕虜たちは悲しみを心から捨てるよう促したがシシガンビスは以前と同じ心情であった。何ら声を出さず、顔色も表情も変化せず、ただじっと座っていた。思うに、早く喜びすぎて運命の女神を怒らせるのを恐れたのであろう。それで、いったい何を望んでいるのか、彼女を見つめている者でもわからないほどであった。

一二 一方、アレクサンドロスの騎兵隊指揮官であるメニダスが少数の騎兵を率いて、輜重部隊救援のためにやって来ていた。自発的に来たのかそれとも王の命令で来たのかはっきりしないが――とにかくカドゥシオイ人とスキュティア人の攻撃に耐えることができなかった。彼はほとんど戦闘を試みることなく王のもとへ逃げ出し、失われた輜重を取り返すどころか輜重が奪われたことの証人となった。一三　アレクサンドロスは怒りのあまり作戦の変更を考えた。自分たちの持ち物の心配が兵士たちの心を戦闘からそらせはしないかと心配したが、それはもっともなことであった。それで、サリッソポロイ(1)と呼ばれている投槍兵の指揮官アレテスを派遣して、スキュティア人に当たらせた。一四　一方、最前列の軍旗の近くで戦列を撹乱することに成功した鎌戦車隊は、密集歩兵隊めがけて突っ込んでいた。マケドニア兵たちは勇気を取り戻し、道をあけて、隊中央へ侵入を許した。一五　密集歩兵隊形は壁のようであった。槍衾《やりぶすま》(2)を作り、軽率に突撃してきた戦車の馬の脇腹を両側から突いた。それから今度は戦車を包囲し、御者たちを突き落としにかかった。一六　戦場はいたるところ倒れた馬と御者でいっぱいになった。御者たちはおびえる馬をもはや制御できず、馬は首を何度も振り回しては軛《くびき》を振り払い、さらには戦車までひっくり返し、傷ついた馬が死んだ御者を引っ張っていた。馬はおびえてとどまることができず、疲弊していて進むこともできなかった。一七　しかしながら少数の戦車は最後列にまで達し、遭遇した兵士たちに惨めな死をもたらした。実際、兵士たちの切り取られた手足が地面に転がり、傷がまだ暖かいうちは痛みはなかったため、手足を切り取られ、不具となっても武器を捨てようとはしなかったが、多量の血が流れてしまうと息絶えて倒れた。

一八　一方、アレテスは輜重の略奪を行なっていたスキュティア人たちの指揮官を殺し、おびえるスキュティア人たちに激しく迫っていた。そこへダレイオスのところからバクトリア人たちが来援、戦いの運命を逆転させた。かくてマケドニア人たちの多くが最初の攻撃で圧倒され、さらに多くがアレクサンドロスのところへ逃げてきた。一九　するとペルシア人たちは、敵が全戦線で敗走したものと考え、勝者たちがあげるのが常である勝ち鬨をあげ、敵めがけて殺到した。アレクサンドロスはおびえる部下たちを叱咤、鼓舞し、下火になっていた戦闘をたった一人で再燃させた。そうしてやっとのことで士気を取り戻した兵士たちに、敵に向かって突撃するよう命じた。二〇　ペルシア軍は左翼が弱くなっていた。輜重隊を攻撃するためバクトリア人たちが左翼から抜けていたからである。それでアレクサンドロスはその薄くなった敵の隊列に攻め込み、多数の敵を殺害した。

二一　ところが左翼にいたペルシア人たちは王を包囲できると考え、戦っている王の背後に部隊を移動させた。ここでもしアグリアネス人の騎兵隊が拍車を駆って、王を包囲している異民族軍《バルバロイ》を攻撃し、後ろ向きの敵兵を殺して自分たちのほうへ向き直らせるということをしなかったならば、敵軍の中央に挟まれた王は大変な危険に直面するところであった。二二　両軍の隊列とも混乱していた。アレクサンドロスは前後に敵をかかえていた。背後から王に迫った敵は、アグリアネス人の騎兵隊の追撃を受けていた。バクトリア人たちは敵の輜重の略奪を終えて戻ってきたが、戦列のもとの持ち場につくことはできなかった。多くは味方の戦列から引き離され、偶然出くわすことになった敵兵と戦うことになった。二三　二人の王の軍勢はほとんど一つにならんばかりで、二人は戦意を高めあっていた。死者はペルシア側が多く、負傷者数は両者同じくらいであった。二四　ダレイオスは戦車に乗り、アレクサンドロスは馬に乗って戦った。両王とも命を恐れ

(1)「サリッサ（長槍）を持つ者」の意で、長槍を持つ騎兵のこと。

(2) 槍を隙間なく並べ、突き出して構える。ただしディオドロスによると盾を密着させたのだという。

ぬ精鋭部隊が守っていた。彼らは王の命が失われれば、自分たちだけ無事でいることを望まなかったし、できなかった。各自自分の王の目の前で死ぬことをこよなく名誉あることと考えていた。二五　ところが、最も守られているはずの王は最も大きな危険に直面していたのである。何となれば各自が相手の王を殺すという栄誉を狙っていたからである。

二六　そのような時、目の錯覚かあるいは本当に現われたのか、アレクサンドロスの近くにいた者たちは王の頭の少し上を鷲がゆっくり飛ぶのを見たように思った。その鷲は、武具の音や倒れていく兵士たちの呻き声にもおびえることなく、長いあいだアレクサンドロスの馬の周りを飛んでいるというより浮かんでいるように思われたのである。二七　はたして予言者アリスタンドロスは白い服を着、右手に月桂樹の枝をかざしていたが、これこそ疑いようのない勝利の前触れとして、戦いに夢中の兵士たちに示した。二八　そうして、それまでは恐怖に打ち震えていた兵士たちは勇猛果敢に戦いはじめ、とくに、ダレイオスの前に座って馬を操っていた御者が投槍で刺し貫かれてからは、いっそう戦意を高めた。ペルシア兵もマケドニア兵も王自身が殺されたことを疑わなかった。二九　かくてダレイオスの近親や従者たちは激しく嘆き悲しみ、その叫びと呻きの混じった音はそれまでは互角で戦っていたほぼ全軍勢を混乱に陥れた。左翼は敗走を始め、王の戦車を見捨てたが、右手の密集した兵たちが隊の中央に迎え入れた。

三〇　ダレイオスは短剣を抜き、名誉ある死によって逃亡の汚名を逃れるべきか迷ったと言われる。しかしながら戦車の上から眺めて、まだ自軍の戦列のすべてが戦闘から逃げ出していないのに、見捨てることは恥ずべきことだと考えた。三一　それで、期待と絶望の間でためらっているあいだに、ペルシア軍は次第に後退し、戦列を緩めていった。アレクサンドロスは馬を替え――というのも、それまでにも馬が疲れたら取り替えていたのであるが――、抵抗する敵の顔の正面と、逃げていく敵の背中に剣を突き立てた。三二 今や、戦闘というより殺戮であった。ダレイオスも戦車で逃走を始めた。逃げ行く者たちの背後に、勝者となったアレクサンドロスが迫った。しかし、天まで届くばかりに舞い上がった砂塵の雲が視野を遮った。三三 そのため、まるで暗闇の中にいるかのようで、聞き覚えのある声あるいは合図を聞いて、人は集まってさまよった。しかしながら戦車を運ぶ馬が何度も鞭打たれる、その鞭の音は聞き取ることができた。それだけが逃げていくダレイオスの痕跡であった。

第十六章

一 一方、マケドニア軍の左翼では――すでに述べたようにパルメニオンが守備していたが――両陣営の戦況はまったく異なっていた。マザイオスが自分の全騎兵隊を率いてマケドニアの騎兵隊に突撃をかけ、圧迫していた。二 そして、今や、数を頼んでマケドニア軍の包囲を始めていたのである。パルメニオンはアレクサンドロスに騎兵を送り、どれほど危険な状況にあるか報告させた。早急に救援が来なければ、逃走を止めることはできないと。三 すでに逃げていく敵の背後に迫りつつ、かなりの距離を進んでいた王に、パルメニオンからの悲しむべき知らせが届いた。馬に乗っている者たちには馬を止めるように命じ、行軍を止め、今や自分の手から勝利が逃げ出し、追跡する自分よりも逃亡するダレイオスのほうが幸運だと歯軋《ぎし》りした。**四**　そうしているうちにダレイオスが敗れたという噂がマザイオスのもとに届いた。それで、戦いでは優勢であったが、自軍の運命に驚き、劣勢の敵に迫るのを緩めた。

パルメニオンはひとりでに戦いの勢いが弱まった理由がわからなかったが、勝利の機会を断固活用した。**五**　テッサリアの騎兵を呼ぶように命じ、「おまえたちは気がつかないか」と言った。「今まで激しく迫っていた敵が、急に恐怖にとらわれ退却しようとしているのを。これは疑いなくわれらの王の幸運が勝利したのだ。ペルシア軍は殺戮され、潰走させられたのだ。何をぐずぐずしている。逃げ出している敵に立ち向かうこともできないのか」。**六**　将軍の言葉はもっともだと思われ、疲労困憊している者も勝利の希望で立ち上がった。騎兵隊は拍車を駆って敵軍に突撃した。すると敵は少しずつではなく雪崩を打ったように退却しはじめ、まだ背中を見せていないことを除けば、敗走以外の何物でもなかった。**七**　しかしながらパルメニオンは、右翼での王の状況がどうなっているのかわからなかったため、部下の者たちを引き止めた。逃走の余地が与えられたマザイオスはまっすぐではなく、より安全な回り道をしてティグリス川を渡り、敗れた残りの軍隊とともにバビュロンに入った。

八　ダレイオスは少数の逃走の供を連れてリュコス川(1)へと急いだ。川を渡り終えてから、橋を取り壊すべきか迷った。間もなく敵軍が到着と伝えられたからである。しかし橋を取り壊せば、まだ川に達していない何千もの味方の兵士が敵の餌食になるであろうこともわかっていた。**九**　橋を壊さずに立ち去るとき、逃走している者たちから逃げ場を奪うよりは、追跡している者たちに通路を残してやるほうを選びたいと言ったことは確からしい。それから大変な距離を逃げのびたのち、ほぼ深夜にアルベラに到着した。

一〇　これほどの運命の気まぐれ、多数の将、多数の軍勢の殺戮、敗者の逃走、ひとりひとりの悲運、軍全体の悲運を、心に思い描いたり、言葉で述べる人がいるであろうか。ほとんど一世代の出来事を、おお、運命の女神は一日に集約されたのだ。一一　ある者は最も近い道を、ある者は道なき隘路、追跡者たちの知らざる小道を目指した。歩兵も騎兵も指揮官もなく混じりあい、武装した者と丸腰の者、不具な者と健康な者が混じりあっていた。一二　次いで、恐怖が憐憫に打ち勝ち、ついて行くことができない者は相互の嘆きのうちに見捨てられた。とりわけ疲弊した者、傷ついた者は喉の渇きに苛まれ、いたるところの小川で体をかがめ、大きく口を開けて流れる水をむさぼり飲んだ。一三　しかし渇きに駆られて濁った水をがぶがぶ飲むと、泥の重みでいっぺんに腹が張り、四肢が弛緩し、麻痺してしまい、敵がやって来たときに新しい傷を受けて初めて気がつく始末であった。一四　ある者は近くの水場がふさがれていたので遠くまで出かけ、隠れた湧き水があれば何であれ口にした。喉が渇いて水を求める者たちはどんな辺鄙なところであれ、どんなにわずかなものであれ、水を探し出さずには済まなかった。一五　道路近くの村々からは老人や女性たちの嘆きの声が聞こえた。彼らは異民族《バルバロイ》のやり方でダレイオスを今なお王と叫んでいた。

一六　アレクサンドロスは上に述べたように、部下の進撃を止めてリュコス川に到着していた。橋は逃亡する兵の群れであふれていた。兵たちは敵が迫ると、川の中に飛び込んだが、武具の重みと戦闘と逃走で疲弊していたため、流れの渦に飲み込まれていった。一七　次から次へとむやみに押し寄せて今や大きな群れ

（1）九七頁註（2）参照。

となった逃亡者たちは、橋のみならず川にも入りきれなくなっていた。人は、心が恐怖の虜になってしまうと、最初に恐怖を抱いたもの以外は思考の対象外になってしまうものなのだ。一八　逃げる敵に一矢浴びせるまでは追跡をやめないようにと部下の者たちは懇願したが、アレクサンドロスは武器が鈍くなり、手も疲れ、長距離の追跡で体も消耗しており、夜の闇も迫っているからと説いた。一九　実際のところは、まだ戦いが続いていると思っていた左翼のことが心配であったので、味方の者たちを救援するため戻ることに決めた。

方向転換をすませたとき、パルメニオンから派遣された騎兵が左翼の側でも勝利したことを伝えた。二〇　しかし、まさに軍勢を陣営に引き揚げようとしているときに、その日の最大の危険に出くわすことになった。彼につき従う者たちは少数で、勝利に酔っていた。それというのも敵軍はすべて敗走したか、戦場で倒れたと思っていたからだ。二一　それが突然、騎兵の一隊が正面に現われたのである。敵兵はいったんは行軍を止めたが、マケドニア兵が少ないのを見ると騎兵中隊を突撃させた。二二　王は危険を無視するというよりは見ないふりをして軍旗の前に出た。危ないときにはいつも助けてくれる幸運がこの時も王を助けた。二三　というのも、戦闘にあせり、そのため不用意に突っ込んできた騎兵隊の指揮官を槍で突き刺したからである。指揮官が馬から落ちると、その同じ槍でいちばん近くの兵士、さらに多くの兵士を倒した。二四　朋友たちも混乱した敵軍に向かって突撃した。ペルシア人たちも一方的に倒されることはなかった。実際、全両軍の衝突もこの不規則な両部隊の衝突ほど激しくはなかった。二五　最後に異民族《バルバロイ》たちは、薄暗くなって戦闘より逃走のほうが安全に思えたので、列を乱して逃走した。王はこの尋常でない危険を免れ、部下の兵士たちを率い無事陣営に帰還した。

二六　勝者たちの計算によると、ペルシア人の死者は四万、マケドニア側の行方不明者は三〇〇人を越えなかった。(1)　二七　しかしながら王がこの戦いに勝利したのは、大体において幸運のおかげというより武勇のおかげである。勇気で勝《か》ったのであり、前回のように地形で勝《か》ったのではなかった。二八　それというのも、非常に巧みに戦闘隊形を組み、自ら勇ましく戦い、賢明にも荷物輜重をなくしてもものともしなかった。戦いの帰趨は戦場で決まると悟っていたからである。そうしてまだ戦闘の結果がはっきりしないときから、勝者として振る舞った。二九　それから敵が敗走したとき、その激情的性格からは信じられないことだが、逃亡兵たちを追跡はしたが分別を用い、深追いはしなかった。三〇　何となれば、もし軍隊の一部がまだ戦闘状態にあるのに逃亡する敵の追跡をあくまで続けていたならば、負けた場合は自分の責任になり、勝った場合も自分の武勇のためではなくなってしまったであろう。また向かってくる多数の騎兵に恐れをなしていたならば、勝利者でありながら見苦しく逃げるか、惨めに死ぬところであった。

三一　各部隊の指揮官たちからもその手柄を奪い取るべきではない。彼らも各々身に受けた傷跡がその武勇の証なのだ。三二　ヘパイスティオンは腕を投槍で貫かれ、ペルディッカス、コイノス、メニダスは矢でほとんど殺されそうになった。三三　もし、われわれが当時のマケドニア人たちを公平に評価しようとするならば、王はその部下たちに最もふさわしく、部下たちも王に最もふさわしかったと言えるであろう。

（1）両軍の犠牲について史料の食い違いがある。ディオドロスではペルシア軍九万、マケドニア軍五〇〇、アリアノスではペルシア軍三〇万、マケドニア軍一〇〇となっている。ここではクルティウスのほうが信用できそうである。

第五巻

第一章

一　もしアレクサンドロスの指揮と命令によってギリシアやイリュリア、トラキアで起きたことを年代順に語ろうとすれば、アジアでの遠征の話は中断せざるをえない。二　とくにダレイオスの逃亡と死までの事跡はまとまった話として提示し、今までの記述に続けてお互いの関連を明らかにするほうがはるかに適切なことのように思われる(1)。それでアルベラでの戦いに関係する話から始めることにしよう。

三　ダレイオスはほぼ深夜にアルベラに到着したが、友人たちと兵士たちの大部分も運命に駆り立てられ、逃亡の結果同じ場所に集まってきていた(2)。四　王はその部下たちを呼び集めて言った。「アレクサンドロスがあらゆる物資にあふれるとりわけ名高い町々や領地に向かうことは間違いない。彼と彼の兵士たちは、用意された豊かな獲物を狙っているのだ。五　ちょうどこのような状況にあってはわれわれには好都合である。軽装のわれわれの部隊は砂漠を目指す。われらの王国の最果ての地はまだ無傷であり、そこから戦力を立て直すことは困難ではない。六　貪欲きわまるかの民族はたしかに財宝を手に入れ、久しい飢えののち黄金に堪能するであろうが、やがてはわれわれの餌食となるのだ。高価な家具調度や愛妾、宦官などは重荷以外の何物でもないことをわしは経験から悟った。アレクサンドロスもこうした戦利品を手に持っておれば、今までの戦闘での有利さを失ってしまうのだ」。

七　その演説は誰の目にも絶望にあふれているように思えた。最も豊かな都バビュロンが見捨てられることがわかっていたからである。次はスサが、その次は王国のその他の飾り、すなわち戦争の原因が勝者の手に落ちるであろう。八　しかし大王は、逆境にあっては見せかけの言葉ではなく、実際に必要なことを求めるべきだと説いた。戦争は剣によって行なわれるもの、黄金によってではない。男たちによって行なわれるもの、都市の建物によってではない。あらゆるものは武器ある者の手に帰す。自分たちの父祖たちも帝国の初期には打撃を受けながらも、すみやかにかつての栄光を取り戻したのだと。九　このようにして、兵士たちに再び勇気が湧いたのか、それとも王の策に賛成したというより命令に従っただけなのか、軍はメディアの領域に入った。

一〇　それからしばらくして、王の家具調度と高価な宝物で満ちたアルベラがアレクサンドロスに引き渡された。四〇〇〇タラントンあり、さらに高価な衣服があった。先に述べたように、全軍隊の富がこの町に集結されていたからである。一一　しかし平野一面に横たわる死体の匂いが広がることで疫病が発生、王は早々に陣営を移動させた。向かって左手に、香草で名高いアラビア(3)が現われた。一二　ティグリスとエウプ

(1) ヨーロッパの情勢については第六巻冒頭で取り上げられる。
(2) 輜重とそれを守る守備隊がアルベラに配置されていたため。
(3) バビュロニア北部に広がるメソポタミアを指しており、本来のアラビアではない。

ラテスの両河のあいだに横たわる大地を一本の田舎道が走っている。ここの大地はきわめて肥沃で、食べ過ぎて死ぬことがないように家畜を追い払わなければならないほどである。肥沃さの原因は両大河から滲みだす水で、土壌のほぼ全体が多数の水脈により汗ばんでいる(1)のである。

一三　両大河はアルメニアの山脈から流れ出し、二つは大きく分かれ、それぞれの道を進む。アルメニアの山脈のあたりの両者の最大の間隔を調査した者は、それを二五〇〇スタディオンとしている。一四　両河がメディアとゴルデュアイオイ人(2)の地に入ると次第に両者の間隔は狭まってくる。一五　住民がメソポタミアと呼んでいる平原に来ると最も近づく。メソ［中］ポタミア［川］というのは両側から川に挟まれているのでそう呼ばれるのである(3)。両河はこのメソポタミアからバビュロニア人たちの領地を通り、「紅海」(4)に注ぐ。

一六　アレクサンドロスは四日の行軍でメンニス(5)に到着した。ここの洞窟に大量の瀝青(6)を噴出する泉があった。あの巨大なバビュロンの城壁もこの泉の瀝青で固めたものだということはよく知られている。

一七　さて、アレクサンドロスがバビュロンに近づこうとしていると、戦場からこの都へ逃げのびていたマザイオス(7)が成人した子供たちを連れて嘆願者として出迎え、わが身と都を差し出した。この出迎えは王にとりうれしいことであった。それというのも、これほど堅固な都を包囲するのはたいへんな難事業となるところであったからである。一八　これに加えて、高貴かつ機敏で、最近の戦いでも名をあげた将軍は、他の男たちにも降伏の手本になるように思われたからである。それで王は彼と子供たちを丁重に迎え入れた。

一九　しかしながら率いていた軍は、戦闘に入るかのように、方陣を組んで入城するよう命じた。バビュロニア人たちの多くは新しい王を一目見たいと思い、城壁の上に立っていた。しかしいっそう多くの人が町の外へ出て出迎えた。二〇　その中でも城塞と王の財貨の番人であるバゴパネス[8]は、恭順においてマザイオスに引けを取らぬようにアレクサンドロスの通る道筋に花輪を敷きつめ、両側に銀の祭壇を設け、乳香だけでなくあらゆる種類の芳香で満たしたのである。二一　彼のあとには家畜や馬の群れの贈り物が続き、檻に入れられたライオンや豹まで運ばれた。二二　それからマゴス僧が来て彼らのやり方で歌を歌い、そのあとにはカルデア人[9]、バビュロニアの予言者たち、さらに独特の楽器を奏する楽人までいた。楽人たちは王の讃歌を歌うのが習いで、カルデア人は星の運行と季節の定まった移り変わりを教える役目を持っていた。二三　そうして最後にバビュロニア人の騎兵が続いたが、その衣装と馬具は荘厳というより奢侈に流れるものであった。王は武装兵に囲まれながら進み、市民たちの群集は最後の歩兵のあとを進むよう命じられた。

王は戦車に乗って都に入城し、次いで王宮に入った。翌日、ダレイオスの家具調度とすべての財貨を視察

---

(1) 原語は resudante、非常にまれな単語である。
(2) アルメニア、アッシリア、ティグリス上流のメソポタミアに囲まれた地域に住む住民、今日のクルド人の先祖。
(3) メソポタミアは本来は形容詞、原住民がそう呼んでいるわけではなく、ギリシア人地理学者が呼ぶようになったもの。
(4) ここではペルシア湾のこと。
(5) 不詳。
(6) この地域は油田地帯。大プリニウスもバビュロニアの城壁作りに瀝青が漆喰代わりに使われたことを記録している(『博物誌』第三十五巻五一)。
(7) ダレイオスの側近でメソポタミア総督。
(8) 不詳。
(9) バビュロニアの神官、占い師。

した。

二四　しかし町そのものの美しさと歴史は王のみならずすべての人の目を釘づけにしたが、それも無理からぬことであった。バビュロンの町を建設したのはセミラミスで[1]、多くの人が信じているように、その名を冠した宮殿が残っているベロスではない[2]。二五　城壁は日乾し煉瓦を瀝青で固めて作り、三二フィートの幅がある。四頭馬車が出合っても何らの危険なく走ることができると言われている。二六　城壁は五〇キュービットの高さでそびえている。塔は城壁より一〇フィートだけ高くなっている。城壁の全周は三六八スタディオンである[3]。一スタディオンの建設に一日かかったと伝えられている。家屋は城壁に接しておらず、約一ユーゲルム[4]離れている。二七　全市が家屋で満ちているわけではなく——八〇スタディオンにわたって住居がある——それもすべてが接しているわけではない。それは思うに、多くの地区に分かれているほうが安全と考えられたからであろう。住居区以外は種を蒔かれ、耕作されている。もし外敵に襲われた場合、町自身の土壌から食料を得て籠城戦に持ちこたえるためである。

二八　エウプラテス川が貫流しているが、大きな堤防で抑えられている。しかしその堤防はすべて、川の勢いを受け止めるため深くまで掘って作られた巨大な貯水池で囲まれている。川が氾濫して堤防の高さを越えた場合、町の家屋が被害を受けるため、水を受け止める貯水池を用意してあるわけである。二九　堤防は焼き煉瓦で造られており、全体が瀝青で固められている。石造の橋が川に架かり町をつないでいる。この橋もオリエントの驚異の建造物の一つに数えられている。というのもエウプラテスは多量の泥を堆積させているが、基礎を築くために泥をすっかり取り除いても、橋を下から支えるのに十分な固さの土台がほとんど見つけられないからである。三〇　また砂が次から次と堆積し、橋を支えている岩にくっついて川の流れの邪魔をする。流れが抑えられると、こんどは邪魔なものがなかった場合より激しくぶつかるのである。

三一　また二〇スタディオンの広さの城塞がある。塔の基礎は地下三〇フィートも深く掘られ、塔の頂上までは約八〇フィートある。三二　この城塞の上方に、ギリシア人たちの物語により人口に膾炙した驚異である空中庭園があり、その高さは城壁の頂上に匹敵し、多数の樹木が高くそびえて影を投げ、見事な美観を呈していた。三三　庭園全体を支える柱は石造で、その柱の上に四角の石が敷きつめられた床があり、その上に土を高く盛り、灌漑して土を潤すようにしていた。床が支える木は大きく、幹は幅八キュービット、高さは五〇フィートにも達し、地上で育つ木と同じように実をつけた。三四　人間が作ったもののみならず、自然のものでも時がたつにつれ次第に浸食風化され崩れていくものであるが、この庭園はこれだけの樹木の根からの圧力を受け、これだけ繁茂した木々の重量を受けているにもかかわらず、依然として損なわれることはない。幅二〇フィートの壁が一一フィート離れて庭園を支えており、遠くから見ると樹木が山の上に張り出しているように思われる。三五　シリアの王(5)がバビュロンを治めているとき、王妃への愛に負けて、こ

(1) バビュロンの創建者とされるアッシリアの女王。
(2) バビュロンの主神バル・マドゥクのことで、ニノスの父とされる。ベロスがバビュロンの城塞を作ったという伝説もある。
(3) 約六五キロメートル。
(4) ローマの長さの単位。一ユーゲルムは約二〇〇フィート（約六〇メートル）。
(5) ここでシリアとはアッシリアのことで、王はニノス王のこと。

の庭園を造ったと伝えられている。王妃は田舎の森や林が恋しくて、夫にこの種の庭園によって自然の美を模倣するようにさせたというのである。三六　王は他のどこよりも長くこの町にとどまったが、兵士たちの規律にこれほど有害なところは他になかった。この町の風俗より堕落したものはなく、節度を超えた快楽をこれほどかき立て、引きつけるものはなかった。三七　金さえもらえるのであれば、親も夫も、子供たちや妻が客と交わることを認めるのである。宴会での遊びはペルシア中の王侯や高官たちに好まれ、とくにバビュロニア人たちは酒に溺れ、酔ったあとの行為に夢中になる。三八　宴会に侍る女性たちは最初のうちは控えめな衣装であるが、それがやがて上着を脱ぎ、次第に羞恥心をかなぐり捨て、最後には――お聞き苦しいことだが――いちばん下の覆いまで取り去るのだ。この背徳行為は遊女たちが行なうのではなく、貴婦人や令嬢が行なうのである。彼らのあいだにあっては肉体をたやすく売ることが礼儀と考えられているのだ。三九　アジアの征服者であるあの軍隊はこのような遊蕩三昧の中で三四日間も贅肉を太らせ、もし敵と遭遇しておれば、来るべき危機に対処するには間違いなく弱体化しているところであった。

　しかしながら、弱体化を感じなくてすむように幾度となく兵員の補充が行なわれた。四〇　それというのも、アンドロメネスの子アミュンタスが[1]、マケドニアのアンティパトロスのところから六〇〇〇の歩兵を連れてきたからである。四一　さらに同じマケドニアの騎兵五〇〇、トラキアの騎兵六〇〇、トラキアの歩兵三五〇〇が加わり、ペロポンネソスからは四〇〇〇の傭兵と約三八〇の騎兵が到着した。四二　アミュンタスはまた、親衛隊としてマケドニアの貴族の子弟を連れてきていた。彼らは宴会にあっては王の給仕役であり、戦闘に出かける者には馬をあてがい、狩りをするときにはつき従い、寝室の戸口で交代で寝ずの番をした。これが偉大な総督、将軍たちの苗代、学校であった。

四三　それで王はアガトン(2)に七〇〇人のマケドニア兵と三〇〇の傭兵とともにバビュロンの城塞を守備するように命じ、バビュロニア地方とキリキアを管轄する指揮官としてメネスとアポロドロス(3)を残し、二〇〇〇の兵士と一〇〇〇タラントンを与え、両名に兵士を補充するように指図した。四四　寝返ったマザイオスにはバビュロニアの総督職を与え、城塞を引き渡したバゴパネスにはついて来るよう命じた。アルメニアはサルデイスを引き渡したミトレネスにゆだねた(4)。四五　それから、バビュロンで引き渡された財貨からマケドニアの騎兵には六〇〇ドラクマ(5)が支払われ、外国の騎兵は五〇〇ドラクマ受け取った。マケドニアの歩兵は二〇〇ドラクマ、他の兵士は三ヵ月分の給与を得た。

第二章

一　このように取り決めてから、シッタケネ(6)総督領と呼ばれている地域に着いた。肥沃な土地であらゆる

(1) 三九頁註(10)参照。
(2) マケドニア人指揮官。
(3) メネスはマケドニアのピュドナ出身の指揮官。キリキア、シリア、フェニキアの総督となる。アポロドロスはバビュロニアの指揮を任された。
(4) アレクサンドロスは積極的にペルシア人を登用した。
(5) ドラクマはギリシアの貨幣単位。ラテン語原文ではローマの銀貨デーナーリウスが用いられている(一デーナーリウス＝一ドラクマ)。解説参照。
(6) バビュロンの北、ティグリスとスシアナに挟まれた地方。

物資、糧食であふれていた。二　それで、そこにかなり長いあいだ滞在した。しかし、兵士たちの気分が怠惰に流れることがないように、審査員を立て、兵士の武勇を競わせ、新しい賞品を授けることにした。三　最も勇敢であると判定された者は一〇〇〇人の兵士を指揮できることとした。彼らは千人隊長と呼ばれた。そのとき初めてこの数の軍勢が組織されたのである。というのも、それまでは五〇〇人ずつの部隊があっただけで、それも勇敢さの褒美として与えられたのではなかった。四　比類なき競争に参加するためおびただしい兵士たちが集まり、兵士たち自身が銘銘の功績の証人となり、審判人の判定を確かめる。実際、各自に与えられる栄誉が本物か偽物か、知らないでいることはできなかった。五　武勇においての第一位は、ハリカルナッソスで若手の兵士たちが放棄した戦闘を一人で燃え上がらせた年輩のアタリアス(1)に与えられた。第二位はアンティゲネス(2)に決められた。三位はピロタス・アウガイオス(3)が獲得、四位はアミュンタス、五位はアンティゴノス、六位リュンケスティス・アミュンタス、七位テオドトス(4)、最後の八位はヘラニコス(5)が獲得した。

六　軍隊の組織についても、父祖伝来の慣習に大きな改革を施した。というのも、以前、騎兵は出身部族別に分けられていたのを、部族の別を取り払い、その指揮官も必ずしもその部族の者にかぎらず、選んだ指揮官をあてがった。七　陣営を移動するときはラッパで合図を送っていたが、ラッパの音は多数の者が混乱して叫び声を上げているとき、はっきりと聞き取れないことがよくあった。それでどこからでも見えるように王の幕舎の上に竿を立て、誰にでもはっきりわかるしるしが目につくようにした。夜間には火を、昼間には煙を揚げたのである。

八　今やスサに向かおうとしていたとき、その地方の総督アブリテス[6]が、ダレイオスの命を受けて戦利品によりアレクサンドロスの進撃を遅らせるためか、自発的にか、息子を送って出迎えさせ、町を引き渡すことを約束した。九　王は若者を快く迎え、彼を道案内として美味な水という噂のあるコアスペス川[7]に着いた。ここでアブリテスが王室の壮麗な贈り物を持って出迎えた。一〇　贈り物の中にはずば抜けた速さの駱駝、インドからダレイオスが取り寄せた一二頭の象がいたが、今や、期待していたようにマケドニア人たちを驚かすことはなかったが役には立った。幸運の女神は、敗者の富を勝者の手にかくゆだねるのである。一一　さてアレクサンドロスは町に入ると、王の宝物庫から信じがたい額の財貨を持ち出した。五万タラントンの銀、硬貨に鋳造したものではなく、延べ棒のままのものである。一二　長い時代にわたってこれほどの富を、多くの王侯たちが子供たちや子孫に残すためにと思って蓄えたのであるが、その富がわずか一時間のうちに外国の王の手に渡ったのである。

一三　それから玉座に座ったのだが、彼の体格にはあまりに高すぎた。一四　それで、足がいちばん下の段に届かなかったため、王の小姓の一人が足の下にテーブルを置いた。するとダレイオスの宦官が嗚咽をあ

(1) 本書にしか現われない。
(2) プルタルコス『アレクサンドロス伝』七〇に出てくるペレネのアンティゲネスと同一人物かはっきりしない。
(3) アウガイアはカルキディケ半島にある町で、この町出身と考えられる。
(4) アミュンタス以下いずれも不詳。
(5) 近衛歩兵隊に属していたと思われる指揮官。
(6) ペルシア人。ガウガメラの戦いには参加していなかった。
(7) 現在のカラ・スー川。

げたため、それに気づいた王は、何が悲しいのか尋ねた。宦官は、ダレイオスがそのテーブルで食事をとるのが習慣だったものを、その神聖なるテーブルが笑い種になっているのを涙なしに見ることはできないと答えた。一五 王はそれを聞いて、客を厚遇する神々を冒瀆する行為として恥じ、まさにテーブルを片づけるよう命じようとしていたときピロタスが言った。「王よ、片づけてはいけませぬ。敵が食事をとったテーブルがあなたの足もとに置かれたということを吉兆として受容ください」。

一六 王はペルシアの辺境に出発しようとして、スサの町を三〇〇〇名の守備隊とともにアルケラオス(1)にゆだね、城塞の指揮はクセノピロス(2)と一〇〇〇名の年輩のマケドニア兵士に任された。一七 宝物庫の管理はカリクラテス(3)に任せ、スサ地方の総督職はアブリテスに返還、ダレイオスの母と子供もスサの町にとどめた。一八 その頃たまたまマケドニアからマケドニアの衣服と紫衣がそれを製作した女たちともども贈り物として届けられたが、王はそれをシシガンビスに与えるよう命じた。それというのも、子供が親に孝養を尽くすように彼女を敬っていたからである。一九 それから、もし着物が気に入れば、孫娘たちにそれを作るのを習わせてはどうか、指導する女どもは用意するからと伝えるよう命じた。ところが、それを聞いて、シシガンビスは涙を流し、申し出を嫌悪する心中を見せたのであった。実際、ペルシア人の女性にとって自分の手で毛糸を紡ぐほどの侮辱はないのであった。

二〇 シシガンビスが悲しんでいるということを贈り物を届けた者が告げたので、これは陳謝し、慰めるべきことのように思われた。それで王自ら彼女のもとへ赴き、「御母堂よ」と釈明した。「わたしが今着ているこの服とて姉妹たちの贈り物というだけでなく、姉妹たちが手ずから編んだものなのだ。わたしたちの慣習のせいで過ちを犯してしまった。二一　わたしが知らずにいたことをどうか侮辱ととらないでいただきたい。あなたの慣習であると知ったことについては、これまで十分に尊重させていただいていると思います。二二　あなた方の国では、母親の面前で息子が許可なく座るのは不敬であるということを知っております。わたしもあなたのところへ来るたびに、あなたが座れと言われるまでは立っています。あなたはしばしば平伏してわたしを敬おうとされた。しかしわたしは止めました。わが最もいとしい母であるオリュンピアに帰すべき『母』という呼称を、あなたに対してわたしは用いております」。

第三章

一　シシガンビスを慰めてから四日の行軍でティグリス川に着いた。住民はパシティグリス[4]と呼んでいる。ウクシオイ族[5]の山脈に発し、五〇スタディオンにわたって岩のあいだを流れ落ちる急流で、川岸には樹木が繁茂している。二　それから川は平野に注ぎ、流れはおだやかになり、船が航行できる。さらに六〇〇スタ

(1) アレクサンドロスの指揮官。
(2) アレクサンドロスの指揮官。アリアノス『アレクサンドロス大王東征記』ではマザロスとなっている。
(3) 不詳。
(4) 「小」ティグリスの意で、今日のクレン川。
(5) スシアナ地方の住民。

ディオン緩やかな傾斜で流れ、緩やかにペルシアの海に注ぐ。(1) 三　この川を越え、九〇〇〇の歩兵とアグリアネス族の弓兵、ギリシア人傭兵三〇〇〇、およびトラキア人一〇〇〇を率いウクシオイ族の地方に着いた。この地方はスサに近接しており、ペルシスの(2)始まるところにまで続き、この地方とスシアナ地方のあいだは狭い通路となっている。四　この地方の総督メダテス(3)は決して日和見な男ではなく、忠義のためには徹底的に戦うことを決意していた。五　しかしこの地方の地形に詳しい者たちが、町の反対側にあって、小道を通って行ける秘密の道があることをアレクサンドロスに教えた。もし少数の軽装兵を派遣すれば、敵軍の頭の上に出ることができると。

六　その策がよしとされ、彼らに道案内をさせることにした。指揮官タウロン(4)に一五〇〇の傭兵と約一〇〇〇のアグリアネス人をゆだね、日没後その道を進むよう命じた。七　自らは第三更に陣営を引き払い、日の出近く隘路を占拠、攻城塔を繰り出す兵士たちが矢石に当たらないようにするため遮蔽柵用の木材を切り出し、町の包囲を開始した。八　すべてが険峻で、岩と鋭い石が攻撃を阻んでいた。それで敵を相手に戦うだけでなく、地形とも戦わなければならず、多くの傷を被り撃退されたが、王が第一線に立って戦い、これまであまたの町を攻略してきたものがちっぽけな取るに足らぬ城塞の攻囲に手間取って恥ずかしくないのかと叱咤したため再び攻囲についた。九　そのように叱咤しているときに遠方から飛び道具で狙われた。兵士たちは亀甲隊形を組んで王を遮蔽した。退避するよう頼んでも聞き入れてもらえなかったのである。

一〇　やっとのことで町の城塞の上側に部隊を引き連れたタウロンが姿を現わした。それを見て敵軍の兵士はうろたえ、マケドニアの兵士たちはいっそう激しく戦闘にのぞんだ。一一　住民たちは両側からの危険に迫られ、敵の進撃を食い止めることはできなかった。死ぬ覚悟をしている者は少数で、多くは逃亡する気であった。大部分の者は城塞に退いた。そこから三〇人の嘆願者を派遣して降伏を願ったが、容赦の余地はないとの悲しむべき返答が返ってきた。一二　それで拷問の恐れにも肝をつぶし、ダレイオスの母シシガンビスのもとへ敵の知らない秘密の道を通って使者を送り、王への許しの取り次ぎを頼んだ。彼女がアレクサンドロスのもとで母親のように愛され、敬われているということを知っていたからである。またメダテスは彼女の妹の娘と結婚しており、ダレイオスとは姻戚関係にあった。

一三　シシガンビスは長いあいだ嘆願者の訴えを拒んだ。彼らのために取り成しをすることは現在の彼女の運命にふさわしくないし、何度も勝者の寛恕を願って気を悪くさせるのではないかと心配であること、また自分は皇太后というより捕虜であると思うほうが多いのだと答えた。一四　しかし最後には嘆願に負けて、アレクサンドロスに手紙を送り、まず懇願するということを許してほしいと訴えた。かの者たちを許してもらえないか、もし無理であれば自分を許してほしい、友人で親戚のために、もはや敵ではなく、嘆願者となった者の命だけでも助けてくれないかと嘆願した。一五　王の節度と寛恕がその時どれほどのものであったか、この一つの例だけからでも知ることができるであろう。王はメダテスを許してやっただけではなく、降

(1) ペルシア湾。
(2) ペルシア人の支配地域を指している。
(3) シシガンビスの姉妹の娘婿。
(4) マカテスの子。ウクシオイ族との戦いで名をあげる。

伏して捕虜となったすべての者に自由と税の免除を認めてやり、町を無傷のまま残し、耕地も貢税なしに耕すことを許した。勝利したダレイオスに母が頼んでもこれ以上のものは認めてもらえなかったであろう。

一六　それから平定したウクシオイの部族をスシアナの総督の支配にゆだね、パルメニオンとのあいだで軍勢を分け、パルメニオンには平原の道を通って進むよう命じ、自分は軽装の兵士を率いて山の尾根づたいの道をとった。その途切れることのない尾根づたいに進むと、ペルシスに通じるのである。一七　この地域を略奪し、三日目にペルシスに、五日目に彼らがスサ門(1)と呼んでいる隘路に入った。ここはアリオバルザネスが二万五〇〇〇の歩兵を率いて占拠していたが、一面険しく、ごつごつした岩で、異民族《バルバロイ》たちは矢石の届かない頂上部分に陣取り、アレクサンドロスの軍がこのきわめて狭い隘路に入ってくるまではわざと静かに、おびえている者のように振る舞っていた。一八　軍隊が自分たちをものともせずに通過するのを見ると、巨大な岩を山の上から下へ転がして落とした。岩は何度も下側にあった岩にぶつかり、より勢いよく落ちてゆき、兵士ひとりひとりだけでなく隊列を粉砕した。一九　投石器から投げられる石や矢も四方から降り注いだ。

勇敢きわまる男たちにとって悲惨きわまりなかったのはそのことではなく、報復できないこと、いわば檻に捉えられた獣のように殺されていくことであった。二〇　それで怒りは狂気に変わり、敵のところにたどり着くために突き出ている岩をつかみ、お互いに引っ張りあげながら上に登ろうとした。ところが大勢の手に同時につかまれた岩はぐらりと、つかんだ者たちめがけて落ちてきたのである。二一　そのため彼らはその場に停滞することも進むこともできず、異民族《バルバロイ》たちはあまりに巨大な岩を転がしてきたため、亀甲隊形によって防御することさえできなかった。王は悲痛にたえず、軽率にもそのような隘路に軍隊を進軍させたことを恥じた。二二　その日までは不敗で、どんなことを企てようと失敗したことはなかったのだ。キリキアの隘路に入ったときも、海路でパンピュリアへの新しい進路を開いたときも犠牲を出すことはなかった。今や彼の幸運は窮地に陥り、ぐらついていて、もと来た道へと引き返す以外に逃げ道はなかった。二三　それで退却の合図を与え、隊列を密にし、頭の上で盾を合わせ、隘路から後ろ向きに脱出するよう命じた。結局三〇スタディオン退却したのである。

第四章

一　アレクサンドロスはそれから四方に開けた場所に陣営を設け、何をなすべきか意見を求めようとしたが、心が迷信にとらわれていたため予言者まで呼んで相談しようとした。二　しかし予言者たちの中でも最も信頼していたアリスタンドロスでさえ、この機に何を予言することができたであろう。それで、時宜を得ない犠牲などはやめて、そこの地理に詳しい者たちを呼ぶよう命じた。呼ばれた者たちはメディアを通る道が安全で開けていると答えた。三　しかし倒れた兵士たちを埋葬せずに見捨てることには忍びなかった。マケドニア人たちにとり、戦争において味方の兵士たちを埋葬することは最も神聖な義務であったのである。

(1) スサとペルセポリスのあいだの隘路。

四　それで最近捕らえた捕虜たちを呼ぶよう命じた。捕虜の中にギリシア語、ペルシア語に通ずる者がいたが、山の尾根を通って軍隊をペルシス地方へ通すというのは無理だと断言した。山道は一人がやっと通れるほどで、すべてが木の葉に覆われており、木の枝が絡みあい、途切れることのない森を作っているというのだ。五　というのも、ペルシスは一方では(1)絶え間ない山の尾根で閉じられている。この尾根は長さが一六〇〇スタディオン、幅が一七〇〇スタディオンあり、カウカソス山脈から紅海まで続いている。山が途切れたところには別の防壁である湾が取って代わる。六　それから山の麓には広い平野が開け、土地は肥沃で、多数の村や町を擁している。七　アラクセス(2)という川が多くの急流の水を集め、この平野を通ってメドス(3)という川に注ぐ。メドス川はアラクセス川より小さく、南に海に向かい、植物の生育にこの川ほど適した川はなく、川が流れていくところはどこでも花で覆われる。八　プラタナスとポプラが両岸を覆っていて、遠くから見る人には川岸の森は山の延長のように見える。実際、木陰で覆われた川は地面に深く入り込んだ水路を通って流れ、上には丘が迫っているが、その丘にも樹木が茂る。水脈が根を潤すからである。九　全アジアを通して、ここより健康的な地方はない。一方ではどこまでも続く、暗くて陰多い尾根が気候を温和にし、暑さを和らげており、他方では海が近いことにより、陸地を適度に暖めている。

一〇　捕虜はこのように説明したが、その言っていることは耳で聞いたのか、それとも目で確かめたのかと王から質問を受けたとき、自分は羊飼いであったし、すべての小道は通ったことがあると答えた。今まで二度捕まった、一度はリュキアでペルシア人に捕まったのだが、二度目は王に捕まったと。一一　王の心に、昔出された神託のことが思い起こされた。リュキアの人がペルシスへの道の道案内をするであろうとの託宣があったのだ。一二　それで現在の必要と彼の状況にふさわしいかぎりのことを約束し、マケドニア兵のように武装させ、神託を信頼し、それがどんなに険しく、困難な道であっても教えるように命じた。「わたしは少数の兵を連れて通り抜けるであろう。おまえが家畜のために越えた道を、わたしが栄光と永遠の賛美のために越えることができないとおまえが思うのでないかぎり」。一三　捕虜の男はその道がどれほど困難か、とくに武装した人にとっては困難きわまることを何度も説いたが、王は言った。「わたしに従う者たちの中で、おまえが案内する道を拒む者は誰一人いないことを、わたしが保証する」と。

一四　それから陣営の守備のためクラテロスとその率いる歩兵、メレアグロス率いる軍勢、弓を持つ騎兵一〇〇〇を残し、平素の陣営の外観を保ち、わざと多数のかがり火を点《つ》け、王が陣営にいると異民族《バルバロイ》たちに思わせるように命じた。一五　「しかし、もし万一湾曲した小道を通っていることにアリオバルザネスが気づき、道を先取するため部隊の一部を投入しようとしたならば、クラテロスは恐怖を与えて近くの危険に部隊を向けさせるよう強いて敵の注意をそらさせるように。一六　しかしもし敵を欺き、森を占拠できたならば、異民族《バルバロイ》たちはあわてふためき王を追跡しようとするが、その騒ぎを聞いたならば、前日撃退させられた同じ道を進むことをためらうな。敵は自分に向かうであろうから、道は無人となるはずだ」と言いつけた。

(1) 西側では。
(2) 現在のブンド・エミル川。
(3) 現在のポルヴァール川。

一七　王自らは第三更にラッパの合図もない静かな行進で、教えられた山道に入った。兵士には、軽装で三日分の食料を持っていくよう命じた。一八　しかし何度も足を奪いそうになる道なき崖と険しい岩に加えて、風で深く積もった雪が、行軍する者を疲労させた。実際、穴にでも足を踏み入れたかのように吸い込まれ、仲間の兵士たちに引き上げてもらおうとすると、助けようとする兵士たちに引っ張られるというよりは彼らを引きずりこんでしまうのであった。一九　夜であること、地理を知らないこと、それと案内人も——じゅうぶん信用に値するのかわからなかった——恐怖を倍加させた。もし見張りの兵士から逃げ出すことができれば、自分たちは野獣のように捕まえられてしまう。たった一人の捕虜の信義もしくは命に、王と自分たちの安全がかかっているのである。二〇　ついに頂に到着した。右手には、アリオバルザネスのいるところに通じる道が続いていた。軽装部隊を率いるピロタス、コイノスをアミュンタス、ポリュペルコンとともにここに残したが、彼らは歩兵と騎兵との混成部隊であり、土地はきわめて肥沃で、飼い葉も豊富なため、ゆっくりと進軍するように命じ、捕虜の中から道の案内人を選んで与えた。

二一　自らは衛兵とアゲマと呼ばれる中隊を率い、険しいが敵の野営地からは遠く離れた小道を進んだが、大いに難渋した。二二　真昼であった。疲れた者たちには休息が必要であった。踏破してきた距離と同じだけの行程が残っていたが、後半の道は前半ほど険しく、きつくはなかった。二三　それで兵士たちが食事と睡眠により元気を回復すると、第二更に出発した。そのようにして、残りはそれほど困難を覚えず通過することができた。しかし、山の尾根が次第になだらかなほうへ下ろうとしているところに急流でできた巨大な裂け目があって、道を遮っていた。二四　これに加え、樹木の枝が互いに絡まって、もつれあい、どこまでも続く垣を作っていたのである。それで兵士たちの絶望は大きく、ほとんど涙をこらえきれないほどであった。二五　とくに夜の闇は恐怖であった。それというのも、輝いている星はあったのだが、隙間なく葉で覆われた樹木はすっかり光を遮っていたのである。耳を活用することもできなかった。風が木々を揺すぶり、枝がぶつかりあって、風だけの場合より大きな音を響かせていたからである。

二六　夜の闇がつのらせていた恐怖は、待望の日の光によって減少した。窪地はすこし回り道することで回避することができ、各自自分で道を進むことができるようになったのである。二七　こうして高い頂に出ることができた。そこから敵軍の配置を見届け、すぐさま武装して、このような事態はまったく恐れていなかった敵の背後に姿を現わした。あえて立ち向かってきた少数の者は殺された。二八　それで、一方では死んでいく者たちの呻きが、他方では本隊のほうへ駆けていこうとする者たちの哀れな顔が、まだ無傷な者たちまでも、戦わないまま、逃走へと追いやってしまった。二九　それから、彼らの叫びがクラテロス指揮する陣営にまで届いたので、前日に行き詰まった隘路を占拠するため兵士たちが出撃した。三〇　同時に、別の道をとるよう命じられていたピロタスはポリュペルコン、アミュンタス、コイノスとともに、異民族《バルバロイ》たちに別の恐怖をもたらした。三一　こうしていたるところマケドニア兵の武具がきらめき、両側からの攻撃に圧倒されてはいたが、それでも敵は注目すべき戦いを見せた。わたしが思うに、必要は怠惰な者たちをも駆り立て、絶望はしばしば希望の原因となるのだ。三二　武器を持っていない者が武器を持っている者につかみかかり、巨大な体で地面に引きずり倒し、相手の武器を使って多数の者を突き殺した。

三三　しかしながらアリオバルザネスは約四〇の騎兵と五〇〇〇の歩兵に囲まれ、敵味方の多くの血を流しつつ、マケドニア人たちの隊列の中央を突破、その地方の中心都市ペルセポリス(1)を先取しようと急いだ。**三四** しかし町の警備兵により締め出され、敵軍もすぐに追いついてきたので、逃亡したすべての部下たちとともに戦闘を再開し、戦死した。クラテロスも急いで部隊を率いて到着した。

第五章

一 王は、敵の軍勢を潰走させた場所で陣営の防備を強化することにした。それというのも、いたるところで敵軍は敗走させられ勝利は確定したが、たいへん深くてごつごつした塹壕が多くの箇所で道を阻んでいたのである。それで、敵による待ち伏せはないものの、地形の危険を警戒し、ゆっくり用心しながら前進しなければならなかったのである。**二** しばらく進んだところへ王の財貨の管理者であるティリダテス(2)から書簡が届いた。町にいる者たちが王の到着を聞いて宝物蔵を略奪しようとしている、放棄された宝物を急いで確保されるように、アラクセス川を渡る必要があるが道は容易であるとしたためてあった。**三** 大王の美徳の中では迅速さ以上にわたしが感嘆したくなるものはない。歩兵の部隊を残し、長距離の行軍に疲れた騎兵たちを率い、夜明けにはアラクセス川に到着した。**四** 近くに村があったので、その村を破壊し、そこの木材を使い、石の土台の上にすみやかに橋を作った。**五** 町までもうすぐというところで、これほどの不運はめったにないと言うべき哀れな一隊が、王の前に現われた。ペルシア人たちがさまざまな拷問を加えた約四〇〇〇人のギリシア人捕虜であった。**六** ある者は足を、ある者は手や耳を切断され、異民族《バルバロイ》の文字で焼印され、長くなぶりものにするため生かされていたのであった。ペルシア人たちは支配権を失ったことに気づくと、王に会おうとする捕虜たちを止めなかったのである。七　人間ではなく、見慣れぬ彫像のようであった。声以外はとても人間とは思えなかったのである。そのため彼ら自身より、見る者のほうが多くの涙を流した。実際、ひとりひとりの運命は実にさまざまで、見る者には同じように見えはしたが、その拷問の加え方は異なっており、誰がいちばん惨めなのか判断できるものでなかった。八　しかし、彼らがギリシアの復讐者ゼウスがやっと目を開いてくれたと叫んだとき、そこにいるすべての者が同じ拷問を受けたかのように思われた。

王は流した涙を拭いてから、元気を出すように、故郷の町や妻たちを見ることができるのだからと言って、町から二スタディオン離れたところに陣地を築いた。九　捕虜になっていたギリシア人たちは防御柵から出て、まず王に何を嘆願すべきか協議した。ある者はアジアに住居を求め、ある者は故郷に帰ることを望んだが、キュメ(3)のエウクテモン(4)が彼らに次のように言ったと伝えられる。一〇「ついさっきまでは、援助を求めるため暗黒の牢獄から出ることさえ恥ずかしいと思っていた者が、今や、このわれわれの拷問の痕を——

(1) ダレイオス一世が建設したペルシアの首都。
(2) ペルシセポリスの指揮官。
(3) 小アジア、アイオリス地方の町。
(4) 不詳。ギリシア語でエウクテモンは「金持ち」という意味。アジア地方の出身らしく、演説の文体も次に出てくる(一七節)アテナイのテアイテトスとは異なっている。

それを恥ずかしいと思うのかつらいと思うのか知らないが——あたかも喜ばしい見世物としてギリシアに見せびらかそうと思うのか。一一　ところが、不幸を隠す者が最も不幸によく耐えることができるのだ。不幸な者にとってどんな故郷も、孤独の中で昔の自分を忘れることほど居心地はよくないのだ。自分の身内の者たちの憐憫にすがろうとする者は、涙がどんなに速く乾くものなのか知らないのだ。一二　顔をそむけたくなる者を心から愛することのできる者などいないのだ。不幸な者は愚痴り、幸福な者はさげすむ。誰でも人の事情を考えるとき自分の事情を考慮するもの。われわれもお互い惨めでなかったならば、とっくに互いに顔をそむけあっていたであろう。幸運な者たちがつねに同じような連中を求めようとするのに何の不思議があろう。

一三　すでに死んだも同然の者たちよ、お願いだ、この不具な体を埋める場所を探そうではないか。若いときに結婚した妻たちのところへ帰って、その姿で喜ばれると思うのか？　人生の盛りの時にできた子供が奴隷部屋の消耗品を親と認めてくれるのか？　一四　それに、われわれのうちのどれだけの者がこれだけの距離の旅をすることができるのか？　ヨーロッパを遠く離れ、オリエントの最果てに追いやられ、年をとり、虚弱になり、体の大部分を切り取られたわれわれが、勝利の兵士でさえ疲労困憊する長旅に耐えられるというのか？　一五　それから、捕らえられた者たちに唯一の慰めとして、偶然と必然が用意してくれた妻や小さな子供たちをいっしょに連れていくのか、それとも残していくのか？　いっしょに連れていけば誰も喜んでは迎えてくれまい。一六　われわれが求めているものを見ることができるかどうかわからないのに、現在われわれにとっていとしい者たちをただちに見捨てようというのか？　われわれは不幸な時のわれわれしか知らない者たちのあいだで隠れて暮らすべきなのだ」。エウクテモンはそのように語った。一七　これに対し、アテナイのテアイテトス(1)は口を切った。「心の正しい人で自分の親しい者をその外見から判断してしまう人はいない。その外見が、自然の災害によるものではなくて敵の残酷さに由来するものならとくにそうである。自分の責任でないものに赤面する者はあらゆる災いを受けるに値する。人間の運命を悲観し、人の同情に絶望する者は人にもそれを拒もうとする者だ。一八　神々は君たちが一度も願おうとはしなかったもの、すなわち、祖国を、妻を、子供たちを、また何であれ命以上に大事に思うもの、あるいは死でもって贖《あがな》いたいと思うものを授けてくださる。一九　なぜこの牢獄から抜け出そうとしないのか。祖国には違う空気が、違う光の輝きがあるのだ。祖国の風俗、祭り、言葉は異民族《バルバロイ》の者たちでさえ求めるもの、それらを持つことなしに暮らすことを余儀なくされているため不幸であるのに、その生まれつきの恵みを自ら見捨てようというのか？　二〇　自分は喜んで祖国と家神のもとへ帰り、王のこれほどの恩恵をお受けするつもりだ。もし奴隷状態にあってやむなく知り合った妻や子供たちの愛が引き止めるとしても、祖国よりいとしいものは何もないと思う者は別れるがよい」。

二一　この意見に従う者はわずかであった。他の者たちにあっては、本性より強い習慣の力が勝ちを占めた。それで、どこか自分たちのための居住地を割り与えてくれるよう王に嘆願することで合意した。二三　一〇〇人ばかりが代表に選ばれた。アレクサンドロスは自分がかなえてやろうと思っていたことを懇願して

(1) 不詳。アテナイ出身らしく、演説の文体もアッティカ風である。

くるであろうと思って言った。「おまえたちを運ぶ駄獣を用意し、おまえたちのひとりひとりに一〇〇〇ドラクマ与えるよう命じておいた。ギリシアに帰ったなら、この不幸のことがなければ、誰も自分たちの境遇を思うことがないようにしてやろう」。二三　代表たちは涙をぽろぽろ出して地面を見つめ、顔を上げたり、声を出そうとしたりはしなかった。やっと、何が悲しいのかと王が尋ねたとき、エウクテモンが集会で話したこととほぼ同じことを語った。二四　それで王は彼らの不幸だけではなく、彼らの気持ちにも心を動かされた。ひとりひとりに三〇〇〇ドラクマ与えるよう命じた。一〇着ずつの服が追加され、彼らに分け与えられた土地に種を蒔き、耕作できるよう牛馬と穀物が与えられた。

第六章

一　翌日、王は軍の諸将を集め、こう訓示した。ペルシアの古王たちの王都ほどギリシア人にとって厭わしいものはない、あの雲霞のごとき大軍勢が押し寄せてきたのもここからであり、かつてダレイオスが、次にはクセルクセスがヨーロッパに不敬な戦をしかけてきたのもここからであった、この都を壊滅させて先祖への弔いとしなければならない、と。二　異民族《バルバロイ》たちはすでに都を捨て、恐怖に駆り立てられるままに四散してしまっていたが、王はためらうことなく密集歩兵隊を率いて都の中に進軍した。王が、すでにある時には攻略征服し、ある時には降伏を認めた都市は数多く、それらは王侯の財宝に満ちてはいたが、この都の富はこれまでのどの都市のそれをもしのいでいた。三　異民族《バルバロイ》たちはペルシア全土の財をこの都に集めていたからである。金銀が山と積まれ、膨大な数の衣装や、実用のためではなく、贅を誇示するための家具調度が集められていた。四　そのために、ほかならぬ勝利者たち自らが互いに剣で相争ったのである。自分の戦利品より高価なものをせしめた者は敵同然であった。見つけた財の全部が持ち運べないときには、すぐには財物に手をつけず、値踏みをした。五　各自我がちに自分のものにしようと引っ張ったため、王侯の衣服は引き裂かれ、名工の技になる貴重な什器はつるはしで割られた。損なわれなかったものは何一つなく、原形を保ったまま運ばれていくものは何一つなかった。各々が自分の引きちぎった神像の手足を携えていったのである。

六　占領された都に跳梁したのは貪欲さだけではなかった。残酷さもまた跋扈した。ずっしり金銀を手にした者たちは、身一つになった捕虜を無価値なものとして屠っていった。先ほどまでは身代金のために容赦に値すると見なされた者が、いたるところで遭遇した敵に斬り殺された。七　そのために、敵の手にかかって死ぬよりはと、多くの者が、最も高価な衣服を着込み、妻子とともに城壁から真っ逆さまに身を投げて死んでいった。やがてすぐにも敵がそうするはずと考えて、自ら家屋に火を放ち、家族もろとも焼死する者もいた。八　やっと王も、敵の身体と女性の衣装には手をかけてはならないと命じた。

伝わるところでは、そのとき捕獲された財貨は膨大なもので、ほとんど信じがたいほどの額であったという。九　しかし、われわれは他の出来事についても疑わしく思うか、それともこの都の財宝が一二万タラントンであったと信じるほかない。王は、財宝を運ぶために――それを戦費に使用する目的で携行すると決めていたからであるが――、スサからも、バビュロンからも駄獣や駱駝を駆り集めるよう命じた。一〇　この金額に、パルサガダ(1)を攻略して得た六〇〇〇タラントンが加わった。この都市を建てたのはキュロスであったが、都市の総督のゴバレス(2)がアレクサンドロスに明け渡したのである。

一一　王はマケドニア人の兵士三〇〇〇を守備隊として残し、ニカルキデス(3)にペルセポリスの城塞の守備を命じた。財宝を引き渡したティリダテスにも、ダレイオスのもとで得ていた地位をそのまま保持することを許した。軍の大部分と輜重もそこに残し、その指揮をパルメニオンとクラテロスにゆだねた。一二　自らは、昴《すばる》が沈む頃(4)、騎兵一〇〇〇と軽装歩兵を率いてペルシアの内陸を目指し、多雨と耐えがたいまでの気候に悩まされながらも、あくまで目的地に達するまで前進するのをやめなかった。一三　道が万年雪に覆われ、その雪が寒さのあまり凍結している辺りに至ったが、疲労困憊した兵士らは、目の前に広がるのは人界の尽きるところと信じて、索漠たる風景と道なき荒野におびえた。すべてが荒涼とし、人の住む気配すらまったくない世界を呆然と眺め、日の光も天も消えてしまう前に引き返せと迫った。

一四　王はおびえた兵士らを叱責することはせず、自ら馬から飛び降りて、雪と凍結した氷の上を歩みはじめた。まず側近の者たちが、次には軍の諸将が、ついには兵士たちもがそのあとに従わないのは恥ずかしいことと思った。王が率先してつるはしで氷を砕き、歩む道を作っていったが、他の者も王の例に倣った。

一五　道らしい道もない森林を抜け、やっとのことで、わずかながら人の住む気配やあちこちに彷徨する家畜の群れを見出すことができた。住人らは、点在する粗末な小屋に住み、周囲を取り巻く険しい山道に自分たちは守られていると信じていたが、敵の隊列を目にとめるや、逃げるときについて来られない者たちを殺したうえで、雪に覆われた遠くの山岳を目指して逃げていった。一六　その後、捕虜となった者たちと話をすることで、彼らは徐々に粗暴さを和らげ、王に降伏した。降伏した者たちを王も厳しく扱うことはしなかった。

一七　それから、ペルシアの田地を荒らし、実に多くの村を攻めて支配下に置いたあと、他のペルシア人とはきわめて文化の異なる好戦的なマルドイ族(5)の領土に達した。彼らは山に洞穴を掘り、そこに妻子とともに隠れ住んで、家畜や禽獣の肉を食べて暮らしていた。一八　女たちでさえその性質は、自然の性にふさわしく、男より穏和というわけではなかった。顔に覆いかぶさるほど長く伸ばした蓬髪で、衣服は膝上までしかなく、皮紐を額に巻いていた。これは飾りであると同時に、武器にもなった。一九　しかし、この部族もまた同じ運命の勢いにはあらがえず、征服された。かくして、ペルセポリスを発って三〇日目に、王は元の地に戻ったのである。二〇　王は側近の者やその他の者たちに、各人の功績に応じて報奨を与えた。その都で捕獲した財貨はほとんど残らず分配された。

---

(1) 普通の呼称はパサルガダイ。パルサ・ガダとは「ペルシア人の陣営」という意味。ペルシアの王都の一つ。
(2) 不詳。
(3) 不詳。
(4) 春の初め、昴が沈む頃、嵐がよくあった。
(5) 略奪をこととする山間部族。

第七章

一　しかし、王の精神のきわめて優れた諸々の徳性、つまり、どの王をもしのぐ例の高貴な気質、危険に立ち向かうときの例の平常心、事業を企て、完遂するときの例のすばやさ、降伏した者たちに対する誠実さ、捕虜に対する慈悲深さ、世間で認められ、誰もが求める快楽での自制心を、ほとんど耐えがたい飲酒癖が汚していた。二　王は、外敵や王権を狙う政敵らが再び戦をたくらんでおり、王が勝利し、征服して間もない者たちが新しい支配を拒絶する態度を示しているという、まさにそのような時に、真っ昼間から始まり、女たちが同席する宴会によく加わっていた。女たちといっても犯すことが許されないそれではなく、兵士たちとふしだらに生活をともにするのが習いの娼婦たちであった。

三　こうした女たちの一人にタイス(1)という名の女がいたが、彼女自身酒に酔った勢いで、こう断言した。ペルシア人の王宮に火を放つよう命じたなら、王はギリシア人たちのあいだでこの上なく感謝されるはずだ、異民族《バルバロイ》に町を破壊された者たちもそれを待ち望んでいる、と。四　これほど重大なことについて意見を述べたのが酔った娼婦であったにもかかわらず、自分たちも酒に酔った勢いで、一人、また一人と、賛同する者が現われた。王もまた、いつもより酒を受け入れていたというより、いつもより貪欲に酒を飲んでいたため、こう言った、「ならば、ギリシアのために復讐をし、都に火を放たずして何としよう」。五　皆が酒に煽られ熱くなっていたのである。かくして、酔っぱらった者たちは、武器を手にしていたときには容赦してやった都に火を放つために起き上がった。まず初めに王が、次には宴会客や給仕や娼婦らが王宮に火を放った。王宮の建材には糸杉が多量に用いられていたため、それが火を受けてすぐさま燃えだし、王宮中に火災を広げていった。六　都から遠く離れたところで陣を張っていた軍隊が、その火災を望見するや、何かの不慮の事故と考えて、救援のために駆けつけてきた。七　ところが、王宮の玄関にやって来ると、彼らが目にしたのはなおも次から次へと松明《たいまつ》を投げ入れている、ほかならぬ王その人であった。かくして、運んできていた水を放っておき、自分たちもまた火勢を煽ろうと、乾いた木材を炎上する王宮に投げ入れはじめたのである。

八　あれほど多くの民族がそこに法の裁きを求めた全オリエントの都でもあり、あれほど多くの王たちの父祖の地でもあり、一〇〇〇隻の艦隊と軍勢を整え、船の巨大な構築物で海に架橋し、山を穿《うが》ち、穿った洞に海の水を引き入れて運河を造り(2)、ヨーロッパに怒濤のように押し寄せた、かつてのギリシアにとっての唯一の脅威でもあった王宮の、これが最後であった。九　ペルセポリスは、その破壊のあとに続くこれほどの長い年月にもかかわらず、二度と再び復興することはなかった。マケドニアの王たちが荒廃させた都市は他にもあったが、現在はパルティア人が支配している。しかし、この都の廃墟は、アラクセス川が示してくれなければ、見つけることはできないであろう。アラクセスは城壁からほど遠からぬところを流れていた。近在の住人は、都は川から二〇スタディオンの距離であったと言うが、実際に知っているというよりは、そう

(1) アッティカ出身の遊女。やがてエジプト王プトレマイオスの愛人となる。

(2) ヘレスポントスに橋を架け、アトス山を開鑿したことを指す。

信じているにすぎない。

一〇 マケドニア人は、あれほど名高い都が酒盛りで酔った王によって破壊されたことを恥ずかしく思った。そこで、事を真面目なものに受け取ろうとして、あの都はまさにあのような仕方で破壊されて当然であったと、強いて信じるようにした。一一 王自身、休息することで酔いに鈍らされていた精神に理性を取り戻すや、後悔し、むしろ自分がクセルクセスの王宮の玉座にすわる姿を嫌でも眺めざるをえなくさせておいたほうが、ギリシア人への償いとしてペルシア人が受ける罰は大きかったであろうと言ったとされるが、これは確かな事実である。一二 王は、翌日、ペルシア侵攻の道案内人を務めたリュキア人に、報奨として三〇タラントンを与えた。

王はそこからメディア地方に移り、その地でキリキアからやって来た新手の増援部隊と合流した。歩兵は五〇〇〇、騎兵は一〇〇〇で、アテナイ人のプラトン(1)が両者の指揮を執っていた。王は、この部隊の増援を得て、ダレイオスの追討を決めた。

第八章

一 ダレイオスのほうは早くもエクバタナ(2)に達していた。この都はメディアの首都であったが、今はパルティア人が支配、王が夏を過ごす王宮の在所となっている。ダレイオスはそこからバクトラまで行くことに決めたが、アレクサンドロスの迅速さに先んじられるのではないかと恐れ、計画と進路を変えた。二 アレクサンドロスと彼との距離は一五〇〇スタディオンであったが、アレクサンドロスの迅速さをもってすれば、どれほど遠い距離であろうと十分ではないと彼には思えたのである。そこで、彼は、逃走の準備ではなく、戦闘の準備を始めた。三　彼には三万の歩兵が従っており、その中には四〇〇〇名のギリシア人傭兵が含まれていた。彼らは王に対して長年忠誠を守り続け、その忠誠は最後まで揺らぐことはなかった。四　投石隊と弓兵隊の部隊四〇〇〇も欠員なく集められていた。これに、大部分はバクトリア人からなる騎兵三三〇〇が加わった。この騎兵隊を指揮していたのはバクトリア地方の総督ベッソスである。五　ダレイオスは、従軍商人や輜重の番兵らに先行するよう命じ、自らはこの軍勢を率いて軍道から少し脇に外れた。

六　そうして、参謀会議を召集し、こう言った、「運命がわしと結びつけたおまえたちが臆病者で、名誉ある死よりも、いかに惨めであろうと命のほうを大事にする者たちであったなら、わしは言葉を無駄に費やすよりは黙っているであろう。七　だが、おまえたちの勇気と忠誠はわしが望んでいた以上に立派な実地の働きで実証済みであるから、わしは、おまえたちがこれまでどおりの人間かどうかなどと疑心を抱くのではなく、むしろ、わしがおまえたちに値する人間であるよう努めねばならないのだ。八　わしの麾下にあったあれほどの数の兵士のうち、二度の敗北を喫し、二度の敗走を余儀なくされたわしにつき従ってくれたのは、おまえたちだけであった。おまえたちの忠誠と不動心のおかげで、自分が王であると信じることができる。

(1) 不詳。
(2) メディアの首邑。現在のイランのハマダン。
(3) 現在のアフガニスタン。首邑はバクトラ。

九　売国奴や裏切り者どもはわしが治めていた諸都市の支配者に納まっているが、誓って、それだけの名誉に値する者と見なされたからではなく、彼らに与えられたその褒美を見せつけておまえたちの心に動揺を与えようとの魂胆からなのだ。しかし、おまえたちは、勝利者とではなく、わしと運命をともにするほうを選んでくれた。たとえわしにはそれがかなわなくとも、神々がわしに成り代わって感謝してくれるに誰よりも値する者たちだ。誓って、神々もそうしてくれるに違いない。一〇　後世の人間でどれほど耳の遠い者であろうと、あるいは、どれほど恩知らずの『噂』であろうと、当然の賛辞を呈しておまえたちを天にまで賞揚せずにはおれまい。

そういうわけで、わしの心はそれをひどく忌み嫌っているのだが、たとえわしが逃走のことを真剣に考えていたとしても、おまえたちの勇敢さを恃んで、敵を迎え撃つほうを選んだことであろう。一一　実際、戦の運を試し、失ったものを取り戻すか、名誉ある戦死を遂げるかすることが許されているというのに、自分の王国にいながら、いったいいつまでわしは亡命生活を送ればよいというのだ、異国のよそ者の王から逃れて、いったいいつまで自分の領土を逃げ回ればよいというのだ。一二　もっとも、勝利者のあの王の裁決を待ち望み、マザイオスやミトレネスの例に倣って[1]、あの王が怒りよりは虚栄心を満足させるほうを望んでもくれようかと、施しのたった一つの属国の王権をありがたく頂戴するほうがよいというのなら話は別だ。一三　だが、願わくは、誰にせよわしの頭の飾りをわしから奪ったり、わしに恵んでくれたりするようなことも、わしが生きているあいだに支配権を失うようなことも、神々が許さざらんことを。わしの命の息吹が尽きるとき、王国もまた終わるのだ。

一四　おまえたちがこの気概をもち、この法を守るならば、自由をすでに手に入れていない者はおまえたちの中には一人もいない。おまえたちの誰一人、マケドニア人の蔑みを耐え忍ぶよう強いられることはないであろう。誰一人、彼らの傲慢な顔つきを耐え忍ぶよう強いられることはないであろう。自らの右手がおまえたちひとりひとりにおまえたちの受けたあれほど多くの艱難辛苦の復讐とその終わりをもたらしてくれるはずだ。一五　わし自身について言えば、運命がいかに移ろいやすいものか、わし自身がその証であるが、それなりの理由から、運命の変転ががこれまでよりも穏和なものになることを期待している。しかし、たとえ神々が正当で敬虔な戦を見放されるようなことがあろうと、勇者には名誉ある死を遂げることが許されているであろう。一六　記憶に残る誉れをもって全オリエントの諸王国を支配した祖先たちの輝かしい栄光にかけて、また、マケドニアがかつて貢物を献上していた王たち(2)にかけて、また、ギリシアに派遣されたあの大艦隊と、諸王のあれほどの数多の戦勝の記念物にかけて、わしはおまえたちに祈願し懇願する、一七　おまえたちの高貴さと民族の高貴さにふさわしい気概を抱き、そうして、過ぎし苦難を耐えたあの同じ確固不動の精神をもって、運命がこれから与えるであろう試練に立ち向かっていってくれるように、と。少なくともわしは永久に赫々たる名を残すことになるのだ、類いなく華々しい勝利によってか、それとも破滅によって」。

---

(1) マザイオスはバビュロンを、ミトレネスはサルデイスをアレクサンドロスに引き渡した。

(2) 前五一三年から四八〇年にかけてマケドニアはペルシアの属国であった。

第九章

一　ダレイオスがそう言うと、皆は一様に目前の危機を思い浮かべて恐れに胸を騒がせ、心をこわばらせ、考えも浮かばず、声も出せないでいたが、その時、最も古くからの親しい側近の一人で、ピリッポスの賓客であったと前に述べた[1]アルタバゾスがこう言った。「いかにも、われらはできるかぎり上等の衣服を着込み、できるかぎり立派な造りの武具をまとって身を飾り、王に従って戦列に加わろうではないか。それも、勝利を期待し、死を拒まぬ心構えで、だ」と。二　この呼びかけを他の者たちは賛同の声で迎えたが、ナバルザネス[2]だけは違っていた。彼はその会議に参加していた一人であるが、ベッソスと共謀して前代未聞の犯罪をたくらみ、二人が指揮していた部隊を使ってダレイオス王を捕らえて拘束することに決めていたのである。アレクサンドロスが自分たちを追撃して破った場合、王を生きたまま引き渡せば、勝利者は、必ずやダレイオスを捕らえたことを大した功績と見なすであろうから、大いに感謝するであろうし、一方また、アレクサンドロスの手を逃れることができたなら、ダレイオスを殺して、自分たちが王権を握り、新たに戦を始めようとの魂胆であった。三　二人は長いあいだこの弑逆《しいぎゃく》のことに思いをめぐらせていたが、非道な望みを達成する糸口を用意しようと、ナバルザネスがこう言った。

「これからわたしが語ろうとする意見が陛下のお耳には決して快いものではないことは承知しておりますが、医者でも重い病は荒療治で治しますし、舵取りも、難破を恐れるときには、荷を投げ捨てて、救えるものはできるかぎり救おうとするものです。**四**　もっとも、わたしの進言の趣旨は、陛下にいささかでも損害を被っていただきたいというものでは決してなく、陛下ご自身と陛下の王権を安全な方法で守っていただきたいというものなのです。われらは神々を敵にまわして戦を始め、いまだに運命は執拗にペルシア人を苦しめ続けております。新たな始まりと新たな吉兆(3)が必要です。王位と支配権を暫時別の者にお譲りいただきたい。その者に、敵がアジアから去るまでのあいだ、王と称させ、そのあと勝利者として陛下に王権を返上させるようにしてはいかがでしょう。**五**　冷静に推理するに、この勝利の実現がもう間もなくであることは約束されております。バクトラは無傷のままですし、インド人やサカイ人(4)は陛下の支配下にあり、あまたの諸国民、あまたの軍、幾千、幾万の騎兵や歩兵には状況を一新する用意のできた力が十二分にあり、これまでに費やされた戦力にもまさる大きな戦力が残されているからです。**六**　獣のように闇雲に、求めずもがなの破滅に突き進む必要がどこにありましょう。生命を厭うのではなく、むしろ死を蔑むことこそ勇者の証。**七**　苦難に嫌気がさして、やむなく己を卑下するのが臆病者の常。これに反し、武勇は何事であれ試さずにはおかないのです。確かに死は万事の終わりであり、臆することなくその死に向かっていけば、それで十分です。**八**　ですから、われらが最も安全な避難所であるバクトラを目指そうとしているのなら、あの地方総督のべ

---

(1) 失われた巻で言及があったものと思われる。
(2) 三三頁註(3)参照。
(3) ローマ軍の慣習。ローマの将軍は新たな軍事行動を始めるにあたって、犠牲を捧げ、吉兆を得るように務めた。
(4) イラン系の遊牧民。

ッソスを臨時の王にしようではありませんか。事態が治まったあかつきには、信託された支配権を正当な王である陛下に返上することでしょう」。

九　その不敬な言葉にどれほど非道な犯罪が隠されているのかはわからなかったが、ダレイオスが怒りを抑えられなかったのも不思議ではない。そこで、ダレイオスはこう言った、「最低の奴隷め、弑逆を明かすための願ってもない好機を見出したというわけか」。一〇　そう言って、短剣を抜き放ち、ナバルザネスを殺すかに思われたが、その時、すばやくベッソスとバクトリア人たちが、一見悲痛な面もちで、命乞いをするふうであったが、その実、ダレイオスがあくまでナバルザネスを殺そうとするなら、拘束するつもりでダレイオスの周りを取り囲んだ。一一　その間にナバルザネスはその場を逃れ、ほどなくベッソスもあとを追った。彼らは、ひそかに謀議するつもりで、自分たちが指揮していた部隊に他の軍勢から離れるよう命じた。一二　アルタバゾスが、まず、出来したその時の状況にふさわしい意見を述べたあと、今の事態が危急の事態であることに再三注意を喚起しながら、ダレイオスの心をなだめはじめた。「どのような人間であるにしても、御自分の臣下なのですから、愚行にせよ過誤にせよ、彼らの過ちを平静な心で耐えていただきたい。たとえ兵力がすべて揃っていてさえ難敵のアレクサンドロスがすでに王に間近に迫っております、王の逃走につき従ってきた者たちが離反するようなことがあれば、どうなりますか」と。一三　ダレイオスはしぶしぶ彼の説得に従い、陣を移すことに決めていたにもかかわらず、皆の心が動揺していたため、同じ場所にとどまった。ただ、悲哀と、同時に絶望に苛まれ、陣屋に引き籠もってしまったのである。

一四　こうして、指揮を執って統率する者が誰もいなくなった陣営内では、さまざまに思惑が乱れ、以前のように、全体の利益を図って行動しようとする者は一人も現われなかった。一五　ギリシア人傭兵の指揮官パトロン[1]は部下に命じて武器を取らせ、命令があれば実行できる準備をさせた。一六　ペルシア人部隊は別になっていた。ベッソスはバクトリア人と行動をともにし、バクトラのこと、手つかずのそのバクトラ地方の富のこと、同時に、今いる場所にとどまる者に迫っている危機のことを訴えて、ペルシア人を見方につけようとしきりに試みた。ペルシア人のほぼ全員が一様に同じ言葉を口にした。「王を見捨てることは人として許されざることだ」と。一七　この間、アルタバゾスが指揮官の務めをすべて果たしていた。彼はペルシア人の陣屋を回り、命令を実行する彼らの意志が確実であるとわかるまで、ときにはひとりひとりに、ときには全員に向かって激励し、警告し続けた。ダレイオスにしぶしぶ食事をとらせ、今の事態に心を向けさせたのも彼である。

第十章

一　しかし、ベッソスとナバルザネスは、王権への欲望に燃え、かねて策動していた犯罪をやり遂げることに決めた。ただ、ダレイオスが存命であるかぎり、それほど大きな勢力を手にすることは望めなかった。二　あの諸部族にあっては王の尊厳は絶大なものだからである。異民族《バルバロイ》は、王の名を聞いただけでも、馳せ

（1）ポキス出身、ペルシア側ギリシア人傭兵隊の指揮官。

参じ、過去の順境のときの王に対する畏敬の念は逆境のときになっても変わることはなかった。三　ベッソスとナバルザネスがバクトラ地方を治めていたことが、彼らの反逆心をいっそうふくらませた。この地方は、兵器や兵員、土地の広さという点で、あの諸部族のどの地方にも引けを取らなかった。アジアの三分の一を占め、兵役につくことのできる青年男子の数はダレイオスが失った軍勢の数に匹敵していた。四　彼らが、ダレイオスばかりか、アレクサンドロスさえ侮蔑していたのはそのためであるが、この地方を支配下に収めることができれば、覇権の力を再び得られるものと考えていたのである。五　彼らは、あれこれ長いあいだ思案したあと、どのような命令にも従う用意のあるバクトリア人兵士らを使って王を拘束し、アレクサンドロスに使者を送って、ダレイオスを生きたまま保護下に置いていると知らせることに決めた。六　そして、これは彼らの恐れていた成り行きであるが、もしも、アレクサンドロスが彼らの反逆行為を唾棄するようなことがあれば、王を殺害したうえで、自分たちの部族の軍勢を率いてバクトラに向かおうと思ったのである。

七　しかし、ダレイオスを公然と拘束するわけにはいかなかった。王にはあれほどの大軍がつき従っており、王に味方するはずだからである。ギリシア人傭兵の忠誠心も彼らの恐れるところであった。八　そこで、二人は力ではできないことを策略で成し遂げようと試みた。王の軍勢から離脱したことを後悔しているふうを装い、王のもとに出向いて、心の迷いのせいだと詫びることにした。その間にも、人を送って、反旗を翻すようペルシア人を説得させていた。九　彼らは、ある場合には期待を抱かせ、ある場合には恐怖を吹き込んで、兵士たちの心を変えようとした。彼らペルシア人は破滅に身をゆだねようとし、滅亡へと引きずられていこうとしている、彼らにはバクトラという地方が開かれており、彼らが想像もできないほどの豊かな財や富で彼らを迎え入れる用意があるというのに、と。一〇　こうしたことが行なわれているとき、王の命を受けてか、自発的にか、アルタバゾスがやって来て、二人に、ダレイオスは怒りを解いて穏やかな心になっており、彼らには以前と同じように友好の道が開かれていると確言した。一一　二人は涙を流して弁明し、また、アルタバゾスに、自分たちが嘆願している旨を王に伝えてほしいと懇願もした。一二　こうして一夜が明け、日の光が差しはじめる頃、ベッソスとナバルザネスは、犯行は秘めたまま、慣例の伺候の務めを口実にして、バクトリア人兵士を伴って指揮官の陣屋の入り口にやって来た。ダレイオスは、出発の合図をし、以前の習いのとおり、戦車に乗り込もうとした。一三　そのとき、ベッソスや他の弑逆者らは大地に身を投じ、やがてすぐにも拘束するつもりの王を、鉄面皮にも、跪拝してみせ、悔悛のしるしにと、涙さえ流してみせたのである。人間のもって生まれた性に用意された欺瞞はそれほどまでに安直なものなのだ。一四　すると、生来純朴で、穏和な性格のダレイオスは、彼らの嘆願に心を打たれ、彼らの確言することを信じただけではなく、涙を流しさえした。一五　しかし、二人は、自分たちの欺こうとしているのがどのような王なのかも、どのような人間なのかも目の当たりにしてわかったその時でさえ、たくらんでいた犯行を悔いはしなかった。ダレイオスのほうも、差し迫る危険のことは知る由もなく、唯一の恐れであったアレクサンドロスの手から逃れようと急いだ。

第十一章

一　一方、ギリシア人傭兵の指揮官パトロンは部下の兵士たちに命じて、それまで荷物として運ばれていた武器を身につけさせ、自分が下すどのような命令にも応じられるよう準備させ、警戒させた。二　自らは王の馬車のあとに従い、王に話しかける機会を今か今かとうかがっていた。ベッソスの犯行を嗅ぎ取っていたからである。しかし、ベッソスもまさにそれを恐れて、供というよりは、むしろ監視役として、王の乗る戦車から決して離れようとはしなかった。三　こうして、パトロンは、長いあいだ逡巡し、何度も何度も話しかけようとしては自分を抑え、忠誠心と恐れのあいだを行きつ戻りつしながら、王の様子をじっとうかがっていた。四　そのとき、やっと王が彼のほうに目を向け、それと同時に、側近の者たちの一人で、馬車につき従っていた宦官のブバケス(1)に命じて、自分に何か話したいことがあるのかと、パトロンに尋ねさせたのである。パトロンが、いかにも、話したいことがあるが、人払いをしてもらったうえで話がしたいと答えると、通訳なしで——五　ダレイオスはギリシア語に決して無知ではなかったからである——近くに寄るよう命じられた。彼はこう言った、「陛下、ギリシア人傭兵五万のうち、残ったのはわずかにわれらのみでありますが、われらは皆、陛下と運命をともにしてきた陛下の供であり、今の苦境にあっても、陛下がいや栄えていたときといささかも変わらぬ忠実な陛下の臣下であって、陛下がどの地を選ばれようと、祖国とも、家郷とも思い、その地を目指す覚悟でおります。われらは、陛下が順境にあるときも、逆境にあるときも、陛下と固く結ばれてきました。六　この揺るぎない忠誠心にかけて、陛下にお願いし、お頼みいたします、どうか、われらが陣営の中に陛下の幕舎を置いていただきたい。陛下のお身体の警護役をわれらが務めることをお許しいただきたい。われらはすでにギリシアを捨てました。われらにはバクトラはなく、われらの望みはすべて陛下にあります。願わくば、他の者たちもそうであらんことを。これ以上申しあげる要はありません。誰か別の人間が責任をもってそれを果たせるというのであれば、よそ者の異国人であるわたしが陛下のお身体の警護役などを引き受けたいと申し出るようなことはしておりません」。

七　ベッソスにはギリシア語はわからなかったが、きっとパトロンが犯行を暴露する情報をもたらしたに違いないと信じた。罪の意識がそうさせたのである。パトロンの話は通訳には聞かされていなかったから、ためらいは払拭された。八　ダレイオスのほうは、その表情からうかがえるかぎりでは、さして驚いた様子も見せず、そのような助言を伝えに来た理由をパトロンに尋ねはじめた。もはやこれ以上一刻の猶予も許されないと考えて、パトロンはこう言った、「ベッソスとナバルザネスが陛下に陰謀をたくらんでおり、陛下は陛下の命運と生命の危機の瀬戸際に立たされております。今日というこの日が最後の日となりましょう、弑逆者らのか、それとも陛下の」。

九　実際、ダレイオスが助言を容れていれば、パトロンは王の生命を救ったという類いない栄誉を得ていたはずである。一〇　ひょっとして、人間の営みは出鱈目に展開し、偶然に営まれるのだと信じている人が

（1）不詳。

いるならば、わたしが確信していることを、嘲笑するがよい。わたしとしては、人間のひとりひとりは、不変の法則によってはるか前から定められた、人間には隠されている因果の連鎖に支配されて、各自の道程をたどっていくのだと思いたい。一一　いずれにせよ、ともかくダレイオスはこう答えた。「ギリシア人兵士の忠誠心は自分にはよくわかっているが、自分の臣民のもとから離れるつもりはない。欺かれるよりも罪ありとするほうが自分にはつらい。『運』がどのような試練を与えようと、裏切り者となるよりは、自分の臣民のもとでそれに耐えるほうがましだ。自分の兵士らが自分の無事息災を望んでいないというのなら、自分が亡びるのが遅すぎたということだ」と。一二　パトロンは、やむなく王の身を守ることを断念し、王への忠誠心にかなうことはすべて試みる覚悟で、指揮していた兵士たちのもとに戻っていった。

第十二章

一　一方、ベッソスのほうはただちに王を殺害してしまいたいという衝動に駆られた。しかし、生かしたまま王を引き渡さなければ、アレクサンドロスに感謝されないのではないかと恐れて、犯行の計画を翌晩に延期することにし、王に感謝して、こう言った、今やアレクサンドロスの富に目をつけている背信者のあの男の陰謀を、王は賢明に、かつまた、用心深く未然に防いでくれた、二　あの男は王の首級を敵への土産物に持参する魂胆であった、報酬で雇われた人間だから、何であれすべて売買する品物と考えているとしても驚くには当たらない、あの男には絆となる妻子もなければ、家もなく、全世界から追放された人間であり、二心をもった敵であって、競りの応札者の頷き一つであちらの手に渡るかと思えば、またこちらの手に渡るというような人間なのだ、と。三　そう言って、自分は潔白だと弁明し、王への忠誠の証人として祖国の神々の名を挙げたが、その彼に、ダレイオスはわかったという顔つきをしてみせたものの、ギリシア人のもたらした情報が真実であることをいささかも疑ってはいなかった。だが、事態は、自分の臣民を信じないことが臣民に欺かれることと同様に危険なことであるほどに切迫した状況に立ち至っていた。四　犯行に傾き、その軽挙妄動が懸念される兵士の数は三万に対して、パトロンの指揮する兵士の数はわずか四〇〇〇にすぎなかった。臣民の忠誠を信用せず、彼らに自分の安全を託したりすれば、格好の口実を弑逆に与えることになるのはわかっていた。五　それゆえ、正当に弑逆されるよりは、むしろ不当に弑逆されるほうを望んだのである。しかし、陰謀の嫌疑を払拭し、身の潔白を弁明するベッソスに、ダレイオスはこう答えた、アレクサンドロスには武勇に劣らぬ正義感があることを自分ははっきり見てとっている、彼から裏切りの報酬を期待している者がいるとすれば、その者は考え違いをしている、踏みにじられた忠誠に対して、彼ほど峻烈な懲戒者、彼ほど峻厳な復讐者はほかにはいないのだ、と。

六　すでに夜が迫るころ、ペルシア人たちは、いつもの習いのように、武装を解き、近在の村から必要な物資を調達するために散って行った。しかし、バクトリア人たちだけは、ベッソスに命じられたとおり、武装したままでいた。七　そうこうするあいだに、ダレイオスがアルタバゾスを呼び寄せるよう命じ、パトロンのもたらした情報を打ち明けたが、アルタバゾスは、王がギリシア人の陣営に移るべきだという考えに微塵の疑いも抱かず、こう言った。「危機の話が知れわたれば、ペルシア人も王のあとを追うでありましょう」と。八　必定の宿命を負い、もはや健全な助言を容れることができなくなっていたダレイオスは、これが今生の別れとばかり、この苦境にあって唯一の救いであるアルタバゾスを抱きしめ、滂沱《ぼうだ》の涙を流して泣き交わしたあと、なおもしがみつくアルタバゾスを引き離し連れて行くよう命じた。それから、まるで死者を火葬する火葬段からでも去るかのように、嘆き悲しみながら自分のもとから離れていくアルタバゾスの姿を目にするまいと、顔を覆って、地面にくずおれた。九　まさにその時のことである。常々ダレイオスの警護をし、命を賭してでも王の安全を守らなければならなかった者たちが、すぐにも大挙してやって来ると考えられていた武装したバクトリア兵士たちにはとうてい太刀打ちできないと思って、散り散りに逃げ出してしまった。そのために、幕舎は深い寂寥感に包まれた。わずかに、少数の宦官たちが王の周りを取り巻いてたたずむのみであったが、彼らにはどこにも行く当てがなかったからである。一〇　しかし、ダレイオスは、人払いをしたあと、これからとるべき策について、あれかこれかと、長いあいだ思案にふけった。

さて、しばらく前には癒しにと求めた孤独も厭わしくなったダレイオスは、ブバケスを呼び寄せるよう命じた。一一　そのブバケスをじっと見つめながら、彼はこう言った、「おまえたちは行くがよい。おまえたちにふさわしく、最後の最後まで主人である王のわしに忠誠を示してくれた今、おまえたちは自分たちのことを考えて行動するがよい。わしはここで定めの法を待つことにする。おまえは、わしが自らの手で命を絶とうとしないことを、あるいは不思議に思っているのかもしれない。わしは、自分の罪で死ぬくらいなら、他人の罪で死ぬほうがまだしもだ思っているのだ」。一二　その言葉を聞くと、宦官は激しい嘆きの声を上げたが、その激しさは、幕舎のみならず、陣営中に響き渡るほどであった。その後、他の宦官たちも駆け込んできて、衣服を引き裂き、さめざめと異民族風《バルバロイ》の哀哭の声を上げながら、王の不運を共々嘆きはじめた。一三　ペルシア人たちは、幕舎の騒ぎを聞きつけて恐怖におびえたが、バクトリア兵に出くわしたときのことを考えて、あえて武器を取ることもできず、かといって、不敬にも王を見殺しにしていると思われることを恐れて、じっとしていることもできずにいた。一四　指導者もなく、命令も出されない陣営中にさまざまな叫び声が乱れ飛んだ。ベッソスとナバルザネスには、王が自殺したという報が部下の者たちによってもたらされた。彼らは哀悼の嘆きを聞き誤ったのである。一五　二人は、そこで、犯行の幇助役に選んでいた者らを従えて、馬を疾駆させて飛んで行ったが、幕舎の中に入ってみると、宦官らの口から王がまだ存命であると聞かされたため、王を拘束し、捕縛するよう命じた。一六　今し方まで戦車に駕《が》し、神々に嘉されて、その保護とこの上ない名誉をもって崇められていた王は、自分のしもべどもの擒《とりこ》となり、四方を獣皮で覆った薄汚い荷車に放りこまれた。一七　彼らは王の財貨と調度類を、まるで戦勝の権利ででもあるかのようにして、奪い、これ以上はない極悪の犯罪で手に入れた戦利品を背負い込んで一散に逃走していった。一八　アルタバゾスは、自分の命令に従っていた部下とギリシア人傭兵を伴って、パルティエネ(1)を目指したが、何にせよ弑逆者らの徒党よりは安全であろうと考えてのことである。一九　ペルシア人たちは、従うべき人間が他にはいなかったため、ベッソスのあれこれの約束に釣られて、バクトリア人と行動をともにすることにし、三日目に彼ら一行に追いついた。二〇　もっとも、王に対して何らかの敬意が払えるよう、彼

(1) カスピ海南東、ヒュルカニアの南の地域。パルティア人はこの地域から興ったと考えられる。

らはダレイオスを黄金の鎖で縛った。運命の女神は、常時、人をもてあそぶ新たな慰み事を考え出すものなのだ。そうして、王の衣服でそれと知られることを恐れて、彼らは荷車を薄汚い獣皮で覆った。また行進する際に誰なのか尋ねる者があっても王の所在が明かされることのないよう、事情を知らぬ者たちに駄獣(1)を引かせた。距離を置いて護衛の一団がそのあとに従っていた。

第十三章

一　アレクサンドロスは、ダレイオスがエクバタナから移動したという報を受けるや、メディアに向かっていた行軍を中断して転進し、逃走する王の追撃の手をあくまで緩めようとしなかった。二　彼はパライタケネ(2)の辺境にある町タバイ(3)までやって来た。そこで、ダレイオスの陣から寝返った者たちから情報を得たが、ダレイオスはバクトラ目指して一目散に逃走しているとのことであった。三　その後、バビュロニア人のバギスタネス(4)からさらに確実な情報を聞かされたが、王はまだ捕捉されてはいないが、死か拘束かの危険にさらされていると、彼は断言した。四　アレクサンドロスは、諸将を呼び集めて、こう言った、「残されている任務はきわめて大きなものだが、労苦はきわめて短期間のものだ。ダレイオスはさほど遠からぬところにおり、臣下の者どもに見捨てられているか、制圧されるかしている。あの身体(5)にわれらの勝利はかかっている。迅速な行動の報奨はかくも大きなものなのだ」。五　全員が一斉に、自分たちは従う用意ができている、労苦であれ、危険であれ、容赦なく命じてもらいたいと叫んだ。こうして、アレクサンドロスは、昼間の労苦を夜の休息が癒すこともない、行軍というよりは、競技のような早さで、隊列を導いた。六　こうして、五〇〇スタディオン前進し、ベッソスがダレイオスを拘束した村に到着した。七　そこで、ダレイオスの通訳をしていたメロン(6)が捕らえられた。身体の病のために隊列に追いつくことができず、アレクサンドロスの迅速さのせいで捕捉されたときには、自分は脱走者だと偽っていた。アレクサンドロスはこの者から事の次第を聞き知った。八　しかし、疲弊した兵士たちには休息が必要だった。そこで、騎兵の精鋭六〇〇に「ディマカイ(7)」と呼ばれる兵士三〇〇を加えた部隊を編成した。彼らは背に通常より重い武器を担ったが、騎行した。しかも、状況や地勢が求めれば、歩兵として戦列を形成した。

九　アレクサンドロスがこうした行動をとっていたとき、オルシロスとミトラケネス(8)がやって来た。ベッソスの弑逆を憎んで脱走してきた者たちで、ペルシア人は五〇〇スタディオンの距離にあり、自分たちが近道を教えると、告げ知らせた。一〇　彼ら脱走者たちの到来は王にはありがたかった。そこで、薄暮のころ、その同じ彼らを道案内人にして、軽装騎兵の手勢を率い、密集歩兵隊にはできるだけ早く追いつくよう命じ

---

(1) 駄獣 (iumenta) というと騾馬などを指すことも多いが、反逆者たちは急いでいたはずで、馬に引かせていた可能性が高い。
(2) メディアとペルシアのあいだの地域。
(3) パライタケネの町。
(4) バビュロニア人。ダレイオスの側近にあった宦官らしい。
(5) 王の身柄を無事に確保することに、の意味。
(6) 不詳。
(7) ギリシア語で「両方で戦う者」の意で、歩兵としても騎兵としても戦う兵のこと。アレクサンドロスの考案による。
(8) いずれも不詳。

たうえで、教えられた道を進んでいった。王は、隊列を方形に組ませて[1]前進したが、先頭の者が最後尾の者と離れることなく一体となるよう、自らの行軍の速度を調整した。一一　三〇〇スタディオン前進したとき、マザイオスの子で、かつてシリアの総督をしていたブロクベロス[2]がやって来た。彼もまた脱走者で、王に告げて言うには、ベッソスの居場所は二〇〇スタディオン以上の距離はなく、軍は戦利品に飢えた者どもの烏合の衆として、当然のことながら、まとまりも、秩序もなく行軍している、彼らの目指すのはヒュルカニアと思われる、混乱し、彷徨する彼らを急いで追えば間に合う、ダレイオスはまだ存命である、ということであった。一二　脱走者のその言葉に、他のことでも迅速なアレクサンドロスは追跡の意気込みをことさらつのらせた。こうして、一隊は拍車を当て、全速力で馬を駆って進軍した。

一三　ほどなく、行軍する敵の喧騒がすでに耳に達するまでの距離に至ったが、舞い上がる砂塵に妨げられて視界がきかなかった。そのため、砂塵がおさまるまで、アレクサンドロスはしばしのあいだ行軍を禁じた。やがて一行は異民族《バルバロイ》の視界に入り、一行も去りゆく敵の隊列を望見できたが、一行は、もしもベッソスが、戦闘に向かうとき、弑逆に向かったときほどの勇気を持っていれば、とうていかなうべくもなかった。数の点でも、力の点でも異民族《バルバロイ》のほうがまさっていたからである。加うるに、体力を回復した兵たちが疲弊した兵たちに戦いを挑むことになるのである。一四　しかし、戦争では絶大な威力を発揮するアレクサンドロスという名とその名声だけでペルシア人たちをおびえさせ、敗走させるに十分であった。一五　事実、ベッソスや犯行に加担した他の者たちはダレイオスの乗る荷車に追いすがり、ダレイオスに、馬に乗り、敵の手を逃れるよう促しはじめた。一六　ダレイオスは、誓って、復讐者の神々が到来したのだと言い、アレクサンドロスの保護を請い求めつつ、弑逆者らと行動をともにするつもりはないと言った。実にその時のことである。彼らは怒りに逆上し、王に向かって投槍を投げかけ、槍に貫かれて多くの傷を負った王を荷車に置き去りにした。一七 彼らはまた、ダレイオス王につき従っていた奴隷二人を殺したうえで、それ以上前進できないよう、駄獣をも傷つけた。

一八 この犯行をしでかしたのち、逃走の跡を散らそうと、少数の騎兵を伴って、ナバルザネスはヒュルカニアを、ベッソスはバクトラを目指した。指導者に見捨てられた異民族《バルバロイ》は、各自望みや恐怖に駆り立てられるままに、四散してしまった。騎兵五〇〇だけはまとまっていたが、抵抗するほうがよいか、それとも逃走するほうがよいか、まだ迷っていた。一九 アレクサンドロスは、敵方がおびえているのを知ると、逃走を阻止するために、騎兵の一部とともにニカノル(3)を派遣し、自らも残りの騎兵とともにそのあとを追った。抵抗を試みて殺された者は三〇〇になんなんとする。残りの者たちは、殺戮は控えるようにというアレクサンドロスの命令で危害を加えられることはなかったが、家畜同然に群れをなして引かれていった。二〇 ダレイオスの乗っていた荷車がどれであるか教えられる者は、捕虜の中には一人もいなかった。馬車を捕えては一台一台調べていったが、ダレイオス王が逃走したという痕跡はなかった。二一 急行するアレクサンドロスにつき従っていた騎兵は三〇〇〇弱である。しかし、遅れて従っていた騎兵の手に、逃走する敵兵

(1) 本巻第一章一九参照。
(2) マザイオスの子、もとシリア総督。ダレイオス軍から離脱してアレクサンドロスに投降。
(3) パルメニオンの子。三九頁註(5)参照。

の群れの全体が落ちていった。二二　語るに信じがたいことであるが、捕虜を捕らえた者の数よりも捕らえられた捕虜の数のほうが多かったのである。運命の女神が恐怖におびえた敵方から一切の理性を奪ってしまったために、相手方が少数であることも、味方が多数であることも十分には認識できなくなっていたのだ。

二三　こうしたことが行なわれているあいだに、ダレイオスの乗る荷車を引いていた駄獣が、御する者もないまま、軍道からそれ、さまよい行くうちに四スタディオン進み、暑熱と傷に疲れ果てて、とある谷で止まった。二四　そこからほど遠からぬところに泉があった。その泉に、辺りをよく知る者に教えられて、喉の渇きに疲れ果てたマケドニア人のポリュストラトス[1]がやって来たが、兜で水を汲んで飲むうちに、ふと、今にも死にそうな駄獣に槍が突き刺さっているのが目にとまった。二五　駄獣を連れていかずに殺してしまっていることを不思議に思っていると、息も絶え絶えの人[2]の呻き声が聞こえた。そこで、人間の本性の常として、荷車に何が入っているのか見てみたいという欲求に駆られ、荷車を覆っていた獣皮を剝がしてみると、目に入ってきたのは多くの槍傷を負ったダレイオスの姿であった。衣服や、弑逆者らがダレイオスをそれで縛《いまし》めた黄金の鎖が疑念を払拭した。ダレイオスにはギリシア語が通じなくはなかった。彼は、あれほどの数々の不幸に見舞われたあと、まったくの孤独の中で最後の息を引き取らずにすむという僥倖を神々はありがたくも与えてくれたと言って、神々に感謝を捧げた。

　そうして、ダレイオスはこう言った、「それゆえ、おまえが何者にせよ、目の前にいるおまえの姿によって、誰よりも偉大な王たちでさえその例外ではないという教訓をおまえが与えてくれている。互いに人間として生まれたというわしとおまえとの共通の運命にかけて、どうか、おまえに頼み、お願いする。アレクサンドロスにこう伝言を伝えてはもらえまいか。わしがこれまでに被ったはるかに悲しい災厄のどれ一つとして、今のこの信じがたい災難の結末でさえ、わしとわしの縁者に対するあれほどの恩を受けておきながら、誰よりも慈悲深い勝利者の彼アレクサンドロスに刃向かう敵として生きねばならなかったこと、そうして、今、感謝の言葉も述べられぬまま死なねばならないことに比べれば、何ほどの痛恨事でもなかった。しかし、不幸な者たちの最後の願いが神々に対していささかでも力をもつものなら、また、最後の息とともにはき出す祈りを何神かが聞き届けたまうものなら、彼アレクサンドロスが無事息災で、運命の与えたわしの運と神々のねたみとをはるかに超えた上を行き、キュロスの玉座に座しつつ栄光の生を送り、かつまた、自らの徳性を忘れず、わしの母と子供たちが、彼アレクサンドロスのもとで、彼らの忠誠と従順さの報奨として当然の地位を与えられることを許してくれるように、と。だが、弑逆者どもにはすみやかな最期が訪れるがよい。アレクサンドロスがあの者どもにそれを与えてくれよう。不幸な王のわしへの哀れみからではないにせよ、少なくとも罪悪への憎しみから。また、罰を免れたあの者どもの罪悪がやがていつか他の王たちやアレクサンドロス自身の破滅をもたらす元凶となることのないようにとだ」。

そう言うと、喉の渇きに喘いだが、ポリュストラトスが汲んできた水で生気を取り戻すと、こう言った、「さて、そういうわけで、これほど大きな数々の災厄に、必定のこの災難が加わった今、わしは尽くしてく

(1) マケドニア人兵士。不詳。

(2) semivivi hominis (息も絶え絶えの人) 以下第六巻冒頭までは写本では欠落している。ロウブ版のテクストにあるフラインスハイムによる復元に従って訳す。

れた者に報いたくとも報いられない。だが、おまえにはアレクサンドロスが報いてくれよう、アレクサンドロスには神々が」。そう言って、右手を差し伸べ、その右手を王である自分の忠誠の証としてアレクサンドロスのもとに持参するよう命じつつ、ポリュストラトスの手を握りながら息を引き取った。アレクサンドロスが駆けつけてきたとき、ダレイオスがまだ息をしていたかどうかは定かではない。ただ、はっきりしているのは、誰よりも豊かな財に恵まれていた王の哀れな最期を知ったとき、アレクサンドロスが滂沱《ぼうだ》の涙を流し、すぐさま自分の軍用外套を脱いで亡骸にかぶせ、臣下に命じて、亡骸を大きな名誉ある扱いをもって家族のもとに運ばせ、彼ら家族が、ペルシアの王の習いの防腐処置を施したうえで、先祖の眠る墓所に納めることができるよう措置したということである。大恩に報いるに残酷きわまりない最期をダレイオスに与えた者どもの背信は、それ自体おぞましく、呪わしいものであるが、一匹の犬の忠実さによって、なおさらその恥ずべき卑劣さが際立たせられて後世に伝えられることとなった。その忠犬は、親しい者たちが一人残らず王を見捨てたときでさえ、ただ一匹、王のそばに寄り添い、今際《いまわ》の王に、王が存命中と変わらず、じゃれついていたという。

つい今し方まで、王の王、神々の血縁者と呼ばれなければ侮辱であると人々が考えていた王の、運命によって与えられた、これが最期であった。誰よりも多く運命の女神の恩恵を受けて、その肩一杯に女神の軛《くびき》を担った人間ほど女神の移り気に翻弄されがちなものはないという理が、重い実例によって、改めて証されたのである。」

第六巻

第一章

〔冒頭欠落〕〔アレクサンドロスがアジアでダレイオスとの戦いに忙殺されているあいだに、トラキアのマケドニア総督メムノンが反乱を起こした。マケドニアの留守を守るアンティパトロスが反乱鎮定のため出撃していると、スパルタ王アギス三世(1)が歩兵少なくとも二万、騎兵二〇〇〇の兵力を集結させ、マケドニアに忠誠なペロポンネソスのメガロポリスを包囲した。アンティパトロスはトラキアで講和を急ぎ、約四万の兵を率いてメガロポリス救援のため南下した。スパルタ軍はマケドニア軍の攻勢によく耐えたが、アンティパトロスが次々と新規部隊を投入するに及んでついに退却を始めた。〕

一 〔アギスはそれを見ると〕戦いの真っただ中に突っ込み、勇敢に抵抗する者をなぎ倒し、大半の敵を撃退した。二 勝者たちが逃げはじめた。スパルタ軍は追跡に熱がこもりすぎ、平原に出るまでマケドニア軍はただ倒されるばかりであった。しかし踏みとどまる余地ができるやいなや、対等な戦いが始められた。三 しかしすべてのラケダイモン人の中でもアギス王は際立っていた。王は武具と体格において優れていただけでなく、とくに武勇においては匹敵するものはいなかった。**四** ある時は近くから、ある時は遠くからといたるところから狙われたが、アギスは長いあいだ武器を振り回し、飛んでくる矢や石を、あるものは盾で受けたり、あるものは体でかわしたりして戦ったが投槍で腿を貫かれると血がどっと出て、戦闘不能になった。**五** それで衛兵たちが王を盾にのせ、急いで陣営に連れて帰ったが、負傷した部分が揺すぶられるのは非常に苦痛であった。

六 しかしながらラケダイモン人たちは戦いをあきらめず、敵よりも有利な位置を占めることができるや、隊列を密集させ、散開してぶつかってくる敵の隊列を受け止めた。**七** これ以上に激しい戦いが記録に残されたことはなかった。最も名高い二つの民族の軍隊が対等に戦ったのである。**八** ラケダイモン人たちは往昔の栄光を、マケドニア人たちは現在の栄光を見つめていた。前者は自由のために、後者は覇権のために戦っていた。ラケダイモン人たちには指揮官が欠けており、マケドニア人たちには地形が不利であった。**九** 一日のめまぐるしく移り変わる運命の転変により双方の、ある時は期待が、ある時は不安が増大した。それはあたかも運命の女神が最も勇敢な男たちのあいだで、わざと戦いの釣り合いをとっているかのようであった。**一〇** しかしながら、戦闘が膠着している戦場の狭さのゆえに、兵力の全力投入はできなかった。そのため戦闘を始める者の数より多くの者が見物しており、矢石が届かぬところからお互いに大声で味方の兵に声援を送ったのであった。**一一** ついにラケダイモン人たちの部隊が汗でぬるぬるする武具を支えきれず疲

(1) 六五頁註(6)参照。

弊し、やがて後退を始めた。一二　押し寄せる敵に公然と敗走を始めると、四散する者たちを勝者の軍が追跡、ラケダイモン人たちの戦列がついさっきまで布陣していた範囲をそっくり駆け抜け、アギスその人に迫ろうとしていた。

一三　アギスは味方が逃走し、敵軍が接近するのを見ると、自分を下に降ろすよう命じた。そうして体が気力についてくるか試してみて、一四　体がついてこないことがわかると、跪《ひざまず》き、すばやく兜をかぶり盾で体を守りながら右手で投槍を振り回し、倒れている自分の武具を剝ごうとする者は誰かいないかと挑戦した。一五　しかし近づいて対戦しようという者は現われず、遠くから矢や石で攻撃を受けた。アギスはそれを敵めがけて投げ返していたが、ついに鎧で覆われていない胸に投槍が突き刺さった。それを引き抜き、頭を傾け、しばらく盾の上に置いた。やがて血とともに息も体を去り、武具の上に倒れた。一六　ラケダイモン人の五三〇〇人が倒れ、マケドニア人の犠牲者は一〇〇〇人を越えなかった。しかし負傷せずに陣営に戻った者はほとんどいなかった。

この勝利はスパルタとその同盟者たちだけではなく、戦争の帰趨を見守っていた者たちにも衝撃を与えた。一七　アンティパトロス(1)は祝賀に来る者たちの顔と心が一致していないことに気づいていた。しかし戦争を終結したいと思っていたので、騙されたふりをしている必要があった。また戦いの結果には満足していたが、勝利は副官が手にする程度を越えていたためねたみを恐れた。一八　何となれば、アレクサンドロスは敵を打ち破ることは望んでいたが、アンティパトロスが勝ったことに対して不快を隠さなかった。他人の手に帰した栄光は何であれ自分から奪われたと考えたからである。一九　それで王の気質をよく知っていたアンティパトロスは、勝利の条件を自ら課すことはせず、ギリシア人会議にどう措置すべきか諮ることにした。二〇　ラケダイモン人たちは王のもとへ使節を送ることだけ許され、テゲア人[2]たちは、首謀者は別にして謀反の罪を許された。アカイア人[3]たちとエリス人[4]たちは、謀反軍に包囲されていたメガロポリスの人たちに一二〇タラントン支払うことを命じられた。二一　これが戦争の帰結であった。この戦争は突如勃発したが、アレクサンドロスがアルベラでダレイオスを破る前に終結した。

第二章

一　しかしアレクサンドロスの精神は、戦争に関することでは強靭であるが平時における閑暇には弱く、差し迫った懸案から解放されるやいなや、快楽の虜になり、ペルシア軍の武器に砕かれることはなかったが、その悪徳には敗れたのである。二　早くからの宴会、深酒、夜更かしの気違いじみた陶酔、遊戯、それに遊女の群れ。すべてが異国の慣習に染まっていた。異国の風習をあたかも自国のそれより優れているかのように模倣することで同国人の目に衝撃を与え、その心を傷つけた。その結果、朋友の多くの者から民の敵と見なされるようになった。三　それというのも、彼らは自分たちが受けた訓練に忠実であり、食べ物もわずか

（1）一一頁註（14）参照。
（2）ペロポンネソス半島中央部の都市。
（3）ペロポンネソス半島北部の地方。
（4）ペロポンネソス半島北西部の地方。

で、簡単に手に入るものだけで自然の要求を満たすことを常としていた者たちに外国の、それも戦争によって打ち負かした民族の悪習を強制したからであった。**四** これを起因として、王の命を狙った陰謀や兵士たちの反抗、お互いの愚痴の中での遠慮のない嘆きなどが頻繁になった。そこから、ある時は王に怒りを、ある時は軽率な不安が駆り立てた猜疑心やその他のこれに似た感情を引き起こした。それについてはこれから述べることにする。**五** こうして長く続く宴会によって昼も夜も過ごしていたが、宴会に飽きてくると余興をやらせた。ギリシアから呼び寄せた職人たちの一団には満足できていなかった。それで捕虜になった女たちが自分たちのやり方で粗雑な歌を歌うよう命じられた。しかしながら、その歌は異国の者には耳障りなものであった。

六 その捕虜の女たちの中に、他の女たちより悲しそうにしており、前に出るよう勧めてもつつましく断わっている女性がいることに王は気づいた。たいへん美人であり、その美貌を慎みがいっそう際立たせていた。目を地面に向け、許されるかぎり顔を覆っていたので、このような宴会の席の余興に出るには高貴すぎる女性ではないかと王は疑った。**七** それでいったい何者かと尋ねると、最近までペルシスを治めていたオコス(1)の孫娘で、オコスの息子を父とし、ヒュスタスペス(2)に嫁いだものであると答えた。このヒュスタスペスとはダレイオスの近親者の一人で大軍の指揮官でもあった。**八** このとき王の心には、まだ昔の風紀のかすかな名残が残っていた。それで、王侯の血筋に生まれたという運命とオコスという輝かしい名に敬意を表し、捕虜の彼女を解放しただけでなく、彼女の富も返還し、さらに彼女の夫を探し、見つかればその夫に妻を返してやるよう命じたのである。**九** さらに翌日へパイスティオンに命じて、すべての捕虜を王宮(3)に連れてこさせた。そこでひとりひとり身分を調べて高貴な身分の者を平民から分けた。高貴な者は一〇〇〇人いたが、その中にダレイオスの弟でその身分というよりその精神的素質で名高いオクサトレス(4)がいた。

一〇　このたびの戦利品は二万六〇〇〇タラントンにのぼった。そのうちの一万二〇〇〇タラントンが兵士たちに配られた。しかし、それと同額だけの金が警備兵のごまかしによって盗まれた。一一　オクシュダテス(5)という高貴なペルシア人がいた。ダレイオスにより死刑の判決を受け牢獄に拘束されていたのであるが、王はこの男を解放してメディアの総督職をゆだね、ダレイオスの弟をかつての名誉のすべてを保持したまま朋友の一人に加えた。

一二　ここからパルティエネ(6)に到着した。当時は名の知られぬ国であったが、現在は、エウプラテス川とティグリス川の後方に位置し、紅海まで伸びている地域に居住する者たちに君臨している。一三　肥沃な平原地域を支配化に置いたスキュティア人たちは現在でも危険な隣人である。彼らはヨーロッパとアジアの両

---

(1) 五五頁註(1)参照。

(2) ダレイオスの縁者で指揮官。オコスの孫娘を妻としていた。

(3) regia（王宮）という言葉が使われているが、ほとんど praetorium（本営）と同じ意味で用いられているものと思われる。

(4) 四三頁註(1)参照。

(5) ペルシア人貴族でダレイオスより死刑の判決を受けていたが、アレクサンドロスにより解放される。ただし、アリアノス『アレクサンドロス大王東征記』には死刑の判決についての記述はなく、場所もスサであったという。

(6) 著者はここでパルティエネをローマ帝政期のパルティアと同一のものとして語っている。パルティア隆盛を語るここの記述から、本書の執筆がパルティア崩壊（後二二六年頃）以前であることは間違いない。

方に居住している。ボスポロス[1]の上方[2]に住んでいる者たちはアジアに居住する者と見なされている。しかし、ヨーロッパに住むスキュティア人たちの居住区はトラキアの左端からボリュステネス[3]、さらにそこからもう一つの川であるタナイス川[4]にまでまっすぐ伸びている。一四　タナイス川はヨーロッパとアジアの中間を流れる川である。パルティアを築いたスキュティア人たちはボスポロスからではなく、ヨーロッパのほうからやって来たことに疑いはない。

一五　当時ギリシア人によって建設されたヘカトンピュロス[5]という名高い町があった。王はそこで糧食の補給のため数日間滞在した。暇になった兵士が陥りやすい悪弊であるが、王はこれまで行なった成果に満足してただちにマケドニアに帰国することに決めたという根拠のない噂が飛び交った。一六　兵士たちは狂ったように幕舎に戻り、帰還のための荷造りをした。全陣営において荷物をまとめるようにとの命令が出されたのかと思えるばかりであった。こちらでは仲間の兵士を探したり、向こうでは荷車に荷物を積み込んだりと、混乱していたが、その騒ぎが王の耳に入った。一七　ギリシア人兵士が帰国を命じられたことが、広がった根拠のないこの噂に信憑性を与えた。ギリシア人の騎兵一人につき六〇〇〇ドラクマ、歩兵には一〇〇〇ドラクマ与えられたので、自分たちも戦争は終わったのだと思い込んだのである。一八　当然ながら、インドからオリエントの最果てまで遠征するつもりであった王は仰天し、部隊の指揮官たちを本営に集め、涙をぽろぽろ流しながら、自分は栄光への道の真っただ中から引き戻され、勝者というより敗者の運命を担って祖国に帰らねばならないと不平を訴えた。一九　それも、道を阻んでいるのは兵士たちの怯懦ではなく、神々のねたみであり、神々はもう少しすればより大きな栄誉と名声を得て祖国に帰ることができる最も勇敢な兵士たちに突然望郷の念を引き起こしたのだと。

二〇 すると、各指揮官は、もし王が兵士たちの心を穏やかに適切な演説でなだめてくれるならばどんな困難な命令も力のかぎりやり遂げると申し出た。二一 兵士たちは王の熱意と気迫を感じ取ることができれば落胆、消沈して退却したことは一度もないと。それで、王はそうしようと答えた。ただ、兵が耳を傾けてくれるように手配するようにと。そのための手はずが整ったとき、軍隊を兵員会へ召集し、次のような演説をした。

第三章

一 「兵士諸君、われわれが成し遂げた偉業を振り返ってみるならば、栄光に厭《あ》き、休息を得たいとの思いが起こるのも無理からぬことだ。二 イリュリア人、トリバロイ人(6)、ボイオティア、トラキア、スパルタ、アカイア人、ペロポンネソス、その中のあるものはわたしの指揮により、あるものはわが命令による指揮に

(1) クリミア半島東部のケルチ海峡。黒海とアゾフ海を結ぶ。有名なボスポラス海峡ではない。
(2) 東側のこと。
(3) 現在のドニエプル川。
(4) 一般にはドン川を指すが、しばしばソグディアナ北部のヤクサルテス川と混同される。
(5) ギリシア語で「一〇〇の門」の意。セレウコス一世によって建設された町なのでいささか時代錯誤であるが、交通の要衝であり、アレクサンドロスの時代にすでに集落が発達していた可能性はある。のちパルティアの首都として栄える。
(6) イストロス(ドナウ)川下流のトラキア系部族。

より平定した。三　そして、見よ、われわれはヘレスポントスから戦端を開き、御しがたい異民族《バルバロイ》の隷属からイオニア、アイオリスを解放し、カリア、リュディア、カッパドキア、プリュギア、パプラゴニア、パンピュリア、ピシディア、キリキア、シリア、フェニキア、アルメニア、ペルシス、メディア、パルティエネを征服した。四　他の者たちがかつて征服した町の数より多くの属州をわたしは獲得したのだ。その数はあまりに多いため、数え上げていくうちにいくつかを数え忘れてしまうかもしれない。五　それゆえ、これほどの速さで征服し終えた国々の支配が十分堅固だと思えたならば、兵士諸君、たとえ、諸君が引き留めようと、わたしは故郷の家神のもとへ、母や、妹たちやその他の市民たちのもとへ急いで駆けつけ、そこで、とりわけ、諸君とともに手にした称賛と栄光を楽しむであろう。そこには勝利のあふれんばかりの報酬が待っている、子供たち、妻たち、両親の喜び、平和、休息、武勇によって獲得した品々の確かな享有が待っているのだ。

六　しかしながらこの新しくかつ——本当のことを言えば——危うい帝国において異民族《バルバロイ》の者たちがその軛《くびき》にまだなじんでいない以上、兵士諸君、彼らの性格が温和になり、よりよい風習が野蛮な彼らを慰撫するようになるまでには時間がかかるのだ。七　果物でも熟すには決まった時間が必要である。あらゆる感性を欠いた野獣たちでさえ自然の法則によりおとなしくなるのだ。八　いやそれだけではない。他の支配権と名前になじんでおり、われわれとは宗教も風習も言語も異なるかくも多くの民族が戦闘によって敗れたとはいえ、その戦闘によって従順になったと諸君は思うのか。彼らはたしかに武器によって抑えられてはいるが、自発的に平伏しているわけではない。われわれがそばにいれば恐れてはいるが、遠ざかると敵に変わるのだ。彼らは捕獲し檻に入れた野獣のようなもの、あらがう本能を持っているがゆえに、飼いならすには長い時間がかかるのだ。九　さて、ダレイオスの支配下にあったすべての地方が武力によってすでに平定されたかのような話をしてきた。ところがヒュルカニアはナバルザネスが占拠しており、弑逆者のベッソスはバクトラを手に入れているだけではなく、そこからわれわれを脅かしている。ソグディアナ、マッサゲタイ、サカイ、インド人たちは独立している。この連中はすべて、われわれが背を向けるやいなや追撃してくるであろう。一〇　彼らは同じ民族であり、われわれは異民族、異国の人間だからである。支配者がたとえ恐ろしい人物であれ、同民族の人間に服従するほうがみんな快いのだ。したがって、われわれが手に入れたものを捨て去るべきか、さもなくば、まだ持っていないものを獲得しなければならぬのだ。

一一　ちょうど肉体が病んでいる場合、医師が体に有害なものはすべて除こうとするように、兵士諸君、われわれも支配権に有害なものはすべて取り除こうではないか。小さな火花も侮っておればしばしば大火災を引き起こすものだ。敵を決して侮ってはいけない。侮ることによりその敵をより強力な者にしてしまうのだ。一二　ダレイオスでさえペルシアの王権を世襲したのではなく、宦官バゴアス(3)の恩顧によりキュロスの王座についたのだ(4)。ベッソスとて空位になった王権を辛苦して手に入れようとしていると思っては

(1) 小アジア南西部の地域。
(2) 小アジア南部の地域。
(3) ペルシア王アルタクセルクセス三世の宮廷で勢力があったこの宦官は主君を毒殺、ダレイオスを王位につけたが、すぐにダレイオスにより誅殺される。
(4) アレクサンドロスは、ダレイオスでさえ正当に王位についたのではないことを強調しているが、ダレイオスは傍系ではあるもののアケメネス王家の血を引いている。

ならない。一三　もしわれわれがダレイオスを破ったのも支配権を彼の奴隷に譲り渡すためであったのなら、兵士諸君、われわれは誤っているのだ。かの奴隷は最悪の非道をあえてし、自分の王を、それも外国の助けを必要としている王を、われわれが勝利者となったならば許してやったであろう王を、敵の捕虜のごとく鎖につなぎ、ついには殺害し、われわれのために生き延びる道を絶ったのだ。一四　このような奴が王位につくのを諸君は許すのか。わたしはこやつを十字架にかけ、あらゆる王侯や部族たちと奴が破った信義に対しふさわしい罪の償いをするところを見たくてたまらない。一五　しかし、ヘラクレスにかけて、もしこのベッソスがギリシアの都市やヘレスポントスを攻略していると諸君に伝えられたならば、この男が諸君の勝利の報酬を先取りしてしまったことに諸君はどれほど残念がるであろうか。そうなれば、諸君はあるいは現状を回復しようと逸《はや》り、あるいは武器を取るであろう。しかしながら今はおびえていて、ほとんど気も確かでない者を打ち負かしておくほうがどれほどまさっていよう。

一六　われわれには四日間の行程が残されているだけだ。あれほどの雪を、あれほどの川を、あれほどの尾根をわれわれは越えたというのに。もはや荒れ狂う海が波で行く手を阻み、行軍を遅らせているのではない。キリキアの隘路が道を閉ざしているのでもない。すべての進路は開け、平坦なのだ。われわれはまさに勝利の直前にまで来ているのだ。一七　われわれには少数の逃亡兵と主君の弑逆者たちが残っているだけだ。ダレイオスは敵であったが、その死後は憎しみも失せ、主君弑逆の罪を罰し、いかなる不忠者も諸君の手を逃れぬことはできぬとなれば、それは誓って大いなる偉業であり、諸君の最高の栄誉の一つに数えられ、後世に伝えられ、また広く喧伝されることになるであろう。一八　このことをやり遂げたならば、ペルシア人たちは諸君が正当な戦争を行なっていること、ペルシアという名前ではなくベッソスの犯罪に憤っていることを理解するであろうから、どれほど従順になるであろうか」。

第四章

一　王の演説は、どこへでも王の望みのところへ連れていってくれと叫ぶ兵士たちの熱烈な歓呼の声で迎えられた。二　王は彼らの意欲を買い、ただちに出発し、パルティエネを通り、三日目にヒュルカニアの領域に到着した。そこで、クラテロスをその指揮する部隊とともに残し、さらにアミュンタス指揮の軍勢から六〇〇の騎兵と同数の弓兵を加え、異民族《バルバロイ》の進入からパルティエネを守らせた。三　エリギュイオス(1)には少数の守備兵を与え輜重《しちょう》を護衛し平原を行くよう命じた。王自身は密集歩兵隊と騎兵隊を率いて一五〇スタディオン進み、ヒュルカニアに通じる谷で陣営の守りを固めた。森は非常に高くて茂った樹木のため暗く、谷の地面は近くの岩から滲み出す水で潤い、肥沃であった。四　山麓からはジオベティス(2)という川が流れ出し、約三スタディオンばかり流れてから、川床を阻む岩にぶつかり、あたかも水を量り分けるように二つの流れに分かれる。五　そこから急流となり、岩のあいだを流れていくにつれ、そのごつごつした岩のためいっそ

(1) レスボス島ミュティレネ市出身の将軍。アレクサンドロスの側近の一人。のち、サティバルザネスの反乱鎮圧で功を立てる。第七巻第三章二以下参照。
(2) 不詳。

う流れは激しくなり地面の中にまっすぐ入り込む。三〇〇スタディオンばかり地面の下を流れ、また別の泉から湧き出すように再び顔を出し、以前の川より幅の広い川となって新しい水路を流れていく。六 実際、一三スタディオンもの幅で流れ出し、それからまた川幅が狭まる。ついにはリダグノス(1)という別の名前の川に注ぐ。七 住民たちの話によると、泉の近くの洞窟に落ちたものは川のもう一つの口が開いているところから出てくるという。それで、アレクサンドロスは川が地面に消えるところに二頭の牛を投げ込み、川が再び流れ出すところからその死体が出てくるか、兵士たちを派遣して確かめるように命じた。

八 同じ場所で兵士たちに休息させることにして四日目、ベッソスと共謀してダレイオスを殺したナバルザネスからの書簡を受け取った。それには次のような趣旨のことが書かれていた。「自分はダレイオスに敵意は持っていなかった。いやそれどころか王に有益と思えたことを進言した。そして王に誠実な提案をしたがためにほとんど殺されそうになった。九 ダレイオスは、二三〇年(2)ものあいだ王に対してずっと抱いてきた民衆の信頼を裏切り、人と神の法に反し身辺の護衛を外国の兵士にゆだねようと考えた。一〇 自分は危ない崖っぷちに立たされていると感じそのときに必然の策を考えた。ダレイオスでさえバゴアスを殺したときは謀反を図っていたので殺害したと弁解して民衆を納得させたのだ(3)。一一 死すべき人間にとって命ほど大事なものはない。命惜しさのあまり最後の手段に訴えてしまった。しかしそれを行なったのはやむをえずであった。悲惨な状況においては誰しも自分がたどるべき運命を持っているものである。

一二 参上するよう命じられたならば何も恐れず参上する。これほどの偉大な王が約束を破るとは思えない。神々は神を欺かないのが常である。一三 しかしもし信義を与えるにふさわしくないと判断するのであれば、自分には逃亡先はたくさんある。勇敢な男にとって居を定めたところが祖国なのだ」と。一四 アレクサンドロスは、自分のところへやって来ても信義が破られることはないと、ペルシア人のやり方で[4]誓約することをためらわなかった。

とはいえ、整った方陣で進むことにし、進路を探索するための斥候を何度も先発させた。一五 まず軽装歩兵が進み、密集歩兵隊がそれに続き、歩兵、最後に輜重が来た。好戦的な部族と、接近が困難な地形が王を警戒させたのである。一六 それというのもカスピ海まで開けた谷が絶え間なく続いていたのである。二つの陸地がいわば二つの腕のように伸びている。その中間地帯は、まだ新月にならず二つの角が目立つ頃の月の形によく似て、少しばかり湾曲して入り江を作っている。一七 左手にはケルケタイ族、モッシュノイ族、カリュベス族[5]が、反対側にはレウコシリア人とアマゾン族[6]の平野が広がっている。そうして、前者は北方に広がり、後者は西方へ伸びている。一八 カスピ海は他の海より塩分が少なく、巨大な蛇が住んでいる。魚も他の海のものより色がはなはだしく異なる。カスピ海という人とヒュルカニア海という人がいる。マイオティス湖[7]

---

(1) 不詳。
(2) キュロスの即位（前五五九年）から数えて。
(3) 本巻第三章一二、および一九九頁註（3）参照。
(4) 握手で。
(5) ここに挙げられた部族はすべてカスピ海南東というより黒海近辺に住む部族である。
(6) レウコシリア人はパプラゴニアに居住する部族。アマゾン族とともにカスピ海というより黒海と関連づけられるべき民族である。
(7) アゾフ海のこと。アゾフ海は黒海と結ばれているが、当時の人々はカスピ海と結ばれているのか、そもそも、黒海とカスピ海がつながっているのかよくわからなかったようである。

がこの海に注いでいると思っている人がいるが、その理由として、他の海より塩分が少ないのは湖の水が流入して薄められるからだと言っている。一九　北側では広大な海岸に海が押し寄せ、波を押し上げ、海岸線からあふれ出して大きな湖を作っている。また別の季節にはもと来た道を退却し、あふれ出したときと同じ勢いで逆流し、陸地をもとの自然に返す。なかにはこれはカスピ海ではなく、インドからヒュルカニアへ延びる海だと信じている人もいる。ヒュルカニアの高地は上述したように果てしない谷に連なっている。

二〇　王は、ここから森が迫る、ほとんど道なき道を通り二〇スタディオン進んだ。急流や流水が行軍を遅らせた。しかし敵に遭遇することはなく、ついにより豊かな地方へ出た。二一　その地方はさまざまな産物に恵まれていたが、異常に大きい林檎を産するほか、葡萄の実りもきわめて豊かであった。二二　樫によく似た木が多く、その葉には多くの蜜(1)がついている。ただし、日の出より早起きしないと、樹液はわずかな熱でも消失してしまう。

二三　ここから三〇スタディオン進んだところでプラタペルネス(2)が現われ、ダレイオスの死後逃げてきた者たちとともに降伏した。王はその者たちの降伏を喜んで受け入れてからアルワイ(3)の町に到着した。そこでクラテロスとエリギュイオスが合流した。二四　二人はタプロイ族(4)の総督であるプラダテス(5)を引き連れてきていた。その男の降伏が受け入れられたことは、他の多くの者に王の寛恕を試すよい前例となった。二五　それからヒュルカニアの総督にマナピス(6)を任命した。そのマナピスという男はオコスの治世にピリッポスのところへ亡命していたのである。タプロイ族の支配権もプラダテスに返却してやった。

第五章

一　王がヒュルカニアの辺境にまで進軍したとき、ダレイオスに最も忠実な家臣であると前に述べた[7]アルタバゾスが、ダレイオスの近親と自分の子供たち、さらにギリシア人兵士の少数の軍勢を連れてやって来た。二　王は彼に右手を差し出した。アルタバゾスはオコスの治世中に亡命しピリッポスの賓客であったが、ダレイオスが死ぬまでは忠誠心のほうが賓客の礼法に打ち勝っていたのであった。三　かくて快く迎えられたが、「王よ」と話しかけた。「あなたの幸運がいつまでも続きますよう神々にお祈り申します。他のことには満足しておりますが、たった一つ、高齢のためあなたのご好意を長らく受けることができないことが残念でございます」。四　老人はそのとき九五歳であった。同じ母から生まれた九人の若者が父親に従っていた。アルタバゾスはその息子たちに王の右手を取らせ、アレクサンドロスに役に立つかぎり彼らが長く生きるようにと祈った。五　王はたいていは徒歩で行軍するのが常であった。しかしその時は、自分が歩くことによ

(1) 旧約聖書に出てくる〝マナ〟と関連づけられることもある。
(2) ヒュルカニアとパルティアの総督。ガウガメラの戦いにも参加、ダレイオスに最後まで忠節を尽くした。
(3) アステラバードの南方のジヤヴェットか。
(4) 一三頁註(14)参照。
(5) 第四巻第十二章九参照。
(6) アリアノス『アレクサンドロス大王東征記』第三巻二三-一ではアンミナスペス。マザケスとともにアレクサンドロスにエジプトを引き渡したとされる。第四巻第七章四参照。
(7) 第五巻第九章一参照。

りアルタバゾスが馬に乗ることをためらうことがないように、自分と老人に馬を用意するよう命じた。

六　それから陣営を設営したとき、アルタバゾスが連れてきたギリシア人たちを召集するよう命じた。しかし、ギリシア人たちは、ラケダイモン人とシノペ人(1)にも命の保障を与えてくれなければ何をなすべきか協議しなければならないと回答した。七　彼らはダレイオスのもとへ派遣された使節たちであった。ダレイオスが敗れてからはペルシア人のあいだで戦っていたギリシア人傭兵に加わっていた。八　王は命の安全の保障は与えず、どのような運命を受け取るのか決めるから集合するよう命じた。彼らは多くの者たちが異論を唱え、長いあいだためらったのち、ついに召集に応じることを約束した。九　しかしマケドニア人の覇権につねに反対してきたアテナイのデモクラテス(2)は、赦免には絶望して剣でわが身を突き刺した。他の者たちはかねて決定していたように、身柄をアレクサンドロスの裁量にゆだねた。一〇　兵士は一五〇〇人、そのほかにダレイオスに派遣された使節が九〇人であった。兵士たちは部隊の補充に分配され、残りの者はラケダイモン人を除いて祖国に送還されることになった。ラケダイモン人は衛兵の監視下に置かれた。

一一　マルドイ族(3)はヒュルカニアに隣接し、生活習慣は粗野、略奪を糧としていた。この部族だけが使節を派遣せず、命に服そうとしないように思われた。それで王は、この一部族のために自分の不敗神話が達成できないことに腹を立て、輜重に守備隊をつけて残し軽装兵を率いて進軍した。一二　夜間に行軍を続け、夜明けには敵が見えてきた。戦闘というより騒動であった。異民族《バルバロイ》たちは占拠していた丘から駆逐されて逃げ出し、近くの無人になっていた村落は占領された。一三　しかしながらその地方の内部に到達するのは軍隊にとって困難をきわめた。山の尾根、非常に高い樹木、通行しがたい岩が周りを囲んでいた。異民族《バルバロイ》は平らな箇所を新奇な防塁で塞いでいた。一四　わざと密接に樹木を植え、それを、まだ枝が柔らかいうちに手で曲げ、それをまた地面に植える。そこからまた別の根から出るように元気に幹が成長する。一五　これらの樹木を自然のまま生長させず、互いに別の木と絡み合わせる。そのようにして、多数の葉をつけるようになると地面をすっかり覆うようになる。こうして、枝のいわば隠れた罠がどこまでも続く垣根を作って道を閉ざすのである。一六　唯一の対策は斧を振るって道を切り開くことだが、これにもたいへんな困難が伴った。数多くの節が幹を強化していて、樹木の枝は互いに絡みあい、ぶらさがった花綵《はなづな》のようにしなやかな蔓となって斧の一撃を無駄にするのであった。

一七　しかし獣のように茂みに隠れることに慣れた住民たちは、その時も森の中に入り込み、見えない場所から矢石で敵を苦しめた。王は狩りをするときのように彼らの隠れ家を探し出し、大勢を刺し殺した。さらについには、兵士たちに森を包囲し、どこかに入り口があれば突入するよう命じた。一八　しかし慣れぬ土地のため多くの者が道に迷い、なかには敵に捕まる者もいたが、そのとき王の愛馬も捕獲されてしまった。その馬にはブケパラス(4)という名がついており、アレクサンドロスは他の馬とは異なり特別にかわいがってい

(1) 黒海沿岸の都市。ただし、シノペはコリントス同盟の圏外にあり、その罪は重大ではなかった。
(2) 不詳。
(3) 第三巻第十三章一および第五巻第六章一七参照。
(4) アレクサンドロスの愛馬。ブケパラスとはギリシア語で「牛の頭」という意味。肩のところに牛の頭の焼印を押されていたのでそう呼ばれた。

た。それというのも、その馬は王以外の者が乗ることを許さず、王が乗ろうとすると、ひとりで膝を曲げて王を迎え、誰を乗せているのかわかっているようであった。一九　それで、当然と思える以上の激しい怒りと苦痛に駆られた王は、馬を探し出し、もし返却しないときは全員抹殺すると通訳を通じて通告するよう命じた。この通告に恐れおののいた住民たちは他の貢物を添えて馬を連れてきた。二〇　しかしまだそれでも怒りはおさまらず、森の木を切り倒し、枝で通行できなくなっている平地に山から取ってきた土砂を積み重ねるよう命じた。二一　その盛り土がある程度の高さまで積み上げられると、異民族《バルバロイ》たちは占拠している場所を保持することに絶望し、自分たちの部族を差し出した。王は人質を取り、彼らにプラダテスに服従するよう命じた。

二二　それから五日目に駐留陣営に戻った。そうしてアルタバゾスに対しては、ダレイオスのもとで受けていた名誉を倍増して故郷に帰らせた。今やダレイオスの王宮[1]があるヒュルカニアの町に到着していた。そこでは命の保障を得たナバルザネスが膨大な献上品を持って出迎えた。二三　その献上品の中に、若さの盛りで、抜群の美貌に恵まれた宦官のバゴアスが含まれていた。彼はダレイオスと懇ろであったのだが、まもなくアレクサンドロスとも懇ろになった。また、とりわけ彼の嘆願に心を動かされ、ナバルザネスを許したのであった。

二四　すでに述べたように、テルモドン川[2]の近く、テミスキュラ[3]の平原に住むアマゾン族はヒュルカニアの近隣部族であった。二五　この部族にはタレストリスという女王がおり、カウカソス山脈からパシス川[4]にかけてのすべての民を支配していた。女王はアレクサンドロス見たさのあまり王国の境界を出て、それほど遠くないところまでやってくると、使いを先発させ、女王がやって来て、王に会うことを切望していると告げさせた。二六　会見の許可が出るとただちに他の者たちはその場に待機させ、三〇〇人の女性兵士を従え近づいたが、王の姿が見えるや右手に二本の槍を持って馬から跳び下りた。二七　アマゾン族の服は全身を覆うものではない。胸の左の部分がはだけていて、他の部分は覆われている。とはいっても、結び目で集められている服の襞は膝の下までは伸びていない。二八　左側の乳首は女の子に乳を与えるために無傷のまま残している。右側の乳首は投槍を振り回したり、弓を引き絞りやすいよう焼き取るのである(5)。

二九　タレストリスは恐れを知らぬ顔で王を見つめ、偉業の名声には決してふさわしくない出で立ちを仔細に吟味した。というのも、あらゆる異民族《バルバロイ》のあいだでは体格の威厳が敬われており、自然から見事な外観を賜った者でなければ、偉大なる事業に耐えることはできないと考えられていたのである。三〇　しかしながら王が何か望むことはないかと尋ねたとき、女王は王と子供を共有するためにやって来たのだと告白するのをためらわなかった。王が後継者を作るのに自分はふさわしく、女の子が生まれたら引き取り、男の子が生まれたら父親に返還するつもりだと。三一　アレクサンドロスは自分といっしょに戦うつもりはないかと聞いたが、女王は国が無防備のままなのでと断わり、自分の希望をかなえないまま立ち去ることがないよう

(1) ザドラカルタと思われるが、場所は特定されていない。
(2) シノペの東側で黒海に注ぐ。
(3) テルモドン川の河口にある町。
(4) 今日のグルジア。ポチのあたりで黒海に注ぐ。
(5) A-mazon の A は「なし」で、mazon は mazos（乳房）から来ていて、「乳房のない」（女）と解釈するわけである。

にと嘆願を続けた。三二　王より女の性欲のほうが激しく、数日間滞在することを王に無理やり納得させたのである。彼女の希望に従い一三日間がそこで費やされた。それから女王は自分の国へ、王はパルティエネへ向けて出発した。

第六章

一　アレクサンドロスはここで公然と自分の欲望を解き放ち、どのような運命の高揚においても傑出した美徳であった自制心と節度を、傲慢と放縦に変えてしまった。二　父祖の慣習やマケドニアの王たちの健全で節度のある規律と市民の衣服を、あたかも自分の偉大さには見劣りするものと見なし、神々の力にも匹敵するペルシアの宮廷の豪勢さを模倣しようとした。三　これほど数多くの民族に勝利してきたマケドニア人に対し地面に平伏して自分を崇め(1)、奴隷のような務めを徐々に強い、捕虜とも思える待遇に慣らせようと思ったのである。四　それでダレイオスが身につけていたような紫に白の刺繍をほどこした王冠を頭につけ、ペルシアの衣装をまとった。勝者のしるしを敗者の服装と取り替えることは不吉であるが、そのようなことはものともしなかった。五　そうして自分はペルシア人たちからの戦利品を身につけているのだと吹聴したが、衣装とともに風習も身につけるようになり、衣装の壮麗さに心の尊大さが続いた。六　書簡もヨーロッパに送るものには従来の指輪のしるしで封印したが、アジアに送るものについてはダレイオスの指輪のしるしが押された。七　朋友たちや騎士たちは――というのも彼らは兵士たちの指揮官であったのであるが――

それを嫌悪してはいたが、あえて拒むことはできずペルシアの衣装を身につけさせられたのであった。八 ダレイオスのときと同じ数、三六五人の愛妾が王宮にあふれた。その女たちには自ら夜伽《よとぎ》の役もする宦官の群れがつき従った。

九 快楽になじまぬ民であるピリッポスの老練兵はこのように奢侈と異国の風習に染まることを公然と嫌い、戦争において獲得したものより勝利によって失ったもののほうが多いというのが、陣営中のすべての兵士たちの一致した声であり気持ちであった。一〇 まさにそのとき自分たちは打ち負かされ、自分たちの国のものではない異国の風俗に身をゆだねている、捕虜の服を着ていったいどんな顔をして国に帰れというのか、王は勝利者というより敗者に似てきており、マケドニアの帝王からダレイオスの総督になってしまったと。一一 王は有力な朋友たちや軍隊が大いに気分を害していることに気づき、気前よく贈り物をばらまくことで好意を取り戻そうと試みた。しかし、わたしが思うに、自由な人々にとり隷属の報酬などありがたくないものである。一二 それで事態が反乱にまで発展したりすることがないように、閑暇を戦争で中止させなければならない。都合よくそのための材料が用意されていた。一三 それというのもベッソスが王の玉衣をまとい自らをアルタクセルクセスと呼ぶように命じ、スキュティア人やその他のタナイス河[2]畔の住民を集結させ

(1) いわゆるプロスキュネシス(跪拝礼)。ペルシア人のあいだでは王に対して跪拝礼をとることは普通の慣習であったが、ギリシア人にとってそれは神々に対してのみ許される礼であった。
(2) 第四巻第五章五の場合と同様に、ここではヤクサルテス川(現在のシル・ダリヤ川)のことである。

ていたからである。

このことを報告したのは、アレクサンドロスが降伏を受け入れ、もとの支配地域の指揮官に任命しておいたサティバルザネス(1)であった。一四　それで隊列は戦利品、贅沢品で身動きがとれなくなっていたので、どうしても必要なものを除いて、まず自分の荷物を、次いで全軍の荷物を中央に集めるよう命じた。一五　平らな土地が広がっているところへ荷物を積んだ車が集結した。王がこれから何を命じるのだろうかとすべての者が待っていると、駄獣を連れ去るよう命じてから、次にまず自分の荷物に松明《たいまつ》で火をつけ、次いで他の荷物も燃やすよう命令した。一六　敵の町から無傷のまま奪い取るためしばしば消火作業をしてまで手に入れた戦利品がその所有者の手により火をつけられ燃え上がったが、王の戦利品も同じ炎で焼かれていたため、自分たちの血の代価を嘆こうとする者は誰もいなかった。一七　まもなく理性が悲しみを和らげ、身軽になってあらゆることに耐える覚悟ができた軍隊は、荷物がなくなっても規律が戻ってきたことを喜んだ。

一八　それでバクトリア地方に向かうことにした。ところがパルメニオンの子のニカノル(2)が突然倒れ、すべての者をひどく悲しませた。一九　まず誰より王も悲しみ、そこにとどまって弔いをしてやりたかったが、糧食が欠乏していたため急がざるをえなかった。それでピロタスが二六〇〇の兵士とともに残され、兄弟のためにしかるべき葬儀を行なうことになった。王自身はベッソス目指して急いだ。

二〇　行軍中の王のもとへ近隣の総督から書簡が届き、ベッソスは敵意を抱き、軍隊を率いて向かってきていること、また、アレイア人(3)の総督に任命しておいたサティバルザネスも王から離反したことが伝えられた。二一　それでベッソスめがけて進軍していたのであるが、先にサティバルザネスを倒すのが最善と考え、軽装歩兵と騎兵隊を選び、夜通し全力で行軍し敵が気づかないうちにその前に姿を現わした。二二　サティバルザネスは王の出現に気づくと二〇〇〇の騎兵とともに――それ以上の兵力を急に集結することはできなかったからだが――バクトラに逃亡した。他の兵士たちは近くの山々を占拠した。二三　岩山があり、西側は険しい崖で、東側はなだらかな坂になっていて多数の樹木が生え、絶えることのない泉があって多量の水が湧き出していた。全体の周囲は三二スタディオンであった。二四　頂は草原になっていた。異民族《バルバロイ》たちはここに武器を取れない者たちを配置した。崖がない部分は木の幹や岩で防塁とした。一万三〇〇〇が武装していた。二五　その包囲にはクラテロスを残し、王自身はサティバルザネス追跡を急いだ。しかし、敵があまりに遠くまで逃げ延びていることがわかると、引き返し、山の上部を占拠している者たちを攻撃することにした。二六　それで、まず進むことができるところはどこであれ通りやすくするよう命じた。それから、通過しがたい岩や険しい崖が道を阻んでいたので、自然に逆らう労苦は無駄なことのように思われた。二七　つねに困難に立ち向かおうとするのが王の気質であったが、前進するには道は険しく、後退するには危険であったので、このような場合にありがちなことだが、これでもないあれでもないとありとあらゆる可能性を探ろうと苦悶した。

　こうして迷っている王に、熟慮では得られない策を幸運が与えてくれた。二八　ちょうど激しい西風が吹

(1) アレイア地方の総督。
(2) 近衛歩兵部隊の指揮官。
(3) パルティアの一地方。

いていた。また兵士たちは岩のあいだに通路を作ろうとして多くの木材を切り倒していた。二九　この木材が灼熱の太陽のため乾燥しきって火がついた。それで王はさらに木を持ってきて、火をいっそう焚きつけるよう命じた。たちまち丸太が積み上げられ山の頂と等しくなった。三〇　そうして四方から火をつけると、火はすべてに広がった。風が炎を敵の顔に吹きつけ、強大な煙が一種の雲のように立ち上り空を覆い隠した。三一　森はぱちぱちと音を立て、兵士が火をつけなかったところでも火は次々と周りに燃え広がっていった。異民族《バルバロイ》たちは火が消えたところを狙って最悪の責苦を逃れようと試みた。しかし火が消えているところでは敵が待ち構えていた。三二　かくてさまざまな死に方で死んでいった。あるものは火の真っただ中に飛び込み、ある者は崖から飛び降り、ある者は敵の手にかかって倒れ、少数の者は半焦げになって捕虜となった。

三三　王はそこからアルタカナ(1)を包囲しているクラテロスのところへ戻った。クラテロスは当然のことながら、都市陥落の栄誉は王に譲るため、あらゆる準備を整えて王の到着を待っていた。三四　それでアレクサンドロスは攻城塔を近づけるよう命じた。異民族《バルバロイ》たちはそれを見て恐れおののき、城壁から手のひらを上にして差し出し、怒りは反乱の首謀者サティバルザネスに取っておき、降伏する自分たちに対しての処罰は免除してほしいと嘆願した。王は降伏を認め包囲を解いただけではなく、すべてのものを住民たちに返してやった。

三五　王がこの町を離れてから、新しい兵士の補充部隊が到着した。ゾイロス(2)がギリシアから五〇〇の騎兵を連れてきており、アンティパトロスはイリュリアから三〇〇〇の兵を送り、ピリッポス(3)とともにテッサリアの騎兵が一三〇、リュディアから二六〇〇の外国人兵士が到着、同民族の騎兵三〇〇が従っていた。

三六　こうした兵力の補充が行なわれてからドランガイ族(4)に向けて進んだ。ドランガイ族というのは好戦的な部族であり、バルザエンテス(5)が総督であった。彼はダレイオスに対するベッソスの謀反にも関与していた。しかし彼は自分が受けることになる処罰を恐れてインドへ逃亡した。

第七章

一　そこに陣営を設けて九日目であった。王は外部の敵に対しては不敗であり安全であったのだが、内部の敵から命を狙われることになった。(6)二　権威もあまりなく王の覚えも芳しくなかったデュムノス(7)という者が、ニコマコス(8)という自堕落な若者への愛に燃えていた。自分にだけ捧げられた肉体の絆で結ばれていたのである。三　この男が、顔つきからも察せられることだが非常に驚いた様子で、人に口外できぬ秘密を告白

(1) アレイアの首邑。アリアノス『アレクサンドロス大王東征記』ではアルタコアナ、おそらく今日のヘラト。
(2) 不詳。
(3) メネラオスの子。はじめは同盟軍騎兵隊の指揮官、次いでテッサリア騎兵隊指揮官。
(4) エテュマンドロス川（ヘルマンド川）下流の湿地帯に住む部族。ザランガイオイ族とも呼ばれる。
(5) ペルシアの貴族。アラコシアとドランギアナの総督。ガウガメラの戦いにも参加。
(6) ピロタスの陰謀事件はドランガイ族の首邑プラダで起きた。アレクサンドロスは事件後この町をプロプタシア（予見）と改名した。今日のファラーに比定されている。
(7) プルタルコス『アレクサンドロス伝』ではリムノス。不詳。
(8) デュムノスの愛人。不詳。

するからと人払いをしてから、若者とともに神殿の中へ入った。四　何を話すのかとわくわくする若者に、デュムノスはお互いの愛とお互いが交わした誓いに懸けて、これから告白することは絶対他言しないと誓約してくれるよう頼んだ。五　それで若者は、誓いを破ってでも暴かねばならないようなことを言うつもりではないと考え、決して他言しないと目の前の神々にかけて誓約した。六　するとデュムノスは、その日から三日目に王に対して暗殺が企てられていて、勇敢で立派な人々とともに自分はその計画に参加するつもりだということを打ち明けた。七　若者はそれを聞くと、弑逆《しいぎゃく》の挙に対して信義を誓ったのではないこと、どのような誓約によっても犯罪行為を口外しないよう強制することはできないとあくまで主張した。八　デュムノスは愛と恐怖のため呆然となり、若者の右手をつかみ、まずは計画の実行に加わってくれるように、九　もしそれができないのであれば、少なくとも自分を密告しないでくれるようにと涙ながらに嘆願した。彼に対する好意の証は他にもあるがとりわけ、彼のまだ試されていない信義に自分の命を預けることにしたことがその最も強力な証明だと。

一〇　最後に、あくまで犯罪は御免だという若者を死の恐怖で脅かした、陰謀の共犯者たちは彼を血祭りにあげて最も輝かしい偉業を始めることになるであろうと。一一　またあるときは惰弱で女のように臆病だと言ったり、あるときは愛人の裏切り者と呼んだり、あるときは莫大な報酬を、時には王権まで約束し、この大それた犯罪を嫌悪する心を揺さぶった。一二　それから剣を抜き、あるときは彼の首に、あるときは自分の首に当て、また嘆願すると同時に脅し、ついに、陰謀について沈黙するだけでなく、手を貸すことを無理やり約束させた。一三　というのも、若者は毅然たる心の持ち主で、純潔であるにふさわしい人であり、最初の考えからまったく考えを変えていなかったが、デュムノスに対する愛情にほだされどんなことでも拒まないふうを装った。一四　それからこれほどのことを誰と計画したのか続けて尋ねた、これほど顕著な事業に手を貸すのがどのような人々なのか大いに重要だからと。一五　愛と犯罪により正気ではなくなっていたデュムノスはまずは感謝し、また、彼が最も勇敢な若者たちに加わることをためらわなかったことを喜んだ。すなわち、その若者たちとは側近護衛官のデメトリオス、ペウコラオス、ニカノル、さらにアポベトス、イオラオス、ディオクセノス、アルケポリス、アミュンタスの面々である。(1)

一六　ニコマコスはこの話が終わると兄弟のケバリノスのところへ行き、(2)聞いたことを話した。王に近づく習慣のないニコマコスが王の幕舎に入れば、共謀者たちが裏切られたと感づく恐れがあるため宿舎に残っていることにした。一七　ケバリノス自身が王の幕舎の入り口の前で──それ以上近づくことは彼には許されていなかった──、親衛隊の誰かが王に取り次いでくれないかと立って待っていた。一八　その時たまたま他の人は席をはずしていて、パルメニオンの息子のピロタスが──何の理由かわからぬが──王の幕舎に残っていた。ケバリノスは大いにあわてた様子でしどろもどろに兄弟から聞いたことを打ち明け、ただちに王に伝えるよう頼んだ。一九　ピロタスは彼を褒め称えてから中に入り、アレクサンドロスのところへ行って、他のことについてはお互い多くの時間を費やして語り合ったが、ケバリノスから聞いたことについては何も伝えなかった。二〇　若者は、ピロタスが夕方頃に王の幕舎の入り口を出たところを捕まえ、頼んだこ

(1) 王の身辺警護役、ほとんど全員不詳。

(2) ニコマコスの兄弟。不詳。

とを伝えてくれたかと尋ねた。王は彼の話を聞く間がなかったと言って彼は立ち去った。二一　翌日、王の幕舎へ入るところを捕らえ、前日話したことを伝えてくれるように促した。彼はわかったと答えたが、その時も聞いていたことを王に伝えなかった。二二　ケバリノスはピロタスのことを疑いはじめた。それでこれ以上引き延ばしてはならぬと考え、武器庫の長官をしている高貴な身分の青年――メトロン(1)という名前であった――にどのような犯罪が計画されているか知らせた。二三　メトロンはケバリノスを武器庫に隠し、すぐに密告者が通報したことをたまたま入浴中であった王に知らせた。二四　王はデュムノスを捕らえるべく衛兵を派遣したのち武器庫に入った。そこでケバリノスは大喜びで「不敬なる輩《やから》の手からようこそご無事で」と言った。二五　アレクサンドロスはそれから耳にすべきことの一部始終を聞いた。そうしてさらにニコマコスがその通報を彼のもとへもたらしてから何日経っているか尋ねた。二六　彼が聞いたのは一昨日だというのを聞くと、聞いたことをそれほど長く通報しないのは忠誠心に大いに疑問があると考え、彼を逮捕するよう命じた。二七　すると彼は、自分は聞いてすぐにピロタスのところへ駆けつけた、ピロタスがすべてを知っていると叫んだ。

二八　王は、ピロタスのところへ行ったのか、自分のところへ来るようにと訴えたのかと重ねて尋ねたが、彼は自分がすでに話したことはあくまで本当であると主張したので、王は両手を天に向かって上げ、涙を流し、かつては最も親しかった友人にこのような仕打ちを受けるとはと嘆いた。二九　そうこうするうちに、デュムノスは王から呼び出しを受けたのは何ゆえかよくわかっていたので、そのとき腰に帯びていた剣で体に深く傷つけたが、駆け寄った衛兵により抑えられ王の幕舎へ運ばれた。三〇　王は彼を見つめながら「デユムノスよ」と言った。「わたしよりもピロタスのほうがマケドニアの王権にふさわしいとおまえが思うほど、わたしはおまえに対してどのような悪事をたくらんだというのだ」デュムノスはもう声が出なかった。それで、呻き声を上げ、王の視線をそらしながら崩れ落ち、事切れた。

三一　王はピロタスを王の幕舎へ呼び寄せ、「ケバリノスは」と言った。「もしわたしの命を狙った陰謀のことを二日間黙っていたのなら最高の刑罰に値するところだが、その罪はピロタスにある、ピロタスのところへすぐに通報したと断言しているからだ。三二　おまえとわたしの友情の絆が深いだけおまえが黙っていたことの罪は重い。これはピロタスよりケバリノスにふさわしい振る舞いだ。行なってはならなかったことを少なくとも弁解できるならば、わたしは好意ある審判人となろう」。

三三　これに対し、ピロタスは少なくとも顔に表われるかぎり、まったく動揺せず、ケバリノスは痴話喧嘩に類することを知らせてきたが、自分は少年と愛人のあいだのいざこざを報告したりすれば皆の笑いものになるのではと恐れ、取るに足らぬ者の言うことに信を置かなかった、三四　デュムノスが自殺した以上、それが何であれ、黙っておくべきではなかったと答えた。そうして王に抱きつき、この、何かをなした罪ではなく、黙っていた罪を問うより今までの彼の人生を顧慮してくれるよう嘆願しはじめた。三五　王が彼の言葉を信じたのか、それとも心の奥深くに怒りを抑えたのかわたしにはよくわからない。和解のしるしとして右手を差し出し、通報を隠したというより軽侮したように自分には思われると言った。

（1）武器庫管理官。不詳。

第八章

一　しかしながら王はピロタスを除く朋友たちによる諮問会を開き、ニコマコスに証言するよう命じた。二　彼はすでに王に述べたことと同じことを仔細に述べた。クラテロスはとりわけ王に気に入られていたが、それゆえ王のもとでの地位をめぐってピロタスと対立していた。三　またピロタスがあまりに武勇と功績を自慢するのをアレクサンドロスが不快に思っており、それゆえ犯罪の疑いがあるわけではないが傲慢に振舞っているきらいがあることをよく知っていた。四　敵をやっつけるこれほど都合のよい機会はまたとないと考え、敵意を忠誠心で覆い隠して「ああ、どうか」と言った。「この事件の最初のときから王がわたしたちと協議されてくだされればよかったものを。五　もし王がピロタスを許してやりたいと思われたなら、死の恐怖に追いつめられて王からの恩恵のことよりむしろ自分の危険のことを無理やり考えさせることよりは、彼が王にどれほど恩義があるかということに無知のままでおらせるようお勧めしたことでしょう。何となれば、ピロタスはいつでも王に陰謀をたくらむことができるでしょうし、王もいつも奴を許してやることはできないでしょう。六　これほどのことをあえてした者が赦しによって変わると思われてはなりません。王の慈悲を受けた者は、二度とはそれを期待できないということを知っているものです。七　また、たとえ奴が自ら悔悟するかあるいは王の慈悲に感じておとなしくしようとしても、奴の父、大軍の将であり、兵士たちのあいだでも根強い権威があり、偉大さの点でも王にそれほど劣らぬパルメニオンは息子の命が無事であったことを喜んで恩義に感じるでしょうか。八　恩恵でもわれわれが嫌悪するものがあります[1]。死に値したことを告白するのは恥ずかしいことです。結局、命を助けてもらったと思えるより、不正な取り扱いを受けたと思えるほうを彼が望むようにするしかありません。それから、奴らとは命をかけて戦わなければならないということを忘れないでいただきたい。九　これから追撃しなければならぬ敵軍も十分な数が残っております。内の敵に対して側面の守りを固めておかなければなりません。この者たちを除去すればもう外の敵は恐れるに足らないのです」。

一〇　以上がクラテロスの見解であった。他の者たちもピロタス自身が陰謀の首謀者か一味でなかったならば、陰謀の通報を握りつぶそうとはしなかったであろうと確信していた。何となれば、彼のもとへ通報されたことを聞いたならば、朋友の一人でなくとも、最も卑しい平民出の者であれ、忠誠心があり、正常な心の持ち主であれば誰であれ、ただちに王のもとへ駆けつけたことであろう。一一　騎兵隊長官であり、王のあらゆる秘密の相談相手であるパルメニオンの息子が、兄弟から陰謀のことを聞き、奴に通報したケバリノスの模範的行動に感銘を受けなかったのか、いやそればかりか、通報者が他の仲介者を探すことがないようにと王は彼と話をする暇がないかのようにつくろった。一二　ニコマコスは神々に対する誓約で縛られていたにもかかわらず、良心の苦しみを打ち明けようと急いだ。ピロタスは遊興にほとんどまる一日を費やし、

(1) タキトゥスも『年代記』第四巻一八で似たようなことを言っている。小さな親切は感謝されるが大きな親切は時に憎しみを生じるということか。

王とのあれほど長い、そしておそらくは余計な話の合間に王の命にかかわるわずかな数語をつけ加えることをしぶった。一三　しかしながら、もしこのようなことを密告してきている少年たちを信じなかったのであれば、あたかもその密告を信じているかのようにして二日間引き伸ばしたのはなぜか。もし彼の密告を信じていないのであれば彼を追い返したはずだ。一四　誰でも自分が危険なときには大いに注意を払うものだ。王の命が危ないというときには、人の言うことは信用するもの、たとえ偽りの密告でさえ聞いてやるものだ。

一五　それで、ピロタスに共犯者の名を白状させるため裁判を開くことが満場一致で決められた。王はその決定を口外しないよう口止めして会を解散した。そうして決議が漏れることがないように次の日に行軍すると布告するよう命じた。一六　ピロタスも自分にとり最後の宴会に呼ばれ、王は自分が断罪を決定した男といっしょに食事するだけでなく、親しげに話を交わすことまでした。一七　それから第二更に明かりを消して小数の者たちを連れてヘパイスティオン、クラテロス、コイノス、エリギュイオスという朋友の面々が、また衛兵の中からはペルディッカスとレオンナトスが王の幕舎に集まってきた。この者たちを通じて、本営で見張りをする者たちは武装して警戒するようにと命令が出ていた。一八　すでにあらゆる入り口には騎兵が配置され、道路も閉鎖されていた。当時メディアと大部隊を指揮していたパルメニオンのもとへ、誰かがこっそり逃げ出していかないようにするためであった。一九　一方アタリアス[1]は、三〇〇名の武装した兵士を連れて王の幕舎に入っていた。彼には一〇人の近習がゆだねられ、そのひとりひとりに一〇人の衛兵がつき従っていた。二〇　この者たちは他の共謀者たちを逮捕すべく各所へ配置された。アタリアスは三〇〇名を率いてピロタスの館へやって来たが、入り口が閉まっていたので叩き壊した。彼の回りを五〇人の者が身構えて取り囲んでいた。他の者たちはピロタスが秘密の入り口から逃げ出すことがないように、家の周りを包囲するよう命じられていた。二一　ピロタスは安心しきっていたのか疲れていたのか眠り込んでいた。アタリアスが取り押さえたときはまだ体が麻痺した状態であった。二二　やっと眠気が払われ捕縛されると、「王よ、あなたの善良な心はわたしの敵たちの過酷さに打ち負かされてしまった」とそれだけ言って、それ以上は何もしゃべらず頭を覆って王の幕舎へ連行された。

二三　翌日王はすべての者が武装して集合するよう布告した。約六〇〇〇人の兵士が集まった。その他、従軍商人や従僕たちの群れが本営を満たした。二四　王が兵士たちに話しかけるまで人々の目につくことがないように、従僕たちが隊列でピロタスを隠していた。二五　重罪の場合、マケドニア人たちの古い慣習に従い王が取り調べ、軍が――平時においては大衆が――判決を下した。前もって軍の承認がなければ、王の生殺与奪の権も何らの効力を持たなかった。二六　それでまずデュムノスの遺体が運ばれた。大部分の者にとって彼がいったい何を企んだのか、またどうして死んだのかわからなかった。

第九章

一　それから王は苦渋の表情をして集会に現われた。朋友たちが悲しんでいたことからも、何事かと少な

（1）歩兵部隊の千人隊長。第五巻第二章五参照。

からざる期待を抱かせた。二　王は長いあいだ地面を見つめながら、茫然自失の様子で立っていた。ようやく気を取り直し、「兵士諸君」と切り出した。「けしからぬ者たちの犯罪によりもう少しのところでわたしは諸君たちから奪われるところであったが、神々の配慮と慈愛により生きている。諸君たちの神々しい顔を見ると、この弑逆の企てにいっそう激しく怒りを覚える。というのもこれほど多くの勇敢きわまりなく、わたしにことのほかよく仕えてくれた兵士たちに感謝を捧げることができることはわが人生の一番の、いや唯一の収穫なのだから」。三　王の演説を兵士たちの嗚咽が遮り、すべての兵士の目から涙があふれ出た。それから王は演説を続けた。

「その大それた犯罪の首謀者をここで示したときには、諸君たちの心にどれほど大きな動揺を引き起こすことになるであろうか。その者たちの名前を口にすることを今なおわたしは恐れ、何とか無事であってほしいと、名前を伏せておきたい。四　しかし昔の友情の思い出は振り切り、忌まわしい市民たちの陰謀を暴かねばならない。これほどの不敬をどうして黙っておくことができようか。あれだけ年をとり(1)、わが父とわたしからあれほど多くの恩恵を受け、われわれのあらゆる朋友の中でも最年長のパルメニオンがこの大それた犯罪の首魁となったのだ。五　彼の手先のピロタスがペウコラオスとデメトリオス、それとここにその遺体が横たわっているデュムノスやその他同じように、狂気の輩《やから》を買収してわたしを暗殺しようとしたのだ」。六　群集とくに兵士たちが熱狂したり激怒したりしたときよく見られるように、集会をしているいたるところから怒り叫ぶ兵士たちの騒ぎ声がこだました。七　それからニコマコスとメトロンとケバリノスが前に出され、各自がすでに通報したことを証言した。彼らの誰もピロタスが陰謀に関与していると名指しはしなかった。それで怒りがおさまってからは密告者たちの話を静かに聴いた。
八　それから王は続けた。「この陰謀の密告そのものを握りつぶすとは、いったいどういう了見だと諸君には思われるか。密告が偽りでないことはデュムノスの最期がはっきり示している。九　ケバリノスは不確かなことを通報しているにもかかわらず拷問を恐れなかったし、メトロンはほんの一時たりとも通報を延ばさず、わたしが入浴しているところへ飛び込んできた。一〇　ピロタスだけは何も恐れず、何も信じなかった。おお、何と度量のある男だ。あの男は王の危険に心を動かしたり、顔色を変えたり、これほどの犯罪の密告者の話を心配しながら聞いたりすることはないのか。一一　間違いなく、その沈黙の下に犯罪が潜んでおり、王権への飽くなき願望が彼の心をまっしぐらに最高の不敬へと駆り立てたのだ。父親はメディアの指揮権を持っている。奴は部隊の多くの武将の中でもわたしの力を頼んで勢力を築き、自分が持つことができる以上の力を望んだのだ。一二　わたしに子供がないことにもつけこんだ。しかし、ピロタスは誤っている。おまえたちの中にこそわたしの子供たち、両親、血縁がいるのだ。わたしはおまえたちが無事でありさえすれば世継ぎなしではないのだ」。一三　それからパルメニオンが息子のニカノルとピロタスに当てた手紙を途中で奪い取ったものを読み上げたが、それには重大な犯罪のはっきりしたしるしは何も書かれていなかった。一四　というのも、その書き出しは次のようであった。「まずおまえたち自身のことを気遣え、それからおまえたちの身内の者たちを。そのようにしてわたしたちは決めたことを実行できるであろう」。一五

(1) パルメニオンは当時七〇歳であった。

王はさらに、この書簡は、息子たちの手元に届いたなら、共犯者たちによって正しく理解できるように、また途中で没収されることになったら、無知な者たちを騙すことができるように書かれているのだとつけ加えた。

一六「何となれば、デュムノスは陰謀の他の参加者の名は挙げていながら、ピロタスだけは名指さなかった。それは彼が無実の証拠というわけではなく、彼の権勢の証拠なのだ。密告者当人でさえ、自分たちの陰謀を暴いておきながら、奴の名前だけは隠そうとするほど奴を恐れているのだ。しかしピロタスがどんな男か奴の人生が証明している。一七 アミュンタス[1]はわたしのいとこで、マケドニアでわたしの命を狙う忌まわしい陰謀をたくらんだが、こやつはその相棒、共謀者に加わった。一八 アッタロス[2]ほど危険な敵はいなかったが、そのアッタロスにこいつは姉妹を嫁がせた。ゼウス・アンモンの神託が出されたとき、友情と親愛の慣習に従い、わたしはこやつに手紙で知らせたが、奴は、わたしが神々の一人に受け入れられたことは喜ぶが、人間の分を越えた者の下で生きなければならない者たちのことを哀れに思うと、傲慢にも返事をよこした。一九 このようにして奴の心はわたしから離れ、このようにわたしの栄光をねたんできたのだ。しかし、それらを、兵士諸君、できるかぎり、わたしは心の中にしまってきた。わたしがこれほど恩恵を与えてきた者たちを引きずりおろすことは、わたしのはらわたの一部を切り取ってしまうような気になるからだ。二〇 しかし今や言葉を罰すべき時ではない。言葉の放縦は剣に及んだ。わたしを信じてくれるなら、ピロタスはその剣をわたしに向けて研ぎ、もし奴の言葉を信じるなら、奴はそれを許したのだ。

兵士諸君、わたしはどこへ行けばよいのか。誰にわたしの命を預ければいいのか。二一 たった一人の男を最も高貴な青年たちの華、軍の精鋭である騎兵隊の指揮官としてしまった。わたしの安全と希望と勝利をその忠誠心と保護にゆだねてしまった。二二 父をわたしと同等の頂点にまで昇進させてしまった。メディアほど豊かな地方はないが、そのメディアと何千もの市民と同盟者を彼の命令権と支配にゆだねてしまった。わたしが助けを求めようとしたところから危険が現われた。二三 同じ市民の手で犠牲になるより、戦場で倒れ、敵の餌食となるほうがどれだけよかったことか。わたしが恐れていた危険からは守られ、わたしが恐れるべきでなかった危険に遭遇してしまった。二四 兵士諸君、諸君たちはわたしに命を大事にするよう何度も嘆願するのが常である。今や諸君たちがわたしにそうするよう忠告していることを、わたしにかなえてくれることができるのだ。諸君たちの手の中に、諸君たちの武器にわたしは逃げ込む。諸君たちが望まぬならばわたしは無事でありたくはない。諸君たちが望むならばわたしに対する報復がなされずにはすまない」。

二五 それから、後ろ手に縛られ、ぼろの外套を着せられたピロタスを引き出すように命じた。少し前までは羨望なしでは見ることはできなかった者のあまりにも哀れな姿に、兵士たちが心を動かされたことは容易に見てとることができた。二六 前日には騎兵隊の指揮官であるのを目にし、王の宴会に出席していたのを知っていた。それが急に被告となったばかりか、断罪され、さらに縛られているのを見つめていた。二七

(1) ピリッポス二世の兄ペルディッカス二世の子でアレクサンドロスの従兄弟。ペルディッカス二世の子として王位継承権を持っており、アレクサンドロスの命を狙う陰謀を企てた。

(2) ピリッポス二世がオリュンピアスを離縁して娶ったクレオパトラの叔父。ピリッポス暗殺後アレクサンドロスの命で暗殺される。

またその場にはいないものの、ヘクトルとニカノルという二人の息子を失い(1)、災いから免れた一人の息子とともに告発を受けている偉大な将軍にして輝かしい市民であるパルメニオンの運命も、兵士たちの胸をよぎった。二八　それで王の副官のアミュンタス(2)がピロタスに対して再び苛烈な演説を行ない、同情に傾きかけている兵士たちの心を揺さぶった。「諸君は異民族《バルバロイ》たちに売られたのだ。諸君の誰一人として妻のもとへ、祖国へ、両親のもとへ帰ることはないであろう。首をなくし、命なく、名もないむくろとなり異国の地で敵のなぐさみものになるであろう」。二九　ところが本人の期待に反し、アミュンタスの演説はまったく王の喜ぶところではなかった。妻や祖国のことを思い起こさせたため、今後の事業の遂行に支障をきたすかもしれなかったからである。

三〇　それから、コイノスはピロタスの妹を娶ってはいたが、ピロタスを王と祖国と軍隊の裏切り者と呼んで激しく攻撃した。三一　そうして、たまたま足もとにあった石をつかみ、多くの者の信じているところでは、拷問の苦しみから逃れさせるために、彼に向かって投げつけようとした。しかし、王が彼の手を抑え、被告にもまず弁明の機会を与えなくてはならない、それでなければ裁かれたと認めることはできないと言い放った。三二　それからピロタスは弁明するよう命じられたが、罪の呵責のためか、それとも身の危険の大きさのため呆然自失となったのか、顔を上げようとも口も開けようともしなかった。三三　それから涙があふれ、気を失って、つながれていた兵士にもたれかかった。そうして服で涙をぬぐってから少しずつ元気を取り戻し、弁明できそうに思われた。三四　そこで王は彼を睨《にら》みながら、「マケドニア人たちが」と言った。「おまえを裁くことになる。彼らに対し祖国の言葉(3)を使ってはどうか」。三五　するとピロタスは「マケドニア人以外にも」と答えた。「多くの人々がいるので、あなた自身、あなたの演説がより多くの人々に理解できるようにとあなたが考えたのと同様に、あなたが今使ったのと同じ言葉を使ったほうがわたしの言うことがより理解されやすいだろうとわたしは思うのです」。三六　それを聞いて王は言った。「ほら、見てのとおりだ。ピロタスにとり祖国の言葉さえ嫌悪の対象なのだ。実際、彼だけが祖国の言葉を学ぶことを嫌っているのだ。しかし、とにかく彼の望むように弁明するがよい。ただ諸君は奴がわれわれの言葉を嫌っているのと同様にわれわれの風習も嫌っているのだということを忘れてはいけない」。王はそう言って集会から姿を消した。

第十章

一　さてピロタスは、「無実な者にとって」と弁明を始めた。「言葉を見つけることはやさしいが、惨めな

(1) ヘクトルは溺死(第四巻第八章七以下参照)、ニカノルは突然死(第六巻第六章一八)。

(2) 第四巻第十七章二および第八巻第二章一四で言及されるニコラオスの子のアミュンタスと同一人物なのかはっきりしない。

(3) マケドニア方言。マケドニア人は他のギリシア人からセミ・バルバロイ(半異民族)と見なされていた。マケドニアの貴族はマケドニア方言の野蛮性を嫌い、ことさらアッティカ方言を主体とする共通語コイネーを使おうとしていたが、アレクサンドロスはそれをピロタス攻撃に利用したわけである。

(4) ギリシア共通語コイネーのこと。ギリシア本土を越え、オリエントにも広がりはじめていた。

者にとって言葉の節度を保つことは難しい。二　それで、わが欠けることなき良心と不当きわまりない運命のあいだに置き去りにされ、どうやったらわたしの気持ちとこの情勢にふさわしいことが言えるのか、わたしにはわからない。三　実際、わたしの裁判を判定してくれる最良の審判者が欠席されている。両方の言い分を聞いたあとに、わたしを釈放も断罪もできるのであるから、なぜ今わたしの弁明を聞かれようとしないのかわたしには誓って理解できない。両方の弁明を聞かれないのであれば、出席されているときにわたしは断罪されたのであるから、出席されていない王によって釈放されることは不可能である。四　縛られている者の弁明というものは、無意味であるばかりか厭わしいものである。被告は審判人に事実を提供するというより、審判人を告発しているように思われるからである。しかし、わたしに弁明が許されるかぎり、わたしはわたし自身を見捨てるつもりはなく、わたし自身の判断によってもわたしが有罪だと思われるようなことは我慢できない。五　実際、何の罪で告発されているのか、わたしにはわからない。誰一人わたしを陰謀の共犯者として挙げた者はいない。ニコマコスはわたしについて何も言わなかった。ケバリノスは自分が聞いた以上のことを知ることはできなかった。六　それであるのに王はわたしを陰謀の首魁であったと信じておられる。ニコマコスが共謀者の名を聞いたとき、彼をいっそう陰謀に引き込みやすくするため、デュムノスは偽ってでもわたしの名を挙げるべきであったはずである。それなのに彼が自分たちの陰謀の首魁の名を挙げないなどということがありえようか。七　陰謀が発覚したとき共謀者をかばおうとするために、わざとわたしの名を挙げなかったというのではない。デュムノスは自分についての秘密を守ってくれると思っていたニコマコスに陰謀を告白し、他の共謀者の名は挙げたもののわたしの名だけは省いたのだ。八　兵士諸君、もしケバリノスがわたしのところに来なかったならば、陰謀の仲間たちについてわたしに何も教えようと思わなかったならば、誰もわたしの名を挙げなかったのであるから今日わたしがここで弁明などしていたであろうか。九　少なくともデュムノスは——彼がまだ生きてくれていたらよかったのだが——わたしをかばおうとするかもしれない。しかし他の者たちはどうだ。自分の罪を認めているというのに、わたしの名を除くのか。不運というのは悪質なもの、犯罪人も自分が受ける刑には苦しむが、他人が受けるそれには慰めを得るものだ。一〇　これほど多くの共謀者がいて拷問にかけられても真実を述べないのだろうか。だが、これから死のうとする者をかばう者は誰もいないし、わたしが思うにはこれから死のうとする者も誰もかばいはしない。

一一　本当の犯罪、唯一の犯罪にまず注意を向けねばならない。『おまえのところへもたらされた情報をなぜおまえは黙っていたのか』『それを聞いても平気であったのはなぜなのか』。それがどのようなものであれ、告白したわたしを、アレクサンドロス、あなたがどこにおられるにしても、あなたはわたしを許してくださいました。そうして和解のしるしである右手をわたしは握りしめ、宴会にも侍らせていただきました。一二　もしあなたがわたしの言うことを信じられたのであったなら、わたしは無罪とされたのです。もしあなたが許されたのであれば、わたしは釈放されたのです。あなたの判決をお守りください。昨晩わたしがあなたのテーブルから離れて以来、いったいわたしが何をしたのでしょう。どのような新たな犯罪があなたのもとへ通報されて、あなたは気を変えられたのですか。一三　わたしは深い眠りに入っていました。不幸な出来事を忘れながら眠っているわたしのところへ突然敵がやって来て、わたしを縛りつけて目を覚まさせたのです。反逆者や裏切り者にこれほど深い眠りがどこからやってくるでしょうか。一四　極悪人たちは良心がうずいて深い眠りにはつけないものです。犯罪をやり遂げた場合だけでなく、たくらんだだけでも復讐の女神たちがその者たちを追い回すのです。しかしわたしにはまず無実が、次にあなたの右手が安心を与えてくれました。あなたのもとにおいてあなたの寛恕の心より他の者たちの残忍さが力を持つことになろうとは思いませんでした。一五　しかし、あなたがわたしを信じたことを後悔なさいませんように、わたしに事件を通報した少年はその密告内容の証人も証拠も見せることはできませんでした。それでいながら事の性質上、もしそのことを信じてやればすべての人を恐怖に満たす恐れがありました。一六　わたしは、不幸にもわたしの耳が聞いているのは愛人と娼婦のざれごとだと思ってしまい、彼の話を疑ってしまったのです。それもニコマコス本人が通報したのでなく、代わりに兄弟を通報人にしたてたからです。ケバリノスという使者など立てなかったと彼が言うのではないか、そうしてわたしは王の多くの朋友たちに危険の種と見なされることになるのではないかと、わたしは恐れました。一八　このようにして、わたしは誰一人傷つけてはいないのに、わたしが無事であるより、わたしが滅びるほうがよいと考える人が現われました。もし、わたしが無実な人々を告発していれば、わたしはどれほどの敵意を身に受けるようになったと諸君は思われるでしょうか。一九『そうは言ってもデュムノスは自殺したではないか』。果たしてわたしにそれが予測できたでしょうか。決してそんなことはありません。まさに、彼の通報に信用を起こさせたこと、それは彼がわたしに近づいてきたときにはわたしにはまだ何の効果も持たなかったのです。二〇　さて、もしわたしがこれほどの犯罪の共犯者だったのなら、われわれの犯罪が暴かれてしまったことを二日間も知らぬふりをしておくべきではなかったでしょう。ケバリノス自身を片づけるなど造作もないことだったでしょう。二一　それから隠しておくべき犯罪が通報されてからも、わたしは一人で王の寝室に入ったことがあります、それも剣を帯びて。犯行をどうして延期する必要があったでしょう。それともデュムノスがいなければわたしには実行できないというのでしょうか。二二　もしそれなら陰謀の首魁は彼だったということになるでしょう。マケドニアの王権を狙うピロタスは、彼の影に隠れていたというわけです。あなた方の中で、誰か賄賂でそのかされた人がいるでしょうか。どの将軍を、どの指揮官をわたしは買おうとしたのでしょう。

二三　祖国の言葉をわたしが拒んでいる、マケドニアの風習を嫌っていると非難がされています。マケドニアの風習を軽蔑していながら、その王権をわたしは狙っているのです。かの祖国の言葉は他のさまざまな民族との交流の結果使われなくなってしまいました。敗者に劣らず勝者も外国の言葉を学ばねばならないのです。二四　しかし誓って、こんなことは問題ではなくむしろわたしに不利になるのは、ペルディッカスの息子アミュンタスが王に対して陰謀を企てたことです。(1) 彼とわたしが友人であったことについて弁明はしません。ただ、王の兄弟をわたしたちが愛すべきではなかったというのであればの話ですが。二五　しかし、もしあのような幸運に恵まれた位にある者を敬うことが当然であったのならば、わたしが先のことを推測できなかったことが罪なのでしょうか、それとも不敬な犯罪人の友人は、たとえ無実でも死ななければならないのでしょうか。そのようなことが正しいのであれば、どうしてわたしはこれほど長いあいだ生きているのでしょ

(1) 本巻第九章一七、および二一七頁註（1）参照。

う。もしそれが不当であるならば、どうしてわたしはいま殺されるのでしょうか。二六 しかしまた、ゼウスの御子だと信じている人の下で生きなければならない人々をかわいそうに思うとわたしは書簡に書きました。友情に対する信頼よ、偽らざる忠言を許す危険な自由よ、おまえたちはわたしを騙した。おまえたちはわたしが思っていることを黙っていないようしむけたのだ。二七 たしかにわたしがこのようなことを王に書き送ったことは認めます、しかしわたしは王について書いたのではありません。わたしが王をねたんだわけではなく、わたしは王のことを思って心配したのです。アレクサンドロスは、ゼウスの後裔であると公に宣伝するより、黙ってそれを認めるに値する方のように思えたのです。二八 しかし、神託の審判は確かなのだから、神をわたしのこの裁判の証人としてください。わたしが果たして秘密の隠された犯罪をたくらんだのか、アンモンに伺いを立てるまでわたしを獄舎につないでください。われわれの王を息子と認められた神は、自分の子孫に対して陰謀を企てた者たちは一人として暴かずにはおかないでしょう。二九 もし諸君が神託より拷問のほうが信用できると思うのであれば、真相を究明するその方法もわたしは拒みません。

三〇 死刑の判決を受けた者は親族を呼んで取り成しを頼むのが常であります。わたしは最近二人の兄弟を失い、父親は彼自身この大犯罪の被告とされていて、彼を証人として呼ぶことも、彼に訴えることもできません。三一 ついさっきまでは多くの子供に恵まれていたのが、たった一人の息子に望みを託すようになり、その息子も奪われるとしても、わたしの火葬段の上に載せられるのでないかぎり、それは大したことではありません。三二 いとしい父上、わたしゆえにあなたもわたしとともに死ななければなりません。わたしがあなたの命を奪い、わたしがあなたの老年に終止符を打つのです。敵意ある神々のもとであなたはどうしてわたしをお生みになったのですか。あなたを待っているこのような果実をわたしから収穫するためだったのですか。三三　あなたの老年よりわたしの青年のほうが惨めなのかわたしにはわかりません。わたしは人生の盛りで摘み取られ、死刑執行人が行く先わずかのあなたの息吹を奪います。運命がもう少し待つことを許してくれたら、自然にあなたは召されるところでした。三四　ケバリノスが密告したことをわたしが通報するのを恐れ、ためらったのには父の思い出もあずかって力がありました。というのも、パルメニオンは医師のピリッポスが王に毒を盛っているという話を聞いて、医師が調合した薬を飲まないよう王に手紙を書いて止めようとしたことがありました。(1)三五　わたしの父の言うことに信が置かれたでしょうか。父の書簡は何の権威も持ちませんでした。わたし自身自分が聞いたことを何度通報しては拒まれ、馬鹿にされたことでしょう。もし、通報すれば嫌われ、黙っておれば疑われるのであれば、われわれは何をしたらいいのでしょうか」。三六　周りに立っている群集の一人が「よく尽くしてくれた者に陰謀なんかたくらむな」と叫んだとき、ピロタスは「たしかに」と答えた。「あなたが誰であれ、あなたの言うことはもっともです。三七　したがって、もしわたしが陰謀をたくらんだのであれば、わたしは刑罰を拒みません。わたしの最後の言葉があなた方の耳には耐えがたいもののように思えたようなので、わたしの弁明はこれで終わりにしたいと思います」それから警護の男たちによって彼は連れ去られた。

(1) 第三巻第六章四参照。

第十一章

一　指揮官たちの中に腕っ節の強力なボロン(1)という者がいた。平和時の学芸や市民生活については粗野で、低い位から現在の位まで出世した老兵であった。二　彼は他の者たちが黙っているので、乱暴かつ大胆に彼らに思い出させた。兵士たちを追い出した跡地にピロタスの奴隷たちのごみを収容するため、どれほどしばしば各自が住居から追い出されたかを語りはじめたのである。三　金や銀の調度を満載した車が町のあらゆる通りに立ち止まったこと、奴の眠りを監視する者たちが配置され、兵士たちの誰一人として宿の近くには行けず、遠くに追いやられたこと、それもひそひそ話をする者たちの声というよりむしろ「沈黙」によりかの「女」が目を覚まさないようにさせるためであった。四　奴にとり田舎者は嘲笑の対象であり、プリュギア人、パプラゴニア人と呼び(2)、マケドニアに生まれながら、自分の国の言葉を話す人に通訳をつけることを恥としなかった、五　奴は今やアンモンの神に神託を伺うことを望んでいるが、アレクサンドロスを息子として認めたゼウスを嘘つき呼ばわりした、言うまでもなく、神々が差し出された称号が嫌悪感を引き起こすことを憂慮したというわけだ。六　友人である王の命を狙うとき、ゼウスに伺いは立てなかった、いま神託を求めようとしているのは、彼の父親がメディアで指揮している兵を集め、管理を任されている資金を使って陰謀のためにならず者たちを駆り立てる時間かせぎのためなのだ、七　神託所へは人を送るがいい、ただ、王から聞いたことについてゼウスに伺いを立てるのではなく、最善の王が無事であったことに対し感謝をし、願を成就するためであると。

八　それを聞くと兵員会の全兵士がいきり立ち、側近護衛官たちが、まず反逆者の体を自分たちの手で八つ裂きにすべきだと叫んだ。より恐ろしい刑罰を恐れていたピロタスはそれを聞き、どちらかといえば喜んだ。九　ところが、ピロタスを牢獄においても拷問にかけようとしたのか、一部始終をより詳細に取り調べようとしたのか、王が兵員会に戻り、兵員会を翌日に延期した。それからもう日は夕方に傾いていたが、朋友たちの召集を命じた。一〇　それで、他の者たちはマケドニア人の慣習に従い、石打の刑にすべきという意見(3)であったが、ヘパイスティオンとクラテロスとコイノスは拷問を加えて真相を究明すべきだと意見を述べた。そうして、他の意見の者たちも三人の意見に同調した。一一　それで諮問会は解散され、ヘパイスティオンはクラテロスとコイノスを連れてピロタスの審問のため立ち上がった。一二　王はクラテロスを呼び、何か話をしてから——その内容は伝わっていない——宿舎の奥に退き、人払いをして夜遅くまで審問の結果を待った。

一三　拷問吏たちが、ピロタスの目の前にあらゆる残酷の道具を並べた。一四　ピロタスのほうは「何をぐずぐずしている」と促した。「王の敵、自白した刺客を早く殺せ。審問などどうして必要があろう。わたしがたくらんだ。わたしの意志だ」、クラテロスは彼が白状していることを、拷問を受けながら言うように

(1) 不詳。ボロンの演説は粗野なマケドニア民衆のマケドニア貴族に対する反感を代弁している。
(2) 愚かさで定評があった。
(3) 裏切り者に対する刑であった。

要求した。一五　それから体を抑えられ、目隠しをされ、服を脱がされたが、その間にも空しく祖国の神々に、万民法に訴えた。それから最強の拷問具で拷問が始められたが、すでに断罪されており、敵は王を喜ばせるために体をいためつけたのである。一六　そうして、初めのうちは片方では火が、他方では鞭が加えられ、それは審問というより刑罰を加えるためのものであったが、ピロタスは声を上げないどころか呻き声さえ抑えていた。一七　しかし体は傷で膨れあがり、むきだしの骨に加えられる鞭打ちにもはや耐えられなくなると、拷問を緩めてくれるならば、知りたいと思うことは何でも言うと約束した。一八　しかし審問を終えることをアレクサンドロスの安全に懸けて誓い、拷問吏たちを遠ざけてくれるよう要求した。両方の要求が認められると、「クラテロスよ」と言った。「わたしに何が言わせたいのか言ってくれ」。一九　クラテロスが馬鹿にしていると怒り、再び拷問吏を呼び戻すと、知っていることをすべて話すから、息をつく間を与えてくれと嘆願した。二〇　一方、ピロタスが拷問にかけられているという噂が広まると、陣営中を恐怖が走り、最も身分の高い騎士たち、とくにパルメニオンと血縁で血がつながっている者たちは、王に陰謀を企てた者の血縁の者は共謀者ともども死刑にするというマケドニア人たちの法律を恐れ、ある者はお互いに殺しあい、ある者は道なき山の中や広大な砂漠へ逃げ込む事態となり、王は混乱に気づくと犯罪人の近縁者についての法律の適用は免除すると布告を出した。

二一　ピロタスが拷問から逃れるために嘘をついたのか、真実を語ったのかよくわからない。本当のことを語っても、偽りを述べても同じように苦しみに終止符が打たれたからである。二二　ともあれ、「わたしの父は」とピロタスは白状した。「ヘゲロコス[1]といかに親しかったかは、諸君たちはよく知っている。あの戦場で倒れたヘゲロコスだ。彼がわれわれにとってあらゆる災いの源となったのだ。二三　というのも、王がゼウスの子として挨拶するように命じるや、それに憤りを覚えた彼は「それでは」と言った。「われわれはピリッポスが父であることを認めないこの男を、王と認めるのか。もし、そのようなことに耐えねばならなくなったら、われわれはもうお仕舞いだ。二四　神であることを信じろと要求する者は、人間ばかりか神々をも蔑ろにする者である。われわれはアレクサンドロスを失った。われわれは王を失ったのだ。神々に匹敵すると考えるなら、その傲慢さは神々にも耐えがたく、人間の類ではないと考えるのなら、人間にも耐えがたい傲慢さである。二五　われわれにうんざりしている者を、死すべき者たちの仲間に加わることを嫌がっているような者をわれわれはわれわれの血を流して神にしたのか。いいか、よく聞いてくれ、もしわれわれも男ならば、神々はわれわれも神の子にしてくださる。二六　この男の祖先であるアルケラオス(2)、それからアレクサンドロス(3)、ペルディッカス(4)は殺されたが誰がその復讐をしたのか。この男は父親の殺し屋たちさえ許してしまった」。

二七　ヘゲロコスは夕食の席でこのように語った。そして翌日の夜明けに、わたしは父に呼び出された。

(1) 第三巻第一章一九と第四巻第一章三六で言及されたヘゲロコスと同一人物か不明。ともかくこのヘゲロコスはアレクサンドロスの東方政策に反対する人々の一人であった。

(2) ペルディッカスの子。マケドニア王（在位前四一三―三九九年）。貴族の陰謀に倒れる。

(3) ピリッポス一世の兄。マケドニア王（在位前三六九―三六八年）。

(4) ピリッポス一世の別の兄。マケドニア王（在位前三六五―三六〇）。

父は悲しげであり、わたしが悲しんでいることもわかっていた。二人とも心配事の種になることを聞いてしまったからだ。二八　それで、ヘゲロコスが酒に酔ってああいうことを言ったのか、それとも心の奥底を吐露したのか確かめてみるべく、彼を呼んでみることにした。彼はやって来て、進んで同じことを述べ、さらに、もしわたしたちが率先して事を行なうなら、彼はわたしたちに次ぐ役割を果たすだろう、もし勇気がなければ、事は黙っておこうとつけ加えた。二九　パルメニオンには、ダレイオスがまだ生きている以上、事は時期尚早のように思われた。というのも、アレクサンドロスを殺すことは自分たちの利益にはならず、敵の利益になるからであり、ダレイオスが倒れたとなれば王を殺した報酬としてアジアと東方は暗殺者の手に帰することになるだろうからである。この計画は承認され、双方で誓約が交わされた。三〇　デュムノスに関してわたしは何も知らない。これだけのことを自白した以上、わたしが彼の陰謀に無関係なことは、わたしにとり何のためにもならないことはわかっている」。

三一　彼らは再び拷問具を取り出し、槍も使って彼の顔と目を打つと、この嫌疑についても自白を得ることができた。三二　それから、陰謀の計画を順序よく述べるようにと要求されると、王が長期にわたってバクトラに引き止められそうなので、これほどの軍隊の指揮官でこれほどの資金の管理者である七〇歳になる父がそのあいだに亡くなってしまう恐れがあり、力をそがれた自分には王を殺す機会がなくなってしまうのではないかと恐れたのだ、三三　それで報酬がまだ掌中にあるうちにと事を急いだ、父はこの計画には無関係である、もし信じないのであれば、体はもう耐えられないが、拷問を加えてもかまわないと。三四　審問員たちは、尋問はこれで十分と考え、王のところに戻った。王は翌日ピロタスが自白したことを読み上げ、ピロタス本人も――一人で入場することはできないので――運んでくるよう命じた。三五　ピロタスはすべてを認め、このたびの陰謀の共謀者と名指されたデメトリオスが引きずり出された。しかし彼は断固として王に対して何もたくらんだことはないと強く否定し、自分に対する拷問まで要求した。三六　ピロタスはぐるりと周りを見回して、カリス(1)という男が遠くに立っているのを認めると近くに来るよう命じた。彼は狼狽し、行くのを拒むと、「おまえはデメトリオスに白を切らせ、またわたしを拷問にかけさせるつもりか」と叫んだ。三七　カリスは声も出さず、血の気が失せた。マケドニア人たちはピロタスが無実な者たちまで巻き込もうとしているのかと疑った。その若者のことはニコマコスも名指しておらず、ピロタスも拷問にかけられたとき名を挙げていなかったからである。カリスは王の指揮官たちが自分の回りに立っているのを認めると、デメトリオスと自分がその陰謀を練ったと自白した。三八　かくして、ニコマコスが名を挙げたすべての者は祖国の慣習に従い、合図と同時に石打の刑にされた。

三九　アレクサンドロスは、大きな身の危険のみならず大きな憎悪を受ける危険からも解放された。実際、朋友たちの中でも最も勢力のあるパルメニオンとピロタスは公に罪を犯したというのでないかぎり、断罪すれば全軍の怒りを買うことは避けられなかったからである。四〇　こうして、審問の結果は曖昧であった。犯行を否定しているときは拷問が残酷であるように思われた。自白のあとは、友人たちでさえピロタスに憐れみを覚えなかった。

(1) 不詳。ピロタスの騎兵隊所属の将校か。

第七巻

第一章

一　兵士らはピロタス[1]について、その罪の痕跡が生々しいうちは当然の処罰を受けたのだと考えていたが、憎んでいたこの男が消え去ると、敵意が憐憫の情へと転じた。二　この青年の高名さ、そして父親[2]が高齢で息子を失った[3]ことが影響を及ぼしていたのである。三　この父親こそ、王のために先陣を切ってアジアへの道を切り開き、つねにあらゆる危険をともにして戦列の一翼を担っていた人物だった。ピリッポス[4]にも誰よりも親しく、アレクサンドロス自身にも非常に忠実だったので、アッタロス[5]誅殺の密使として王は余人を用いようとは思わなかったほどである。**四**　軍ではこうした事情に対する感慨が深く、不穏な声が王の耳に入るようになっていた。王はたいしてこれに動じず、「小人閑居して不善をなす[6]」ということをよく心得ていたので、全員が本営の前庭に集合するよう布告した。**五**　彼は一同がひしめきあっているのを認めると、兵員会を開催した。

アタリアス[7]が——手筈どおりだったのは疑いないが——手始めにリュンケスティスのアレクサンドロス[8]の召喚を求めた。ピロタスよりずっと前に王の殺害をたくらんだ人物である。**六**　前述のように、この男は二人の証人に告発され、すでに三年間拘禁されていた。同じこの男がパウサニアスと共謀してピリッポス殺害を図ったことも間違いないと思われたが、真っ先にアレクサンドロスを王として歓呼した者だったため有罪を、というより処罰を免れていた。七　このときも、岳父アンティパトロスの嘆願が王の当然の怒りを先延ばしにさせていた。しかしながら、疼いていた古傷が再び口を開けた。目下の危機への懸念が、以前の危機の記憶を呼び覚ましていたからである。八　そのためこのアレクサンドロスは獄から引き出され、弁明を行

(1) アレクサンドロス大王の側近の一人で、パルメニオン将軍の長男。騎兵隊総指揮官。アレクサンドロス暗殺の陰謀に関与したとして、拷問の末処刑された。第六巻第八章以下参照。
(2) パルメニオン。前王ピリッポス二世以来の重臣で、アレクサンドロスの遠征における副司令官格。ピロタスの陰謀事件により疑惑を受け、暗殺されることになる（本巻第二章参照）。
(3) ピロタスの死以前にも二人の息子を失っていた。
(4) マケドニア王ピリッポス二世（前三八二―三三六年）。アレクサンドロスの父。
(5) マケドニアの有力貴族。ピリッポス二世の最後の妻クレオパトラ（またはエウリュディケ）の叔父。即位前のアレクサンドロスと対立していた。本文中にあるように、アレクサンドロスの命を受けたパルメニオンにより暗殺された。
(6) 直訳は「閑暇の悪癖は仕事によって追い払われる」。ことわざかと思われる。
(7) マケドニアの老将。歩兵隊指揮官。
(8) マケドニアの西部辺境リュンケスティス地方の貴族。ペルシア王と内通した疑いで拘禁されていた。次節で「前述」とあるのは散逸した第一巻、第二巻を指す。
(9) マケドニアの青年貴族で、ピリッポス二世暗殺の犯人。
(10) ピリッポスが殺害されたとき、いち早く世継ぎとしてアレクサンドロス支持を表明した。
(11) パルメニオンと並ぶ、ピリッポス二世以来の重臣。アレクサンドロスの遠征中、マケドニアの代理統治者となっていた。リュンケスティスのアレクサンドロスの義父。
(12) リュンケスティスのアレクサンドロス。

なうよう命じられたが、まる三年も弁論の練習を重ねていたにもかかわらず気後れし、怖じけづいて、考えてあったことのほんの一部しか述べることができず、とうとう自分の記憶力だけでなく思考力からも見放されてしまった。九　この男のおびえ方が記憶力の不足ではなく、罪の意識の現われであると誰もが信じて疑わなかった。このため、そばで待機していた者のうち数名が、なおも忘却と悪戦苦闘していたこの男を槍で刺し殺した。

一〇　その死体が片づけられると、王はアミュンタスとシミアス(1)を引き出すよう命じた。この兄弟の末弟ポレモンが、ピロタスが拷問されていると知って出奔していたからである。一一　彼らはピロタスの友人なら誰とでも非常に懇意にしており、主としてピロタスの引き立てにより重要で名誉ある地位に達したのだった。王はピロタスが彼らをきわめて熱心に推挙したのを覚えていて、彼らが今回の陰謀にも関与したに違いないと睨《にら》んでいた。一二　そこで王は言った。「わが母(2)の手紙が彼らにはくれぐれも用心するようにと警告する内容だったため、彼らは前々から疑惑の対象となっていた。好ましからぬ知らせを信じたくはなかったが、今や明白な証拠ゆえにやむなく拘禁を命じたのだ。一三　というのは、ピロタスの犯罪が発覚する前日にピロタスと密会していたことには疑問の余地がないからだ。そのうえ彼らの弟は、ピロタスの尋問中に出奔したことで、その逃亡の理由を明白なものにした。一四　最近、慣例に反して、彼らは職務をよそおって他の者を遠ざけ、正当な理由なく自らわたしのそばに身を置いた。そしてわたしは、彼らが自分の番でもないのにそのような職務についていることに驚き、その張りつめた様子自体にも驚愕して、ただちに最も近くにつき従っていた衛兵らのもとに避難した。一五　さらにこのような事情も加わっている。ピロタスの罪が発覚する前日、騎兵隊書記官アンティパネス[3]がいつものように、乗馬を失った者に手持ちの馬を提供するようにとアミュンタスに指示した際、アミュンタスは、「その了見を捨てなければこの俺がどんな人間かすぐにも思い知らせてやるぞ」と居丈高に返答したのだ。一六　加うるに、ほかならぬわたしに向けられた言辞の激しさと粗暴な物言いは、よこしまな心の現われ、証拠以外の何物でもない。もしこれらが事実であればピロタスと同じ処分に値するし、もし間違いであれば反駁するよう、わたしは要求する」と。

一七　続いてアンティパネスが召喚され、馬の引き渡し拒否について、さらに、居丈高に加えられた脅しについても証言した。一八　次に、発言の許可を得たアミュンタスは、「もし王にとって差し支えなければ、発言のあいだ枷を解くようお願いしたい」と言った。王は兄弟の枷を外すように命じ、護衛隊の装具も返してほしいとアミュンタスが要望すると、槍を渡してやれと命じた。一九　アミュンタスはそれを左手につかむと、つい先ほどまでアレクサンドロス[4]の死体が横たわっていた場所を避け、こう述べた。「どのような結末が待っていようとも、王よ、われわれは幸運なものならあなたのおかげだと考え、不幸なものなら運命に帰するつもりだ。二〇　われわれは、心身とも自由な状態で、偏見を持たれることなく弁明を行なっている。

(1) いずれも、マケドニアの貴族アンドロメネスの息子。アッタロス（三節のアッタロスとは別人）、ポレモンと合わせて四人兄弟。長兄アミュンタスは密集歩兵隊指揮官。

(2) オリュンピアス。アレクサンドロスとは頻繁に手紙のやり取りをしていた。また、アンティパトロスとの軋轢も伝えられている。

(3) 騎兵隊の会計を担当する。アンティパネスについてはこの箇所以外不詳。

(4) リュンケスティスのアレクサンドロス。

平素おそばにつき従うときの装具さえ返していただいた。今や弁明を恐れることはありえず、運命を恐れることはやめるつもりだ。

二一　そして、最後にお咎めの点について最初に弁明することを、どうかお許し願いたい。王よ、われわれはご威信を貶めるようないかなる言辞にも関与していない。もし、別のもっと悪意のこもった言葉をお追従によって埋め合わせているのだと思われるおそれがなければ、あなたがとうの昔に悪意など超越しているとわたしは述べることだろう。二二　しかしながら、たとえ麾下の将兵から――行軍中に疲労困憊した時にせよ、戦場で危機に直面した時にせよ、幕舎で病気に苦しんだり怪我の治療をしたりした時にせよ――、何らかの暴言が聞かれたとしても、われわれは勇敢な働きゆえに、それをわれわれの真意というより非常時のせいだと見なしていただくに値していたはずだ。二三　われわれは、何かとくに不幸な事態が生じた時には皆でその責めを負い、決して憎くもないわが身を苛み、親といえども、もしその時子供と出会ったとすれば、不快感と嫌悪感をもよおさせる。逆に、褒美を授かったり、報酬を山積みして帰還した際には、誰がわれわれに我慢できるだろうか。誰があの高揚した気分を押さえつけることができようか。二四　軍務につく者にあっては、怒りも喜びも歯止めのないものだ。われわれはあらゆる感情へ激しく流されていく。その時々の感情に応じて非難したり、称賛したり、同情したり、激怒したりする。ある時はインドにでも大洋《オケアノス》(1)にでも赴こうと思い、ある時は妻子や祖国への思いが邪魔をする。二五　しかし、このような考えにも、仲間内のこのような会話にも、ラッパの合図一つで終止符が打たれる。われわれは各自の隊列に急行し、幕舎でどのような怒りを抱いたにせよ、それは敵の頭上に注がれる。ピロタスの過ちも、言葉の上だけのことならよかったのだが。
二六　それでは、お咎めを受けている問題に戻ろう。ピロタスとの友情を否定するどころか、われわれがそこから大きな利益を求め、それを得たことをわたしは認めよう。二七　それとも、あなたが進んでご自分に次ぐ地位に置いたパルメニオンの息子、ほとんどすべてのあなたの朋友(2)に立ちまさる権威を持つ男に、われわれが敬意を払っていたのを不思議にお思いか。二八　王よ、もし真実を聞く気がおありなら、誓って言うが、あなたこそわれわれのこの苦境の原因なのだ。というのも、ほかの誰が、あなたに認められたいと思っている者がピロタスを頼りにするような結果を招いただろうか。彼の推薦により、われわれはあなたとこれほど親しい間柄にまで達した。彼は、われわれがその好意を求め、その怒りを恐れうるほどに、あなたに近い地位にいたのだ。二九　臣下であるわれわれは皆ほとんど暴力的に強制され、あなたの先導に従って、あなたが敵なり味方なりと見なす者をわれわれもそう見なすであろうと誓った。この忠誠の誓いに縛られていながら、いやはや、われわれはあなたが誰よりも厚遇していた人物に背を向けるべきだったというのか。三〇　したがって、もしこれが罪であるなら、無実の者などわずかしか、いや、実のところ一人もいない。ピロタスの友人になりたいと誰もが望んでいたが、望んだ者が皆そうなれたわけではない。このように、も

(1) 大地の外周を回流する大洋。世界が円盤状で、その周囲を大洋が取り巻いているというのが、古代ギリシア人の伝統的な世界観だった。

(2) ラテン語原文では amici（友人）。アレクサンドロス麾下の貴族を指す。さらに少数の近臣を指す場合には「側近」と訳した。

し共犯者と友人とを区別しないなら、友人とそうなりたいと思った者をも区別しないことになるだろう。

三一　それでは、いかなる共謀の証拠が提示されているだろうか。思うに、前日に彼がわれわれと親しげに、誰も見ていないところで話をしたからということだろう。実際もしその『前日』にそれまでの生活や習慣を何か変えたのなら、わたしは申し開きできないであろう。だが逆に、疑惑の日にもいつもどおりに行動したのならば、習慣が告発を払いのけてくれるであろう。

三二　だが、われわれはアンティパネスに馬を渡さず、それもピロタスの罪が発覚する前日のことだった。(1)これはわたしとアンティパネスのあいだの問題ではあるまいか。この男は、もしあの日に馬を渡さなかったという理由でわれわれを疑惑の的にしたいのなら、自分のほうこそ馬を要求したのだから、自己を正当化できないであろう。三三　なぜなら、非があるのが［馬を］手放さない者か要求する者かは、一概には言えないからだ。ただし、他人のものを要求する者の言い分より、自分のものを渡さない者の言い分のほうがもっともであるという点を除いてだが。三四　実際のところ、王よ、わたしの持ち馬は一〇頭であり、そのうちすでに八頭をアンティパネスが乗馬を失った者たちに分配していて、わたし自身は全部で二頭しか持っていなかったのだ。あの実に傲慢な、少なくとも実に不公平な男がそれらの馬を引いていこうとしたとき、わたしは徒歩で戦う気でないかぎり、引き止めるしかなかったのだ。三五　またわたしは、このきわめて下賤な男、軍務といってもただ戦いに出る人々に他人の馬を割り当てるにすぎない男と、自由人(2)の気概で談判したのを否定する気はない。まったく、アレクサンドロスとアンティパネスに対して同時に自分の言葉の申し開きをせねばならぬとは、情けないはめに陥ったものだ。

三六　だがなんと、あなたの母君はわれわれのことをあなたの敵だと書いている。息子のための心配がもっと慎重で、不安のあまり幻影を生み出したりしなければよかったのだが。というのも、なぜ母后はご自分の懸念の根拠を書き加えないのか。とどのつまり、なぜ情報筋を明かさないのか。われわれのどんな言動に駆り立てられて、あなたにそこまで取り乱した手紙を書いたのか。三七　ああ、なんと惨めな境遇だろうか――おそらくは沈黙するほうが弁明するより危険が少ないとは。しかし、どのような結果になろうとも、御意に添わぬのがわたしの主張そのものであるより、弁明ぶりであるほうがましだ。これから述べることはお認めいただけよう。すなわち、あなたはマケドニアから兵員を引き連れてくるためにわたしを派遣する際、母后の住まいには大勢の強健な若者が身を隠しているとご自身述べたのをご記憶のはずだ。三八　だからこそあなたはわたしに、ご自身以外の誰もはばからず、兵役をしぶる者を引き連れてくるよう指示した。わたしとしては、そのとおりにし、自分の都合以上に熱意を持ってご命令を遂行した。ゴルギアスやヘカタイオスやゴルガタス(3)を――彼らは十分お役に立っているわけだが――わたしがそこから連れてきたのだ。三九　それでは、もしご命令に従わなければ当然罰を受けていたはずのこのわたしが、従ったからといって今死ぬことになるとは、これほど理不尽なことがあろうか。というのは、母后には、われわれが女の機嫌をとることよりあなたの利益を優先したということ以外、われわれを追及する理由など何一つないからだ。四〇　わ

(1) 相手方の反論を想定して述べている。三六節冒頭も同様。
(2) アンティパネスは奴隷か下層階級の出身だったと思われる。
(3) この三人については不詳。

たしはマケドニア人の歩兵六〇〇〇と騎兵六〇〇を引き具してきた。その一部は、もしわたしが兵役をしぶる者を甘やかそうと思ったなら、ついてこようとしなかったことだろう。それゆえ結論はこういうことになる。母后がこうした理由でわれわれに立腹している以上、われわれをその怒りにさらしたあなたこそが、これをなだめるべきなのだ」。

第二章

一 アミュンタスがこのように弁じているあいだに、前述(1)の弟ポレモンが逃亡していたのを追跡し、拘束して連行してきた人々が折しも姿を現わした。猛り立った会衆は、すぐにも慣習に従って石打の刑にしたい気持ちを抑えかねるほどだった。ところが、この男はまるで恐れる様子もなく言った。**二**「わたしは、わが身のためには何も嘆願しない。ただ、この逃亡が無実の兄たちに不利とならぬようお願いしたい。もしこの点の弁明ができなければ、告発はわたしにこそ向けていただきたい。わたしが出奔したから疑わしいというまさにそのことが、彼らの言い分をむしろ有利にするのだ」。**三** 一方、こう述べた彼に、兵員会の一同は同情した。皆涙を流しはじめ、態度を一変させたため、彼にとって最も痛手となったことが唯一彼に有利にはたらくほどになった。**四** 彼は青年期の盛りにさしかかったばかりの若者であり、ピロタスへの拷問に動転した騎兵の一人であり、周囲の恐慌に流された者だった。仲間に見捨てられ、戻るか逃げるかと心が揺れているところを、追っ手が捕らえたのであった。**五** それから彼は涙を流して、自分のためにではなく、自分のせいで窮地に陥った兄弟のために悲嘆しつつ、自分の顔を打ちはじめた。

六　今や会衆のみならず、王の心も動かされていたが、ひとり兄(2)だけは怒りをおさめず、恐ろしい形相で弟を睨みつけて言った。「愚か者め。おまえは馬に拍車を当てたときにこそ、涙を流すべきだったのだ。兄弟を捨てた、脱走者の仲間めが。惨めな奴よ。いったいどこへ、何から逃げようとしたのか。死罪の被告人であるわたしに、訴追人の言葉を使うようおまえは仕向けたのだぞ」。七　ポレモンは、自分自身によりも兄弟に対して重い罪を犯したことを認めた。まさにこの時、人々は、群衆の好意のしるしである涙と歓声を抑えられなかった。これら無実の勇士を許すべし、という声が異口同音に発せられた。朋友たちも、哀れみをかける機会を与えられると、立ち上がって涙ながらに王に嘆願した。八　王は一同を静粛にさせてから言った。「わたし自身も、アミュンタスとその兄弟の放免に賛成票を投じよう。だが、若者らよ、おまえたちはこのたびの危機を覚えておくくらいなら、むしろわたしの温情を忘れてしまうほうがよい。わたし自身あらためておまえたちと親交を結びたいが、おまえたちも同じだけの信義を持って、わたしとの親交を取り戻してくれ。九　もしわたしが報告されたことを詮議しなかったなら、押し隠した憤懣のせいでひどいわだかまりが残ったかもしれぬ。疑惑があるより、身の証が立ったほうがよい。裁判を受けぬかぎり、何人も放免されることはないと心得よ。一〇　アミュンタス、おまえは弟を許してやるがよい。それが心からわたしと和解したしるしとなるであろう」。

(1) 本巻第一章一〇。

(2) アミュンタス。

一一　次に、王は兵員会を解散し、ポリュダマス(1)を呼び出すよう命じた。この男はパルメニオンととくに親しく、戦場ではいつもそのすぐ傍らに立っていたものだった。一二　そして、良心に恥じるところなく本営にやって来たにもかかわらず、自分の弟たち――ごく若く、若輩ゆえに王に知られていなかった――を出頭させるよう命じられると、自信が不安に変じ、どうやって難を避けるかよりもどんな咎めを受けることになるかと考えこみ、狼狽しはじめた。一三　命令を受けていた衛兵が今や彼らを連行してくると、王は恐怖で蒼白となったポリュダマスにもっと近寄るようにと命じ、人払いをして言った。「パルメニオンの罪によって、われわれは皆等しく打撃を受けたが、わたしとおまえはとくにそうだ。偽りの友情で欺かれたのだからな。一四　あの男を追いつめ罰するために――おまえの忠義にわたしがどれほど信を置いているか見るがよい――おまえを密使として用いることにした。おまえがこれを遂行する間、弟たちは人質となる。一五　メディア(2)へ発ち、わたしが手ずから書いた手紙を総督たちに届けよ。噂の早さを上回るほどの迅速さが必要だ。向こうには夜間に到着し、翌日にはここに書いてあることを実行してもらいたい。一六　パルメニオンには手紙も持っていってくれ。一つはわたしからで、もう一つはピロタスの名で書かれたものだ。その指輪印はわたしの手にある。父親は、息子が押したものと信じれば、おまえに会ったとき何ら警戒しないであろう」。

一七　ポリュダマスは、これほど大きな恐怖から解放されて、求められた以上に意気込んで協力を約束し、称賛と［褒美の］約束を与えられたのち、着ていた服を脱いでアラビアの衣装をまとった。一八　二人のアラビア人が――その妻子はこの間、忠誠の証として王のもとで人質となった――随行者としてつけられた。一行は、乾燥のせいもあって人気のない土地を駱駝で横断し、一一日目に目的地に着いた。一九　そして、その到着が伝えられないうちに、ポリュダマスは再びマケドニアの服を着て、王の部将の一人クレアンドロス(3)の幕舎に第四更(4)に到着した。二〇　ポリュダマスは手紙を渡し、夜明けにパルメニオンのところに集合するという手筈を決めた。というのも、ポリュダマスはすでに他の人々にも王の手紙を届けておいたからである。早くもその面々がやって来ようとしていたとき、パルメニオンはポリュダマスが来ているという報告を受けた。二一　パルメニオンは友人の到着に喜び、同時にまた王の近況をしきりに知りたがって――王から久しく手紙を受け取っていなかったからである――ポリュダマスを探すように命令を出した。

二二　その地方の屋敷には、広大で、人工的に植林された、美しい奥まった庭園があり、それは王侯や総督たちに格別の楽しみを与えるものだった。二三　パルメニオンはそうした森の中を散歩していた――王の手紙で暗殺の遂行を命じられていた諸将に囲まれて。だが、実行の時は、パルメニオンがポリュダマスから渡された手紙を読みはじめた時と決めてあった。二四　ポリュダマスがやって来ると、それを見たパルメニオンは顔に喜びの表情を浮かべ、相手を抱擁しようと駆け寄った。互いに挨拶を交わしたあと、ポリュダマ

(1) マケドニアの将軍で、パルメニオンの友人。
(2) カスピ海の南側の地域。その首都エクバタナにパルメニオンは駐留していた。
(3) メディア駐留部隊指揮官の一人。コイノス（第八巻第一章一参照）の兄弟。
(4) 「更」は vigilia の訳で、日没から日の出までを四等分した時間の単位。第四更は夜明け前にあたる。

スは王の書いた手紙を渡した。二五　パルメニオンは手紙の封を緩めながら、王はどうなさっているかと尋ねた。ポリュダマスは、手紙そのものからわかるだろうと答えた。二六　パルメニオンはこれを読んで言った。「王はアラコシア人[1]に対する遠征の準備をしておられる。なんと元気旺盛で、休むことを知らぬお方だろうか。しかし、すでにこれほどの栄光を得たうえは、そろそろご自身の安泰に配慮してもよい時なのだが」。二七　次いでもう一つの、ピロタスの名で書かれた手紙を喜んで――それは表情から察せられた――読みはじめた。すると、クレアンドロスがパルメニオンの脇腹を剣でえぐり、続いて喉に一撃を加え、他の者は彼が息絶えたあとも刺し貫いた。

二八　一方、森の入り口に控えていた衛兵は、理由のわからぬこの殺害を知ると軍営に赴き、急を知らせて兵士らを起こした。二九　彼らは武装したうえ、暗殺が実行された森に集合し、ポリュダマスとその他この悪行に荷担した者を引き渡さねば森を取り巻く塀を倒し、全員の血で将軍に償いをさせるぞ、と威嚇した。三〇　クレアンドロスは、彼らのうち主立った者を中に入れるよう命じ、それらの兵士に向かって王の書いた手紙を読み上げた。そこには、王に対するパルメニオンの策謀と、彼を罰するようにという要請が含まれていた。三一　これで王の意志が知れわたり、憤りこそおさまらなかったが反乱は鎮まった。多くの者は立ち去ったが、若干の者が残り、せめて死体の埋葬を許可してほしいと懇願した。三二　この懇願は、王の不興を買うのではないかというクレアンドロスの懸念により、長いあいだ拒絶された。その後、さらに粘り強い嘆願に対して、クレアンドロスは争乱の火種を残すべきではないと考え、頭部を切断したうえで胴体を埋めるのを許した。その首は王のもとへ送られた。

三三　これが、戦時平時を問わず傑出した人物、パルメニオンの最期であった。彼は多くのことを王がいなくとも見事に成し遂げたが、王は彼なしではいかなる大業も成し遂げていなかった。(2)きわめて幸運で、何でも自分の幸運を基準にして要求する王を、彼は満足させることができた。齢七〇にして少壮の将軍の務めを、そしてしばしば一兵卒の務めさえ果たした。知略に長け、武勇に優れ、士官に好かれ、兵卒にはさらに人気があった。三四　こうした資質が彼に王権への野望を抱かせたのか、それとも単に疑惑を招いただけなのかは、議論の余地がある。なぜなら、ピロタスが苛烈な拷問に屈して立証できない事柄について真実を述べたのか、それとも偽証によって拷問を終わらせようとしたのかは、事件が起きたばかりで黒白をもっと明らかにできる時期でさえ定かではなかったからである。

三五　アレクサンドロスは、パルメニオンの死を公然と悲嘆したことが判明した者たちを他の軍勢から引き離すべきだと考えて、一部隊に隔離し、その指揮官には、自身もかつてパルメニオンと懇意にしていたレオニダス(3)を当てた。三六　この一団は、王が別の理由で毛嫌いしていた連中とほぼ重なっていた。かつて王は兵士の心を試そうと思い、「マケドニアの身寄りに手紙を書いた者はこれから送り出す使者たちに託すように。彼らが間違いなく届けてくれるであろう」と促したことがあった。各人は感じていたとおりを親類宛てに書いていた。軍務は一部の者にとって過酷だったが、たいていの者には不快ではなかった。こうして、

(1)ペルシア帝国東部の一地域。
(2)これは誇張である。
(3)この箇所以外不詳。

満足している者の手紙も、不満を持つ者の手紙も手に入ったのである。三七　そして王は、たまたま手紙で軍務に嫌気がさしたとこぼした者たちを一部隊にまとめ、不名誉のしるしとして他の部隊から離れて野営するよう命じた。戦いで彼らの武勇を利用するとともに、野放図な話を信じやすい耳から遠ざけるためである。この決定は、おそらくは無謀なものだった――勇敢な若者ほどこの侮辱に憤慨していたからである――が、他のあらゆる事例と同様に、王の幸運の範疇にあった。三八　戦意にかけては、それらの者は誰にも劣らなかった。汚名をすすぎたいという欲求のため、また、少人数では武勲が埋もれるはずがないために、彼らの勇猛心はかき立てられていたのである。

第三章

一　こうしてこれらの問題を処理したのち、アレクサンドロスはアレイア[1]の総督[2]を任命し、アリマスポイ人[3]に対する進軍を布告するよう命じた。この民族は、この時すでに名前を変えてエウエルゲタイ[4]と呼ばれていた。その昔、寒さと食糧不足で疲弊していたキュロス[5]の軍隊を、宿舎と物資で救援して以来のことである。二　その地方に着いたのは五日目であった。王は、ベッソス側[6]に寝返っていたサティバルザネス[7]が騎兵隊を率いて再びアレイアに侵攻したことを知った。そこで、カラノス[8]とエリギュイオス[9]にアルタバゾス[10]およびアンドロニコス[11]をつけて派遣した。ギリシア人の歩兵六〇〇〇、騎兵六〇〇が従っていた。三　王自身は、六〇日でエウエルゲタイ人に秩序を打ち立て、キュロスへの顕著な忠誠ゆえに多額の金銭を贈った。

四　次に王は、その地を治めるためにアメディネス[12]――この男はかつてダレイオス[13]の書記官だった――を残し、領土が黒海まで及ぶアラコシア人[14]を征服した。そこでは、かつてパルメニオンの指揮下にあった軍隊に出迎えられた。マケドニア兵六〇〇〇、貴族二〇〇名、ギリシア兵五〇〇〇と騎兵六〇〇騎――まさしく王の全軍勢の精華であった。[15] 五　アラコシアの総督にはメノン[16]が任命され、歩兵四〇〇〇と騎兵六〇〇が守備隊として残された。

---

(1) ペルシア東部、アラコシア（本巻第二章二六参照）の北西の地域。
(2) ペルシア人アルサケス（アリアノス『アレクサンドロス大王東征記』第三巻二五－七）。なお、第八巻第三章一七をも参照。
(3) 現在のヘルマンド川（アフガニスタン南西部を流れる。ギリシア古名エテュマンドロス川）下流域の民族。アリアスパイ人ともいう。
(4) ギリシア語で「恩人」の意。
(5) キュロス二世（大王）。アケメネス朝ペルシアの創建者（在位前五五九－五二九年）。
(6) ペルシア統治下でバクトリア総督だったが、ペルシア王ダレイオス三世を裏切って殺害し、王位を簒奪した人物。
(7) ペルシア統治下でのアレイア総督。アレクサンドロスに投降して統治権を認められていたが、間もなく反乱を起こした。
(8) マケドニアの将軍。
(9) レスボス島ミュティレネ市出身の将軍。アレクサンドロスの側近の一人。本巻第四章三二以下参照。
(10) ダレイオス三世の忠臣だったが、アレクサンドロスに投降し、厚遇されていた人物。
(11) マケドニアの将軍。ギリシア人傭兵隊指揮官。
(12) この箇所以外不詳。
(13) ペルシア王ダレイオス三世（在位前三三六－三三〇年）。アレクサンドロスに敗れたのち、部下のベッソスに殺害された。
(14) 本巻第二章二六参照。黒海とあるのは誤り。
(15) 誇張した表現と思われる。
(16) マケドニアの将軍。

王自身は、近隣諸族にさえよく知られていない国――何ら通商関係がなく、共通の慣習を持っていなかったからである――に兵を進めた。六　住民はパラパニサダイ人[1]と呼ばれる野蛮な部族で、異民族《バルバロイ》の中でもとくに未開の者である。地勢の厳しさが住民の性格をも頑強にしていた。七　領土の大半はきわめて寒冷な北極星の方を向いているが、西ではバクトリア[2]に接し、南はインド洋のほうへ伸びている。八　この国では、土台から煉瓦で小屋を建て、木材がないので――山の尾根さえ裸なのである――、建物のてっぺんまで同じ煉瓦を使っている。九　また、その構造は土台では比較的広く、工事が進むにつれて徐々に狭くなり、最後はまるで船の竜骨のようにつながっている。そこには隙間を残して上から光を入れている。一〇　葡萄の木や他の樹木を、彼らは地中深く埋めてしまう――もしこれほどの凍土でも生き延びることができたものがあればだが。それらは冬のあいだは埋まったままだが、冬が過ぎて地表が見えだすと、大気と日光の下に戻される。一一　しかし、雪が氷とほとんど絶え間のない寒気に固められ、非常に深く地表を覆っているので、鳥の足跡も、どんな野獣の足跡も見られない。薄暗い日光、というよりむしろ天の暗い陰が夜のように大地を覆い、手近にある物もほとんど見分けられないほどである。一二　軍は、この地で人間の文化一切から隔絶した状態に置かれ、被りうるかぎりのありとあらゆる艱難辛苦――物資の欠乏、寒さ、疲労、絶望に直面した。一三　経験したことのない雪の冷たさが多くの者の命を奪い、多くの者の足を凍傷にし、きわめて多くの者の目を雪盲にした。これはとくに疲労した者には致命的だった。衰弱した体をほかならぬ氷の上に伸ばしてしまうと、強い寒気にがっちりと押さえつけられ、再び立ち上がろうともがいても無駄なのだった。一四　こうして体の麻痺した者を、仲間の兵士が起き上がらせていた。無理やり前進させる以外に手だてがなかったのである。その時ようやく、体熱が呼び起こされて、多少とも手足に力が戻ってくるのだった。

一五　誰であれ、異民族《バルバロイ》の小屋にたどり着くことのできた者はすぐに生気を取り戻した。ただし、あまりに暗かったので、建物を示すものといえば煙のほかになかった。一六　住民は自国ではいまだかつてよそ者を見たことがなかったので、突然武装兵を目にしたとき、恐怖で生きた心地もせず、命ばかりはお助けをと哀願しながら、小屋にあるものは何でも差し出した。一七　王は徒歩で隊列を見回り、倒れている者がいれば助け起こし、かろうじてついてくる者は自分の肩で支えてやった。ある時は先頭で、ある時は中軍で、ある時はしんがりで、行軍の苦労を人の何倍も背負い込んでいたのである。一八　ようやくやや開けた地域に到着し、軍は豊富な物資を得て回復した。同時に、ついてくることができずにいた者たちも当地の陣営にたどり着いた。

一九　そこから軍勢は、脈々たる尾根でアジアを分断するカウカソス山脈(3)へ向かった。その山脈は一方での同じ山脈がキリキアからインドまで伸びていると思われていたようである。

(1) パラパミサダイ、パロパミサダイともいう。ヒンドゥー・クシ山脈(アフガニスタン北東部)の南麓に住む民族。
(2) オクソス川とヒンドゥー・クシ山脈のあいだの地域。本巻第四章二六以下参照。
(3) 現在のカフカス(コーカサス)山脈ではなく、ヒンドゥー・クシ山脈を指す(本章六参照)。本文中にあるように、こはキリキア(1)に打ち寄せる海に面し、他方ではカスピ海やアラクセス川(2)、さらにスキュティア(3)地方の砂漠に面している。二〇　それに次ぐ規模のタウロス山脈(4)が、カウカソス山脈につながっている。これは、カッパドキア(5)から始まり、キリキアの縁を経てアルメニア(6)の山々に連なる。二一　このように、これらの山脈は互いにまるで一続きになったように切れ目のない尾根を持ち、そこからアジアのほとんどすべての川が一部は紅海(7)に、一部はカスピ海に、一部はヒュルカニア海(8)や黒海に注いでいる。軍は一七日間でカウカソスを越えた。二二　この地には周囲一〇スタディオン(9)、高さ四スタディオンの岩山があり、そこにプロメテウス(10)が縛りつけられたといにしえの伝説は伝えている。二三　山の麓に、都市を建設するための敷地が選ばれた。マケドニアの老兵七〇〇〇人と、それに加えて軍務を解かれた兵士たちに、新しい都市に定住することが許された。住民はこの町をもアレクサンドリア(11)と呼んだ。

第四章

一　一方ベッソスは、アレクサンドロスの神速ぶりに恐れをなし、祖国の神々のため作法どおりに儀式を執り行なったのち、当地の諸部族の慣習に従って、側近や諸将とともに宴席で軍議を行なっていた。二　彼らは酔いが回ると、一方では自軍の力を自慢し、他方では敵の無謀さやら寡兵ぶりやらをあげつらいはじめた。三　とりわけベッソスは言葉が荒く、悪事によって簒奪した王権に驕ってほとんど正気をなくし、次のように言いつのった。「敵が名をあげたのはダレイオスの愚鈍さのせいだ。四　というのも、キリキアで最も狭い隘路で会戦したからだ。[12] 後退すれば、敵をそうとは悟らせずに地形上有利な地点に誘い込むこともできたものを。行く手には実に多くの川があり、山間には実に多くの隠れ場所があるのだから、その間で不意をつけば、敵は抵抗はおろか、敗走する暇さえなかったであろうに。**五** さて、わが策はソグディアナ[13]まで退却することだ。近隣諸国から強力な援軍が参集するまで、オクソス川[14]を敵に対する一種の障壁としよう。

---

(1) 小アジア南東部の地域。
(2) カスピ海南西の川。
(3) 黒海の北、および北東の地域全般を指す。
(4) 小アジア南東部の山脈。
(5) 小アジア東部、キリキアと黒海のあいだの地域。
(6) イラン北西の地域。
(7) 現在の紅海を含め、ペルシア湾、アラビア海、インド洋に及ぶ広大な海域の総称。第八巻第九章一四参照。
(8) これもカスピ海を指すはずである(第六巻第四章一八参照)が、同じカスピ海が部分によって異なる名称で呼ばれていたらしい。
(9) 一スタディオン(ラテン語ではスタディウム)は約一八〇メートル。
(10) ギリシア神話のティタン神族の一人。主神ゼウスの怒りを買って岩山に縛りつけられ、毎日大鷲に肝臓を食い破られるという罰を受けた。
(11) いわゆる「カウカソスのアレクサンドリア」。
(12) イッソスの戦いを指す。前三三三年、ダレイオス三世率いるペルシア軍がアレクサンドロス率いるマケドニア軍に大敗した。
(13) アラル海南方、オクソス川とヤクサルテス(タナイス)川のあいだの地域。
(14) 現在のアム・ダリヤ川。パミール高原からほぼ北西に流れ、アラル海に注ぐ。

六　その間に、コラスミア人[1]、ダアイ人[2]、サカイ人[3]、インド人やタナイス川[4]の向こうに住むスキュティア人が馳せ参じるであろう。そのうち誰一人として、肩がマケドニア兵の頭に届かぬような小兵はいない」。七　酔った取り巻き連中は、それこそ唯一妥当な案だと声を合わせた。そしてベッソスは、食卓の上でアレクサンドロスを打ち負かしてやろうとばかりに、もっと気前よく酒を出せと命じた。八　この饗宴にコバレス[5]という者がいた。メディアの生まれで、魔術で――もし単なる大法螺吹きの幻想でなく、本当に術であるとしたらの話だが――、それも知識より高言ぶりで知られていたが、他の点では節度があって廉直だった。九　この男は前置きとして、「奴隷は意見を述べるより命令に従うほうが身のためだということは、わたくしも存じております。服従する者には他人と同じ運命が待ち受けているだけなのに、進言する者は独自の危険を被るからでございます」と言った。ベッソスは、怖がらずに話すようにと言い[6]、手に持っていた杯を渡しさえした。一〇　それを受け取ってコバレスは言った。「人間の性質というものは、この点、つまり、誰でも他人のことより自分のことに鈍感だという点でも、ひねくれた、ゆがんだものだと言えましょう。一一　勝手に独り合点してしまう人は判断が鈍っているものです。恐怖や、ある時には欲望が、時には自分の考えに対する当然の愛着が、邪魔をします。思い上がりについては、あなた様には当てはまりますまいが。人は自分が考え出したことを唯一最良の策と思うもの――このことはきっと経験上ご存じでありましょう。一二　あなた様は頭に大変な重荷を、王冠を負っていらっしゃる。これは、節度を持って負うべきものであり、さもなくば――そうならぬようお祈りいたしますが――あなた様を押しつぶすことでしょう。軽はずみな行動ではなく、思慮こそが必要なのです」。一三　それからこの男は――バクトリア人のあいだで言い習わされていることだが——、臆病な犬は嚙みつくよりもよく吠える、とか、深い川ほど水音は小さい、などと言い足した。わたしがこれを挿入したのは、どのようなものであれ、異民族《バルバロイ》のあいだに見出すことのできた知恵を記録しておくためである。

一四　コバレスはこうした言葉で聴衆に気を持たせておいた。それから進言を明らかにしたが、それはベッソスにとって有益ではあっても好ましいものではなかった。彼は言った。「あなた様の王国の入り口に、誰よりも俊敏な王が立っております。あの男は、あなた様がその食卓を片づけるより先に兵を動かすでしょう。一五　今あなた様はタナイス川から軍勢を呼び寄せ、敵の武力に対して川を盾にしようとしていらっしゃる。なるほど、あなた様がどこへ逃げていくにせよ敵はついてこられない、というわけですな。道は両軍にとって同じでも、勝者にとってのほうが安全なものです。恐怖が逃げ足を速くさせるとお考えかもしれませんが、希望を持てばもっとすばやくなるのです。一六　なぜ降伏して強者の好意を得ようとなさらないのですか。どう転んでも、敵としてより降伏者としてのほうがましな立場になるでしょう。一七　あなた様が

---

(1)アラル海の南東に住むスキュティア系部族。
(2)ラテン語ではダハエ人。カスピ海の東側に住むスキュティア系部族。
(3)バクトリアおよびソグディアナの東側に住むスキュティア系部族。
(4)この名は、一般には現在のドン川のことだが、ここではそうではなくヤクサルテス川（現在のシル・ダリヤ川）を指す。カザフスタン南部を流れ、ソグディアナの北限をなす。
(5)この名前は不確かである。
(6)この部分のテクストは不確かである。「怖がらずに話すようにと言い」は、脱落したと思われる部分を校訂者が補ったもの。

お持ちの王国は人様のものだったのですから、そのぶん手放すのもたやすいことでございましょう。王権を与えることも奪うこともできるあの男自身が王にしてくれたとき、あなた様はおそらく初めて正当な王になられることでしょう。一八　誠意を込めた進言です。これ以上述べ立てるのは無用のこと。名馬は鞭の影にでも導かれ、駄馬は拍車を当てても目を覚まさぬものでございます」。一九　ベッソスは生来から、また酒のせいでよけいに気が荒くなっていて、激怒して相手を斬り殺そうとするのを――すでに短剣を抜き放っていたのである――かろうじて側近たちに止められた。ともかく、すっかり逆上して宴席からとびかかったのである。コバレスのほうは怒号の中をすり抜け、アレクサンドロスの側に身を投じた。

二〇　ベッソスは八〇〇〇人のバクトリア兵を抱えていた。彼らは、マケドニア軍が気候の厳しさからむしろインドを目指そうとしていると思い込んでいるあいだは、忠実に命令を実行した。が、アレクサンドロスが迫ってくるのを知ると、ベッソスを見捨ててそれぞれ自分の村に逃げ帰ってしまった。二一　ベッソスは、忠節を曲げなかった臣下の一団を連れてオクソス川を渡り、渡河に使った船を敵が利用しないように焼き払い、ソグディアナで新手の兵力を集めだした。

二二　一方アレクサンドロスは、上述[1]のようにすでにカウカソスを越えていたが、穀物不足のため飢餓状態に瀕していた。二三　この一行の者たちは、胡麻から絞り出した液をオリーブ油がわりに手足に塗りつけていたが、この液は一アンポラ[2]あたり二四〇ドラクマ[3]、蜂蜜は三九〇ドラクマ、葡萄酒は三〇〇ドラクマなどという値段になっていた。小麦はまったく、あるいはごくわずかしか見当たらなかった。二四　異民族《バルバロイ》がシロス[4]と呼ぶものがあり、実に巧妙に隠されていて掘った当人でなければ見つけられないほどであるが、穀物はそこに隠してあったのである。こうした物資の窮乏のため、兵士らは川魚と野草で飢えをしのいでいた。二五　そして、今やこれらの食物さえ底をつくと、荷物を運んでいた駄獣を屠殺するようにとの命令が出た。バクトリアに着くまで、その肉で命を長らえたのである。

二六　バクトリアの国は、複合的で多様な性質を持っている。ある地域では多くの樹木と葡萄の木が豊かで甘い果実を産し、おびただしい数の泉が肥えた土地を潤し、比較的温暖な部分には穀類が植えられ、残りの部分は家畜の牧場となっている。二七　次に、同国の大部分を占めるのは不毛の砂地である。乾燥して荒涼たるこの地域は、人も穀物も養うことはない。また、黒海(5)のほうから風が吹くと、地表の砂をことごとくさらってしまう。これが堆積すると、遠目には大きな丘のような外観を呈し、以前の道の跡はすべて消滅する。二八　そのため、この平原を渡る者は、海を行く者のように夜空の星を観察し、それに頼って針路をとる。そして夜の闇はほとんど日光より明るいといえるほどなのである。二九　それゆえ、日中は、この地域は通行不可能である。なぜなら、たどるべき道の跡が見つからず、星の輝きが靄《もや》に隠されるからである。そのうえ、海から生じる例の風に襲われた者は、砂に埋もれてしまうのである。三〇　一方、土壌が比較的肥沃なところでは、おびただしい数の人間と馬が生まれる。だからこそバクトリアの騎兵は三万に達していた

(1) 本巻第三章二一。
(2) 約二六リットル。
(3) ラテン語原文ではデーナーリウスで、ローマの貨幣単位（銀貨）。ギリシアのドラクマに相当する。
(4) 穀物貯蔵のための穴。
(5) カスピ海の誤りかと思われる。

のである。三一　この国の首都バクトラ(1)自体は、パラパニソス山(2)の麓に位置している。バクトロス川(3)が城壁近くを流れ、これが町と地域にその名を与えたのである。

三二　ここに駐留陣営を設けていた王のもとにギリシアから、ペロポンネソス人(4)およびラコニア人(5)離反(6)の――その始まりを知らせるべく伝令が出発したとき、反乱はまだ鎮圧されていなかった――報が届き、さらにもう一つの差し迫った脅威が報告された。すなわち、タナイス川(7)の向こうに住むスキュティア人がベッソス救援のために近づきつつある、とのことだった。それと同時に、カラノスとエリギュイオスがアレイア人の地で上げた戦果について、次のような報告があった。三三　マケドニア軍とアレイア軍のあいだで戦闘があり、異民族《バルバロイ》を統率していたのは裏切り者のサティバルザネスだった(8)。この男は、両軍の力が拮抗して戦いが膠着状態にあると見るや最前列に馬を進めて兜を脱ぎ捨て、矢玉を放っていた兵を制し、誰か一騎打ちで戦う者はいないか、自分は兜をつけずに戦うつもりだ、と呼ばわった。三四　この異民族《バルバロイ》の将の高言に、エリギュイオスは我慢ならなかった。たしかに年はとっていたが、気力でも体力でもどんな若者にも引けを取らぬ人物だった。彼は、兜を脱ぎ捨てて白髪を見せながら言った。「このわたしが勝利か、または名誉の戦死によって、アレクサンドロスの朋友と戦士がいかなるものかを示す時が来た」と。三五　それだけ言うと、彼は敵に向かって馬を駆った。

　両軍とも戦いを控えるよう命令されたのだと思えたかもしれない。ともかく、兵士らはただちに後ろへ下がり、広く場所をあけた――両雄だけでなく、彼ら自身の運命の行方にも目を凝らしながら。というのも、他人が雌雄を決するとはいえ、自分たちはその結果に従うことになるからだった。三六　サティバルザネスが先に槍を投げた。エリギュイオスはこれを、わずかに首を傾けてかわした。そして馬に拍車を当て、真っ向から敵の喉の真ん中に激しく長槍を突き立て、首の後ろまで突き通した。三七　異民族《バルバロイ》の将は馬から突き落とされたが、それでもなお戦おうとした。しかし、エリギュイオスは傷口から槍を引き抜いて、再び相手の顔に向けた。サティバルザネスはそれを手でつかみ、自ら死を早めようとして、敵の一撃に力を貸した。三八　すると、異民族《バルバロイ》の軍勢は大将を失って——自ら進んでというよりは仕方なくそれまで従っていたのだが——、アレクサンドロスから受けた恩恵を思い出し、エリギュイオスに降伏した。三九　王はこれに喜びはしたが、スパルタ人の問題[9]については少しも不安から解放されていなかった。それでも王は、その離反に毅然として耐えた。「わたしがインドの国境に到着したのを知るまで、彼らは計画を明らかにする勇気がなかったのだ」と言うのだった。四〇　王自身はベッソスを追って軍を動かし、その途次、栄誉の戦利品たるサティバルザネスの首級を掲げるエリギュイオスに出会った。

---

(1) 現在のバルフ（アフガニスタン北部の町）。
(2) パラパミソス、パロパミソスともいう。ヒンドゥー・クシ山脈を指す。本巻第三章六参照。
(3) オクソス（アム・ダリヤ）川の支流。
(4) ギリシア南部の半島。
(5) ペロポンネソス半島の南東部。とくにスパルタを指す。
(6) スパルタ王アギス三世は公然と反マケドニア活動を行なったが、アンティパトロスにより鎮圧された。第六巻冒頭を参照。
(7) 本章六参照。
(8) 本巻第三章一参照。
(9) 本章三二で言及された反乱のこと。

第五章

一　そこで王はバクトリア地方をアルタバゾスにゆだね、荷物と輜重《しちょう》を守備隊とともにその場に残し、自ら軽装部隊を率いてソグディアナの砂漠地帯[1]に入り、夜間に軍を進めていた。二　前述[2]のような水の欠乏は、水を飲む欲求よりも先に、［水を見つけることに対する］絶望のせいで、焼けつくような渇きを起こさせる。四〇〇スタディオンにわたって一滴の水もないのである。三　夏の陽の熱が砂を焦がし、それが灼熱しはじめると、すべてがまるで永遠の炎に包まれたかのように焼かれてしまう。四　それから、大地の過熱から生じた蒸気が陽光を曇らせ、平原は深い大海のような様相を呈する。五　夜間の行軍は我慢できるように思われた。露と早朝の涼しさで体が楽になったからである。しかし、夜明けと同時に熱が生じ、乾燥のため自然の湿気がすべて吸い取られ、口と内臓は奥まで焦がされる。六　そのためまず気力が、次いで体力が萎えはじめ、立っているのも前進するのも嫌になるのだった。七　少数の者は、この地域をよく知っている人々に忠告されて、前もって水を用意していた。これでしばらくのあいだは渇きがおさまったが、その後暑さがひどくなると、また水への欲求に駆られた。その結果、誰もがありったけの葡萄酒やオリーブ油を摂取し、飲むことの楽しみがあまりに大きかったので、後々の渇きを恐れないほどだった。八　その後は、がぶ飲みした液体が胃にもたれて武具を支えることも行軍することもできず、水を持たない者の方がかえって幸運だと思われた。というのも、彼ら自身はむやみに飲み込んだものを吐き出すはめになったからである。

九 こうした困難に悩まされていた王を朋友たちが取り巻き、あなたの偉大な勇気こそ疲労困憊した軍にとって唯一の救いだということを思い起こしてほしい、と懇願した。一〇 その時、陣営の場所を選ぶために先発していた者のうち二名が彼らに出くわした。この二人は、それぞれ自分の息子が［王と］同じ隊列にいてひどく渇きに苦しんでいるのを知っていたので、助けてやろうと皮袋で水を運んできたところだった。一一 王に出会うと、一方の者が皮袋の口を開け、携えていた杯を満たして差し出した。王はそれを受け取り、誰に水を持っていくところだったのかと尋ねて、息子たちにだということを知った。一二 すると王は、差し出されたときのまま満たされた杯を返して言った。「わたしは一人で飲むのも忍びないし、これほどわずかなものを皆に分け与えることもできない。おまえたちは、持ってきたものを急いで息子たちに差し入れてやるがよい」と。(3)

一三 ようやく王は夕方近くにオクソス川に到達した。しかし、軍の大半はついてくることができずにいた。王は、高い丘にかがり火を焚くよう命じた。ついてくるのに苦労している者に、陣営がそう遠くないことがわかるようにするためである。一四 一方、最前列にいた者には、すみやかに食物と飲物で体力を回復するように、そして皮袋なり何なり水を運べる容器を満たし、仲間を救援するように、と命じた。一五 し

(1) ここはまだオクソス川の南側なので（本章一三参照）、バクトリアに属するはずである。

(2) 本巻第四章二七か。

(3) 同種のエピソードが他の文献では別の状況で語られている。プルタルコス『アレクサンドロス伝』四二-七、アリアノス『アレクサンドロス大王東征記』第六巻二六参照。

かし、あまりにも性急に水を飲んだ者は気管を詰まらせて死亡し、その数はどの戦闘の死者数よりもずっと多かった。一六　さて王は、まだ鎧をつけたままで食物も飲物もとらず、軍隊がやってくる道に立ち、全軍が通り過ぎてしまうまで、体を休めに戻りはしなかった。そして、その夜はずっと、大変な心労のため一睡もしなかった。一七　翌日も少しも気が晴れなかった。なぜなら、船もなければ橋を架けることもできなかったからである。川の周囲の土地は荒涼としていて、とりわけ木材が乏しかったのである。そこで王は、やむなく案出した窮余の一策に取りかかった。一八　彼は、藁を詰め込んだ皮袋をできるかぎり大勢に配った。兵士らはその上に腹這いになって川を泳ぎ渡り、先に渡った者は残りの者が渡り終わるまで見張りに立った。こうしてとうとう六日目に、全軍を対岸に渡したのである。

一九　そして王は、今やベッソス追撃を決意していたとき、次のようなソグディアナの状況を知った。全側近中で、ベッソスにとくに重用されていたのはスピタメネス(1)だった。二〇　だが、どれほど功績があろうと、それで裏切りが相殺されるものではない。ただし、この場合はそれほど憎むべきことではなかったかもしれない。というのは、主君を弑逆したベッソスに対しては、いかなることであれ非道であるなどと思う者はなかったからである。この悪行には、ダレイオスの復讐というもっともらしい口実が掲げられていたが、スピタメネスが憎んでいたのは、ベッソスの罪悪ではなく幸運なのであった。二一　さてこの男は、アレクサンドロスがオクソス川を越えたのを知ると、ベッソスが最も信頼していたダタペルネスとカタネス(2)を自分の計画の仲間に引き入れた。二人は請われるより先に協力し、八名の屈強な若者を連れて、次のような罠を張った。二二　スピタメネスはベッソスのもとに赴き、人目を遠ざけたうえでこう告げた。ダタペルネスとカタネスがあなたを生きたままアレクサンドロスに引き渡そうと陰謀を巡らしているが、自分は先手を打って彼らを拘束してある、と。

二三　ベッソスは、これほどの働き――自分で信じていたところでは――に恩義を感じ、一方では感謝し、他方では罰を加えようと勢い込んで、両名を連れてくるよう命令した。二四　二人は手筈どおりに腕を縛られ、計画の共犯者たちに連行されてきた。ベッソスはこれを厳しい顔で見やり、手を出すのを抑えかねるといった様子で立ち上がった。すると、この一味は偽装をかなぐり捨ててベッソスを取り囲み、むなしい抵抗を試みる相手を縛り上げ、頭から王のしるしを奪い取り、先王の戦利品のうちから身につけていた衣服を剝ぎ取った。二五　ベッソスは、神々が自分の罪を罰しに来たのだと認めたものの、こうも言い足した。神々がこのような復讐をするとは、ダレイオスに対して公正だったのではなく、アレクサンドロスに肩入れしたのだ、敵でさえいつもその勝利に手を貸すのだから、と。二六　民衆がベッソスを救出することもありえなくはなかった――もし、彼を拘束した一味がアレクサンドロスの命令でやったことだと偽って、まだ心を決めかねている者らを脅しつけなかったならの話だが。一味は彼を馬に乗せ、アレクサンドロスに引き渡そうと連行していった。

(1) バクトリアの貴族で、ベッソスの側近。二〇節の記述は、二一節以下のスピタメネスの行為に対するクルティウスの所見である。

(2) いずれもベッソスの部下。

二七　この間に王は、除隊の時期がきた者およそ九〇〇名を選び、そのうち騎兵には各々二タラントン[1]、歩兵には三〇〇〇ドラクマを与え、子供をつくるようにと指示したうえで帰国させた。残った者には謝辞が与えられた。今後の戦役に力を尽くすことを約束していたからである。

二八　ベッソスを追跡するうちに、マケドニア軍はとある小さな町に到着した。そこの住民はブランキダイ[2]だった。この一族は昔、クセルクセス[3]がギリシアから撤退する際の指示で、ミレトス[4]から移住してこの地に定住していた。それというのも、この一族はかつてクセルクセスにおもねり、ディデュメイオン[5]と呼ばれる神殿を荒らしたからである。二九　父祖の慣習はまだ廃れてはいなかったが、彼らはすでに二つの国の言葉を使用していたので、外国語によって次第に母国語がむしばまれつつあった。そういうわけで、彼らは自分たちの町も身柄も差し出して、大喜びで王を迎えた。王は、麾下のミレトス人を呼び集めるようにと命じた。三〇　ミレトス人はブランキダイ一族に根深い恨みを持っていた。そこで王は、この裏切られた者たちに、［過去の］不正を思い起こすもよし、［共通の］出自を思い起こすのもよし、ブランキダイの処遇を自由に決定してよい、との認可を下した。三一　すると意見が分かれたので、王は、どうするのが最もよいか自分が考えようと宣言した。

翌日アレクサンドロスは、ブランキダイに出会うといっしょに来るよう命じ、町に着くと自ら軽装部隊を率いて門内に入った。三二　密集歩兵隊には、町の城壁を包囲し、合図と同時に裏切り者の巣窟である町を破壊し、住民を一人残らず殺すよう命令した。三三　ブランキダイは丸腰のままいたるところで惨殺された。その残虐行為は、言語の共通性によっても嘆願者のしるし[6]によっても嘆願の言葉によっても止められることはなかった。ついには、軍は城壁を破壊するためにその基盤を根底から撤去し、町の痕跡が何一つ残らぬようにした。三四　森や聖林も、切り倒すだけでなく、根こそぎにした。根まで引き抜いて、広大な荒れ野と不毛な土以外に何も残らぬようにするためである。三五　もしこれが裏切りの首謀者自身に向けられたものなら、正当な復讐であって、残虐行為とは思われないであろう。だが実際には、祖先の罪を子孫が償ったのである。ミレトスを見たことすらなく、したがってクセルクセスに売り渡すこともできなかった人々だったのだが。(7)

三六　それからアレクサンドロスはタナイス川まで進軍した。そこへベッソスが、縛られたうえ、身ぐるみ剝がれた姿で連行されてきた。スピタメネスがベッソスの首に鎖をかけて拘束していたが、それはマケドニア人にも異民族にも格好の見世物であった。三七　そしてスピタメネスは言った。「わが君主たる陛下とダレイオスの復讐のため、主君弑逆の下手人を、本人が範を示したかたちで捕縛したうえでお引き渡しいたします。ダレイオスがこの見世物のために目を開ければよいものを！　あの世からよみがえればよいもの

(1) 重量と貨幣（銀）の単位。一タラントン（ラテン語ではタレントゥム）はアッティカ基準で二五・八六キログラム。
(2) ミレトスの神官の一族。
(3) 前四八〇年にギリシアに侵攻した（第二次ペルシア戦争）ペルシア王。
(4) カリア（小アジア南西部の地域）の都市。
(5) ミレトスの近くの町ディデュマにあったアポロンの神殿。
(6) オリーブの枝。
(7) この残虐行為の話は、多くの研究者が信憑性に欠けるものと見なしている。

を！　あのような最期[1]には値せず、こうした慰めにこそ値するお方なのだから」。三八　アレクサンドロスは、スピタメネスを大いにほめてから、ベッソスのほうに向き直って言った。「いかなる野獣の狂気がおまえの心をとらえたのか。大恩ある王をまず縛り上げ、さらに弑することができたとは。しかし、この主君殺しの代償は、王という偽りの名ゆえに、おまえが自分自身に支払うことになったのだ」。三九　ベッソスはあえてその悪事の弁解はせず、「王という称号を使ったのはこの国をあなたに引き渡せるようにするためだ。もし後れをとれば、別の誰かが王権を握っただろう」と言った。

四〇　するとアレクサンドロスは、ダレイオスの弟オクサトレス[2]——護衛隊の一員となっていた——に近くに来るよう命じ、ベッソスを引き渡した。耳と鼻をそぎ落としてから十字架にかけ、異民族《バルバロイ》の者たちに矢を射かけさせるように、また鳥でさえ触れることのないよう体を見張らせるようにするためである。四一　オクサトレスは、残余のことはお任せをと請け合ったが、鳥はカタネス[3]以外の誰にも防ぐことはできない、と言い添えた。その男の卓越した技量を見せたいと思ったのである。というのも、カタネスは実に狙い過たず的を射るので、鳥さえ射落とすほどだったからである。四二　おそらく今日では、弓術が広く行きわたっているので、このような技もそう驚くべきものとは思えないかもしれない。だが当時は、それは見る者にとって大変な驚異であり、カタネスは大いに面目を施したのである。四三　その後、ベッソスを連行してきた者全員に褒美が与えられた。しかし、王は処刑を延期した。ダレイオスを殺害した、まさにその現場で殺させるためであった。

第六章

一　その間に、一部のマケドニア人が隊列を乱して飼い葉を求めに出かけたところ、近辺の山地から駆け下りてきた異民族《バルバロイ》に襲撃された。殺された者もあったが、捕らえられた者の方が多かった。二　異民族《バルバロイ》は捕虜に前を歩かせて、また山へ引き揚げた。山賊たちはその数二万人にのぼり、投石器と弓矢で戦う輩だった。三　王はこれを包囲したが、最前線で戦っている際に矢を射かけられ、鏃《やじり》がすねに深く突き刺さった。四　マケドニア人は悲嘆し驚愕して、王を陣営に運び帰った。しかしこの戦線離脱は、異民族に気づかれずにはすまなかった。というのは、彼らは高い山から万事を見渡していたからである。五　そこで、彼らは翌日王のもとに使節をよこした。王はすぐに入らせるよう命じ、包帯を解き、傷の深さは隠して、異民族の者にすねを見せた。六　彼らは着席するように指示されると、こう言明した。「王の負傷を知って、マケドニア人もわれわれほどには悲しまなかったはずだ。もし下手人が見つかれば、とうに差し出していたことだろう。というのも、神々にあらがうのは無法者だけだからだ。七　さらに、われわれは王の傷に屈服し、部族をその手にゆだねる」と。王は保証を与え、捕虜となっていた者を取り戻すと、部族の降伏を認めた。八　その

（1）第五巻第十三章二三以下参照。
（2）ダレイオス三世の弟だが、兄の死後捕虜となり、さらにアレクサンドロスの朋友の一人に取り立てられていた。
（3）本章二一参照。

後、陣営を引き払い、王は軍用担架で運ばれることになった。だが、それを誰が担うかをめぐって歩兵と騎兵が互いに争った。騎兵たちは、いつも王とともに戦闘に向かっていたので、それが自分たちの務めだと考えていた。歩兵は歩兵で、自分たちは負傷した仲間を運ぶのに慣れているのに、いざ王を運ばねばならぬという段になって、固有の任務が奪われようとしていると抗議するのだった。九 王は、両者のこれほど激しい対立の中で、選択は自分にとって難しくもあり、選ばれなかった者にとって悔しくもあろうと考えて、交代で運ぶように命じた。

一〇 ここから四日目にマラカンダ市(1)に到着した。町は七〇スタディオンにわたる城壁に囲まれていて、城塞はもう一つの城壁に守られている。町の守備隊として一〇〇〇人を残し、王は近隣の村々を荒らし、焼き払った。

一一 その後、スキュティアのアビオイ人(2)の使節がやって来た。キュロスの死後は独立民族だったのだが、この時アレクサンドロスに臣従しようとしていたのである。彼らは異民族《バルバロイ》の中で最も正義を尊ぶ者だと一般に考えられていた。挑発を受けないかぎり戦いを手控えたし、自由の行使が控えめで公平なので、身分の低い者を指導者層と対等な立場にしていたのである。一二 王はこの使節に慇懃に話しかけたのち、ヨーロッパに住むスキュティア人のもとに、朋友の一人であるデルダス(3)という者を派遣することにした。王の命令なしにタナイス川(4)を渡ってはならない、と伝えさせるためである。同じくこの者には、地勢を調査し、ボスポロス(5)の向こうに住むスキュティア人をも訪ねるように、との命令が下された。一三 王はタナイスの川岸に、都市(6)を建設するための敷地を選んでおいた。すでに平定した者に対しても、今後攻めようと決めていた相手に対しても、防壁とするためである。しかし、バクトリア人をも巻き込むソグディアナ人反乱の報が届くと、この計画は延期となった。一四　それは騎兵七〇〇〇騎からなり、その勢力に他の者も従っていた。

アレクサンドロスは、先にベッソスを引き渡した人物、スピタメネスとカタネスを呼び出すよう命じた。事を起こした者たちの助けで鎮圧できると信じて疑わなかったわけである。一五　だが実は、この二人こそ、鎮圧するために呼ばれたはずの反乱の張本人であり、次のような話を広めていた。すなわち、バクトリアの騎兵全員が処刑のため王に召喚され、自分たちにそれが命令されたが、同胞に対して取り返しのつかない罪を犯すことになると思って実行する気になれなかった、アレクサンドロスの暴虐はベッソスの主君殺しに劣らず耐えがたかったのだ、と。こうして、刑罰を恐れて元々自ら動揺していた者たちを、苦もなく蜂起させたのである。

一六　アレクサンドロスは、これらの投降者の謀反を知ると、クラテロス(7)にキュロポリス(8)を攻囲するよう

(1)ソグディアナの首都。現在のサマルカンド。
(2)スキュティア人の一部族。「正義を尊ぶ」点については、ホメロスの叙事詩『イリアス』第十三歌六に言及がある。
(3)不詳。
(4)ヤクサルテス川（現在のシル・ダリヤ川）。本巻第四章六参照。アレクサンドロスらによって本来のタナイス川（現在のドン川）と混同され、この川がヨーロッパとアジアの境界をなすと見なされた。
(5)ここでは、黒海とその北方のアゾフ海の海峡。
(6)いわゆる「最果てのアレクサンドリア」で、現在のホジェントと考えられている。
(7)マケドニアの将軍。アレクサンドロスの信任厚い忠臣。パルメニオンの死後は全軍の副将格。
(8)ソグディアナの町。キュロス大王が建設したと伝えられる。

命じた。王自身は同じ地域の別の町を包囲網を敷いて占領した。成人男子は殺すべしという号令が出され、残りの住民は勝者の戦利品となった。町は完全に破壊されたが、それは、この災いを先例にすることによって他の部族に盟約を遵守させるためである。一七　強大な部族であるメマケニ人[1]は、攻囲を——より名誉あることだというばかりでなく、より安全なことでもあるかのように——持ちこたえようと決意していた。その頑迷さを和らげようと、王は五〇名の騎兵を先遣した。降伏者に対する寛恕を、同時にまた敗者に対する容赦ない姿勢を明らかにするためである。一八　メマケニ人は、王の信義も実力も疑っていないと答え、騎兵たちに町の要塞の外側に野営するよう指示した。そして彼らを歓待したあと、真夜中に満腹して眠っているところを襲って殺害した。一九　アレクサンドロスは当然のごとく激怒し、町に包囲網を敷いた。一度の攻撃では攻略できないほど堅固だったのである。そこで、彼はメレアグロス[2]とペルディッカス[3]を攻囲に協力させ、自身は、上述のようにキュロポリスを攻囲していたクラテロスに合流した[4]。

二〇　しかしながら、キュロスが建設したこの都市を、彼は許そうと決めていた。というのも、彼は当地の諸民族の中で、この王とセミラミス[5]を誰よりも賛美し、この二人が気高さにおいても名高い業績においても断然群を抜いていると考えていたからである。二一　しかし、住民の頑強さは彼の怒りをかき立てた。そのため、彼は町を占領したあとで略奪させた。その破壊ののち、王はメマケニ人に対する当然の敵意を抱いて、メレアグロスとペルディッカスのところへ戻った。二二　だが、これほど勇敢に攻囲を持ちこたえる都市はまたとなかった。最も勇猛な兵士たちが倒れ、王自身も甚だしい危険にさらされた。すなわち、首を石で強打され、目が闇に覆われて倒れ、意識さえ失ったのである。実際、軍勢はすでに王が奪い去られたかのように嘆いた。二三　しかし彼は、他の者なら怖じけづくような事態にもひるむことなく、傷が治りきらないうちにさらに激しく攻囲を続けた。生来の機敏さに怒りが拍車をかけていたのである。そこで彼は城壁の下に穴を掘り、大きく突破口を開いてそこから突入し、勝利を得ると町を破壊するよう命じた。

二四　次に王はメネデモス(6)を、歩兵三〇〇〇、騎兵八〇〇とともにマラカンダ市に派遣した。裏切り者のスピタメネスが、そこからマケドニア人の守備隊を追い払ったうえで、町の城壁内に立て籠もっていたのである。住民はこの反乱のもくろみを支持してはいなかったのだが、それでも従っているように見受けられた。止めるだけの力がなかったからである。二五　その間にアレクサンドロスはタナイス川に戻り、陣営が占有しているかぎりの土地を壁で囲い、六〇スタディオンにわたる城壁とした。この都市もまたアレクサンドリア(7)と呼ぶように王は命じた。二六　この工事はめざましい早さで完了したので、防壁が築かれてから一七日で町の建物も完成した。兵卒どうしで、各自分担していた仕事の達成を真っ先に見せようと、激しい競争があったのである。二七　新しい都市の住民として捕虜たちが選ばれた。王が［捕虜の］所有者に代価を払って

(1) ソグディアナの民族だが、詳細は不明。
(2) マケドニアの将軍。歩兵隊指揮官。
(3) マケドニアの将軍。側近護衛官。アレクサンドロスの死後、遺児の後見人（摂政）となるが、エジプト侵攻中に暗殺された。
(4) この部分のテクストは不確か。
(5) サミラミスとも呼ばれる。バビュロン建設などで知られるアッシリアの伝説的な女王。
(6) マケドニアの将軍。その死については後出（本巻第七章三一以下）。
(7) 本章一三参照。

解放してやったのである。その子孫は、これほど長い歳月を経た現在でも、アレクサンドロスへの追憶ゆえに住民のあいだで一目置かれている。

第七章

一　一方、スキュティア人の王――当時その勢力圏はタナイス川を越えていた――は、川岸にマケドニア人が建設した町は自分たちの首にかけられた軛《くびき》だと考え、これを破壊してマケドニア軍を川から押し戻すべく、カルタシス(1)という名の弟に騎兵の大部隊をつけて派遣した。二　タナイス川はバクトリア人をいわゆるヨーロッパ・スキュティア人から隔てており、その川筋はアジアとヨーロッパの境界ともなっている。(2)三　一方、トラキア(3)から遠からぬ位置にあるスキュティア民族は、北東へ広がっていて、一部の人が信じてきたようなサルマティア人(4)の隣人ではなく、その一部である。四　またこの民族は、まっすぐにイストロス川(5)の向こうに延びる別の地域にも住み、バクトラのところでアジアの端に接する。その居住地は北方に広がり、そこから先は深い森と広漠たる荒野が待ち受けている。逆に、タナイスとバクトラのほうを向いている部分は、人間文明の点で他国と変わらない。

五　初めてこの民族と予期せぬ戦いを交えようとしていたアレクサンドロスはいまだ傷が癒えず、とくに声が弱々しかったのだが――節食と首の痛みとのせいで、か細い声になっていた――、敵が騎馬で姿を現わすと、側近を会議に呼ぶよう命じた。六　彼が恐れていたのは敵ではなく、時期の悪さであった。バクトリア人が反旗を翻し、スキュティア人も戦いを挑んできているのに、彼自身は地面に立つことも、馬に乗ることも、部下に指示を出すことも叱咤激励することもできなかったのである。七　二重の危機に見舞われて、彼は神々までも非難して嘆くのだった――かつて誰もその速さから逃れることのできなかった男が、無為に横たわり、病気が見せかけではないとは部下たちもほとんど信じていない、と。八　そこで彼は、ダレイオス打倒後は占い師や予言者から意見を聞くことをやめていたのだが、また人の心を惑わす迷信に逆戻りし、すっかり信用しきっていたアリスタンドロス(6)に、供犠によって事の結果を探るよう命じた。

占い師たちは、王のいないところで動物の内臓を調べ、その予兆を報告するのが習いであった。九　一方王は、動物の内臓によって見通しのきかぬ事態の帰趨が探求されているあいだに、側近たちにいつもより近くに座るよう命じた。声を張り上げることでまだ固まっていない傷口が開くことのないようにするためである。へパイスティオン(7)とクラテロスとエリギュイオスが側近護衛官(8)とともに幕舎内に招じ入れられていた。一〇　王は言った。「この危機は、わたしよりも敵に有利なときに降りかかってきた。だが、危急の時は予

(1) 不詳。
(2) 本巻第六章一二参照。
(3) マケドニアの東、黒海の西の地域。
(4) 「本来の」タナイス川(ドン川)付近に住む民族。
(5) 現在のドナウ川。
(6) アレクサンドロスに随行していた占い師の一人。
(7) マケドニアの将軍。アレクサンドロスの無二の親友。
(8) 王の側近で、七名(のちに八名)だけ選ばれる高級幕僚。

測より先に来るものだ。とくに戦場ではそうであり、時機を選ぶことはめったに許されない。一一　バクトリア人は、われわれに首根っこを押さえられていながら反乱を起こし、他国の戦争でわれわれにどれだけ勇気があるかを試している。行き着く先は明らかだ。もし向こうから攻めかかってきたスキュティア人を放置すれば、撤退したわれわれは反乱者どもにとって軽侮の的となろう。一二　逆に、もしわれわれがタナイスを渡り、スキュティア人を撃滅して血を流させることによってどこへ行っても無敵であることを示せば、ヨーロッパの覇者でもあるわれわれに従うのをためらう者があろうか。一三　われわれが進む距離でその栄光を測る者はだまされているのだ。行く手には一つの川が流れている。もしこれを越えれば、ヨーロッパに侵攻することになる。一四　そして、アジア征服の間に、いわばもう一つの世界に戦勝記念碑を建て、『自然』がこれほど遠く隔てたように見える両地をただ一度の勝利でたちまち結びつけるとすれば、どれほど高く評価すべきことだろうか。一五　だが、よいか、少しでも逡巡すれば、スキュティア人はわれわれの背後に近づくであろう。川を泳いで渡れるのはわれわれだけだろうか。これまでわれわれに勝利をもたらした工夫の数々が、今度はわが身に跳ね返ってくるであろう。一六　『運』は敗者にも兵法を教えるものだ。われわれは最近、皮袋で川を渡る前例を作った。たとえスキュティア人がこれを模倣するすべを知らぬとしても、バクトリア人が教えるであろう。一七　そのうえ、まだこの民族の軍隊の一つが来ただけで、残りは到着が待たれている。つまり、戦争を避けることによって敵の兵力を増強させ、攻撃ができるのに守備を強いられることになろう。

一八　わたしの方針の妥当性は明らかだ。しかし、マケドニア軍がこの考えを採用させてくれるかどうか、わたしは疑問に思っている。というのも、この傷を負って以来わたしは馬にも乗らず、自分の足で歩きもしていないからだ。一九　だが諸君、もし諸君がわたしに喜んで従うつもりなら、わたしは壮健なのだ。それら［の危険］に十分耐えるだけの力がある。逆に、もしわが命がもはや尽きようとしているならば、いったいどこにこれ以上名誉ある死に場所があろうか」。二〇　王はこのように震える声で言ったが、弱々しくて傍らの者たちもほとんど聞き取れないほどだった。そのとき彼らは皆、王にそのように無謀な計画をやめさせようとしはじめた。二一　なかでもエリギュイオスは、王の固い決意の前では自分の影響力が役に立たなかったので、王の弱みである迷信を呼び起こそうと試み、「神々もまた計画に反対しており、川を渡った場合には大きな危険が予兆されている」と言った。二二　エリギュイオスは王の幕舎に入る際にアリスタンドロスに出会ったのだが、この男は内臓が凶兆だったと述べていた。このような予言者の話をエリギュイオスは伝えたのである。

二三　アレクサンドロスは怒りだけでなく、羞恥心のあまり——隠していた迷信が暴露されたからである——きまりが悪くなり、エリギュイオスを黙らせ、アリスタンドロスを呼ぶよう命じた。二四　この男が来ると、王は睨みつけながら言った。「わたしは王としてではなく、個人としてひそかに[1]、供犠を行なうよう指示したのだ。なぜおまえは、何が予兆されているかをわたし以外の者に漏らしたのか。おまえが口を滑らせたおかげで、エリギュイオスはわたしの私事と秘密を知ってしまった。よいか、あの男は自分の不安を内

（1）テクストは不確か。clam と読む。

臓の解釈者となしているに違いない。二五　だがわたしは、知ることのできる以上のことを知っているおまえに、内臓から何を知ったかを直接わたしに告げるよう申し渡す。前に言ったことを後から否定できないようにな」。二六　アリスタンドロスは血の気が失せ、放心したように突っ立っていた。恐怖で声も出なかったが、ようやく同じ恐怖に突き動かされて、王をいつまでも待たせておかないために言った。「大変な、しかし無駄ではない労苦を伴う重大局面が迫っている、とわたくしは予言したのです。そして、この心を乱すのはわが術よりも、陛下を思う気持ちなのです。二七　わたくしは陛下の健康状態の悪さを見ておりますし、どれほどの重荷が陛下お一人にかかっているかを存じております。目下の状況に立ち向かうお力がないのではと危惧しているのです」。二八　王は、わが幸運を信じよ、と命じた。さらなる功業のため、神々が栄光を授けてくださる、と言うのだった。二九　そこで、いかなる方法で川を渡るべきかを、王が同じ面々と協議しているところへアリスタンドロスが現われ、「これほど幸先のよい内臓は見たことがない、確かに前とは雲泥の差だ。先ほどは不安の種が現われていたが、今は飛び抜けた吉兆が出ている」と明言した。

三〇　しかしながら、直後に王に知らされた事柄は、彼の成功続きの業績に汚点を記した。三一　前述[2]のように彼は、バクトリア反乱の張本人スピタメネスを包囲するためにメネデモスを派遣していた。スピタメネスは敵の到来を知ると、町の城壁内に閉じ込められないように、同時にまた不意をつくことができるとも確信して、相手が来ると察知していた地点で待ち伏せをかけた。三二　森の中の道は、伏兵を隠すのに適していた。彼はそこにダアイ人[3]を潜ませた。馬には武装兵が二名ずつ乗り、そのうち一人ずつ交代で突然跳び降り、騎兵戦を混乱に陥れる。三三　その人間たちのすばやさは馬の速さに劣らないのである。スピタメネスはこの部族に森を包囲するよう命じ、その部隊を敵の側面からも正面からも背後からも同時に見せた。三四　メネデモスは四方から取り囲まれ、多勢に無勢ではあったが、「待ち伏せに遭った以上、敵を倒して名誉の死を遂げる以外に何の慰めも残されてはいないぞ」と叫びながら、長いあいだ抗戦した。三五　メネデモス自身、非常に頑強な馬に乗っていた。彼はたびたびそれを全速で密集した敵へ駆り立て、敵を殺戮しつつ蹴散らしていた。三六　しかし、敵が一斉に彼一人をめがけて襲いかかってくると、満身創痍となって失血しながら、友人の一人でヒュプシデス[4]という者に、自分の馬に乗って脱出するようにと促した。こう言いながらメネデモスは絶命し、体は馬上から地面へ崩れ落ちた。三七　ヒュプシデスは、たしかに逃げることもできたのだが、友を失ったからにはと、死を決意した。頭にあったのは、復讐せずには死なぬ、という一念のみだった。それゆえ、馬に拍車を当てて敵の中央へ突撃し、めざましい戦いぶりを見せたのち、敵の刃にかかって倒れた。三八　殺戮を免れた者たちは、それを見ると、周辺よりやや高い丘に位置を占めた。スピタメネスはこれを兵糧攻めで降伏に追い込もうと包囲した。三九　この戦闘で歩兵二〇〇〇名、騎兵三〇〇騎が倒れた。この惨事をアレクサンドロスは賢明な思慮で隠蔽し、戦闘から生還した者には、もし事実を漏らせば死刑だと言って脅しておいた。

(1) テクストは不確か。「知ることのできる以上のことを知っている」は予言者に対する皮肉と取れるが、校訂者が補ったものである。
(2) 本巻第六章二四参照。
(3) 本巻第四章六参照。
(4) 不詳。テクストは不確か。

第八章

一　しかし王は、これ以上感情を偽っていることに耐えられなくなると、わざと川岸に設置していた幕舎に引き籠もった。二　誰も見ていないその場所で、作戦を一つ一つ検討して眠れぬ夜を過ごし、敵の灯火を見るために、何度となく幕舎のとばりを上げた。そこからは、どれほどの軍勢がいるかを見積もることができたのである。三　そして、すでに夜明けが近づいていた頃、鎧をつけて将兵の前に出た。先日の傷を受けて以来、初めてのことだった。四　彼らのあいだでは王に対する崇敬の念は絶大だったので、その姿は、それまでの危機感をやすやすと追い払うほどだった。五　そのため彼らは喜び、うれし涙を流して王に敬礼し、以前は拒絶した戦いを勇み立って要求した。六　王は、騎兵と密集歩兵隊は筏で運ぶと表明し、軽装兵には皮袋に乗って泳ぐよう命令した。七　状況はそれ以上の言を要しなかったし、王も病身ゆえに言うことができなかった。ともあれ、筏は兵卒が猛烈な勢いで組み立てたので、三日のうちに約一万二〇〇〇艘が完成した。

八　そして、すでに渡河のために準備万端整えていたとき、スキュティア人の使節二〇名がこの民族の慣習に従って騎馬のまま陣中を通り、直接王に用件を伝えたいと取り次ぐよう求めた。九　彼らは幕舎内に迎えられ、席につくよう促されると、王の顔に視線を注いでいた。思うに、人の勇気を体の大きさで判断するこの連中には、王の平凡な体格はまるでその名声にそぐわないと思われたのであろう。一〇　しかしながら、スキュティア人には他の異民族《バルバロイ》のような粗野で野蛮な感性はない。彼らの一部は――つねに武装している民族に可能なかぎりでは――哲学さえ理解できると言われている。一一　そういうわけで、彼らが王の前で述べたと伝えられていることは、おそらくわれわれの考え方や慣習とは異質であろう。われわれはもっと洗練された時代と知性に恵まれているからである。しかし、彼らの弁舌は見下すことのできるものだとしても、筆者の正確さはそうあるべきではない。わたしは、伝えられていることを一言一句、手を加えずに述べようと思う。

一二　さて、筆者の知るところでは、彼らの一人、最年長者が次のように言った。「もしあなたの体軀があなたの貪欲な心に匹敵するように神々が意図したならば、あなたは世界に収まりきらないであろう。片手で昇る陽(1)に、片手で沈む陽(2)に触れ、それに手が届くと、かくも偉大な神(3)の輝きがどこに潜んでいるのかをあなたは知りたがることだろう。そこまでして、手の届かぬものを望んでいるのだ。一三　あなたはヨーロッパからアジアを目指し、アジアからヨーロッパへと渡る。それから、もし全人類を征服してしまえば、森や雪や川や野獣と戦いを交えるつもりでいる。一四　いやはや、大木が育つには長い時間がかかるが、根こそぎにするには一時しかかからないということをご存じないのか。大木の果実を見て、その高さを測らないのは愚か者だ。てっぺんに登ろうとしているあいだに、つかんだ枝もろとも落ちないように注意するがいい。

(1) 東方のこと。
(2) 西方のこと。
(3) 太陽神。

一五　ライオンも時には小鳥の餌となり、鉄は錆に食い尽くされる。危険に遭わないほど強いものは何一つない ── たとえ弱者による危険でもだ。一六　われわれとあなたに何のかかわりがあるのか。われわれは一度として貴国に足を踏み入れたことはない。広大な森で暮らすわれわれに、あなたが誰で、どこから来たかを知らずにいることが許されないのか。われわれは誰にも臣従することはできないし、誰を支配することも望んでいない。一七　スキュティア民族を知ってもらうために言うが、われわれは牛の軛《くびき》、鍬、矢、槍、杯という贈り物を授けられている[1]。これらは友人のあいだでも、敵に対しても用いる。一八　牛の労力で得られた穀物を友人に与え、友人とともに神々に杯で酒を捧げ、離れた敵は矢で、近くの敵は槍で攻めるというわけだ。

　そのようにして、われわれはシリア[2]の、後にはペルシアやメディアの王を打倒し、エジプトへの道が開けたのだ。一九　一方あなたは、盗賊を討伐しに来たと豪語しているが、あなたが訪れたすべての国にとってあなたこそ盗賊だ。あなたはリュディア[3]を征服し、シリアを占領し、ペルシアを領有し、バクトリアを手中に収め、インドを目指している。今やその貪欲で飽くことを知らぬ手をわれわれの家畜に伸ばしている。二〇　なぜあなたには富が必要なのか ── それがまた渇望を強いるだけだというのに。あなたは誰よりも飽食によって飢えを生み出し、多く持てば持つほど、持たぬものへの欲求がますます強まるのだ。二一　バクトラ周辺でどれだけ時を無駄にしているかということには、思い及ばないのか。バクトリア人を征服しているあいだに、ソグディアナ人が戦端を開いたではないか。あなたの勝利からは戦争が生まれるのだ。というのも、たとえあなたが誰よりも偉大な勇者だとしても、誰もよそ者を主人として受け入れようとは思わないからだ。

二二　まあ、タナイスを渡ってみたまえ。スキュティアがどれほど広いかわかるだろう。だが、決してスキュティア人に追いつきはしないだろう。われわれは貧しいがゆえに、これほど多くの国の略奪品を運んでいる貴国の軍隊よりすばやいであろう。また、遠く離れているとあなたが思っているうちに、われわれを陣営内に見ることになろう。われわれは追うのも退くのも同じ速さだからだ。二三　聞くところによると、スキュティアの荒野はギリシアのことわざでも馬鹿にされているという。だがわれわれは、都会や豊かな耕地よりも、人気がなく人間文明のない土地をこそ求めているのだ。二四　それゆえ、自分の幸運をしっかりつかんで離さぬことだ。幸運は気まぐれで、無理やり引き止めることはできない。忠告の正しさをよりよく示すのは現在よりも未来だ。あなたの幸運に轡《くつわ》をつけよ。［そうすれば］より容易に御することができよう。二五　わが国ではこんな言い方をする。幸運の女神は足がなく、手と羽だけ持っている。手を差し伸べてきたときには、羽をもつかめ、と。

二六　最後に、もしあなたが神ならば、人間に恩恵を与えるべきであり、財産を奪い取るべきではない。逆に、もし人間ならば、自分がそういうものだということをいつも肝に銘じておくがいい。自分を見失わせるようなことばかり考えるのは愚かなことだ。二七　戦争をしかけなかった相手なら、友人として頼りにで

(1) 天(神々)から。
(2) ここではアッシリア(メソポタミアの国)のこと。
(3) 小アジア西部の地域。

きよう。というのは、友情は対等の者のあいだで最も固く、かつまた、互いの力を試さなかった者どうしは対等と見なされるからだ。二八　征服した相手を友人だなどと思わぬよう注意するがいい。主人と奴隷のあいだに友情は存在しない。平時においても戦時の掟が保たれるのだ。二九　スキュティア人が誓約によって友好を認証するなどと思ってはならない。信義を守ることによって誓うのだ。そのような保証は、条約に調印し神々を証人に呼ぶギリシア人のすることだ。われわれは信義そのものを神々への信仰と考えている。人間を蔑ろにする者は神々を欺くということだ。また、善意の疑わしい友人は必要ない。三〇　しかし、あなたはわれわれを、アジアとヨーロッパ両方の守護者とすることができよう。われわれは、もしタナイス川が隔てていなければ、バクトラに接し、タナイスの向こうではトラキアに至る領地に居住している。また、マケドニアはトラキアに接しているとのこと。ご自分の王国の隣人として、敵を望むのか友を望むのか、よく考えることだ」。このように異民族《バルバロイ》の者は述べた。

第九章

一　これに対し王は、自分の幸運と諸君の忠告を用いよう、と答えた。つまり、信頼している自分の幸運と、性急かつ無謀な行動をとらないよう説得する者たちの忠告に従うつもりだ、と。二　使節を帰らせると、彼は前もって準備してあった筏に軍勢を乗り込ませた。舳先には丸盾を持った兵士を配置し、膝をつくように命じておいた。弓矢の攻撃に対していっそうの安全を確保するためである。三　その後ろには、弩砲《ど》(1)を扱う者が立ち、両側面と前面を武装兵に取り巻かれていた。残りの者は弩砲の後ろに位置し、盾で亀甲隊形を作って、胸当てをつけていない漕ぎ手を守っていた。**四** 騎兵を乗せた筏でも同じ配置が守られた。ほとんどの者は、馬を泳がせて艫《とも》から手綱で引いていた。他方、藁を詰め込んだ皮袋に乗っていた者は、前を行く筏に守られていた。

五 王自身は精鋭を率いて真っ先に筏を出し、対岸に向かうよう命じた。これに対しスキュティア人は、筏が着岸すらできないように、川岸の水際に騎兵の隊列を編成して並ばせた。**六** そのうえ、このような川岸を守る軍隊の様子に加えて、尋常でない恐怖が渡河中の者たちを襲っていた。すなわち、横からの流れに押されて舵手は針路を維持できず、兵士はよろめき、振り落とされるのではないかと思って水兵の任務を混乱させていたのである。**七** 兵士らはいくら力を入れても、槍を投げることさえできなかった。敵を攻撃することより、安全に足場を保つことに気をとられていたからである。救いとなったのは弩砲だった。これによって、密集して無謀にも身をさらしている敵に、矢玉が的確に発射されたのである。**八** 異民族《バルバロイ》のほうも筏に矢の雨を注ぎ、多くの鏃《やじり》で同時に貫かれないような盾はまずなかった。**九** そして、今や筏が岸に着こうとしていたとき、丸盾を持つ部隊が一斉に立ち上がり、[今度は]思いどおりに踏ん張って狙い過たず筏から槍を放った。そして敵がひるんで馬を返すのを見るや、互いに励ましあって気勢を上げ、陸へと跳び出し、浮き足だった敵に向かって激しい突撃を開始した。**一〇** 次に、すでに馬具をつけていた騎兵の部隊が

(1) 石、矢、槍などを射出する兵器。いしゆみ、カタパルト。

異民族《バルバロイ》の戦列を突破した。その間に残りの兵は、戦闘中の部隊に守られながら武装を整えた。一一　王自身は、まだ病身で欠いていた体力を強靱な気力で補っていた。叱咤する声こそ聞こえなかったが——まだ首の傷が十分には治っていなかった——、王が奮戦する姿を誰もが目にしていた。一二　そのため各自がそれぞれ指揮官の役割を果たし、互いに励ましあい、生命の危険を忘れて敵に突進しはじめた。

一三　まさにその時、異民族《バルバロイ》は敵の形相にも武器にも咆吼にも耐えられず、手綱を緩めて——騎兵部隊だったからである——敗走しだした。王は、弱った体を激しく振動させるのは耐えがたかったのだが、八〇スタディオンにわたって追撃を続けた。一四　そして、さすがに気力が尽きてくると、少しでも日差しが残っているかぎり、逃げる敵の背中に追いすがるようにと部下たちに指示した。彼自身は、精根尽きて陣営に引き揚げ、その後はそこにとどまった。一五　[マケドニアの]軍勢のほうはすでにディオニュソス(1)の境界を越えてしまっていた。そのしるしとして、狭い間隔で並んだ石と、幹をキヅタで覆われた高い木々があった。

一六　しかし、怒りがマケドニア軍をさらに先へと駆り立てた。陣営に戻ったのは真夜中近くであった。多くの敵を殺し、さらに多くの敵を捕虜にし、一八〇〇頭の馬を奪い取ってきたのである。一方、マケドニア側では、騎兵六〇名と歩兵約一〇〇名が倒れ、一〇〇〇人が負傷した。

一七　この遠征は、大半が離反していたアジアを、かくも時宜を得た勝利の報によって屈服させることとなった。人々はそれまでスキュティア人が無敵だと信じていた。だが、彼らが敗れた今、いかなる民族もマケドニアの武力には太刀打ちできないと認めつつあったのである。そういうわけでサカイ人(2)は、民族の臣従を約束する使節を送ってきた。一八　彼らを動かしたのは、王の武勇よりも、むしろ敗れたスキュティア人に対する寛恕であった。というのは、王は捕虜全員を身代金なしで送り返していたからである。これは、最も勇猛な民族との戦いが勇気を試すものであり、怒りに駆られた結果ではない、と思わせるためだった。

一九　そこで、王はサカイ人の使節を丁重に迎え、［帰途の］同伴者としてエウクセニッポス[3]をつけてやった。この者はまだごく若く、青春の盛りにあって王のお気に入りだった。容姿ではヘパイスティオン[4]に比肩したが、あまり男らしくなかったので、魅力においてはかなわなかった。

二〇　王自身は、軍の大部分を率いてゆっくりついてくるようにとクラテロスに命じたうえで、マラカンダ市に赴いた。ここからスピタメネス[5]は、王の到来を知ってバクトラへ逃亡していた。二一　かくして王は四日間で長い道のりを踏破し、メネデモスの指揮下で二〇〇〇人の歩兵と三〇〇人の騎兵を失った場所[6]に到着したわけである。王は、これら戦死者の骨を塚に埋めるよう命じ、父祖の流儀に則って葬儀を行なった。

二二　密集歩兵隊を率いてあとに続くよう命じられていたクラテロスは、すでに王と合流していた。そこで、反乱を起こした者が一人残らず戦禍を被るようにと、王は軍勢を分け、畑を焼き払って成人男子を殺害するよう命じた。

---

(1) ラテン語原文ではリベル・パテルで、酒の神ディオニュソス（バッコス）と同一視されるイタリアの神。著者は神の名としてローマ名を使っているが、訳ではギリシア名に置き換えてある。ディオニュソスには、インドに至るアジアを征服したという伝説がある。

(2) 本巻第四章六参照。

(3) 不詳。

(4) 本巻第七章九参照。

(5) 本巻第五章一九、第六章一四、第七章三〇以下参照。

(6) 本巻第七章三〇―三九参照。

第十章

一　ソグディアナ地方は大部分が砂漠である。不毛の荒野が幅約八〇〇スタディオンを占めている。二　膨大な距離にわたって広がっていて、その中を、住民がポリュティメトス[1]と呼ぶ川が流れている。その川を両岸が細い河床に押し込んで急流となし、その後、洞窟がそれを受け入れ、地下へ引き込む。三　隠れた川筋を示すものは流れる水の音のみである。というのは、これほどの大河の流れを覆い隠している土は、それ自体ではわずかな蒸気さえ発していないからである。四　ソグディアナ人の捕虜のうち、並外れた体力をそなえた三〇名のきわめて高貴な者が、王のもとに連れてこられていた。彼らは通訳を通じて、王の命令で処刑場へ連行されることを知ると、うれしがっているかのように歌いだし、踊りと奔放な動作で一種の歓喜を示しはじめた。五　王は彼らがこのような気概で死にのぞんでいることに驚嘆して、呼び戻すよう命じ、処刑を目前にしてこうした喜びを表出した理由を尋ねた。六　彼らは、もし他の人に殺されるのであれば悲しんで死んでいくことだろう、だが実際には全世界の征服者たるかくも偉大な王の手で祖先のもとに返されるのだから、勇者もこいねがうような名誉ある死を、慣例の歌と喜びで祝っているのだ、と答えた。

七　すると王は、その気概に驚嘆して言った。「諸君がわが敵としてでなく生きる気があるかどうか聞きたい。わたしの恩恵で生きることになるのだが」。八　彼らは、「われわれは一度としてあなたの敵だったことはなく、戦いを挑まれて敵方となったのだ。もし誰かが危害よりも恩恵によってわれわれを試したいと思ったなら、われわれは節義においても人後に落ちないように努めたことだろう」と答えた。九　そして、いかなる保証のもとに信義を守るつもりかと尋ねられると、いま許されようとしているこの命が担保となるだろう、要求されればいつでも返すつもりだ、と言った。実際、彼らは約束を破らなかった。というのも、家に帰された者たちは、同胞に忠誠を守らせたからである。護衛隊の要員として引き留められた四名は、王への傾倒ぶりでマケドニア人の誰にも劣らなかった。

一〇　ソグディアナにはペウコラオス[2]を歩兵三〇〇〇名とともに残し——それより大きな守備隊は必要なかった——、王はバクトラにやって来た。彼はここからエクバタナ[3]へベッソスを送致するよう命じた[4]。ダレイオス殺害を死をもって償わせるためである。一一　ほぼ同じ頃、プトレマイオス[5]とメニダス[6]が、傭兵として働くべき歩兵四〇〇〇と騎兵一〇〇〇を連れてきた。一二　アサンドロス[7]も、リュキア[8]から同数の歩兵と五〇〇名の騎兵を率いてきた。同数の者がシリアからアスクレピオドロス[9]に従ってきた。アンティパトロス[10]は、騎兵六〇〇騎を含むギリシア兵八〇〇〇名をすでに送ってきていた。一三　かくして軍隊は増強され、

---

(1) ソグディアナ中部の川。現在のザラフシャン川。
(2) 不詳。
(3) メディアの首都。アケメネス朝ペルシアの王都の一つ。現在のハマダン。
(4) 本巻第五章四三参照。
(5) トラキア人部隊指揮官。のちのエジプト王プトレマイオスとは別人。
(6) 傭兵騎兵隊指揮官。ただし、テクストは不確か。
(7) マケドニアの将軍。リュディア総督を務めた。
(8) 小アジア南部の地域。
(9) マケドニアの将軍。シリア総督を務めた。
(10) 本巻第一章七参照。

王は反乱で混乱した地域の秩序を回復すべく前進し、騒乱の首謀者たちを処刑したのち、四日目にオクソス川[1]に到着した。この川の水は、微砂を含んでいるためいつも濁っており、飲用には不適である。一四　そのため、兵士らは井戸掘りに取りかかっていたが、地中深く掘り返しても水はなかった。しかしついに、ほかならぬ王の幕舎内で泉が発見された。彼らは気づくのが遅かったので、これが突然出現したという噂を流し、王もそれが神々の賜物であると信じ込まれるのを歓迎した。一五　次に、オコス川[2]とオクソス川を越え、マルギアナ市[3]に着いた。その周辺に、六つの都市を建設するための敷地が選ばれた。二つは南側、四つは東側である。それらは、互いの援助を遠くに求めずにすむように、ほどよい間隔を保ち、すべて高台に建設された。一六　それらの都市は、当時は征服した国々を押さえつける役割を果たしていたが、今日ではその起源を忘れ、かつて支配した相手に従属している。

第十一章

一　そして、王は他の地域はすでに平定し終えていたが、一つの岩山が残っていた。ソグディアナ人アリマゼス[4]が三万人の武装兵で占拠していたもので、これほどの大軍を二年間でも養うに足るほどの食料を前々から蓄えていた。二　この岩山は高さ三〇スタディオンに達し、周囲が一五〇スタディオンあった。どの側面も切り立っていて、険しく細い小道が通じている。三　道の半ばに洞窟があり、その入り口は狭くて暗い。内部へ行くほど少しずつ広くなり、突き当たりは奥深い凹所となっている。洞窟中ほとんどいたるところに泉が湧き出し、それらから集まった水が山の斜面に流れ出している。四　王はこの険しい地勢を見てとり、そこを立ち去ろうと決心していたが、やがて自然をも屈服させてやろうという気になった。五　しかしながら王は、攻囲の運を試す前に、アルタバゾスの息子コペス(5)を、岩を明け渡すよう異民族《バルバロイ》を説得するため派遣した。アリマゼスは地形を頼みとして数々の傲慢な言葉を返し、あまつさえ、アレクサンドロスは空を飛ぶこともできるのか、と尋ねた。

六　このことが報告されると王は大いに憤慨し、いつも相談相手にしていた者たちを招き入れて、翼を持っていないからといって自分たちを馬鹿にした異民族《バルバロイ》の不遜さを語った。だが、明日の晩には、マケドニア人は飛ぶこともできるのだと信じさせてくれよう、とも言った。七「各人が手勢の中から最も敏捷な若者を［全部で］三〇〇人、わたしのところへ連れてきてくれ。郷里ではいつも山の牧場やほとんど道のない岩のあいだで家畜を追っていた連中をだ」と彼は言った。八　彼らはすぐさま、身の軽さと果敢さで抜きんでた者たちを連れてきた。王はこれらの者を見て言った。「若者たちよ、わが同輩よ、諸君とともにわたしは、かつて征服されたことのない町々の要塞を攻略し、一年中雪に覆われた山々の尾根を踏み越え、キリキアの

(1) 本巻第四章五、第五章一三以下参照。アレクサンドロスは北方からこの川まで引き返してきたわけである。
(2) バクトリアの川。オクソス川に注ぐ支流。
(3) マルギアナ地方（バクトリアの西方）の町。
(4) ソグディアナ東部の豪族。他の文献ではアリアマゼスと呼ばれている。
(5) ペルシアの名門貴族だが、父アルタバゾスとともにアレクサンドロスに投降して仕えていた人物。

隘路に分け入り、インドの猛烈な寒さにも疲れを見せずに耐え抜いた(1)。わたしは諸君に、諸君はわたしに、実証してみせたのだ。九　そこに見える岩山には入り口が一つしかない。異民族《バルバロイ》はそこを封鎖していて、他のことは眼中にない。こちらの陣営を見張る者以外、歩哨はいない。一〇　頂上への通路をうまく探れば、道は開けるであろう。自然は何物をも、勇気によって乗り越えられないほどの高みに置いたことはない。他の者が断念したことを試みることによって、われわれはアジアを手中に収めているのだ。一一　頂上に登れ。そこに着いたら、白い布でわたしに合図せよ。わたしのほうは軍勢を繰り出して、敵の注意を諸君からわれわれのほうへ向けさせるつもりだ。一二　真っ先に頂上に達した者には一〇タラントンの褒美を与える。次に着いた者には一タラントン少なく与え、同じ割合が一〇人目まで保たれる。しかし、諸君がわたしの気前のよさよりも、わたしの望みにこそ意を注いでくれるものとわたしは確信している」。

一三　彼らはたいへんな意気込みで王の話に耳を傾けていたので、すでに頂上を占拠したかのような有様だった。彼らは解散後、岩のあいだに打ち込むための鉄の楔《くさび》と、頑丈な綱を用意した。一四　王は岩山の周囲を巡り、道の険しさと急峻さが最も緩やかに見えるところで、第二更(2)に祈りの言葉とともに出発を命じた。一同は二日分の食事をとり、短剣と投槍のみで武装して登りはじめた。一五　最初は徒歩で登攀した。その後、険しい地点に着くと、ある者は突き出た岩をつかんで体を引き上げ、ある者は綱の輪を投げて登り、ある者は岩のあいだに楔《くさび》を打ち込んで足場を確保した。彼らはその日を恐怖と辛苦のうちに過ごした。一六　険しい地点をやっとのことでよじ登ると、さらなる難所が待ちうけていて、岩山の高さはいや増すように思われた。不安定な足場に欺かれた者が真っ逆さまに転落するさまは、まことに哀れであった。こうした他人の厄災の実例は、やがて自分も同じ目に遭わねばならないことを示していた。一七　しかしながら、これらの困難をくぐり抜けて、彼らは山頂にたどり着いた。誰もが絶え間ない労苦で疲労困憊し、なかには手足の一部に損傷を受けた者もあった。彼らには夜と眠りが同時に訪れた。一八　彼らは道のないでこぼこの岩のあちこちに身を横たえ、当面の危険を忘れて明け方まで眠った。そしてついに、まるで熟睡から覚めたかのように目覚めると、下に横たわる隠れた谷間を調べ、岩山のどこに敵の大軍が潜んでいるのかはわからなかったが、自分たちの真下の洞窟から煙が立ち昇っているのに気づいた。一九　この煙によってそこが敵の隠れ家だと知れた。そこで彼らは、手筈どおり槍に目印をつけた。また、登攀中の死亡者が総勢中三二名だったことが判明した。

二〇　王は、その地点を占領したいという願望に劣らず、これほど明白な危険へと送り出した者たちの運命のためにも気が気でなく、一日じゅう山頂を眺めながら立ちつくしていたが、とうとう夜になり闇が視界を奪うと、体を休めるために引き揚げた。二一　翌日まだ夜が明けきらないうちに、彼は真っ先に、頂上を占拠したしるしである布を目にした。だが、変わりやすい天候が、ある時は日光の輝きをかいま見せ、ある時は隠して、目を欺いているのではないかと疑わせた。しかし、空が明るさを増すと、疑いは拭い去られた。二二　彼はコペス――この人物を通じて異民族の気持ちを試していたのだったが――を呼び、せめて今とな

（1）カウカソス（ヒンドゥー・クシ）山脈越えを指すものと考えられる。本巻第三章一九以下参照。　（2）二五五頁註（4）参照。

ってはもっと穏当な方針をとるようにと警告するため、敵のもとへ送った。ただし、もし相手があくまで地の利に頼るつもりなら、頂上を占拠した背後の軍勢を見せてやるように、と命令しておいた。二三［敵将の前に］通されたコペスは、もしこれほどの大事業に取り組んでいる王にたった一つの岩の包囲で時を費やすことを強いなければ、王の好意を得ることになるだろう、と言って、岩山を明け渡すようアリマゼスを説得しはじめた。アリマゼスのほうは以前にもまして居丈高で傲慢な物言いをし、コペスに立ち去るよう言い渡した。二四　ところが、コペスは相手の手を取り、いっしょに洞窟の外に出るよう求めた。これが聞き入れられると、頂上の若者たちを指し示し、相手の傲慢さに当然の嘲笑を浴びせて、「アレクサンドロスの兵士は翼を持っているのだ」と言った。

二五　そして今や、マケドニア人の陣営からラッパの音と全軍の雄叫びが聞こえてきた。これが、戦場での他の多くの事例と同様に、空虚で無意味なことでありながら、異民族《バルバロイ》を降伏に至らせた。というのは、彼らは恐怖にとらわれて、背後にいるのがどれほど小勢か判断できなかったからである。二六　そのため、彼らはすぐにコペスを——彼は敵を狼狽するままにしておいたのである——呼び戻し、主立った者三〇名をつけて送り出した。岩山を明け渡し、無事に立ち去ることが許されるという協定を結ぶためである。二七　王は、異民族《バルバロイ》が件《くだん》の若者たちが少数なのを見てとって追い払うのではないかと懸念したものの、自分の幸運を信じてもいたし、アリマゼスの傲慢さに立腹もしていたので、いかなる降伏条件も認めないと答えた。二八　アリマゼスは、実状以上に情勢に絶望し、親類や部族の主な貴族を連れて陣営まで降りてきた。王は、これら全員を鞭打ち、ほかならぬこの岩山の麓で磔刑に処すよう命じた。二九　降伏者の多くは、押収した金銭とともに、新しい諸都市[1]の住民に贈り物として与えられ、アルタバゾスがこの岩山と近隣地域の守備のために残された。

(1) 本巻第十章一五参照。

第八巻

第一章

一　アレクサンドロスは、栄光にまさる名声を得てその岩山を支配下に置いたのち、敵の分散に応じて軍勢を散開させる必要があったので、軍を三分割した。指揮官として第一の部隊にはヘパイスティオンを、第二の部隊にはコイノス(1)を任命し、自身は残る部隊を統率した。二　しかし、異民族《バルバロイ》の心情は誰でも同じというわけではなかった。一部の者は武力で征服されたが、多くの者は戦わずして権威に服した。そのうち、あくまで反抗を続けた者たちの都市や耕地を後者に割り当てるようにと王は命じた。三　ところが、流浪の身となったバクトリア人がマッサゲタイ人(2)の騎兵八〇〇名とともに近隣の村を荒らした。これを抑えるためにその地域の指揮官アッティナス(3)が、待ち伏せをしかけられているのを知らずに、三〇〇名の騎兵を投入した。四　敵は、たまたま平原のそばにあった森に武装兵を隠し、若干名が家畜を追い立てていた。戦利品を餌《えさ》に、油断した相手を罠に引き込もうというわけだった。五　そのため、アッティナスは略奪しようと隊列を乱し、隊形を崩して追跡した。こうして森のそばを通過するところを、そこに待機していた伏兵が不意打ちし、皆殺しにした。

六　この惨事の知らせはすぐクラテロス(4)のもとに届き、彼は全騎兵隊を率いて駆けつけた。すると、マッサゲタイ人のほうはすでに逃げ去っており、一〇〇〇人のダアイ人(5)が殺され、その敗北でこの地方全域の反乱が終息した。**七**　アレクサンドロスも、ソグディアナ人を再び鎮圧してからマラカンダに戻った。そこで、ボスポロスの向こうに住むスキュティア人のところへ派遣していたデルダス(6)がその民族の使節を伴ってきたのに出会った。**八**　マッサゲタイ人およびダアイ人と国境を接するコラスミア人(7)の支配者プラタペルネス(8)もまた、臣従を約すべく使者をよこしていた。**九**　スキュティア人はアレクサンドロスに、自国の王の娘と婚姻を結ぶよう求めた。また、もしこの縁組みをふさわしくないとお思いなら、マケドニアの主立った人々にわが国の身分の高い娘たちをめあわすのをお許し願いたいとも言い、王自らも御前に参上すると約束した。**一〇**　王はどちらの使節にも丁重に耳を傾け、ヘパイスティオンとアルタバゾスを待ちつつ駐留陣営にとどまった。二人が合流すると、バザイラ(9)と呼ばれる地方に赴いた。

---

(1) マケドニアの有力な将軍。パルメニオンの娘と結婚していたが、ピロタスの陰謀事件では、これを弾劾する側に立った(第六巻第八章参照)。
(2) オクソス川の西側に住むスキュティア系部族。
(3) 不詳。
(4) 第七巻第六章一六参照。ここでは、バクトリア各地に駐留していた部隊を統括する任務にあったものと考えられる。
(5) 第七巻第四章六参照。詳細は述べられていないが、マッサゲタイ人と連合していたようである。
(6) 第七巻第六章一二参照。
(7) 第七巻第四章六参照。
(8) 後出(第一〇章一七)のプラタペルネスとは別人。パラスマネスの誤りと考えられる。
(9) 不詳。マラカンダ(サマルカンド)の近くか。

一一　その地域では、広大な森林や牧草地に囲われたすばらしい野獣の群れほど、異民族《バルバロイ》の富をよく示すものはない。一二　彼らはこのために広々とした森を選び、一年中水の涸れることがない数多くの泉で趣を添える。森は塀に取り巻かれ、狩人の避難所となる塔をそなえている。一三　四世代続いて手つかずのままだったことで知られていた森があったのだが、アレクサンドロスは全軍を引き連れてそこへ侵入し、四方から野獣を狩るよう命じた。一四　その中で、まれに見る巨体のライオンが王に襲いかかろうと突進してきたとき、たまたまアレクサンドロスのそばにいたリュシマコス(1)——のちに王となった男である——がその野獣に槍を向けようとした。しかし、王はこれを押しのけ、下がれと命じ、リュシマコス同様自分も一人でライオンを殺すことができる、と付言した。一五　事実リュシマコスは、かつてシリアで狩りをしたとき、途方もない体軀のライオンを一人で仕留めたことがあったのだが、左肩を骨まで引き裂かれ、生命の危険に瀕したのだった。一六　王はまさにその点を当てこすったのだが、行動は言葉以上に勇敢だった。というのも、その野獣を迎え撃っただけでなく、一撃で倒したからである。

一七　リュシマコスの身が王の手でライオンの前にさらされたなどという根も葉もない風説は、上記の事件から生じたのだとわたしとしては信じたいところである。一八　一方マケドニア人は、アレクサンドロスが首尾よく事を成し遂げたとはいえ、王が徒歩の場合も、選り抜きの将校や朋友を伴わない場合も狩猟をすべきではないと、民族の慣習に従って決議した。一九　王は、四〇〇〇頭の野獣が仕留められたのち、同じ森で全軍そろっての饗宴を催した。

そこからマラカンダに戻った王は、アルタバゾスの老齢だという訴えを聞き入れ、その属州(2)をクレイトス(3)

に引き継がせた。二〇 グラニコス河畔(4)で頭をさらして戦って(5)いた王を自分の盾で守り、王の命を脅かしたロサケス(6)の腕を切り落としたのがまさにこの人物であった。ピリッポス王以来の古参で、数々の武勲に輝いていた。二一 アレクサンドロスを養育したヘラニケ(7)はこの人の姉であり、王からはまるで母親のように慕われていた。これらの理由で、王は帝国の最精鋭を忠実な守護者たるクレイトスにゆだねていたのである。

二二 そして、すでに彼は翌日の出発の準備を命じられていたが、恒例の早くから始まる饗宴に招かれた。その席で、王は大酒して気分が高揚し、節度を忘れて自画自賛し、自分の業績を自慢しだした。それは、その話を本当だと認める人々の耳にも不快なほどだった。

二三 それでも、年輩の者たちは、王がピリッポスの業績をけなしはじめ、次のように豪語するまでは沈

(1) マケドニアの将軍。側近護衛官。のちにトラキア王。

(2) バクトリア。第七巻第五章一参照。

(3) マケドニアの有力な将軍。アレクサンドロスよりやや年長の側近。騎兵隊指揮官。

(4) ミュシア（小アジア北西部の地域）の川。前三三四年、ここでアレクサンドロスはペルシア軍と合戦し、大勝した。

(5) 敵の攻撃で兜が破損していた。

(6) ペルシアの部将。ロイサケスとも呼ばれる。アリアノス『アレクサンドロス大王東征記』第一巻一五-八では、このとき腕を切り落とされたのはロイサケスの兄スピトリダテスとなっている。

(7) アレクサンドロスの乳母。アリアノス『アレクサンドロス大王東征記』第四巻九-三ではラニケと呼ばれている。

黙を守った。すなわち、「カイロネイア(1)での名高い勝利はわたしの手柄だ(2)。ところが、これほどの偉業でありながら、その栄光は父の悪意と嫉妬のせいで横取りされてしまった。二四　わたしの父は、マケドニア兵とギリシア人傭兵のあいだに争いが起こったとき、その騒乱の中で受けた傷で戦闘不能となって倒れ、死んだふりをする以外に身を守るすべがなかった。わたしが自分の盾でその体を守り、殺到する連中をこの手で倒したのだ。二五　父は息子に命を救われたのが気に入らず、この件を決して認めようとしなかった。またわたしが、父を伴わずに自らイリュリア(3)人に対して行なった遠征のあとで、わたしは勝利を得て、敵は撃破され敗走したと父に書き送った。ピリッポスはどこにもいなかったのだ。二六　称賛に値するのは、アジアが焼き払われ荒廃させられるべきときにサモトラケ(4)の秘儀に参加した者ではなく、偉大な業績によって信仰を超越した者なのだ」と。

二七　これらや、これに類したことを、年少の者たちは喜んで聞いた。が、年輩の者たちは、とくにピリッポス——彼らは長年この王に仕えていたのである——のことを思って、不愉快であった。二八　その時クレイトスは、自身もあまりしらふとは言えなかったのだが、下手で横になっていた人々のほうを向き、王には言葉は聞き取れないが声は聞こえるという程度に、エウリピデス(5)の詩行を引用した。二九　その主旨は、戦勝記念碑に王の名しか刻まないとは、ギリシア人はひどい習わしを作ったものだ、王というのは他人の血で得られた栄光を横取りしているのだから、というものだった。そこで王は、悪意ある言葉ではないかと疑い、クレイトスから何を聞いたか、隣の者らに尋ねはじめた。三〇　そして、それらの者が頑《かたく》なに沈黙を守っていると、クレイトスはだんだんと声を上げて、ピリッポスの業績とギリシアで行なった戦争を数え上げ、それらすべてを現時の戦役より上位に置いた。三一　ここから、年少者と年輩者のあいだにいさかいが生じた。そして王は、自分の誉れをけなすクレイトスの言葉を辛抱強く聞いている様子ではあったが、実は激しい怒りを覚えていた。三二　それでも、クレイトスが前後の見境なく始めた話をここで切り上げていたならば、王は自制するように思われたが、相手が態度を変えないために、ますます苛立ちをつのらせていた。三三　そして今や、クレイトスは大胆にもパルメニオン(6)をさえ弁護し、アテナイ人に対するピリッポスの勝利(7)をテバイの破壊(8)よりも高く評価した。酒のせいばかりでなく、ゆがんだ闘争心に引きずられていたのである。三四　ついに彼は言った。「もし誰かがあなたのために死なねばならぬとしたら、このクレイトスが一番手だ。ところが、論功行賞となると、誰よりも野放図にお父上の思い出をあざ笑う連中が勲一等をさら

(1) ボイオティア（ギリシア中部）の町。前三三八年、この付近でピリッポス二世がギリシア連合軍を破った。

(2) アレクサンドロスが騎兵隊を率いて真っ先にテバイ軍の戦列を突破したとも伝えられている。

(3) アドリア海の東側の地域。

(4) トラキアの島。ピリッポスは、この地の秘儀に入信したときにオリュンピアス（アレクサンドロスの母）と出会って結婚した。

(5) ギリシア三大悲劇作家の一人。このとき引用されたのは『アンドロマケ』六九三行。

(6) 第七巻第一章二、第二章一一以下参照。

(7) カイロネイアの戦い。本章二三参照。テバイとアテナイがギリシア軍の中心だった。

(8) テバイはボイオティアの有力な都市。ピリッポスの死後、反乱を起こしたが、アレクサンドロスにより鎮圧され、壊滅した。

っていく。**三五**　あなたはわたしにソグディアナ[1]地方を割り当ててくださる。何度となく反乱を起こし、いまだ平定されていないばかりか、鎮圧が不可能ですらある所をだ。獰猛な野獣どもの住みかへ送られるわけだ。**三六**　だが、自分にかかわることはよしとしよう。あなたはピリッポスの戦士を馬鹿にしている。もしここにいる老アタリアスが戦闘を後込みする若い連中を呼び戻さなかったら、われわれはいまだにハリカルナッソス[2]あたりでぐずぐずしているはずだということも忘れてな。**三七**　それでは、あなたはそんな若造どもといっしょでも、どうやって全アジアを征服できたのだろうか。思うに、あなたの叔父上[3]がイタリアで言ったとされていることが正しいのだ。いわく、自分は男たちに出会ったが、あなたは女たちに出会った、とな」。

三八　無思慮かつ無分別に投げつけられたこれらの雑言の中でも、パルメニオンへの誇らしげな言及[4]ほど王を激怒させたものはなかった。それでも王は怒りを抑え、クレイトスに饗宴の場から出ていくよう命じるにとどめた。**三九**　そして、「あの男は、もしあれ以上話を続けていたら、「この俺が命を救ってやったのに」などとわたしをなじったことだろう。いつもそれを偉そうに自慢していたのだから」とだけつけ加えた。**四〇**　一方、まだ席を立つのをためらっていたクレイトスに、そばで横たわっていた者たちが手をかけ、叱りつけて警告し、外へ連れ出そうとした。**四一**　クレイトスは引きずり出される際に、元々の粗暴さに怒りも加わって、「王の背中はこの胸で守られてきたのに、これほどの勲功も今や過去のこととなると、思い出すのも厭わしいとは」と叫んだ。**四二**　さらに、アッタロス[5]殺害の件も槍玉に上げ、あげくに、アレクサンドロスが自分の父だと称していたゼウス[6]の神託を嘲笑して、「お父上より俺のほうがもっと確かな返答をしてやったぞ」と言った。
四三　すでに王は、しらふでもほとんど抑えきれないほどの怒りを抱いていた。実際、とうに酒で正気をなくしていて、やにわに寝椅子から跳び出した。**四四**　朋友たちはすわとばかり、杯を置く余裕もなく投げ捨てて、一斉に立ち上がり、王がこれほど猛り立ってやろうとしていることの成り行きを注視した。**四五**　アレクサンドロスは、衛兵の手から槍をひったくり、なおも暴言を吐き散らすクレイトスを突こうとしたが、プトレマイオス(7)とペルディッカスに止められた。**四六**　二人は腰に抱きついて、もがき続ける相手を押さえ、

---

(1) 前出の箇所（第七巻第五章一、第八巻第一章一九）ではバクトリアとなっているが、バクトリアとソグディアナは行政上一体のものとして扱われていたようである。
(2) カリア（小アジア南西部の地域）の都市。その包囲戦におけるアタリアスの勲功については第五巻第二章五参照。
(3) エペイロス（ギリシア北西部の地域）王アレクサンドロス。アレクサンドロス大王の母オリュンピアスの弟。南イタリアに遠征し、戦死した（前三三〇年）。
(4) 本章二三参照。
(5) 第七巻第一章三参照。
(6) ラテン語原文ではユッピテル（ローマの最高神で、ギリシア神話のゼウスに相当）。アレクサンドロスは、エジプトのアンモン神（ギリシアではゼウスと同一視された）の神託を伺った頃から、自分はその息子だと主張していた。第四巻第七章三〇参照。
(7) マケドニアの将軍。側近護衛官。のちのエジプト王プトレマイオス一世。アレクサンドロスの遠征の記録を書き残した（現存せず）。

リュシマコスとレオンナトス(1)は槍も取り上げた。四七　王は兵士たちの忠節に訴え、先頃ダレイオスの身に起こったように、自分は最も親しい側近たちに拘束されている、と叫び、兵士が武装して本営に集まるようラッパで合図せよと命じた。

四八　この時、プトレマイオスとペルディッカスは王に、こんなにも早まった怒りに固執することなく、むしろ心に猶予を与えるように、明日にはすべてをもっと正当に処置できよう、と膝にすがって哀訴した。四九　しかし、怒りがそれをかき消し、耳をふさがせた。そのため、彼は我を忘れ、本営の前庭に走り出て歩哨から槍を奪い、会食した人々が通らなくてはならない出入り口に立ちはだかった。五〇　他の人々は去り、最後にクレイトスが明かりを持たずに通りかかると、王は誰何した。その声にはすでに、意図していた罪の残虐性が現われていた。五一　そして、クレイトスはもはや自分の怒りは忘れ、王の怒りに留意しつつ、自分はクレイトスであり、饗宴から立ち去るところだ、と答えた。五二　王は、そう言う相手の脇腹に槍を突き刺し、死んでいく男の返り血を浴びながら、「さあ行け、ピリッポスやパルメニオンやアッタロスのところへ」と言った。

第二章

一　人間の性質は「自然」からひどい扱いを受けたものである。われわれはたいてい行動を前もってではなく、あとから考量する。というのも、王は、怒りが心から消え去ったあとは、酔いも醒め、自分の罪の深さをはっきり自覚したが、もはや手遅れだったのである。二　王は、その時は野放図に無礼をはたらいたとはいえ、ともかく戦場では抜きんでた男で、しかも――もし認めるのを恥ずかしく思っていなければ、の話だが――自分の命の恩人を、殺してしまったことを認識していた。王たる者が唾棄すべき死刑執行人の役目を引き受け、酒の上の話ともいえる放言を忌まわしい殺戮で罰したのである。三　前庭の一面に、つい先ほどまで宴の客だった男の血が流れていた。歩哨たちは驚愕し、呆けたように離れて立ち、彼はその孤独ゆえに、いっそう思う存分悔恨の情に浸ることとなった。四　そのあげく、彼は横たわる死体から槍を引き抜き、自分の身に向けた。そして、すでに槍を胸に当てていたとき、歩哨たちが飛びかかり、もがく彼の手からそれをもぎ取り、体を持ち上げて幕舎に運んだ。五　彼は地面に身を投げ、本営の隅々にまで哀れな嘆きと号泣が響きわたった。それから、爪で顔をかきむしり、自分がこれほどの不名誉のあとも生き延びるのを許さぬようにと、周りに立っている者たちにかき口説くのだった。

六　こうした懇願のあいだに一夜が過ぎた。そして王は、神々の怒りゆえにこのような悪行に駆り立てられたのだろうかと考えるうちに、例年のディオニュソスのための供犠を定められた時期に行なっていないことに気づいた。それゆえ――殺害は酒宴の間に行なわれたのだから――神の怒りの現われに違いない、というわけである。七　しかし、彼の心をいっそう乱したのは、朋友たちが皆、心中恐れおののいているのがわかるということだった。今後は誰もあえて自分と言葉を交わそうとせず、野獣――他の獣を恐れさせ、自分

(1) マケドニアの将軍。側近護衛官。

も相手を恐れる――のように孤独の中で生きなければならないと感じていたのである。八　その後彼は、明け方になってから、まだ血にまみれたままの死体を幕舎に運び入れるよう命じた。死体が目の前に置かれると、目に涙を浮かべて言った。「わたしは、自分の乳母(1)にこのような報いをしたのだ。彼女の二人の息子はミレトスでわが栄光のために最期を遂げ、息子を失ったことに対する唯一の慰めだった弟は、饗宴中にわたしに殺された。九　今や哀れな彼女はどこへ行けばよいのだろうか。身寄りの者のうち、わたしだけが生き残っている――彼女がただ一人平静な目では見られないような男が。そして、恩人殺しのわたしは、この不幸を思い出させずには乳母に右手を差し伸ばすことすらできないというのに、おめおめ祖国に戻れようか」。一〇　そして、涙と嘆きには際限がなかったので、死体は朋友たちの命令で片づけられた。

一一　王は三日間引き籠もった。衛兵や側近護衛官たちは、彼が死を決意しているのを知ると、一斉に幕舎に押し入り、長いあいだ彼らの哀願に抵抗していた王をやっとのことで説き伏せ、食事をとらせた。一二　そして、この殺人を恥じる王の気持ちを和らげようと、クレイトス殺害は正当であり、王が埋めるように命じないかぎり、埋葬も禁じるであろう、とマケドニア人は決議した。

一三　そこで王は、主として恥の意識から立ち直るためにマラカンダで一〇日間過ごしたのち、冬季の糧秣を確保するため、ヘパイスティオンに軍隊の一部をつけて派遣した。一四　以前クレイトスのために定めておいた属州はアミュンタス(2)に与え、自身はクセニッパ(3)に到着した。この地域はスキュティアに隣接し、多数の人口稠密な村がある。それは、土地の肥沃さが原住民を引き止めるだけでなく、移民をも引き寄せるからである。一五　この地は、アレクサンドロスから離反したバクトリア人亡命者の受け皿となっていた。しかし、王がやって来ることが知れわたると、亡命者たちは住民から追い出され、およそ二五〇〇人の集団となった。一六　彼らは全員が騎兵で、平時から略奪行為に明け暮れていた。このとき彼らの荒々しい気性は、戦争のためだけでなく、赦免される見込みのないことで、さらに凶暴化していた。それゆえ彼らは、アレクサンドロスの部将アミュンタスに不意打ちをかけ、長いあいだ戦況を五分五分にしていた。一七　だが、ついに彼らは七〇〇名の味方を失って——うち三〇〇名は敵の捕虜となった——敗走したが、一矢を報いずにはいなかった。というのも、八〇名のマケドニア人を殺し、そのほかに三五〇名を負傷させたからである。一八　それでも、彼らはこの二度目(4)の反乱のあとでさえ、赦免を受けた。

一九　彼らの投降を認めたのち、王は、ナウタカ(5)と呼ばれる区域に全軍を率いてやって来た。総督はシシミトレス(6)で、実の母親とのあいだに二人の息子をもうけていた。この地では親と子の交わりが許されているのである。二〇　この男は、住民を武装させ、その区域の入り口の最も狭隘な地点を頑丈な防塁で固めていた。そのそばを急流が流れ、岩山が背後を閉ざしていた。二一　住民はここに人工の通路を造っていた。し

(1) ヘラニケ。本巻第一章二一参照。
(2) ニコラオスの子（第七巻第一章一〇以下のアミュンタスとは別人）。この時ゆだねられた属州はバクトリア（ないしソグディアナ）。のちのギリシア人傭兵の反乱（第九巻第七章一以下）で死亡か。
(3) マラカンダ（サマルカンド）の西方、現在のブハラ市（ウズベキスタンの町）近くの町。
(4) 一度目の反乱については、第七巻第六章一三以下、第七章三一以下参照。
(5) ソグディアナ中部の町。
(6) ソグディアナの豪族。アリアノス『アレクサンドロス大王東征記』第四巻二一ではコリエネスと呼ばれている。

かしその洞窟は、入り口では日が差すものの、内部は明かりを持ち込まぬかぎり真っ暗である。原住民しか知らない一続きの坑道が、平原への抜け道となっている。二二　これに対しアレクサンドロスは、こうした自然の地形に守られた隘路を異民族《バルバロイ》が兵力を増強して守っていたにもかかわらず、破城槌を繰り出して、人工的に付加されていた防塁を打ち砕き、投石器と弓矢で守備兵の大半を倒した。こうして敵を散り散りに潰走させると、防塁の残骸を踏み越えて軍を岩山のほうへ前進させた。

二三　しかし、川が行く手を阻み――山の頂上から谷へと水が集まって流れ落ちていた――、これほど深い狭間を埋め立てるのは大仕事だと思われた。二四　それでも王は、木を切り倒し、岩を運び集めるようにと命じた。すると、この種の大工事を見慣れなかった異民族《バルバロイ》は、突如として堰が築かれたのを目にして肝をつぶした。二五　王はそこで、脅しをかけて降伏を強いることができると考え、同じ部族の者だが自身の臣下だったオクサルテス(1)を、岩山を明け渡すよう敵将を説得するために派遣した。二六　その間に王は、敵の恐怖心を煽ろうと攻城塔を近づけたり、弩砲から放つ槍をきらめかせたりした。そのため、敵は他の防御はすべて打ち捨て、岩山の頂上に向かった。二七　一方オクサルテスは、怖じけづいて戦況に自信をなくしたシシミトレスに対し、マケドニア人の力よりも信義を試そうと考えるように、インドを目指して急ぐ勝者の軍隊を遅らせないように、と促しはじめた。邪魔をする者は誰でも、他人の災いを自分の頭に向けることになるのだから、と。

二八　そして、シシミトレスのほうも自分では降伏に傾きつつあった。ところが、母でもあり妻でもある女が、他人に膝を屈するくらいなら死ぬほうがよいと宣言し、この男の心を安全な道から名誉ある道へと向け変え、男よりも女のほうが自由を尊ぶことを恥ずかしく思わせた。二九　そのため、シシミトレスは和平の仲介者を帰らせ、攻囲に耐えようと決意した。しかし、敵の力と自分の力を秤にかけると、女の忠告——それは必要というより無謀なものと思われた——に従ったことを後悔しはじめた。三〇　そして急いでオクサルテスを呼び戻すと、自分は王に臣従すると明言したが、ただ一つ、母も恩赦を得やすくなるように、その意志と忠告を暴かないようにしてほしい、と懇願した。三一　そういうわけで、シシミトレスはオクサルテスを先に送り出すと、オクサルテスが約束した保証も待たずに、母親と子供と一族の者を連れて後に続いた。三二　王は、騎兵を先遣し、戻って王自身の到着を待つようにと伝えさせた。やって来た王は、アテナ・ニケ(2)に犠牲を捧げ、シシミトレスに支配権を返してやり、もし忠実に友好を維持するならと言って、より大きな属州への期待を持たせた。三三　この父親が引き渡した二人の若者には、軍務につくために随行するよう命じた。

次に、王は密集歩兵隊をあとに残し、反乱者鎮圧のため騎兵を率いて前進した。三四　一同は、険しく岩に妨げられた道に、最初は何とか耐えていた。しかし、やがて馬の蹄がすり減るだけでなく、［馬の］体力も消耗してくると、大半の者がついていけず、隊列はたびたびまばらになっていた。よくあることだが、過酷

---

(1) 不詳。アリアノスではこの役目を果たすのはオクシュアルテスだが、クルティウスにおいては、オクシュアルテスはこの時点でまだ投降していない（本巻第四章二一以下参照）。

(2) ラテン語原文ではミネルウァ・ウィクトリア（勝利の女神ミネルウァ）だが、ギリシア語のアテナ・ニケを指すものと思われる。第四巻第十三章一五参照。

な労苦に廉恥心もくじかれていたのである。三五　それでも王はたびたび馬を取り替えながら、休みなく逃げる敵を追っていた。いつも王につき従う貴族の若者たちは、ピリッポス(1)を除いて脱落していた。この者はリュシマコスの弟で、成年に達したばかりだったが、すぐに明らかになったように、たぐいまれな資質の持ち主だった。三六　信じがたい話だが、彼は五〇〇スタディオンにわたって、徒歩で騎馬の王につき従った。何度もリュシマコスが自分の馬を提供しようとしたが、鎧をつけ武具を持っていたにもかかわらず、王のそばを離れる気にはなれなかったのである。

三七　同じこの若者は、異民族《バルバロイ》が身をひそめていた森に着くと、あっぱれな戦いぶりを見せ、白兵戦で敵と戦う王を守った。三八　しかし、異民族《バルバロイ》が散り散りに潰走して森から去ると、戦いの熱気の中で体を支えていた気力が失せ、突然手足すべてから汗が噴き出し、近くの木の幹に寄りかかった。三九　その後、それすら支えにならなくなると、若者は王の手に抱きかかえられ、その中にくずおれて息絶えた。四〇　悲嘆する王を、もう一つひどい悲しみが待ち受けていた。エリギュイオスは名高い将軍の一人だった(2)が、その死去を、陣営に戻る少し前に知ったのである。両者の葬儀は、あらゆる光輝と栄誉を伴って行なわれた。

第三章

一　王は次にダアイ人を攻めることに決めていた。スピタメネス(3)がその地にいるのを知っていたからである。ところが、この遠征についても他の多くの事例と同じく、幸運の女神が倦むことなくアレクサンドロスを甘やかして、本人の出る幕もないままけりをつけてしまった。二　スピタメネスは、度を越して妻を熱愛していたので、逃亡とたびたび変わる亡命先に嫌気がさしていた妻を、あらゆる危険の中へ同伴して引きずり込んでいた。妻は苦難に疲れ果て、再三にわたり女の手管を使い、夫にもう逃亡をやめさせ、勝利を得たのちのアレクサンドロスの寛大さを経験済みであるからには、所詮逃れることのできない相手をなだめさせようとした。三　夫とのあいだにはすでに成人している三人の子がいた。彼女は子供を父親の胸に押しつけ、せめてこの子らを哀れんでほしいと訴えた。そして、この嘆願に重みを加えたのは、アレクサンドロスがもはや遠からぬところにいるということだった。四　夫のほうは、これは忠告ではなく裏切りだと、また、妻がすぐにもアレクサンドロスに降伏したがっているのは自分の容姿に自信があるからに違いないと考えて、短剣を抜き、もし彼女の兄弟が割って入らなければ刺し殺しているところだった。

五　その代わりに彼は妻に目の前から去れと命じ、もし今度姿を見せたら殺すという脅しを加え、欲求を静めるために妾たちのあいだで夜を過ごしはじめた。六　しかし、今の女たちへの不満から、かえって深く染みついた愛が燃え上がった。そこで、スピタメネスは再び妻だけに愛情を注ぎ、あのような忠告は控えて、何であれ運命の定めに従うように、自分にとっては降伏よりも死のほうが楽なのだからと、飽くことなく懇

(1) 不詳だが、ユスティヌス抄録／トログス『地中海世界史』第十五巻三-一一にも言及がある。
(2) とくに第七巻第四章三二以下参照。
(3) 第七巻第五章一九、第六章一四以下、第七章三一以下、第九章二〇参照。

願した。七　一方妻は、「わたしはあなたのためを思って、いかにも女のやり方ではあったけれども、衷心よりお勧めしたのです。今後のことについては夫の権威に従いましょう」と弁解した。八　スピタメネスは見せかけの従順さに魅了され、昼間から宴会の支度を命じ、さんざん飲み食いして半ば眠ったまま寝室に運ばれた。九　夫が深い眠りに沈んでいるのを見ると、妻は衣に隠していた剣を抜き、首を切り落として、返り血を浴びたまま、それを悪事の共犯である奴隷に手渡した。一〇　その男をつき従えて、彼女は血まみれの服のままマケドニア人の陣営に赴き、「アレクサンドロスがわたし自身の口から聞くべきことがある」と伝えさせた。一一　王はただちにその異民族《バルバロイ》の女を中に入れるよう命じた。彼は、女が血を浴びているのを見てとると、暴行を訴えに来たものと思い、望みを言うようにと促した。一二　すると彼女は、前庭に立っているよう命じておいた奴隷を中に入らせてほしいと頼んだ。

この男は、衣の下にスピタメネスの首を隠し持っていたため疑いを持たれ、身体検査を受けて隠していたものを見せた。一三　血の気のない顔の造作を蒼白な顔色が損なっていて、誰であるのかはっきりとはわからなかった。そのため王は、その奴隷が人の首を持ってきたと知らされると、幕舎から出て、いかなることかと尋問し、奴隷の供述から事情を知った。一四　このとき彼はさまざまに思いを巡らせ、心は相反する考えにかき乱された。生きていればこの大事業の障害となったであろう反逆者にして裏切り者を殺したことは、自分に対する多大な貢献であると思われた。その反面、彼はこの大罪に嫌悪感を抱いていた。その女は、自分によくしてくれた夫、自分の子の父親をだまし討ちにしたからである。一五　結局、罪の凶悪さが貢献への感謝にまさり、彼は陣営から退去するよう通告せよと命じた。それは、異民族《バルバロイ》の無軌道の前例がギリシア人の性格と穏やかな気質に悪影響を及ぼさないようにするためであった。

一六　ダアイ人はスピタメネスの殺害を知ると、反乱の共謀者であるダタペルネス(1)を拘禁し、アレクサンドロスに投降した。王は当面の問題の大部分から解放されて、今度は総督たちの不正――人々は彼らから貪欲で高圧的な支配を受けていた――への処断に心を向けた。一七　その結果、彼はプラタペルネス(2)にヒュルカニア(3)とマルドイ人とタプロイ人(4)の支配をゆだね、前任者のプラダテス(5)を投獄のために送還するよう命じた。ドランギアナ人(6)の総督としてはスタサノル(7)がアルサメス(8)の後任となり、メディアにはオクシュダテス(9)を解任すべくアルサケス(10)が派遣された。バビュロニアは、マザイオス(11)の死去に伴い、スタメネス(12)に任された。

(1)第七巻第五章二一参照。
(2)ペルシア統治下のパルティア・ヒュルカニア総督。ダレイオスの死後、アレクサンドロスに投降していた。
(3)カスピ海南東の地域。
(4)両者ともにカスピ海の南側の地域の部族。
(5)アウトプラダテスとも呼ばれる。ペルシア統治下のタプリア総督。ダレイオスの死後、プラタペルネスと前後してアレクサンドロスに投降していた。
(6)ペルシア東部、アレイアの南の地域。
(7)キュプロス島出身の将軍。
(8)ペルシア人と思われるが、不詳。アルサケス（第七巻第三章一および二五九頁註（2）参照）の誤りとも考えられる。アリアノス『アレクサンドロス大王東征記』第三巻二九-五参照。
(9)ペルシア人貴族だが、ダレイオス王に監禁されていたところをアレクサンドロスが解放し、メディア総督となっていた。
(10)これはアトロパテスの誤りと考えられる。アリアノス『アレクサンドロス大王東征記』第四巻一八-三参照。
(11)ダレイオスの側近だったが、アレクサンドロスにバビュロンを引き渡し、そのままバビュロニア総督の地位を認められていた。
(12)写本ではディタメネスだが、誤りと考えられる。アリアノス『アレクサンドロス大王東征記』第四巻一八-三参照。

第四章

一　これらの件が片づいたのち、二ヵ月の冬営(1)を経て、王はガザバ(2)と呼ばれる地方を目指して軍を動かした。二　初日の行軍は平穏で、翌日は、たしかにまだ荒天でも陰鬱でもなかったが、前日より暗く、生じつつある災いの兆しなしには終わらなかった。三　三日目には全天に雷光がひらめき、明滅を繰り返す光で、行軍中の軍勢の目ばかりか心をも脅かしはじめた。四　ほとんど間断なく天がとどろき、あちこちに雷の落ちる様子が見られ、軍勢は耳を聾され呆然として前進する勇気もなく、かといって停止することもできなかった。五　そのとき突然、激流のような豪雨が雹《ひょう》をまき散らしながら降り注いだ。初めは彼らは自分の武具で身を守って持ちこたえていたが、やがて手がかじかんで滑りやすい武具を支えきれなくなり、どの方向に体を向けるべきかさえ自分で決めることができなかった。というのは、どちらを向いても避けようとしたものよりもっと激しい嵐が待ち受けていたからである。六　そのため軍は隊列を解き、森中をさまよい歩き、多くの者は労苦より先に恐怖のために疲れ果て、厳しい寒さが雨を硬い氷に変えていたにもかかわらず、地面に身を横たえてしまった。七　木の幹にもたれかかった者もいた。これは、きわめて多くの者にとって支えとなり避難所となった。八　だが彼ら自身、死に場所を選んでいるということに気づいていた。というのも、動くのをやめれば生命に必要な体熱が消え去ってしまうからである。しかし、疲れた彼らには体を休めることこそが好ましく、休息による死を拒もうとはしなかった。なぜなら、このひどい厄災は激しいばかりらである。

でなく執拗に続き、自然の慰めである日差しを、闇夜のような嵐に加えて、森の木陰までもが遮っていたか

九　王はただ一人これほどの災いに耐え、兵士らを見て回り、散り散りになった者を集め、倒れていた者を助け起こし、遠くの小屋から立ち昇る煙を指し示して、とにかく手近な逃げ場を目指すように促した。一〇　そして、何よりも彼らの生存に役立ったのは、自分たちが屈した災いに何倍もの努力で耐えている王を失望させているという恥の意識だった。一一　そのうえ、逆境においては理性よりも役立つ「必要」が、寒さへの対策を見出した。彼らは斧で森の木を切り倒しにかかり、あちこちに重ねて山にし、それに火をつけたのである。一二　森が一面の火災に焼かれ、炎のあいだには軍勢の居場所も残っていない、と思えるほどだった。この熱が麻痺した四肢を目覚めさせ、寒さに押さえつけられていた呼気がだんだんと自由に通りはじめた。一三　異民族《バルバロイ》の小屋に入った者もいた。それらは森の奥に隠れていたが、「必要」が突き止めたものだった。また、幕舎に入った者もいたが、それらは、たしかに濡れた地面にではあったが、荒天がおさまりつつある中で設営したものだった。この厄災は、兵士と従軍商人と従僕二〇〇〇人の命を奪った。一四　一部の者は木の幹に寄りかかったままの姿を目撃されたと伝えられている。まだ生きているかのようであるばかりか、互いに話をしているかのように見え、各々に死が訪れてもなおその姿勢を保っていたのである。

(1) ナウタカでの冬営。本巻第二章一九参照。
(2) またはガザカ。ソグディアナ東部と考えられるが、正確な位置は不明。

一五　たまたまマケドニア人の一兵卒が、わが身と武具を支えるのもやっとではあったが、陣営にたどり着いていた。王はそれを見ると――その時ちょうど彼自身は火のそばで暖を取っていたのだが――自分の席から立ち上がり、朦朧としてほとんど意識のない兵士の鎧を脱がせて、その席に座るように言った。一六　この男は自分がどこで休んでいるのかも、誰に迎えられたのかも、長いあいだ気づかなかった。だが、とうとう生命に必要な体熱を取り戻して、玉座と王を見ると、ぎょっとして立ち上がった。一七　アレクサンドロスはこれを見て言った。「兵士よ、ペルシア人に比べおまえたちは、王のもとで暮らしてどれほど運がいいかわかるか。王の席に座ったことは、彼らの場合は死罪となるところだが、おまえの場合は救いとなったのだ」と。

一八　翌日、彼は朋友と諸将を呼び集め、全損失を彼自身が埋め合わせるであろうと布告するように命じた。そして、その約束は果たされた。一九　シシミトレス(1)が多数の駄獣と駱駝二〇〇〇頭、それに羊や牛の群れを連れてきたので、これらが平等に分配されて兵士を損害からも飢えからも救ったのである。二〇　シシミトレスが示した感謝のしるしにいたく喜んだ王(2)は、兵士たちに六日分の調理済み食料を携行するよう命じ、サカイ人の地を目指した。彼はこの地方一帯を略奪し、戦利品の中から三万頭の家畜をシシミトレスに贈り物として与えた。

二一　その後、名高い総督オクシュアルテス(3)が治めていた地方に到着したが、この男は王の権威と庇護のもとに自らをゆだねた。王はこの者に支配権を返し、三人の息子のうち二人を従軍させる以上のことは要求しなかった。二二　総督は、手もとに残された息子も王にゆだね、異民族風《バルバロイ》の豪華な饗宴を催して王をもてなした。二三　これがたいへん和やかに行なわれているあいだに、総督は三〇人の高貴な乙女を招き入れるよう命じた。その中にロクサネ(4)という名の彼自身の娘がいたが、抜群の容姿と、異民族《バルバロイ》には珍しい気品ある物腰の持ち主だった。二四　彼女は選り抜きの女たちに立ち混じっていたが、あらゆる人々の、ことに王の目を引きつけた。王は、幸運の女神に ― 人間はこれに対して十分には用心しないものである ― 甘やかされて、もうあまり自分の欲望を制御できなくなっていた。二五　そのため、ダレイオスの妻にも二人の未婚の娘にも ― ロクサネを除けばいかなる女も美貌の点で彼女らとは比べものにならなかった ― 父親のような眼差ししか向けなかった彼が、王族に比べれば卑賤な身分の小娘と今や恋に落ち、王国を盤石にするにはペルシア人とマケドニア人が婚姻によって結ばれることが肝要であると宣言するに至った。こうして初めて、敗者からは恥辱(5)を、勝者からは高慢(6)を拭い去ることができる、というわけである。二六　自分がその血を引くアキレウスも虜囚である女と枕を交わしたのであり、敗者が害を被っているとは思ってくれるな、彼女と

(1) 本巻第二章一九以下参照。
(2) praefatus に代えて perlaetus と読む。
(3) ソグディアナの豪族。ここで総督と呼ばれているが、疑わしい（統治していた地域の名も挙げられていない）。この箇所のテクストは不確かである。
(4) 本文中にあるように、オクシュアルテスの娘で、アレクサンドロスと結婚するが、夫の死後、その遺児とともに暗殺される。
(5) アキレウスは、ギリシア神話上名高いトロイア戦争における最大の英雄。アレクサンドロスの母方のエペイロス王家は、アキレウスの息子ネオプトレモスを祖とすると言われていた。
(6) ホメロスの英雄叙事詩『イリアス』に登場するブリセイス。アキレウスが褒賞として獲得していたトロイアの女性。

正式に婚儀を行ないたいのだ、と彼は言うのだった。

二七　その言葉を聞いた父親は、思いがけぬ喜びに有頂天になった。王は熱情のさなかに、父祖の慣習に従ってパンを——これはマケドニアでは最も神聖な婚約のしるしであった——運んでくるように命じ、それを剣で切って二人で味わった。二八　思うに、こうした民族の慣習を打ち立てた人々は、つつましくありふれた食物によって、資産を合わせようとしている者たちに、いかに少ないもので満足すべきかを教えたかったのであろう。二九　こうして、アジアとヨーロッパの王は、饗宴の余興に混じって紹介された女と結婚した。虜囚の女から、勝者を将来支配すべき子をもうけようとしたわけである。三〇　朋友たちは、宴席で降伏者の中から岳父が選ばれたことを恥と感じていたが、クレイトス殺害以来自由な物言いが差し止められていたので、顔の表情——これは最も奴隷的な役目を果たすものである——では賛意を示していた。

第五章

一　しかしながら王はインドを、さらには大洋《オケアノス》(1)を目指すつもりだったので、背後で計画の妨げとなるような事態が何も生じないように、全属州から三万人の若者を選抜し、武装させて連れてくるようにとの命令を出した。同時に人質にも兵士にもしようとしたのである。二　その一方で、離反していたハウスタネスとカタネス(2)を追討するためクラテロスを派遣した。このうちハウスタネスは捕虜となり、カタネスは戦死した。ポリュペルコン(3)も、ブバケネ(4)と呼ばれる地方を平定した。三　こうして万事解決すると、王はインド戦役に心を向けた。その地は黄金だけでなく宝石と真珠も豊富だと考えられていて、壮大さよりもむしろ奢侈に傾いていた。**四** 事情に通じた人々が語るところでは、兵士が黄金と象牙で光り輝いているとのことだった。そのため王は、自分が他のすべての者に立ちまさっているからには、いかなる点でも凌駕されることのないようにと、自軍の盾に銀の薄板を、馬に金のはみをつけ、鎧もあるものは金で、あるものは銀で装飾した。この戦役で王に従った武装兵は一二万人であった。

五 そして今やすべての準備が整うと、王はかねてからゆがんだ心に暖めていた計画の機が熟したと考えて、いかにして神としての栄誉を手に入れようかと思案しはじめた。あたかも人の舌ばかりか心まで支配できるかのように、ゼウスの息子と呼ばれる(5)だけでなく、そう信じられることまで望んでいたのである。**六** そして、マケドニア人に、ペルシア人の慣習に倣って敬意を表し、地面に平伏して礼をする(6)よう命じた。彼がそのような欲求を抱くに至るには、やはり有害な媚びへつらいがあった。これは王侯に付き物の災いであり、王者の権力は往々にして敵よりもむしろ阿諛追従により覆されるのである。**七** また、これはマケドニ

(1) 大洋の概念については二四九頁註(1)を参照。
(2) カタネスは、ソグディアナ反乱の首謀者の一人(第七巻第六章一四以下参照)。ハウスタネスもソグディアナの豪族と思われるが、不詳。
(3) マケドニア人の将軍。歩兵隊指揮官。
(4) ソグディアナの一地方だが、正確な位置は不明。
(5) 本巻第一章四二参照。
(6) 跪拝礼。マケドニア人にとっては、屈辱的な姿勢であるばかりでなく、人間を神として扱う不敬行為としても、容認しがたいものだった。

ア人の罪ではなく——というのは、彼らの誰も、祖国の慣習からの逸脱にはとうてい耐えられなかったからである——、名誉ある学芸の職業を悪しき習慣で堕落させていたギリシア人の罪であった。八　アルゴス人[1]アギス[2]という、コイリロス[3]に次ぐ最悪な詩[4]の作者がいた。シキリア出身のクレオン[5]もいたが、そのご機嫌取りの性癖は本人の性格だけでなく、故国の悪弊でもあった。そのほか各都市の屑どももいたが、これらの者は、近臣たちや最も偉大な軍隊の将軍たちよりも王に厚遇されていた。この頃こうした連中が、ヘラクレス[6]もディオニュソス[7]もカストルとポリュデウケス[8]も新たな神に道を譲るであろうなどと大言壮語して、王のために天への道を切り開いてくれていたわけである。

九　そこで、王は祭日に贅を尽くした饗宴を催すよう命じ、マケドニア人とギリシア人——主立った朋友——だけでなく、敵の貴族たちも招かれた。王は一同とともに宴席についたが、少しのあいだ食べただけで席を離れた。一〇　クレオンは手筈どおりに王の偉業を賛美する演説を始め、次に、王から受けた恩恵を数え上げた。「恩返しをする方法はただ一つ、神だとわかっているお方をそうと認め、これほど多大な恩義にわずかな香の出費で報いることである。一一　実際、ペルシア人が王を神として崇拝するのは、敬虔なだけでなく賢明なことでもある。なぜなら、帝国の威信こそ安全を保証するものだからだ。ヘラクレスやディオニュソスでさえ、同時代の者たちのねたみに打ち勝つまでは神格化されなかった。後世の人々は、誰についても、現在の世代が保証しただけのことを信じるものだ。一二　もし他の方々がためらうならこのわたし自身が、王が饗宴にお戻りになるとき、地面にひれ伏すであろう。他の方々も、とりわけ良識をそなえた人ならば、同様にすべきである。というのは、そのような人々こそ、王に対する崇拝の範を示すべきだからだ」

とクレオンは述べた。

一三　この演説は、紛れもなくカリステネス(9)に向けられたものだった。この人物の厳格さと歯に衣着せぬ物言いが、あたかも、こうした媚びへつらいの姿勢を覚悟しているマケドニア人を一人で引き止めているかのように、王の不興を買っていたのである。一四　あたりは静まり返り、一同の視線が集中する中でカリステネスは言った。「もし君の演説中に王が居合わせていたならば、間違いなく、誰も返答する必要はないであろう。というのは、王ご自身が、異国、異邦の風習に身を落とすことを強いるな、また、大成功した事業

(1) ギリシア南部、ペロポンネソス半島の都市。
(2) アレクサンドロスの取り巻きの一人で、叙事詩人。
(3) 取り巻きの一人。イアソス(小アジア南西部、カリアの町)出身の叙事詩人。
(4) piissimorum に代えて pessimorum と読む。
(5) 不詳。
(6) ゼウスとアルクメネの息子で、ギリシア神話中最大の英雄。十二功業で知られる。死後、神格化された。
(7) 第七巻第九章一五参照。ヘラクレスと同様にゼウスの息子である。
(8) ラテン語原文ではカストルとポルクス。ディオスクロイとも呼ばれる双子神。神話によると、スパルタ王テュンダレオスの妻レダはゼウスと交わり、ゼウスの胤からはポリュデウケス(ポルクス)が、夫の胤からはカストルが生まれた。カストルの死後、ポリュデウケスの願い出により、二人が隔日で神界と人界に住むことをゼウスから許されたという。
(9) アレクサンドロスの遠征に従軍した歴史家。哲学者アリストテレスの親戚(甥とも言われる)で、弟子でもあった。

にそのようなへつらいによって悪意を招いてくれるな、と要望するに違いないからだ。一五　しかし、王がご不在であるからには、このわたしが代わって答えよう。いかなる果実も長持ちすると同時に早熟だということはなく、君は王に天の栄誉を与えているのではなく、奪っているのだ。なぜなら、神だと信じられるには長い時が必要であり、偉大な人物にこのようなかたちで感謝を捧げるのはつねに後の世の人々だからだ。一六　一方わたしは、王が長命であるためにも、その威信が永続するためにも、後々の神格化を王のために祈る。神性は時として人生の後に生ずることはあるが、人生をともに歩むことは決してない。

一七　たった今、君は神格化の先例としてヘラクレスとディオニュソスを挙げた。では、彼らがただ一度の、宴席の決定で神にされたのだと信じているのか。いや、彼らを名声が天へ運ぶ前に、『自然』が人の目から奪い去ったのだ。一八　いやはや、クレオン、わたしと君は、神々をこしらえ、王はわれわれから神格のお墨付きをもらおうとしているわけだ。君の力を試してみたいものだ。もし神を作ることができるなら、誰かを王にしてみよ。王国を与えるより天を与えるほうが容易なのか。一九　願わくは、恵み深い神々がクレオンの発言を聞いてお怒りになりませんように。また、事がこれまでの流れと同じ道筋で進むのをお許しくださいますように。われわれが自らの慣習に満足していることをお認めになりますように。わたしは祖国を恥じていないし、王に敬意を表するすべを敗者から学ぶ気はない。わたしは、もしわれわれが生きていくための掟を彼らから受け入れるとすれば、彼らこそ勝者だと認める者である」。

二〇　カリステネスの話は、公の自由を擁護するものとして、好意的に受け止められた。無言の同意だけでなく、同意の発言までも引き出していたのだが、それはとくに、古くからの慣習を異国風に変えることに憤慨していた年輩の者たちからだった。二一　そして王は、双方のやり取りを一言も聞き漏らしていなかった。寝椅子の回りに巡らせた幕の後ろに立っていたからである。そこで彼はアギスとクレオンに伝言を送り、議論を切り上げて、自分が入ってきたら、異民族《バルバロイ》の者のみを自国の風習どおり平伏させるようにと指示し、少し後で、まるで何かとくに重要な仕事でも済ませてきたかのように宴席に戻った。二二　ペルシア人が王に跪拝礼をとっていたとき、王の上手で横になっていたポリュペルコンは、地面に顎をつけていた者たちの一人をからかい、もっと激しく地面に打ちつけたらどうだ、と揶揄しはじめ、アレクサンドロスの逆鱗に触れた。とうから腹に据えかねていたのである。二三　そのため王は、「おまえこそ、わたしに跪拝しないのか。おまえにだけは、われわれが嘲笑に値するように見えるのか」と言った。ポリュペルコンは、王も嘲笑に値しないが、自分も侮蔑には値しない、と答えた。二四　すると、王は相手を寝椅子から引きずり出して地面に投げつけ、相手が前のめりに倒れると、「どうだ、おまえはついさっき他人をあざ笑ったが、それと同じことをしているぞ」と言った。そしてポリュペルコンを拘禁するよう命じたのち、饗宴を打ち切りにした。

第六章

一　ポリュペルコンについては、王は長期間にわたって懲罰を加えたが、のちにこれを許した。だが、前々から反抗的な態度のせいで疑惑を招いていたカリステネスに対しては、さらに執拗な怒りを抱き、その私憤を晴らす機会がほどなく到来した。二　前述[1]のように、マケドニアの貴族は、奴隷奉公と大差ない仕事のために子弟を王にゆだねるのが習わしだった。三　これらの者は、王が眠る部屋の扉のそばで、交代で夜警番を務めた。武装兵が立っているのとは別の入り口から、夜伽《よとぎ》する女を導き入れるのも彼らだった。**四**　彼らはまた馬丁から馬を受け取り、王が乗ろうとするときにはそこへ引いてゆき、狩猟でも戦闘でも近侍し、あらゆる学芸を教え込まれていた。**五**　とりわけ名誉なことと見なされていたのは、王と食事をともにすることが許されていることだった。彼らを鞭で懲らしめる権限は、王自身を除いて誰にもなかった。六　この一団は、マケドニア人のあいだではいわば将軍や総督の苗床であった。のちにはここから王となる者たちが現われた。そして、何世代もあとに、その子孫からローマ人が権力を奪い去ったのだが[2]。

七　さて、王に仕えるこの隊に属する貴族の少年ヘルモラオス[3]は、王が狙いをつけていた猪に先に槍を突き立ててしまったので、王の命により鞭打ちを受けた。この屈辱に憤激したヘルモラオスは、ソストラトス[4]に向かってそのことを切々と訴えはじめた。**八**　このソストラトスは同じくその隊に属し、ヘルモラオスに熱烈な愛情を抱いていた。ソストラトスは、自分が夢中になっていた肢体が痛めつけられたのを見ると、おそらくは以前から別の理由でも王に恨みがあったので、すでに自分からはやり立っていたこの若者をそそのかし、互いに誓いを交わしたうえでいっしょに王を殺害する計画を立てることにした。**九**　二人は子供じみた衝動で計画を実行したのではなかった。というのは、犯罪の仲間に引き入れるべき者を慎重に選んだからである。加えることにしたのは、ニコストラトス[5]、アンティパトロス[6]、アスクレピオドロス[7]、ピロタス[8]だった。これらの者を通じてアンティクレス[9]とエラプトニオス[10]とエピメネス[11]も加わった。一〇　しかし事の実行となると、決して容易な道が開けていたわけではなかった。計画に加わっていない者に邪魔されないように、陰謀者全員が同じ夜に夜警をしている必要があったが、たまたまそれぞれ別の夜に夜警番が当たっていたのである。一一　その結果、当直任務の順序を変えたり、そのほか計画実行のための準備を整えるのに三二日が費やされた。

一二　陰謀者たちが当直の任につくべき夜が来た。彼らは互いの信義に意を強くしていたが、これほどの日数こそがその証だった。誰一人として、恐怖にも希望(12)にも心を動かされることはなかった。彼ら全員の王への怒り、または互いの信頼は、それほどまでに大きかったのである。一三　さて彼らは、饗宴から出てく

---

(1) 第五巻第一章四二。以下の記述からわかるように、王の身の回りの世話をする近習（小姓）のことだが、将来の幹部候補生でもある。

(2) ヘレニズム諸国は、結局ローマに打倒された。

(3) アレクサンドロスの近習の一人。哲学好きで、カリステネスに師事していた。

(4) 近習。本文中にあるとおり、ヘルモラオスの同性の恋人。

(5) 近習の一人と思われるが、不詳。

(6) 近習。シリア総督アスクレピオドロスの子。もちろん、マケドニアの代理統治者アンティパトロスとは別人。

(7) 近習の一人か。あるいはアンティパトロスの父親の名が誤って紛れ込んだものとも考えられる。

(8) 近習。トラキア人カルシスの子。もちろん、パルメニオンの息子ピロタスとは別人。

(9) 近習。テオクリトスの子。

(10) 近習の一人と思われるが、不詳。テクストは不確かで、アプトニオスという読みもある。

(11) 近習。アルサイオスの子。

(12) 陰謀の仲間から脱けることで自分だけ助かろうとする望み、あるいは密告による報賞への期待のことか。類似の表現が第四巻第六章六、第五巻第十三章一八にある。

る王を寝室まで護衛するために、王が食事していた部屋の門のところに立っていた。一四　しかし、王自身の幸運と、会食者たちの機嫌のよさが、一同を常ならぬ深酒に導いた。宴会での遊技も時を引き延ばし、陰謀者たちはある時は寝込みを襲おうと心を躍らせ、ある時は朝まで宴会を続ける気かと苛立った。一五　というのは、夜明けとともに別の者たちが当直勤務を引き継ぐことになっていて、彼ら自身の番は七日後まで回ってこず、その時まで全員の信頼関係が保《も》つとは期待できなかったからである。一六　しかしながら、すでに夜明けが近づいていた頃、宴会がお開きとなり、陰謀者たちは犯罪を実行する好機が到来したのを喜びつつ王を迎えた。そのとき、神懸かりになった女が――そう思われたのだが――現われた。この女は霊感によって未来を予言すると見なされていたので、よく本営に出入りしていたのである。彼女は出てきた王と顔を合わせただけでなく、行く手を遮り、顔と目に心の動揺を示しながら饗宴に戻るようにと警告した。一七　すると王は冗談に、神々が結構な忠告をしてくれたと答え、朋友たちを呼び戻し、その日の第二時[1]近くまで饗宴の時間を引き延ばした。

一八　すでに隊の別の者たちが、寝室の扉の前に立つべき任務を引き継いでいたが、陰謀者たちは自分の番を終えたにもかかわらず、まだそこに立ち続けていた。ことほどさように、いったん人の心が抱いた希望というものは根強いのである。一九　王はふだんより親切に声をかけ、一晩中立ち続けたのだから下がって体を休めよ、と命じた。各自一万二五〇〇ドラクマ[2]を与えられ、他人に当番が回ったあとまで見張りを続けたからとほめられた。二〇　彼らは野望をくじかれ、宿舎に帰っていった。そして、他の者はそれぞれ次の当直勤務の夜を待っていたが、エピメネスだけは、王が彼自身を含む陰謀者たちをねぎらった際の優しさのせいか、あるいは神々が企てを妨げていると信じたためか、突然心変わりし、兄エウリュロコス[3]に――以前は計画に巻き込みたくないと思っていたのだが――何が企てられているかを明かした。二二　ピロタスへの処罰[4]の光景は誰の目にも浮かぶものだった。そのためエウリュロコスはただちに弟の手を取って本営に赴き、側近護衛官らを起こして、王の命にかかわることを伝えにきた、と言明した。二三　二人がやってきた時刻も、いかにも不安げな表情も、一方の者の消沈ぶりも、寝室の入り口で警備に当たっていたプトレマイオスとレオンナトス[5]を驚かせた。そこで彼らは扉を開け、明かりを持ち込んで、酒のせいですっかり眠りこんでいた王を起こした。王は徐々に正気を取り戻し、何の知らせかと尋ねた。二三　エウリュロコスがためらいなく言った。「神々はわたくしの一家をすっかり見放したわけではありません。というのも、弟は邪悪な犯罪に手を染めようとしたものの、それを悔い、ほかならぬ自分自身の口から暴露しようとしております。陰謀はまさにこの、今明けつつある夜を期して計画され、忌まわしい企ての下手人は陛下が夢にも思わぬ者たちです」と。二四　次いで、エピメネスがすべて順を追って説明し、共犯者たちの名を明かした。カリステ

(1) この時刻は日の出から日没までを一二等分したもの。第二時は夜明けから一時間ほどたってからということになる。
(2) ラテン語原文では五万セステルティウスで、セステルティウスはローマの貨幣単位。一セステルティウスは四分の一デーナーリウス（第七巻第四章二三参照）。訳文では換算して示した（一デーナーリウス＝一ドラクマ）。
(3) エピメネスの兄弟。訳では兄としたが、原文からは兄か弟か不明。
(4) パルメニオンの息子ピロタスはやはり陰謀を企てたとして、拷問のうえ処刑された。第七巻第一章一参照。
(5) ともに側近護衛官。本巻第一章四五、四六参照。

ネスについては、この犯罪に荷担した者として名指されなかったのは確かであるが、王を批判、非難する少年たちの話にいつも喜んで耳を貸していたのも事実である。二五　一部の人はこう付言している。ヘルモラオスがカリステネスの前でも王に鞭打たれたことを訴えたとき、カリステネスは「君たちももう一人前の大人だということを肝に銘じるべきだ」と言ったが、この発言が鞭を受けたのを慰めるつもりだったのか、それとも若者たちの怒りを煽り立てるためだったのかは定かではない、と。

二六　王は、心身から眠気を払い、脱したばかりのこれほどの危機を眼前に思い浮かべると、ただちにエウリュロコスに五〇タラントンとテュリダテス[1]という男の大資産を贈り、弟はエウリュロコスがその命乞いをするより先に返してやった。二七　一方、犯人については、カリステネスも含めて身柄を拘束するよう命令した。それらの者が本営に連行されたが、飲酒と睡眠不足で疲れていた王は、その日の昼とそれに続く夜のあいだ休息した。二八　しかしながら、その翌日、彼は兵員総会を開いた。罪に問われた者の父親や親族も出席したが、自分たちの身の安全すら保証されていなかった。なぜなら、マケドニア人の掟によれば、罪人と血のつながった者は一人残らず死刑に処せられなければならなかったからである。二九　王は、カリステネス以外の陰謀者を引き出すように命じた。すると、彼らは企てたことをためらいなく白状した。三〇　次に、群衆の怒号の中で、王は自ら、「これほどの悪事を企てるに値するような、いかなることをわたしがしたというのか」と彼らに問いただした。

第七章

一　他の者が茫然自失する中で、ヘルモラオスは「ご存じないかのようにお尋ねだが、われわれは確かにあなたを殺す計画を立てた。それは、あなたがわれわれを自由人として統治するのではなく、奴隷のように支配しはじめたからだ」と言った。二　一同の中から真っ先に本人の父親ソポリス(2)が、自分の父親まで殺す気かと叫んで立ち上がり、息子の口に手を当て、罪と不幸で錯乱した者をこれ以上尋問すべきではないと言った。三　王はこの父親を制止し、ヘルモラオスに師カリステネスから何を学んだか述べるよう命じた。すると、ヘルモラオスは言った。「お言葉に甘えて、自分たちの災いから学んだことを申し上げる。四　マケドニア人のうちどれだけの者があなたの暴虐に耐えて生き残っているだろうか。どれだけの者が……ごく卑しい生まれの者は別として。アッタロス、ピロタス、リュンケスティスのアレクサンドロス(3)、クレイトス(4)……。敵［との戦い］に関するかぎり、彼らは今も生き、先陣に立ち、自分の盾であなたを守り、あなたの栄光と勝利のために傷を負っているのだ。五　あなたは彼らに何とご立派な返礼をしたことか。一人はあなた

(1) 不詳。
(2) 不詳だが、ヘルモドロスの子で騎兵隊指揮官のソポリス（アリアノス『アレクサンドロス大王東征記』第三巻一一-八）と同一人物とも考えられる。
(3) 以上三名については、第七巻第一章一以下参照。
(4) 本巻第一章二八以下参照。

の食卓に自分の血をまき散らし(1)、一人は単純な死刑(2)すら許されなかった。ご自分の軍隊の将軍たちが、拷問台に乗せられて、征服した相手であるペルシア人のための見世物となったのだ。パルメニオンは裁判も受けずに惨殺された——そのパルメニオンの手を借りて、あなたはアッタロスを殺したのだったが。六 つまり、あなたは処刑を行なうのに哀れな者たちの手を順々に利用し、わずか前に殺害の手先にした者を突如として別の者に殺させるのだ」。

七 一同はすぐさまヘルモラオスに罵声を浴びせ、父親はすでに死をもたらすべき剣を抜いていた。もし王に制止されなければ、間違いなく斬り殺していたことだろう。王はヘルモラオスに先を続けるよう命じ、一同には、彼が処罰の事由を増やすのを辛抱強く聞くように、と求めた。八 こうして会衆が何とか静粛になると、ヘルモラオスは話を続けた。「弁論に慣れぬ若造に抗弁をお認めくださるとは、なんと寛大なことか。しかし、カリステネスの声は牢獄に閉じ込められている。彼だけは弁論に長けているからだ。九 さもなければ、自白した者の言い分さえ聞くというのに、なぜ彼がここに引き出されないのか。もちろん、無実の人が自由に話すのを聞くのが恐いからだ。顔を合わせることすら耐えられないからだ。一〇 だが、わたしは彼が何もしていないと断言する。きわめて高貴な企てをしたわが同志ならばここにいる。カリステネスがわれわれに荷担したと述べるような者は誰一人いない。前々から、まったくもって公正で忍耐強い王が、死刑にしようと目をつけていただけだ。一一 それでは、これが——まるで有り余った無価値なものであるかのように、その血を使い捨てにしておきながら——マケドニア人への報酬というわけか。あなたのためには三万頭の騾馬《らば》が戦利品の黄金を運んでいるというのに、兵士のほうは報いのない傷以外、故郷に持ち帰るものは何一つない。

一二　それでも、われわれはすべて耐えることができた――あなたがわれわれを異民族《バルバロイ》の手に引き渡し、新奇なやり方で勝者を軛《くびき》につなぐまでは。あなたはペルシアの着物や作法を好み、祖国の慣習を忌み嫌っている。それゆえ、われわれはマケドニアの王ではなくペルシアの王を殺そうとしたのであり、戦時の掟に従ってあなたを裏切り者として追及しているのだ。一三　あなたは、マケドニア人が跪《ひざまず》いてご自分を神として崇めることを望み、ピリッポスが父親であることを否定している。もし神々のいずれかがゼウスより上だと見なされたなら、ゼウスをさえ蔑視するに違いない。一四　自由人たるわれわれがあなたの驕慢に耐えられなければ、それが不思議なのか。われわれは、無実でも死なねばならないか、もしくは――死よりもつらいことだが――隷従の中で生きねばならぬとすれば、あなたにいったい何を望めようか。一五　実際あなたは、もし考えを改めることができるなら、それは少なからずわたしのおかげだ。というのは、自由人が何を甘受できないかをわたしから初めて学んだからだ。あとは、お慈悲を垂れたまえ。子を失った老人に罰を加えないでいただきたい。われわれを処刑場に引っ立てるよう命じるがよい。われわれは、あなたの死の中に求めたものを自分自身の死から獲得するであろう」。このようにヘルモラオスは言った。

(1) クレイトスの死を指すものと考えられるが、クルティウスの記述では、クレイトスが死んだのは饗宴の場から出たあとである。

(2) 拷問を伴わない死刑。パルメニオンの子ピロタスは拷問を受けたうえで処刑された。

第八章

一　これに対して王は言った。「その者が師匠の受け売りで述べたことがいかに的外れかは、わたしの忍耐から明らかだ。二　というのは、最悪の大罪を自白したにもかかわらず、わたし自身言い分を聞いてやったばかりか、諸君にも聞くように強いたからだ。それも、この逆賊に発言を許せば、父親のように敬うべきわたしを殺したいと思わせるに至った、まさにその狂気を示すであろうと重々承知していながらだ。三　先日、ヘルモラオスが狩猟の折に少々無礼な振る舞いをしたとき(1)、わたしは祖国の慣習——いにしえのマケドニア諸王も実践していた慣習——に従って、彼を懲らしめるよう命じた。これは必要なことだ。被後見人は後見人から、妻は夫からこれを受けるものであり、こうした年頃の子供なら、奴隷にさえ折檻させるものだ。四　これが、彼が邪悪な殺人によって復讐しようとした、彼に対するわたしの『暴虐』というわけだ。他の者——わたしが自分の性格に従うのを許してくれる者——に対してわたしがどれほど温厚かは、諸君も先刻ご承知であり、言わずもがなのことだ。

五　反逆者たちへの処罰をヘルモラオスが是認しないことは、彼自身が同じ罰に値したのだから、実のところ少しも驚きではない。パルメニオンやピロタスをもちあげることで、自己の主義主張を喧伝しているだけだ。六　一方、リュンケスティスのアレクサンドロスについては、二度もわたしの命を狙い、二人の証人がいたにもかかわらず、わたしは放免した。再び告発されたときも、もうそろそろ相応の罰で罪を償わせよと諸君が要求するまで、わたしは三年間処罰を延期した。七　アッタロスについては、わたしが王となる前からこの身に脅威となっていたのを諸君は覚えていよう。クレイトスはといえば、無理にわたしを怒らせなければよかったのだが。わたしと諸君を侮辱するあの男の見境のない言葉に、わたしが同じことを言った場合にあの男が耐えたであろうよりも長く、わたしは耐えたのだ。八　王侯や将軍の慈悲心は、自分の性格だけでなく、臣下の性格にも左右されるものだ。支配は服従により和らげられる。だが、人の心から敬意が消え失せ、最も高いものと最も低いものをごた混ぜにするとなれば、暴力を退けるための暴力が必要となる。九　しかし、その者がわたしの残虐さを咎め立てしたとて、どうして驚く必要があろうか。なにしろ、厚顔にもわたしの貪欲さを非難するほどなのだ。わたしは諸君ひとりひとりのことを言い立てたくはない。もしわたしの気前のよさが諸君の廉恥心にとって重荷となるようなら、わたしは自分でそれが嫌になるのではないかと思うのだ。軍全体を見るがよい。つい最近まで武具以外何も持っていなかった連中が、今や銀の寝床で眠り(2)、食卓に黄金を積み上げ、奴隷の群れを引き連れ、敵からの戦利品を抱えきれないではないか。

一〇　だが、われわれが征服したペルシア人がわたしから高い敬意を払われているだと！　いや、敗者に対してさえ圧制を敷かないこと、これこそわたしの節度の最も確かな証拠なのだ。わたしがアジアに来たのは、諸民族を根絶やしにするためでもなければ世界の半ばを荒れ野にするためでもなく、戦争で平定された者たちがわが勝利に不満を持たないようにするためだ。一一　だからこそ、もし圧制を受ければ反旗を翻し

(1) 本巻第六章七参照。

(2) 以下は、兵卒に関するかぎり誇張である。

たであろう者たちが、諸君とともに戦い、諸君の帝国のために血を流しているのだ。剣で手に入れた富は長持ちしないが、恩恵への感謝の念は永続する。一二　もしアジアを通過することでなく保有することを望むなら、わが寛恕を彼らにも分け与えるべきだ。彼らの忠節こそが、帝国を安定した、永続的なものにするであろう。また実のところ、われわれは運びきれないほど多くのものを持っている。そして、すでにあふれているものをさらに満たそうと思うのは、飽くことを知らぬ貪欲さのしるしだ。

一三　だが、わたしが彼らの風習をマケドニア人に押しつけているだと！　たしかに、わたしは多くの国々に、模倣して恥じないものを見出す。そして、これほどの大帝国は、何かを相手にもたらすとともに、相手からも何かを学ぶという姿勢でのみ、適切に統治できるのだ。

一四　あの件はほとんど失笑に値した――わたしが託宣により「ゼウスの」息子と認められているのに、ゼウスに背くようにとヘルモラオスが要求するとは。神々が何と託宣するかまで、わたしの支配下にあるというのか。一五　ゼウスはわたしに息子という呼称を提供した。それを受け入れることは、われわれが携わる事業そのものにも不利益ではなかった。インド人もわたしを神だと信じてほしいものだ。というのも、戦争は名声に左右されるものであり、誤った思いこみでも、往々にして真実の役割を果たしてきたからだ。一六　わたしが奢侈に流れて諸君の武具を金銀で飾ったと思うのか。いや、インド人にとってはこの金属ほど見慣れたありふれたものはなく、わたしは、他の点では無敵のマケドニア人が黄金でさえ劣らないことを示したかったのだ。一七　それゆえに、わたしはまず、まったくみすぼらしく卑しいものを予期している彼らの目を引きつけ、われわれが金銀欲しさにではなく、世界を征服するために来たということを知らしめるつもりだ。裏切り者よ、おまえはこの栄光を頓挫させようと欲し、王を亡き者にすることで、マケドニア人を敗者たる諸民族に引き渡そうとしたのだ。

一八　さて、おまえはこのわたしに、親族を許すよう促している。実際、もしおまえたちに多少なりとも親族への思いや配慮があるなら、おまえたちをいっそう惨めに死なせるために、彼らについてわたしがどう決定したかを教えてやる筋合いはないところだ。だがわたしは、罪人ともども無実の親族や親兄弟を殺すという、その慣習をとうに停止しており、彼らが皆これまでどおりの地位にとどまることを保証する。一九　おまえの師カリステネスについては、彼にだけはおまえが一人前の男だと見えるようだが(1)――何しろ逆賊だからな――、なぜここに引き出してほしいのか知っているぞ。それは、おまえがある時はわたしに投げつけ、ある時は［彼から］聞いた非難を、聴衆の前で彼の口からも繰り返させるためだ。もし彼がマケドニア人ならば、それこそおまえという弟子にふさわしい師匠として、おまえといっしょにここに引き出したであろう。だが、オリュントス人(2)であるからには、同じ権利はないのだ」。

二〇　こう言うと、王は兵員会を解散し、有罪となった者を同じ隊に属する者たち(3)に引き渡すよう命じた。その者たちは残虐さによって王への忠誠を示そうと、拷問を加えて彼らを殺した。二一　カリステネスもまた拷問を受けて死んだ。王の命を狙う企てについては無実だったが、宮廷や追従者にはまるで性格が向いて

---

(1)本巻第六章二五の発言に言及したものか。

(2)カルキディケ半島（マケドニア南方）の都市。ピリッポス二世に破壊された。

(3)近習のこと。

いなかったのである。二二　それゆえ、この人物の殺害ほど、ギリシア人のあいだにアレクサンドロスに対する敵意を引き起こしたものはなかった。なぜなら王は、最高の人格と教養をそなえた人物を――クレイトスを殺して自分も死ぬ決意だったときに人生へと呼び戻してくれた人だった――処刑したばかりでなく拷問まで加え、裁判も行なわなかったからである。二三　この残虐行為のあとには、手遅れではあったが、後悔の念が生じた。

第九章

一　さて、怠惰――それは元来噂の種をまくものである――を助長しないように、王はインドへ出発した。彼の名声はつねに勝利のあとよりも戦いのさなかにこそ高かったからである。二　インドはほぼ全体が東へ広がっていて、長さよりも幅のほうが小さい[1]。三　南風を受ける部分は高原となっている。が、他の部分は平坦で、カウカソス山脈[2]に発する多くの有名な河川に、平原を横切る穏やかな川筋を提供している。四　インドス川[3]は他の川より冷たく、水の色は海水とたいして変わらない。五　ガンゲス川[4]は東洋で傑出した川であり、南方に流れ下り、まっすぐな川筋で大山脈沿いを通っている。そこから、行く手を遮る岩山により、東へ方向を変える。六　どちらの川も紅海[5]に流れ込む。インドス川は両岸と多くの樹木を大量の土もろとも削り取っているが、この川もまた岩に妨げられ、そこから何度も跳ね返される。七　比較的柔らかい土壌に達すると流れが緩やかになり、島を形成する。アケシネス川[6]がその水量を増大させる。八　ガンゲス川は流れ降りてくるイオマネス川(7)を受け止め、二つの流れが激しくぶつかりあう。というのも、ガンゲスは流れ込む支流に抵抗し、跳ね返された水もそのまま退きはしないからである。九　ディアルディネス川(8)は、インドのいちばん端を流れているので、あまり耳にすることがない。しかしながら、そこにはナイル川にいるようなワニだけでなく、イルカや、他民族には未知の野生動物が生息している。一〇　エテュマントス川(9)は、ところどころで湾曲して曲がりくねっていて、住民が灌漑用に利用している。この川が海に注ぐ際にはもはや名前もなく、残りの水もわずかなのはこの［灌漑の］ためである。一一　国全体がこれ以外にも多くの川で分断されているが、それらは未踏の地を流れているためよく知られていない。

一二　しかし、海に近い地域は北風のせいで非常に乾燥している。その風は山脈に阻まれて内陸へは吹き込まず、内陸は果実の栽培に適している。一三　だがこの地帯では、大地が通常の季節の移り変わりを大きく変えてしまい、よそでは太陽の熱でうだっているときにインドは雪に覆われ、逆に、他の場所が凍てついているときにここでは暑さが耐えがたくなるという具合である。それでいて、自然が変調する原因は見当た

(1)ここでは東西を長さ、南北を幅としている。
(2)第七巻第三章一九参照。ここでは、インド北方のいくつもの山脈の総称のようである。
(3)インダス川。
(4)ガンジス川。
(5)ここではインド洋を指す。第七巻第三章二一参照。
(6)現在のチェナブ川。インドス川の支流。
(7)現在のジャムナ川。ガンゲス川の支流。ただし、テクストは不確か。
(8)現在のブラマプトラ川。チベットからインド北東部、バングラデシュを経てベンガル湾に注ぐ大河。
(9)不詳。

らないのである。一四　間違いなく、インドに打ち寄せる海は、色から言ってもよその海と変わるところはない。その名はエリュトロス王[1]からつけられた。それが理由で、無知な人はその水が赤いと信じている[2]。この地は亜麻[3]を産し、たいていの住民はこれを衣料としている。一五　木の皮は柔らかく、パピルス紙のように筆記可能である。一六　鳥には人間の声色を教え込むことができる。この国はまた、サイが生息するが、原産地ではない。一七　当地の象はアフリカの飼い馴らされた象よりも力が強く、大きさも力に見合ったものである。一八　川はゆったりとした穏やかな流れで水を運び、砂金を産する。一九　海は浜辺に宝石や真珠を打ち上げる。そして、とくにそうした堕落の種を他国に広めてからは、それらにまさる富の源泉はまたとない。なぜなら、そのような満ち潮の遺棄物には、欲望のままに高い値がつくからである。

二〇　どこの国でもそうだが、自然環境もまた住民の特性を形成している。二一　彼らは体を足まで亜麻布で覆い、足にはサンダルを履き、頭に亜麻布を巻き、耳から宝石を下げている。家柄や財産で衆に抜きんでた人は、前腕と上腕に黄金の飾りをつけている。二二　髪には櫛を入れることが多く、刈ることは少ない。いつも顎髭は剃らず、顔の他の部分は肌がなめらかに見えるまで剃り上げている。二三　だが、王侯の贅沢——彼ら自身は気宇壮大と呼んでいる——は、あらゆる民族の悪徳を越えている。王が大衆に姿を見せるときには、召使たちが銀の香炉を持ち運び、王が運ばれていくように決めてある道を香でくまなく満たすのである。二四　王は、周囲に真珠をぶら下げた黄金の輿に身を横たえ、金や紫の刺繍をほどこした亜麻布の衣を着ている。輿には武装兵と衛士がつき従う。二五　そこに混じって、枝にとまった小鳥がいるのだが、これらは歌で王の心を深刻な問題からそらすように訓練されていた。

二六　宮殿には金箔を張った柱がある。その全面に浮き彫りの葡萄の蔓が走り、実に見て楽しい銀の鳥の姿が彩りを添えている。二七　宮殿は、王の髪をすいて整えるとき、来訪者に開放される。この折に王は使節に返答したり、民に裁きを与えたりするのである。王がサンダルを脱いだときには、足に香水が塗られる。

二八　王の一番の重労働は、狩猟の際、愛妾たちの祈りと歌の中、囲いに入れてある動物を射るというものである。矢は二腕尺《ペーキュス》(4)の長さがあり、それを放つには効果に見合わないほどの労力を要する。(5)というのも、この種の武器の威力はもっぱら軽量性に依存しているのに、過大な重みがかかっているからである。二九　王は短めの旅なら騎馬で行く。が、長めの遠征のときには象に車を引かせ、かくも巨大な野獣の体全体を金で覆う。また、破廉恥な風習に何一つ欠けるものがないようにするためか、黄金の輿に乗った妾たちの行列が延々と続く。その一団は王妃の一行とは分けられているが、奢侈の点では同様である。三〇　食事の支度は女たちがする。葡萄酒もやはり女たちが給仕するが、これをインド人はみな惜しげもなく消費する。王が酔いと眠気に襲われると、妾たちが寝室へ連れていき、父祖伝来の歌で夜の神々を呼ぶ。

三一　このような悪習の中で哲学への関心が存在すると誰が信じよう。実は、賢者と呼ばれる、粗野で見

(1) エリュトレスとも言う。ペルシア湾各地に初めて植民を行なったという伝説上のペルシア人。第十巻第一章一三参照。

(2) ギリシア語でエリュトロスは「赤い」という意味。インド周辺の海が「紅海」と呼ばれていたことについては、第七巻第三章二一参照。

(3) これは、実際には綿のことを指すとも考えられている。

(4) ラテン語原文ではクビトゥム(ローマの長さの単位。ギリシアのペーキュスに相当する)。一腕尺《ペーキュス》は約四五センチメートル。

(5) 本巻第十四章一九参照。

苦しい階級が存在する。三二　彼らにとって運命の日を先取りするのは名誉なことであり、老齢で衰弱したり健康が損なわれたりした場合、自分の身を生きたまま焼くようにと命じる。彼らは死を待つことを人生の恥と見なし、老衰で死んだ者の死体には何の敬意も払われない。火はまだ息のある者を受け入れなければ汚される、と彼らは考えているのである。(1)三三　都会で世俗的な生活を送る者たちは、(2)星の動きを的確に観察して未来を予言すると言われている。そしてこれらの者は、恐れることなく死を待つことができる人なら、誰も死期を早めたりはしない、と信じている。三四　彼らは、自分たちが育てはじめたものを何でも神であると見なす。とくに樹木がそうで、これを冒瀆するのは死に値する罪である。三五　ひと月は各一五日間に分割されているが、一年全体の長さは元のままに保たれている。三六　彼らは月の動きで時を数えるが、たいていの民族のように満月を基準とせず、三日月へと満ち欠けしはじめるときを基準としており、それが彼らのひと月が短い理由である。というのは、彼らは月の期間をこうした月相で定めるからである。三七　ほかにも多くのことが伝えられているが、そのために著述の進行を遅らせる価値があるとは思われなかった。

第十章

一　さてアレクサンドロスは、インドの国境にさしかかると、臣従しようとする近隣諸侯に出迎えられた。あなたこそこの地に到来したゼウスの三人目の息子であり、ディオニュソスとヘラクレスは噂に聞くのみだが、あなたは親しく目の前に姿を現わしている、と彼らは言うのだった。二　王は彼らを丁重に迎え、道案内をさせるため同行を命じた。だが、それ以外に誰もやって来なかったので、支配を拒む者を制圧するためにヘパイスティオンとペルディッカスに軍勢の一部をつけて先遣した。インドス川まで前進し、軍隊をもっと先へ運べるような船を建造するようにと命じたのである。三 まだいくつもの川を越えなければならなかったので、彼らは、分解して荷車で運んだり再び組み立てたりできるような船を造った。四 王はクラテロスに密集歩兵隊を率いて後に続くよう命じたうえで騎兵隊と軽装歩兵隊を率い、抵抗する相手を小競り合いののち、すぐ近くの町に追い込んだ。五 今やクラテロスも到着していた。そこで王は、いまだマケドニア軍の武力を経験していない民族に初っ端《しょぱな》から恐怖を植えつけるために、包囲していた町の防塁に火をかけ、一人も容赦するなと指示した。六 ところが、王は城壁をよじ登っているあいだに矢を射当てられた。それでも彼は町を攻略し、その全住民を虐殺したうえ、建物にまで怒りをぶつけた。

七 次に、無名の部族を征服したのち、ニュサ(3)の町に到着した。偶然にも、城壁の正面の、樹木の茂った場所に陣営を設けたあと、ほかに例のないほど厳しい夜の冷え込みに身も凍え、火が便宜的な対策となった。八 つまり彼らは木を切り倒して火をおこしたのだが、薪で勢いを増した炎は町の墓地に燃え移った。墓標は古い杉材で作られていて、いったん火がつくとそこらじゅうに広がり、とうとうすべて地面に焼け落ちて

(1) この実例として、アレクサンドロスに同行した裸の哲学者カラノスが有名であるが、どういうわけか本書には登場しない。

(2) ブラフマン(バラモン)階級と考えられる。

(3) インドの町だが、正確な位置は不明。ディオニュソスが建設したという伝説がある。第七巻第九章一五参照。

しまった。九　すると、町からはまず犬の遠吠えが、続いて人の叫び声も聞こえてきた。この時、住民も敵の到来を知り、マケドニア人のほうも自分たちが町に着いていたことに気づいたのである。一〇　そして、すでに王が軍勢を繰り出して城壁を包囲していたとき、突撃を試みた敵の一団が矢玉を浴びて倒れた。そのため、降伏を望む者もいれば、決戦を試みることを望む者もいた。

王は敵のためらいを知ると、ただ包囲し、殺戮を差し控えるように命じた。そしてついに敵は、包囲の厳しさに疲れ果てて投降してきた。一一　彼らはディオニュソスが国の祖だと称していたが、事実それが起源であった。一二　その都市は、住民がメロスと呼ぶ山の麓に位置している。ここからギリシア人は、ディオニュソスがゼウスの腿に隠されていたという話を勝手に捏造したのである。(1)　一三　王は住民から山の地形を聞くと、輜重《しちょう》を先に送り、全軍を引き連れて山頂に登った。おびただしいキヅタや葡萄の木が山全体に生育しており、一年中涸れることのない流れが湧き出ている。一四　種々の健康的な果汁にあふれた果実もある。偶然落ちた種から、大地が自然に実りをもたらすのである。崖の上には月桂樹や果樹、広大な自然林がある。一五　わたしが思うには、彼らは霊感にではなく遊び心に誘われて、あちこちでキヅタや葡萄の蔓葉を摘み取り、それで作った冠をかぶってバッコスの信女のように森中さまよい歩いた。一六　そのため山の尾根や丘には、その森の守護神に呼びかける何千何万という者たちの声がこだました。よくあることだが、少数の者から始まった戯れが、たちまち全員に広まったのである。一七　実際彼らは、平和の真っただ中にいるかのように、草や積み上げた葉の上に身を横たえた。そして王はこの偶発的なお祭り騒ぎを嫌がらず、饗宴に必要なものを何でも惜しみなく提供して、一〇日間にわたって軍隊をディオニュソスの崇拝に従事させた。一八　傑出した栄光も往々にして武勲より幸運の賜物であるということを誰が否定しようか。というのは、彼らの饗宴中も、酔って眠り込んでいるときも、敵はあえて襲いかかろうとはしなかったからである。まるでときの声を聞いたかのように、馬鹿騒ぎをしてわめく連中の声におびえていたのである。大洋《オケアノス》から帰還する際、敵の目の前で酔って乱痴気騒ぎをしていた彼ら［マケドニア人］を守ったのも、同様の幸運であった。(2)

一九　この地から、ダイダラ(3)と呼ばれる地域へとやって来た。住民は家を捨て、道のない深い森に覆われた山々に逃げ込んでいた。そこで、王はアカディラ(4)を通過したが、やはり逃亡する住民に焼き払われ、放棄されていた。二〇　そのため戦術の変更を余儀なくされた。すなわち、王は兵を分け、いくつもの地点で同時に武力を誇示した。住民は敵を予期していない場所で圧迫を受け、全面的な敗北を喫して平定された。

二一　最も多くの都市を攻略したのはプトレマイオスだったが、最も大きな諸都市を攻略したのはアレクサンドロスだった。その後、王は分割していた軍勢を再び統合した。

二二　次に、王はコアスペス川(5)を渡り、ある豊かな都市――住民はベイラ(6)と呼んでいる――の攻囲のため

---

(1) ギリシア語で「メーロス」は腿のこと。神話では、ディオニュソスの母セメレが死んだとき、父親ゼウスが六ヵ月の胎児だったディオニュソスを取り上げて、自分の腿の中に縫い込んだとされている。

(2) 第九巻第十章二四以下参照。

(3) 不詳。

(4) 不詳。

(5) 北西インドの川。現在のクナール川と考えられる。

(6) 正確な位置は不明。アリアノス『アレクサンドロス大王東征記』第四巻二七-五ではバジラと呼ばれている。

にコイノスを残し、自身はマザガエ人(1)の地にやって来た。王国の主《あるじ》だったアッサカノス(2)が先ごろ死去し、その地域をも首都をも母親のクレオピスが治めていた。二三 三万八〇〇〇人の歩兵が、地勢だけでなく防塁によって固められた都を守っていた。東側は急流に取り巻かれ、それが両岸の切り立った土手で都への接近を妨げている。二四 西側と南側には、「自然」があたかも意図したかのように高い崖をそびえさせ、その下には、洞穴と峡谷が長い歳月をかけて深く刻まれ、それらの端では巨大な構造の堀が行く手をふさいでいる。二五 三五スタディオンの城壁がこの都市を取り巻いており、その下部は石材で、上部は日乾し煉瓦で構築されている。煉瓦のつなぎ目となっているのは、あいだに挟まった石――もろい建材がより固い建材に支えられるようにする――と水分を含んだ土である。二六 それでも全体が沈み込まないように頑丈な梁が組み込まれ、その上に設置された床板が城壁を補強し、かつまた通路ともなっていた。

二七 アレクサンドロスはこの防塁を観察して、方針を決めかねていた。なぜなら、洞穴は土砂で埋めるしかなく、そうしなければ弩砲を城壁に近づけることもできなかったからである。その時、何者かが城壁から彼に矢を放った。二八 そして、その矢はたまたまふくらはぎに突き刺さった。彼は鏃《やじり》を引け抜くと馬を引けと命じ、傷に包帯もせずに、騎馬のままそれまで同様精力的に計画を遂行した。二九 しかし、負傷した脚が垂れ下がり、血が乾いてこわばった傷が痛みを増すと、紛れもなくゼウスの息子と呼ばれていながら、肉体の損傷を感じるとは、と嘆じたと伝えられている。三〇 それでも、彼はすべてを視察してやらせたいことを指示してしまうまでは、陣営に戻らなかった。そのため、命令どおり、ある者は市外の建物を取り壊して土塁を築くための大量の材木を運び、ある者は枝がついたままの大木の幹や巨大な岩石を洞穴に投げ込んでいた。三一　そして今や土塁は地表に届いていた。そこで、彼らは塔を建てたのだが、こうした作業は、兵士たちの大変な意気込みのおかげで九日以内に完了した。

王はそれらを検分するため、まだ傷がかさぶたに覆われないうちに姿を現わし、兵士たちをほめてから、攻城機械を近づけるよう命じた。そこからは、大量の矢玉が守備兵に降り注いだ。三二　とくに可動式の攻城塔は、こうした機器に無知な者たちをおびえさせた。これほど巨大な建造物が、目に見えるいかなる力にも助けられずに動くのは、神意によるものだと彼らは思ったのである。攻城槍や弩砲が放つ重い槍も、人間のものではないと彼らは言うのだった。三三　そのため、彼らは町の守備を断念し、城塞に撤退した。包囲された結果、降伏以外の道は残されていなかったので、王に許しを求めるための使節が降りてきた。三四　赦免が認められると、女王(3)が高貴な女性たちの一群——黄金の杯から神酒を注いでいる——を引き連れてやって来た。三五　彼女は自ら王の膝元に幼い息子を置き、赦免だけでなく、それまでの名誉ある地位をも認めてもらった。すなわち女王という称号で呼ばれたのである。そして一部の人々が考えるところでは、これは哀れみというより美しさゆえに与えられたのだった。三六　後に彼女が生んだ息子が、父親は誰であるにせよ、アレクサンドロスと名づけられたのも確かである。

---

(1) この地域最大の町であるマッサガ市（アリアノス『アレクサンドロス大王東征記』第四巻二六-一）の住民。アリアノスではアッサケノイ人となっている。

(2) マザガエ人（アッサケノイ人）の統治者。世襲的称号と考えられる。

(3) 本章二一で言及されたクレオピス。

第十一章

一　ここからポリュペルコンが軍隊とともにオラ市[1]に派遣され、統制のとれていない住民を戦闘で破り、防塁の内側に追い込み、追撃してこの都市を制圧した。二　多くの名もない町が住民に放棄されたのち、王の支配下に入った。それらの町の住民は、武装した上アオルニス[2]という名の岩山を占拠した。かつてここをヘラクレスが攻め立てたが失敗し、地震のせいで手を引かざるをえなかったという伝説が流布していた。三　その岩山はどの斜面も急峻で切り立っていたのでアレクサンドロスは途方に暮れていたが、この土地を熟知したとある老人が二人の息子を連れて現われ、それ相当の見返りがあれば道案内をしようと請け合った。四　アレクサンドロスは八〇タラントン払おうと取り決め、息子の一人を人質として留め置き、老人のほうは申し出を実行させるべく送り出した。五　王の書記官ムリノス[3]が軽装隊の指揮官に任命された。この部隊を敵に気づかれないよう迂回して頂上に到達させるというもくろみだった。

六　この岩山は、たいていの山のように緩やかな傾斜でだんだんと頂上に達するのではなく、ちょうど標石のような形で立ち、底部は比較的広く、高くなるにつれて狭くなり、頂部は鋭い尖頭となっている。七　岩山の麓《ふもと》にはインドス川が流れ、非常に水深があり、両岸は険しい。[岩山の]別の側には、急峻な深淵と峡谷がある。そして、ここを埋め立てる以外に、急襲する方法はなかった。八　近くには森があった。王は、ここを伐採して枝を落とした幹を投げ込むように命じた。葉のついた枝は運搬の邪魔になると思われたからである。王自身が先頭に立って枝を払った木を投げ込み、軍勢の喚声——意気込みのしるし——がそれに続いた。王が率先して始めた作業を嫌がる者など一人もなかったのである。九　七日足らずで谷を埋めると、王は弓兵とアグリアネス人(4)に急坂をよじ登るよう命じた。また、自身の部隊(5)から、最も勇猛果敢な若者三〇名を選んだ。一〇　指揮官としてカロスとアレクサンドロス(6)が任命されたが、王は後者に自分と同じ名を持っていることを銘記させて激励した。そして、最初は、このように明白な危険性があったので、王自身は冒険するつもりはなかった。一一　しかし、ラッパの合図が鳴ると、この大胆不敵な人物は衛兵のほうを向いて、われに続けと命じ、真っ先に断崖をよじ登った。あとには一人のマケドニア兵も残らず、みな持ち場を離れて、自分の意志で王に従った。一二　多くの者が悲惨な最期を遂げた。切り立った崖から滑り落ち、すぐそばを流れる川に飲み込まれたのである。それは危難に遭っていない者にとっても悲しむべき光景だった。だが、他人の死によって自分たちが何を恐れるべきかを思い知らされると、哀れみが恐怖に転じ、彼らは死者のためではなく自分自身のために嘆くのだった。

一三　そして、彼らはもはや、勝者とならぬかぎり生きては戻れないところまで来ていた。登ってくる彼

(1) 写本ではノラだが、アリアノス『アレクサンドロス大王東征記』第四巻二七-五と同様にオラと読む。正確な位置は不明。

(2) 正確な位置は不明。一般にはアオルノスと呼ばれる。

(3) 不詳。

(4) ラテン語原文ではアグリアニ。トラキア系の部族。軽装隊に属する投槍兵として活躍した。

(5) 近習（本巻第六章七参照）のことか。

(6) いずれも不詳。

らをめがけて、異民族《バルバロイ》が巨大な岩を転がし、それにぶつかった者は不安定で滑りやすい足場から真っ逆さまに転落していったのである。一四　それでも、王が三〇名の精鋭とともに先遣していたアレクサンドロスとカロスはそこを登りきり、早くも白兵戦を始めていた。しかし、異民族《バルバロイ》が上方から矢玉を浴びせてきたので、傷を与えるより受けることのほうが多かった。一五　そのためアレクサンドロス(1)は、自分の名と〔王との〕約束を思い起こし、慎重にというより勇猛に戦ううちに、四方から刺し貫かれて倒れた。一六　カロスは彼が横たわるのを見ると、復讐以外すべてを忘れて敵に突進しはじめ、多くは槍で、一部は剣で殺した。だが、非常に多くの軍勢がカロス一人に襲いかかったので、カロスは息絶えて友の体の上に倒れた。一七　当然のことだが、王は、最も勇猛果敢な若者たちをはじめ兵士らの死を悲しみ、退却の合図を出した。一八　徐々に、そして恐れを見せずに退却したことが生還に役立った。また、異民族《バルバロイ》のほうも敵を撃退したことに満足して、追い打ちをかけはしなかった。一九　一方アレクサンドロスは、この企てを中止する決意を固めていた――岩山を占領する見通しがまったく立たなかったからである――が、それでもあくまで包囲を続行しているように見せかけた。道を封鎖し、攻城塔を近づけ、疲れた者を新手と交替させるように命じたのである。二〇　インド人は、彼の執拗さを知ったが、二日と二晩のあいだは、自信だけでなく勝利をも誇示して、自国の流儀で太鼓を叩きながら饗宴を行なった。二一　しかし、三日目の晩には太鼓の音が聞こえなくなり、岩山全体に松明《たいまつ》が燃え立っていた。暗い夜に道なき岩の上を走ろうとしていた異民族《バルバロイ》が、逃走を少しでも安全にするために点火したのだった。二二　王は偵察のためにバラクロス(2)を派遣し、インド人が逃亡して岩山を放棄したのを知った。そこで、一斉にときの声を上げるように合図し、算を乱して逃げる敵に恐怖心を吹き込んだ。二三　すると、多くの者が、まるで敵が迫っているかのように、滑りやすい岩や道のない石の上に頭から転落し、さらに多くの者が体の一部を損傷し、無傷の仲間からも置き去りにされた。二四　王は敵に勝ったというよりむしろ地勢を制したのだったが、神々への供犠と崇拝によって大勝利を得たという印象を与えた。この岩山には、アテナ・ニケ[3]のための祭壇が設けられた。二五　案内人たちには――彼らに従って登坂するよう王は軽装隊に命じておいたわけだが――、約束したほどの成果を上げなかったにもかかわらず、律儀に報酬が支払われ、岩山と周辺地域の守りはシソコストス[4]にゆだねられた。

第十二章

一　そこから王はエクボリマ[5]へ進軍し、武装兵二万を率いるエリケス[6]なる者が隘路を封鎖しているのを知ると、軍隊のうち重装部隊はコイノスにまかせ、ゆっくり行軍させた。二　王自身は、投石兵と弓兵の先に

（1）もちろん、本章一〇で言及された若者。
（2）不詳だが、投槍兵部隊の指揮官か（アリアノス『アレクサンドロス大王東征記』第三巻一二-三、一三-五、第四巻四-六参照）。
（3）本巻第二章三二参照。
（4）アリアノス『アレクサンドロス大王東征記』第四巻三〇-四ではシシコットスとなっている。かつてインドからベッソスのもとに亡命し、その後アレクサンドロスに投降していた人物。
（5）アリアノス『アレクサンドロス大王東征記』第四巻二八-七のエンボリマと同一の町と思われるが、位置は不詳。
（6）この地域の豪族。アプリケスとも呼ばれる。

立って進み、隘路をふさいでいた敵を追い払い、あとから来る軍勢のために道を切り開いた。**三**　インド人は、指導者への憎しみのためか、勝者の好意を得ようとしてか、逃げるエリケスを襲って殺害し、その首と武具をアレクサンドロスに届けた。彼はその行為に免責を与えはしたが、そのような前例に名誉を与えることは拒絶した。

四　ここからアレクサンドロスは一六日目にインドス川に到着し、ヘパイスティオンが指示どおりに[1]渡河のための準備をすべて整えているのを知った。その地域はオンピス[2]が治めていたが、アレクサンドロスに王国を引き渡すことを自分の父親にも認めさせた男だった。**五**　父親の死後は、暫定的に自分が統治するべきか、それとも私人として王の到着を待つべきか、と伺いを立てる使節をよこしていた。**六**　彼は統治を認められたのだが、それでも与えられた権利を行使するのを控えた。実際、彼はヘパイスティオンを丁重に迎え、その軍勢に穀物を無償で分配したが、王以外の誰の信義も試す気にならず、面会はしていなかった。**七**　それゆえ、王がやって来ると、彼は武装した軍隊を率いて迎えに出てきた。象も一定の間隔で兵士の隊列に混じっており、遠目には城塞のような外観を呈していた。**八**　するとアレクサンドロスは、最初は味方ではなく敵が近づいてきたものと思い、自分自身も戦いにそなえて、すでに歩兵には武器を取るよう、騎兵には両翼に分かれるよう命じていた。

　しかしこのインド人は、マケドニア人の誤解に気づくと、軍勢には停止するよう命じ、自身は乗っていた馬に拍車を当てた。アレクサンドロスもそれに倣った。やって来るのが敵であろうと友であろうと、自分の武勇か相手の信義かに確信があったのである。**九**　両者は、互いの表情からわかったことだが、友好的に対面した。しかしながら、通訳なしでは言葉を交わすことができなかった。そのため、異民族《バルバロイ》の男は通訳を呼び、自分が軍隊を連れてきたのは、この王国の全兵力をすみやかに引き渡すためであり、使者を通じて［安全の］保証が与えられるのを待ちもしなかった、と述べた。一〇　自分の身柄と王国をあなたにゆだねる、なぜなら、あなたが栄誉のために戦っていて、背信の世評以上に恐れるものはないということを承知しているからだ、と。王は、相手の虚心坦懐な態度に喜び、信義のしるしとして右手を差し伸べ、王権を再認してやった。一一　この人物がアレクサンドロスに贈ったのは、象が五六頭、特別に大型の羊が多数、牛――この地域では貴重で、王侯の心にかなう家畜――が約三〇〇〇頭だった。

一二　アレクサンドロスが農民と兵士とではどちらが多いかと尋ねると、オンピスは、二人の王と戦争中なので農民より兵士のほうが大勢必要だと答えた。一三　その敵とはアビサレス(3)とポロス(4)だったが、ポロスのほうが勢力が上だった。両者ともヒュダスペス川(5)の向こう側に領地があり、誰が攻めこんでこようと武運を試そうと決意していた。一四　オンピスは、アレクサンドロスの許可を得て王冠をかぶり、一族のしきたりに従って父親が持っていた名(6)を名乗った。今や民衆は彼をタクシレスと呼んだが、その名は、誰であれ統

(1) 本巻第十章二参照。
(2) タクシラ（インドス川とヒュダスペス川のあいだの地域）の王。
(3) ここではポロスと同様にヒュダスペス川の向こうの支配者とされているが、正しくはタクシラの北方の山地帯、中部カシミール地方の王。
(4) ヒュダスペス（ジェルム）川とアケシネス（チェナブ）川のあいだの広大な地域の王。
(5) インドス川の支流。現在のジェルム川。
(6) タクシレス。本文中にあるように、世襲的称号である。

治権を受け継いだ者に伴うものであった。

一五　かくして彼はアレクサンドロスを三日間暖かくもてなし、四日目には、ヘパイスティオンが連れてきた軍勢に自分がどれほどの食糧を提供したかを示し、またアレクサンドロス自身とその朋友全員には黄金の冠を、そしてこのほかさらに銀貨八〇タラントンを贈った。一六　アレクサンドロスはこの気前のよさにいたく喜び、その贈り物を返したうえ、運んできていた戦利品の中から一〇〇〇タラントンと、金銀でできた宴会用の食器、おびただしいペルシアの衣服、持ち馬のうち三〇頭――それも、彼自身が騎乗するときと同じ馬飾りをつけて――を加えた。

一七　このような王の気前のよさは、異民族《バルバロイ》に恩を施したものの、その一方で王自身の朋友たちをひどく憤慨させた。その一人メレアグロスは、宴席で泥酔した末に、アレクサンドロスに祝辞を述べよう、少なくともインドで一〇〇〇タラントンに値する男を見つけたのだから、と言った。一八　王は、かつてクレイトスをその放言ゆえに殺してどれほど後悔したか忘れてはいなかったので、怒りを抑え、ただ、ねたみ深い人間は自らを苦しめる者にほかならない、と言った。

第十三章

一　翌日、アビサレスの使節が王のもとを訪れた。使節は、命令されていたとおりにすべてを王の支配下にゆだね、互いに誓約が交わされたのち、自国の王のところへ帰された。二　アレクサンドロスは、ポロスにも自分の盛名によって帰順を強いることができると考え、クレオカレス(1)を派遣した。貢税を納め、領地の境で王を出迎えるように、と伝えさせたのである。ポロスは、「二つ目の要求には応じよう。わが王国に入ってきたら参上するつもりだ、ただし武装して」と答えた。三 すでにアレクサンドロスがヒュダスペス川を渡る決意を固めていたとき、アラコシア反乱の首謀者バルザエンテス(2)が捕縛されたまま連行されてきた。同時に捕獲された三〇頭の象もいっしょだったが、これはインド人相手には折よい助けとなった。というのも、インド人は軍隊よりもこの野獣に自信を持ち、戦力としていたからである。四 インドの小国の王で、バルザエンテスと同盟していたサマクソス(3)も、捕縛されて連行されてきた。五 そこでアレクサンドロスは裏切り者と小君主を拘禁し、象のほうはタクシレスに預け、ヒュダスペス川にやって来た。対岸には、敵の渡河を阻止せんものと、ポロスが陣取っていた。六 この男は、並外れた体力を持つ象八五頭を並べ、その後ろに三〇〇輌の戦車と約三万人の歩兵を配していた。その中には弓兵もいたが、前述(4)のように、効果的に射ることができないほど重い矢を携行していた。

七 ポロス自身は、他の象の上にそびえ立つような巨象に乗り、金銀に彩られた武具が彼のまれに見る巨体を飾っていた。その勇気は体力に釣り合うもので、知恵も、未開人にありうるかぎりのものをそなえてい

---

(1) 不詳。
(2) ペルシア統治下でのアラコシアおよびドランギアナの総督。ダレイオス弑逆の犯人の一人。インドに逃亡し、アラコシア人反乱を策動していたらしい。第六巻第六章三六参照。
(3) 不詳。
(4) 本巻第九章二八。

た。八　マケドニア人は、敵の外見だけでなく、越えるべき川の大きさにも恐れをなした。幅は四スタディオンに及び、深い河床はどこにも浅瀬を見せず、広大な海洋といった観をなしていたのである。九　また、広々とした川幅のわりには勢いの緩むことがなく、あたかも両岸が狭い河床へ押し込んでいるかのように激しい奔流となり、逆巻く波はそこかしこに隠れた岩の存在をかいま見せていた。一〇　さらに恐ろしかったのは、人馬に埋め尽くされた対岸の光景だった。途方もない巨体の象が立ち、それらは故意に刺激されて、耳を聾する恐ろしい咆哮を上げるのだった。一一　これまでは確固たる自信を持ち、しばしばそれを実証してきたマケドニア勢の胸に、一方では川が、他方では敵が、思いがけない恐怖を吹き込んでいた。というのは、不安定な筏を岸まで操ることも無事に着岸することも無理だと思えたからである。

一二　川の中ほどには一群の島があり、インド人もマケドニア人も頭上に武具を持ち上げて、そこへ泳いで渡ろうとしていた。そこで小競り合いが起き、どちらの王も、小事の結果によって全体の帰趨を占っていた。一三　さて、マケドニア軍には無鉄砲と大胆さで知られるヘゲシマコスとニカノル[1]という者がいた。若い貴族で、味方のいつもの幸運によってあらゆる危険を見下すようにたきつけられていた。一四　この二人を指揮官とするきわめて勇猛果敢な若者たちが槍だけを持ち、敵の群れに占領された島に泳ぎ渡り、大胆さ以上の何の武器も持たずに、インド人の多くを倒した。一五　もし幸運に恵まれた無謀さが節度を知ることがあるものならば、彼らは栄光を伴って帰還することもできたであろう。しかし、彼らが近づく敵を見くびって、思い上がった態度で待っていると、ひそかに［島から］泳ぎ去っていた敵兵がこれを包囲し、遠巻きにして飛び道具で圧倒した。一六　敵から逃れた者は、川の勢いに流されるか、渦に飲み込まれるかした。そしてこの戦いの結果、一部始終を岸から見ていたポロスは大いに自信を深めた。

一七　途方に暮れたアレクサンドロスは、ついに次のような敵を欺く策略を考案した。川にはとりわけ大きな島があった。そこは樹木が茂って伏兵を隠すのに好適で、そのうえ、王自身が陣取っていた川岸から遠からぬところにある深い溝には、歩兵だけでなく馬に乗った騎兵をも隠すことができた。一八　そこで、この有利な地点から敵の目をそらすため、プトレマイオスに、配下の全部隊を率いて島から離れた地点に向かい、川を渡ろうとしているかのように時折ときの声を上げてインド軍を威嚇するように、と命じた。一九　プトレマイオスは何日もそれを実行し、この策により、ポロスにも、目標地点と見せかけていた方面に兵力を向けさせることになった。二〇　すでに島は敵の眼中になかった。アレクサンドロスは、川岸の別の部分に自分の幕舎を設営するように命じ、ふだん自分に随行している部隊をその幕舎の前に立たせ、王家のあらゆる豪華な装具をわざと敵の目に見せつけた。二一　アッタロス(2)にも――自分と同年齢で、とくに遠目には姿形が似ていたので――王の装いをさせた。王自身がその川岸に陣取り、渡河は考えていない、と偽装するためである。

二二　この作戦の実行を、嵐が最初は遅延させ、その後は後押しした。幸運が不都合をも良い結果に変えたのである。二三　王は、残りの軍勢を率いて上述の島の方向へ川を渡る準備を整えていた。敵の注意は、プトレマイオスとともに下流の岸に陣取る軍勢のほうへそらされていた。その時、嵐が、屋根の下でもほと

(1) いずれも不詳。

(2) 不詳。

んど耐えがたいような雨を降らせた。二四　そして、驟雨に圧倒された兵士らは船や筏を打ち捨てて陸に逃げ帰ったが、あわてふためく者たちのわめき声は、風の轟音にかき消されて敵の耳には届かなかった。次に、一瞬雨がおさまった。が、分厚い雲が垂れこめて日光を遮り、話をしていても互いの顔がほとんど見分けられないほどだった。二五　他の者ならば、天を覆う闇に怖じけづいたことだろう。なにしろ未知の川を渡らねばならず、めくら滅法に目指す先の、まさにその岸に敵が待ちかまえているかもしれないのである。二六　しかし王は、危険を冒すことで栄光を招いた。余人の恐れる暗闇を好機と考え、全員が静かに乗船するよう合図を出し、自身が乗り込んだ船を先頭に押し出すよう命じたのである。二七　彼らが目指す岸を、敵は放棄していた。ポロスはまだプトレマイオスにばかり気をとられていたからである。そういうわけで、波が岩に叩きつけた一隻だけは座礁したが、残りは着岸し、王は兵士らに武器を取って位置に着けと命じた。

第十四章

一　今や王が両翼に分かれた軍勢を自ら統率していたとき、ポロスのもとに、川岸が武装兵に占拠され危機的事態が迫っているとの報告が届いた。そして彼は、初めは人間の心の弱点である希望的観測に流され、戦時の同盟者アビサレス[1]が来援したのだと――そういう取り決めになっていたので――思っていた。二　だが、やがて明るさを増した陽光が敵の戦列を露わにすると、ポロスは四頭立て戦車一〇〇輌[2]と四〇〇〇名の騎兵を、迫り来る隊列に立ち向かわせた。送り出した部隊の指揮官は自身の弟スピタケスで、主力は戦車だった。三　各戦車は六名の兵を乗せていた。二人が盾を持ち、二名の弓兵が両側に分かれて配置され、残りは御者だが、決して丸腰ではなかった。つまり、白兵戦となれば、手綱を投げ出して敵に次々と槍を投げつけるのである。四　しかしながらその日に限っては、この部隊はほとんど役に立たなかった。なぜなら上述のように、いつもより激しく降った雨のため平原が滑りやすく馬で走りにくい状態になり、重くてほとんど動きのとれない戦車が泥とぬかるみの中で立ち往生していたからである。五　これに対しアレクサンドロスは、機動性の高い軽装部隊で速攻をしかけた。スキュティア人とダアイ人が先頭を切ってインド人に襲いかかった。続いて、王はペルディッカスの率いる騎兵隊を敵の右翼へ送り出した。

六　すでにあちこちで戦いが始まっていたとき、戦車を駆っていた者たちが、味方にとって最後の手段だと考えて、手綱を緩めて戦場の中央へ突進を開始した。七　これは双方に打撃となった。というのも、マケドニアの歩兵は最初の一撃で蹴散らされたが、戦車のほうも、滑りやすく通行しがたい場所を疾走したあげく、御者を振り落としたからである。八　一部の戦車では馬がおびえて、ぬかるみや水たまりどころか川にまで戦車を引きずっていった。九　若干の［戦車の］馬は敵の槍で追い立てられ、さかんに戦いを鼓舞していたポロスのところまで突き進んだ。ポロスは、御者のいない戦車が戦場全体を散り散りになってさまようの

(1) アビサレスは、アレクサンドロスに帰順の使節を送っている（本巻第十二章一）が、その一方でポロスと同盟を結んでいたわけである。しかし、このヒュダスペス川での戦いにも来援せず、日和見の態度をとっていたようである。

(2) アリアノス『アレクサンドロス大王東征記』第五巻一四-二では、この時の指揮官はポロスの息子とされている。

を見ると、最も近くにいた側近たちに象を分配した。一〇 その後ろに、歩兵と弓兵、それに太鼓を叩くのに慣れた者たちを配置した。インド人にとってこれはラッパの合図の代わりであり、象は以前から耳が慣れていたので、その音に驚かされることはなかったのである。一一 歩兵隊の前にはヘラクレスの像が担ぎ出されていた。これは戦士にとってこの上ない檄であり、その運び手を見捨てることは戦時の不名誉と見なされていた。一二 インド人は、戦場からそれを持ち帰らなかった者に対して死刑さえ定めていた。かつてこの敵(1)に対して抱いた恐怖は、畏怖と崇敬の念に変わっていたからである。

マケドニア軍は、野獣(2)だけでなく敵の王自身の偉容に、しばし動きを止めた。一三 野獣は武装兵のあいだに配置されていて、遠目には櫓《やぐら》のように見え、ポロス自身もほとんど人間の体格の限度を超えていた。ポロスが乗っている野獣は、彼の体の巨大さを増幅させているように思われた。彼自身が他の者に立ちまさるのと同様に、その象も抜きんでていたからである。

一四 そこでアレクサンドロスは、インド人の王をも軍勢をも眺めながら言った。「ついにわたしは、わが勇気に見合うだけの脅威に遭遇した。野獣と傑出した戦士を同時に相手にしなくてはならないのだ」。一五 そして、コイノスを見て言った。「わたしがプトレマイオスとペルディッカスとヘパイスティオンを従えて敵の左翼を攻撃し、激戦の真っただ中にいるのを見たら、自ら右翼を動かし、混乱に陥った敵に攻勢をかけよ。アンティゲネス(3)、君と、レオンナトス、君と、タウロン(4)は、戦列中央へ進み、正面から圧迫せよ。一六 われわれの槍は長大で強く、あの野獣とその御者に対してほど役立つことはまたとあるまい。乗っている者を突き落とし、象を刺せ。あれは当てにならぬ類いの戦力であり、味方に向かってかえって激しく荒れ狂う。なぜなら、敵に対しては命令によって、味方に対しては恐怖によって駆り立てられるからだ」。

一七　こう言って、彼は真っ先に馬を駆った。そして、作戦どおり、すでに彼が敵の戦列に突入していたとき、コイノスは猛烈に［敵の］左翼へ突進した。一八　密集歩兵隊もまた、最初の攻撃でインド軍の戦列の中央を突破した。一方ポロスは、騎兵が迫ってくるのを見ると、そこへ野獣を差し向けるように命じた。しかしこの動物は、鈍重でほとんど動きがとれず、馬の速さについていくことができずにいた。一九　異民族《バルバロイ》は弓矢を役立てることもできなかった。なぜなら、矢が長くて重く(5)、まず弓を地面に立てなければしっかり正確につがえることができず、そのうえ滑りやすい地面がその試みの邪魔になり、狙いをつけようとしても敵の速さに追いつけなかったからである。二〇　そのため［ポロス］王の命令は無視され――狼狽した軍勢に司令官よりも恐怖のほうが厳しい命令を下しはじめるときには、よくあることである――、ばらばらになった部隊の数だけ指揮官がいるという有様だった。二一　ある者は戦列を連結するようにと、ある者は分割するようにと命じ、その場に踏みとどまれと命じる者もあれば敵を背後から包囲せよと命じる者もあった。全体の統率がまったくとれていなかったのである。二二　しかしながらポロスは、恐怖心にまさる廉恥心を持

(1) ヘラクレスのこと。その世界遍歴がインドにまで及んだという伝承があった。
(2) 象のこと。
(3) マケドニアの将軍。第五巻第二章五に言及されたアンティゲネスと同一人物と考えられる。
(4) マケドニアの将軍。第五巻第三章六でも言及されている。ここでは、アンティゲネス、レオンナトスとともに、密集歩兵隊指揮官。
(5) 本巻第九章二八、第十三章六参照。

つ少数の部下とともに、四散していた軍勢を集めて敵を迎え撃とうとし、象を戦列の前に出すよう命じた。二三　それらの野獣はたいへんな恐怖心を引き起こし、耳慣れないいななきは、何にでもおびえる動物である馬ばかりか、戦列の兵士をも混乱に陥れた。

二四　つい先ほどまで勝利者だった者たちが今や逃げ場を探していたとき、アレクサンドロスは、軽武装のアグリアネス人とトラキア人[1]——白兵戦より小競り合いを得意とする部隊——を野獣の前に投入した。二五　彼らは象にもその御者にも、雨霰と矢玉を浴びせた。密集歩兵隊もおびえる象に着実に迫っていった。二六　しかし一部の兵は、あまりにも強引に野獣を追いつめ、傷を負わせることでかえって自分たちに襲いかかるよう仕向ける結果となった。そのため、それらの兵は野獣の足に踏みつぶされ、もっと慎重に攻めるようにという教訓を他の兵に与えることとなった。二七　象が兵士を武具ごと鼻で捕らえ、それを頭越しに御者の手に運び渡すさまは、とりわけ恐るべき光景だった。二八　このように、ある時は象を追い、ある時は象から逃げるという具合に戦況は一進一退で、戦闘は決着がつかないままその日の遅くまで続いた。とうとう彼らは斧で——そのような手だてが前もって用意されていたのである——象の足を切断にかかった。二九　彼らはまた、コピスと呼ばれる、鎌のように軽く湾曲した剣で野獣の鼻を攻撃した。死への恐怖だけでなく、死に際の奇異な苦しみへの恐怖のあまり、どんなことでも試さずにはおかなかったのである。

三〇　こうしてついに象は傷で衰弱し、味方に襲いかかってなぎ倒し、操っていた者たちは頭から地面に落ち、踏みつぶされた。今や象は家畜のように、脅威を与えるものというより恐怖におののくものとなって、戦場から駆逐されつつあった。三一　そのときポロスは、大半の者から孤立していたが、ずっと前から用意していた槍を、象の上から群がる敵に投げつけはじめた。彼は多くの敵を遠距離から負傷させたが、自らも四方八方から攻撃にさらされていた。三二　すでに彼は九つの傷を一部は背中に、一部は胸に負って、大量に出血し、弱った腕で投げようとした槍は、放たれたというより滑り落ちていた。三三　［彼の乗った］野獣は、狂気に駆られていたがまだ負傷はなく、一段と激しく［敵の］戦列に突進した。その時ようやく、野獣の御者は、王が手足をだらりと下げ、武器を取り落とし、ほとんど意識を失っているのを目にした。三四　すると、御者は野獣を駆って敗走させ、アレクサンドロスはあとを追った。しかし、その馬は多数の傷を負って衰弱し、王を放り出すというより降ろしながら倒れた。三五　そのため、馬を替えるあいだに追跡が遅れた。その間に、インド人の王タクシレスの弟が、アレクサンドロスにより派遣され、あえて最期を遂げることなく勝者に降伏せよ、とポロスに勧告を始めた。三六　しかしポロスは、体力を消耗し、失血していたにもかかわらず、聞き覚えのある声に刺激され、「わたしは知っているぞ、王権と王国に対する裏切り者タクシレスの弟を」と言い、たまたま落としていなかった唯一の槍を相手に投げつけた。それは、胸の真ん中を背中まで貫いた。三七　このような最後の武勲ののち、彼はいっそう必死になって敗走を始めた。だが、象も、多くの槍傷を受けて力尽きつつあった。そこで、彼は逃げるのをやめ、迫り来る敵に歩兵隊を立ち向かわせた。

三八　アレクサンドロスはすでに追いつき、ポロスの頑強さを見てとると、抵抗する者は容赦するなと命

（1）マケドニア軍。

令した。そのため、歩兵にもポロス自身にも四方から矢玉が浴びせられると、さすがのポロスも圧倒され、野獣から滑り落ちはじめた。三九　象を操っていたインド人は、ポロスが降りようとしていると思い、いつものように象に膝をつくよう命じた。この象が身をかがめると、他の象も——そのように訓練されていたからだが——体を地面につけた。この行為が、ポロスをも残余の者をも勝者に引き渡すことになった。四〇　王は、ポロスが事切れたものと思い、身ぐるみ剝ぐよう命じた。鎧や衣を剝ぎ取ろうとする者たちが殺到してくると、野獣は主人を守ろうと強奪者たちを攻撃し、主人の体を持ち上げて再び自分の背中に乗せようとした。そこで、象があらゆる方向から矢玉を浴び、片づけられると、ポロスは戦車の中に運び込まれた。

四一　アレクサンドロスは、相手が目を上げるのを見ると、憎しみではなく哀れみに動かされて、「いかなる狂気に駆られて、わたしの盛名を知っていながら、武運を試そうとしたのか。降伏者に対するわが寛恕を示す、タクシレスという身近な例もあったというのに」と言った。四二　これに対しポロスは、「お尋ねとあらば、ご質問と同様、率直に答えよう。わたしは、自分より強い者がいるとは思っていなかったのだ。自分の力は知っていたが、貴公の力を試したことはなかったからな。戦いの結果は、貴公のほうが強いことを示した。だがそれでも、貴公に次ぐ者であるのは不幸なことではない」と言った。四三　さらに、勝者がどのような決定を下すべきだと思うかと尋ねられて、「この日が貴公に勧めることを。今日貴公は、幸運がいかにはかないものかを身をもって知ったのだから」と言った。四四　この警告は、嘆願した場合よりも効果があった。なぜなら、彼の恐れを知らぬ、逆境にもくじけない気高い精神は、同情ばかりか敬意を払って遇するに値する、と王は考えたからである。四五　王はこの負傷者を、まるで自分のために戦った者であるかのように治療させた。そして、大方の予想に反して回復すると、朋友の一人として迎え、やがてそれまで持っていた以上に広大な王国を与えた。四六　実際、王の性向で、真の誉れと栄光を称えることほど不変で確固たるものは他になかった。ただし、彼は同胞よりも敵の名声のほうをいっそう率直に評価した。というのは、自分の栄光は、同胞によって損なわれうる一方で、自分が倒した相手が偉大であるほど輝きを増す、と信じていたからである。

第九巻

第一章

一　アレクサンドロスは、このような記念すべき勝利に喜んだ。これによって東方への関門が開かれたと考えていたのである。彼は太陽神に犠牲を捧げ、兵士らも今後の戦いにいっそう勇猛に立ち向かうようにと、彼らを集会で称揚して説いた。「インド人がどれほどの力を持っていたにせよ、このたびの決戦で打倒された。二　今後は、豊富な戦利品が手に入るであろう。目指す地域は名高い富に満ちあふれている。実際、ペルシアからの戦利品など、もはや貧弱でみすぼらしい。諸君は自分の家ばかりか、マケドニアとギリシアを、宝石や真珠、黄金や象牙で満たすことになろう」。

三　兵士たちは富にも栄光にも貪欲で、王の公言が一度として期待を裏切ったことがないこともあって、協力を約束した。王は、大いに希望を持たせて彼らを解散させると、船の建造を命じた。全アジアを踏破したあかつきには、世界の果ての海(1)を訪れるためである。四　付近の山々には造船のための木材が豊富にあった。伐採に取りかかった者たちは、見たこともない大きさの蛇に出くわした。五　同じ山には、他国ではまれな動物であるサイもいた。もっとも、この名称(2)はその野獣にギリシア人がつけたものである。この言語を知らぬ住民は、現地語の別の単語を用いている。

六　王は、渡り終えた川の両岸に二つの都市[3]を建設し、各部隊の指揮官ひとりひとりに冠と金貨一〇〇〇枚を与えた。残りの者にも、親交の程度や戦功に応じて報賞が支払われた。

七　ポロスとの戦いの前にアレクサンドロスのもとに使節をよこしていたアビサレス[4]は、また別の使節を送ってきた。自分の身柄を引き渡すよう強いられさえしなければ、命令にはすべて従う、と約束したのである。王権を失って生きるつもりも、囚われの身で統治するつもりもないからだ、とのことだった。八　これに対してアレクサンドロスは、もし出頭する気にならぬとあらば、こちらから出向くまでだと伝えさせた。

その後、さらに川[5]を越え、インドの内陸へ進んだ。九　ほとんど計り知れない広さの森林があり、途方もない高さの木々が陰をつくっていた。一〇　たいていの枝は巨大な幹ほどの太さがあり、地面に向かって湾曲し、そこから曲がってまた上向きになり、再び上へ伸びる枝というより、独立した根から生えた木のような印象を与えていた[6]。一一　気候は快適だった。木陰が強い日差しを和らげ、泉から水が豊富に湧き出るからである。一二　しかしながらここには、おびただしい数の、鱗が黄金の輝きを放つ蛇もいた。その毒ほど

（1）大洋（オケアノス）の概念については二四九頁註（1）を参照。
（2）ギリシア語でリーノケロース。
（3）川はヒュダスペス川。二つの都市は、後述（第三章二三）のニカイアとブケパラ。
（4）第八巻第十二章一二、第十三章一、第十四章一参照。
（5）アケシネス（チェナブ）川と考えられる。
（6）バンヤン樹（ベンガルボダイジュ）と考えられる。

有害なものはほかにない。というのも、住民から解毒剤が提供されるまでは、咬まれれば即死という結末が待っていたからである。一三　ここから砂漠を横断して、ヒアロティス川(1)まで来た。川のそばには、よそでは見られない樹木で鬱蒼とした森があり、野生の孔雀《くじゃく》が多数生息していた。一四　王は、そこから陣営を移したのち、近くの町を包囲網を敷いて攻略し、人質を取ったうえ、貢納を課した。

次に、その地域としては大きな都市(2)に着いたが、そこは城壁だけでなく、沼地にも守られていた。一五　しかし異民族《バルバロイ》は、荷車を互いに連結して、決戦せんものと出撃してきた。ある者は槍を、ある者は斧を武器とし、苦戦している味方を助けたい場合には、車から車へ敏捷に跳び移るのだった。一六　そして最初は、マケドニア軍は遠距離から負傷させられ、見慣れぬ戦い方に恐れをなした。その後、こうした無秩序な戦法を見下し、両側から荷車を包囲して、抵抗する者を斬り倒しはじめた。一七　そして王は、一輌ずつ包囲しやすくするために、車を結びつけている綱を切断するよう命じた。その結果、敵は八〇〇〇人の兵を失って町に逃げ帰った。一八　翌日、四方八方から梯子が掛けられ、城壁は占拠された。少数ながら敏捷さのおかげで助かった者もいた。町の陥落を悟ると沼を泳いで渡った者たちである。彼らは、無敵の軍隊、まさに神々の軍隊がやって来たと語って近隣の町々に大恐慌をもたらした。

一九　アレクサンドロスは、その地域を荒らすためにペルディッカスを軽装隊とともに派遣し、やはり異民族を降伏に追い込むために軍勢の一部をエウメネス(3)に任せた。王自身は、他の都市の住民も逃げ込んでいた強固な都市へ、残りの軍勢を率いていった。二〇　住民は王に嘆願するための使節を送ってきたが、それにもかかわらず戦争の準備を進めていた。というのは、意見の対立が生じ、民衆が二派に分かれていたからである。何であれ降伏よりはましだと考える者もあれば、自分たちには何の力もないと考える者もあった。二一　ところが、何ら合意に達しないうちに、降伏を支持する一派が門を開け、敵を迎え入れてしまった。二二　アレクサンドロスは、主戦派に対しては怒りを向けても当然だったのだが、それでも全員に恩赦を与え、人質を取ると、また次の都市へと陣営を移した。二三　人質たちは戦列の前を歩かされていた。住民は、城壁からその姿を認めると、[自分たちと]同じ民族でもあり、会談のために呼び寄せた。人質たちは、王の寛恕とともにその実力を説いて、住民を降伏に至らせた。王は他の諸都市も同様にして平定し、保護下に置いた。

二四　ここから、ソピテスの(4)王国へとやって来た。この国は、異民族《バルバロイ》が信じるところでは、英知に長け、立派な慣習によって治められている。二五　ここでは生まれた子を、両親の考えではなく、赤子の体質を吟味する責任を負った人々の判断に従って、認知し養育する。この人々は、赤子に目立った欠陥があったり、身体のどこかが不自由なことに気づけば、殺すように命令するのである。二六　結婚は氏族や家柄によらず、肉体の外見上の魅力に基づいて行なわれる。なぜなら、それこそが子供を評価する尺度だからである。

---

(1) ヒュドラオテス川（アリアノス『アレクサンドロス大王東征記』第五巻二一-四参照）。現ラヴィ川。インドス川の支流。

(2) サンガラ（アリアノス『アレクサンドロス大王東征記』第五巻二二-四）と考えられるが、正確な位置は不明。

(3) アレクサンドロスの側近で、書記官長。カルディア（トラキア東部の町）出身。武将としても有能で、アレクサンドロス死後の後継者戦争でも重要な役割を果たした。

(4) アリアノス『アレクサンドロス大王東征記』第六巻二-二ではソペイテスと呼ばれている。ヒュドラオテス川とヒュパシス川間の地域の王。

二七　この国の、アレクサンドロスが軍勢を率いてきた町は、ソピテスその人が治めていた。門は閉ざされていたが、城壁や櫓には一人の武装兵も姿を見せず、マケドニア人は、住民が町を捨てたのか、それとも計略のために身を潜めているのか、はかりかねていた。二八　そのとき突然、門が開き、インド人の王が成人した二人の息子を伴って現われた。その容姿はすべての異民族《バルバロイ》をはるかに凌駕していた。二九　下肢まで覆う衣は、金と紫の刺繡に彩られていた。サンダルは金製で宝石をちりばめてあり、上腕と前腕も真珠で飾られていた。三〇　両耳には驚くべき輝きと大きさの宝石が垂れ下がっていた。王笏《しゃく》は黄金づくりで、緑柱石の装飾がほどこされていた。彼はこの笏を［アレクサンドロスに］、ご多幸をと祈りつつ手渡し、自分の身柄に加え、息子たちと臣民をも引き渡した。

三一　その地域では猟犬が名高かった。野獣を見ても吠えるのを控えるといわれ、とくにライオンを獲物としている。三二　こうした犬の猛々しさをアレクサンドロスに披露するため、ソピテスは目の前に巨大なライオンを放ち、たった四匹の犬を立ち向かわせるように命じた。犬どもはすばやく野獣に襲いかかった。すると、この種の仕事に慣れていた者の一人が、他の犬とともにライオンに食らいついていた一匹の犬の脚を引っ張ったが、犬が離れようとしなかったので、その脚を刃物で切り離しにかかった。三三　それでも執拗さは衰えなかったので、また別の部分を切断しはじめ、その後もひるまず食いついている犬を刃物で何度も切りつけた。犬は、死んでいきながらも野獣の傷口に歯を食い込ませていた。狩猟に対するこれほどの欲求を、「自然」がそれらの動物に植えつけたのだと伝えられている。三四　筆者としては、自分で信じる以上のことを書き伝えている。というのは、自分が疑問に思うことを保証する気にも、伝え聞いたことを伏せる気にもなれないからである。三五　かくして王は、ソピテスをその王国に残してヒュパシス川(1)へ進軍し、別の地域を平定し終えたヘパイスティオンも合流した。三六　次の国の王はペゲウス(2)であった。彼は領民にいつもどおり畑を耕すよう命じ、どんな命令も拒まぬつもりで、贈り物を携えてアレクサンドロスを迎えに出た。

第二章

一　王(3)はこの国に二日間滞在した。三日目には川を渡ろうと決めていたが、川幅の広さだけでなく、岩も邪魔になって、渡河が困難だった。二　そこで王は、知るべきことをペゲウスに尋ね、以下の情報を得た。川を越えると一二日間にわたる不毛の荒野の旅が待っており、その後全インドで最大の川、ガンゲス川に着く。三　対岸にはガンガリダイ人とプラシオイ人という部族が住んでいる。その王はアッグランメス(4)で、騎兵二万、歩兵二〇万により道を封鎖している。四　これに加えて、戦車二〇〇〇輌と、とりわけ脅威となる三〇〇〇頭にのぼる象を従えている、とのことだった。

(1) 現在のベアス川。インドス川の支流。
(2) ヒュパシス川西岸地域の王。
(3) アレクサンドロス。
(4) これらガンゲス川東方の部族、および王の名は不確かである。王はクサンドラメスとも伝えられる。

五　王にはこれらすべてが信じがたいことのように思われた。そこで、ポロスに——随行していたからだが——この話が事実かどうか質《ただ》した。六　ポロスは次のように明言した。「たしかに部族と王国の兵力については誇張ではないが、領主は平民であるばかりか最下層階級の出だ。実は、現王の父親は、日銭でどうにか飢えをしのぐ理髪師であったのに、美貌ゆえに王妃に寵愛された。七　彼は王妃の手引きで当時の王と親しい間柄になったのち、奸策を用いてこれを殺害し、王子たちの後見人という名目で王権を簒奪した。さらに、王子らを殺して現在の王をもうけたのだ。だが、現王は自分よりも父親の身の上に似つかわしい振る舞いをし、民衆から憎まれ、さげすまれている」と。

八　ポロスの明言は、王の心にさまざまな懸念を生じさせた。敵と野獣のことは問題視していなかったが、地勢と激流を恐れていたのである。九　人間界の果てとも言うべき土地まで追いやられた者たちを追撃して駆逐するのは難事だと思われたが、その反面、栄光への渇望と名声への飽くなき欲求は、何事であれ到達不可能だとか望みがないなどと考えることを許さなかった。一〇　また、王は時として次のような疑念を抱いていた。これほどの道のりを踏破し、戦列と陣営の中で年老いたマケドニア兵が、立ちはだかる流れやこれほど多くの自然の障害を乗り越えてついてきてくれるだろうか。戦利品をたっぷり手にした彼らは、苦心惨憺してさらに多くを求めるより、すでに得たものを享受したいのではないか。一一　自分と将兵の心は一つではない。自分は全世界の征服を念頭に置き、まだ大業の出発点に立っているにすぎないが、兵士は労苦に疲れ果て、ついに危機が去ったとなれば、何でも最も手近にある果実を求めるのではないか、と。

一二　さて、野心が理性にまさり、彼は将兵を兵員会へ呼び集め、およそ次のように説いた。「兵士たちよ、近頃、諸君を怖じけづかせたかもしれぬ数々の噂は、インドの住民が意図的に広めたものだということを、わたしはよく知っている。一三　だが、そうした嘘偽りは、諸君にとって予期せぬものではない。同様に、キリキアの隘路[1]も、メソポタミアの平原も、ティグリスとエウプラテス[2]――そのうち、一方は浅瀬を、他方は橋を架けて渡ったわけだが――も、ペルシア人が脅威と見せかけていたものだ。一四　噂が正確に伝えられることは決してない。噂が伝えることはすべて真実を誇張している。われわれの栄光にしても、確固たる土台があるとはいえ、実質より世評のほうが上なのだ。一五　つい最近まで、城壁のように見える野獣や、ヒュダスペス川や、その他実際より評判の高いものを克服できると誰が信じていただろうか。まったく、もし作り話でわれわれを撃退できるとしたら、われわれはとっくにアジアから逃げ出していたことだろう。

一六　どこであれ牛の群れより大きな象の群れがあるなどと、諸君は信じるのか。珍しい動物であり、捕らえるのも容易ではなく、飼い馴らすのはなお難しいというのに。一七　にもかかわらず、同様の虚偽が、歩兵と騎兵の数を伝えている。川については、幅が広くなるほど、それだけ流れが緩やかになるものだ。なぜなら、間隔の狭い両岸に挟まれ、より狭い川床に流れ込む場合に急流となり、逆に、川床が広ければもっと緩やかな流れになるからだ。一八　そのうえ、危険はもっぱら川岸にある。そこでは、船を接岸させようとするわれわれを敵が待ち受けているからだ。このように、どれほどの大河が行く手を阻んでいようと、上

(1) 第七巻第四章四参照。
(2) チグリス川とユーフラテス川。ペルシア軍との決戦の地であるガウガメラはティグリス川東岸の小村。

陸する際の危険に変わりはあるまい。一九　しかし、そうした噂がすべて事実だと仮定してみよう。われわれを脅かすのは野獣の大きさだろうか、それとも敵の数だろうか。象に関するかぎり、最近の実例がある。われわれよりも味方に向かって激しく突進したではないか。あれほどの巨体でも、斧や鎌で切り刻まれたではないか。二〇　一方、ポロスが持っていた程度の頭数だろうと、三〇〇〇頭だろうと、どんな違いがあるのか。一、二頭が傷つけられれば残りは逃げ出すのを目撃しているというのに。次に、インド人は少数の象でも扱いに苦心している。二一　しかるに、何千頭も集まれば、互いにぶつかりあってしまう。巨体が邪魔になって、その場に踏みとどまることも逃げ出すこともできないであろう。わたし自身はといえば、そんな動物など問題にしていなかったからこそ、自分で所有してからも、敵に向かわせはしなかった。敵よりも味方のほうに甚大な被害をもたらすことをよく承知していたからだ。

二二　だが、騎兵と歩兵の数が諸君を動揺させるだと！　諸君は小勢と戦うことに慣れていて、今回初めて烏合の衆を相手にするというわけか。二三　数で上回る敵に対するマケドニア人の不屈の力を証明するものとしては、グラニコス川[1]や、ペルシア人の熱い血潮に染まったキリキアや、われわれに敗れた者たちの骨がまき散らされたアルベラ[2]の平原がある。二四　勝利によってアジアに荒れ野をこしらえてから、敵の軍団を数えだしても手遅れだ。ヘレスポントス[3]を渡ったときにこそ、自軍の少なさを考えるべきだったのだ。今や、スキュティア人がわれわれに従い、バクトリアの援軍が控え、ダアイ人とソグディアナ人がわれわれの戦列で戦っている。二五　しかし、わたしはあの群衆に信を置くわけではない。わたしが目を向けているのは諸君の手であり、これから成し遂げようとしている大業の保証また担保として頼みとしているのは諸君の武勇なのだ。諸君とともに戦場に立つかぎり、わたしは味方の数も敵勢の数も数えない。諸君はただ、意欲と自信に満ちた心意気を見せてくれればよい。二六　われわれは、艱難辛苦の入り口にではなく、出口に立っている。日が昇る場所、大洋《オケアノス》に到達しつつあるのだ。もし怯懦が邪魔をしなければ、われわれは勝者として、世界の果てまで征服したうえで、そこから祖国に凱旋するであろう。

怠け者の農夫のように、怠惰のあまり熟した実りを放置してはならない。二七　褒賞は危険を上回っている。この国は裕福で、非好戦的でもある。したがって、わたしは諸君を栄光へというより戦利品へと導いているのだ。諸君は、あの海が岸に打ち上げる富を祖国に持ち帰るにふさわしく、何事も試さずにはおかないこと、何事も恐れゆえに捨て置かないことがふさわしい。二八　諸君自身と諸君の栄光にかけて——その点で諸君は人類の頂点に達している——、また、わたしから諸君への恩恵と諸君からわたしへの恩恵にかけて——その点でわれわれは負けずに競いあっている——、どうかお願いする。人間界の果てに近づきつつあるときに、諸君の——王とは言うまい——養い子にして戦友を見捨ててくれるな、と。二九　わたしは、これまでは何でも諸君に命令してきた。だが、今回だけは恩を受けようとしているのだ。また、諸君に懇願しているこのわたしは、先にわが身を危険にさらすことなしには一度として命令を下すことのなかった者、しば

(1) 第八巻第一章二〇参照。

(2) アッシリア北部の町。ガウガメラの戦いの際、ダレイオスのペルシア軍の後方基地となった。

(3) エーゲ海とマルマラ海のあいだの、ヨーロッパとアジアを分かつ海峡。現在のダーダネルス海峡。アレクサンドロスは前三三四年、ペルシア遠征のためこの海峡を渡った。

しば自分の盾で戦列を守った者だ。〔神々の〕ねたみさえ招かなければ、わたしをヘラクレスやディオニュソスと同列に置くであろう、わが手中にある椰子《やし》の枝(1)を折らないでくれ。三〇　この願いを受け入れ、もうそろそろ頑《かたく》なな沈黙を破ってくれ。諸君の戦意のしるしたる、あの雄叫びはどこへ行ったのか。わがマケドニア兵のあの面構えはどこへ行ったのか。兵士たちよ、わたしには諸君の姿が見えず、わたしの姿も諸君から見えていないかのようだ。もう長いあいだ諸君は馬耳東風で、わたしは冷ややかで萎えた心をかき立てようとしているわけだ」。

三一　すると一同がうなだれて沈黙を守っていたので、彼は言った。「わたしは諸君に何か悪いことを、それとは知らずにしたらしい。こちらを見ようともしないとは。わたしはまったく孤立しているようだ。誰も答えず、誰も拒絶の返事すらしないとは。三二　わたしは誰に話しかけているのか。そして何を求めているのか。わたしが守ろうとしているのは、諸君の栄光、諸君の偉大さなのだ。つい先頃目にした、負傷した王の体を先を争って運ぼうとしたあの者たちはどこへ行ってしまったのか。わたしは見捨てられ、見限られ、敵に引き渡されているわけだ。三三　しかし、わたしはたった一人でもあくまで進み続けるつもりだ。川や、野獣や、諸君がその名を恐れる部族に、この身をさらすがよい。わたしは諸君に見捨てられても、従う者を見出すであろう。スキュティア人やバクトリア人が——つい先日まで敵だったが、今はわが兵士たる者たちが——同行するであろう。三四　お情けで指揮を執らせてもらうより、死ぬほうがましだ。国へ帰るがよい。王を見捨てて凱旋するがよい。わたしはここに、諸君が断念した勝利か、さもなくば名誉ある死に場所を見出すであろう」。

第三章

一　これでも、兵士の誰からも言葉を引き出すことはできなかった。彼らは、将軍や将校が王に伝えてくれるよう期待していたのである。自分たちは負傷と絶え間ない軍務に疲れ、義務を拒んでいるのではなく、耐えることができないのだ、と。二　しかし、将軍たちも、恐怖に気圧《けお》されて視線を地面に落としたままだった。

このため、初めは自然発生的につぶやきが、次いで呻き声までが生じた。そして、あふれ出る涙とともに悲しみが次第にありのままに現われはじめ、その結果、王の怒りは同情に変じ、彼自身も、どう頑張っても涙を抑えることができなかった。三　ついに、会衆全体が涙にくれていたとき、他の者が躊躇する中、コイノスが発言の意志を示し、思いきって壇に近づいた。四　兵士たちは、彼が頭から兜を脱ぐのを――それが王に話しかける際の習いだった――見ると、軍の言い分を述べるよう促しはじめた。五　するとコイノスは言った。「神々がわれわれに不敬な考えを禁じたまわんことを！　そして、確かに禁じておられるのだ。将兵の心はこれまでと変わらない。あなたが命令するところへ赴き、戦い、危険に立ち向かい、自分の血であなたの名を後世に伝える、ということだ。それゆえ、もしあくまでお望みなら、われわれは丸腰でも、裸で

（1）勝利・栄誉の象徴。

も、疲労困憊していても、お気に召すように、あなたに従い、または先に立って行くであろう。

六　しかし、もしご自身の兵士らの偽らざる、やむにやまれず絞り出された声を聞く気がおありなら、どうか、あなたの命令と権威に最も忠実に従ってきた者たち、今後もあなたがどこへ行こうとそれに従うであろう者たちに、慈悲深く耳を傾けてくださるよう。七　王よ、あなたは偉業によって、敵ばかりでなく味方の兵士をも打ち負かしたのだ。死すべき人間の身でなしうるかぎりのことを、われわれは成し遂げた。われわれは海と陸を渡り、今やそのすべてを住民よりもよく知っている。八　われわれはほとんど世界の果てに立っている。あなたは、また別の世界に踏み込む準備をし、インド人にさえ知られていないインドを目指している。太陽が照らすより多くの場所を勝ち誇って踏破するために、野獣や蛇のあいだで暮らす者どもを隠れ家やねぐらから引きずり出そうともくろんでいる。九　その企ては、あなたの心にはいかにもふさわしいが、われわれの心には高遠すぎる。というのも、あなたの武勇はつねにいや増していくが、われわれの力はもはや尽きつつあるからだ。一〇　血の気のない、これほど多くの傷を負い、傷跡でぼろぼろになった体をご覧あれ。すでに槍先は鈍り、すでに武具はすり切れている。[1]

われわれは、ペルシアの服を――祖国の服を運んでくることができないからだが――身につけ、異国の風習に身を染めてしまった。一一　どれだけの者が鎧を持っているだろうか。誰が馬を持っているだろうか。どれだけの者に自分の奴隷がつき従っているか、各人に戦利品のうち何が残っているか、調べるように命じていただきたい。あらゆるものを征服したわれわれが、あらゆるものに不自由しているのだ。しかも、われわれは贅沢のせいで困っているのではなく、戦争の装具を戦争で使い尽くしたのだ。一二　あなたはこの最も高貴な軍隊を、裸で野獣の前にさらすおつもりか。異民族《バルバロイ》が野獣の多さを故意に誇張しているにせよ、話半分としても数の多いことはわかるというものだ。一三 しかし、もしまださらにインドに侵入するご決意ならば、南方の地域はさほど広大(2)ではない。そこを征服すれば、『自然』が人界の果てと定めた、あの海へ下ることができよう。一四 手近にある栄光を、なぜ遠回りして求めるのか。そこでも大洋《オケアノス》に行き当たるのだから(3)。もしさまよい歩きたいというのでなければ、われわれはもうあなたの運が導く場所に達しているのだ。一五 わたしは、あなたのいないところでこれらの兵士と話すより、あなた自身と話すことを選んだ。それは、周りに立っている軍勢の機嫌をとるためではなく、ぶつぶつ不平を言う者より、はっきり話す者の声をお聞かせするためだ」。

一六 コイノスが演説を終えると、いたるところで泣き声混じりの叫びが上がった。「王よ」「父よ」「主君よ」と混じりあった声で呼びかけるものだった。一七 そして今や、他の将軍たち、それもとくに年輩の者たち——年の功で言い訳にしてもいっそう重みがあり、権威もまさっていた——も同様の嘆願を始めた。一八 王は、彼らの頑固さを叱責することもできず、かといって怒りをおさめることもできなかった。そこで、途方に暮れて壇から跳び降り、本営を閉めるように命じ、いつもの侍従たちを除いて、人の出入りを一

(1) 実際、古くなった武具は焼き捨てられることになる。本章二一参照。
(2) 東方に比べて。
(3) 世界の果ての大洋に達したいというアレクサンドロスの願望（本巻第二章二六）に対し、東方ではなく南方の海を目指すようにという対案を出したわけである。

切禁じた。一九　怒りのために二日間が費やされた。三日目に彼は姿を現わし、四角い岩で作った一二の祭壇を遠征の記念碑として立てるように命じた。また、陣営の防塁を拡張するように、そして、自分たちの体格より大きな寸法の寝椅子を残しておくように命じた。それは、あらゆるものの外観を誇張し、後世の人々を惑わす驚異を作り出すためであった。

二〇　王は、進んできた道をここから逆にたどり、アケシネス川の近くに陣営を設けた。そこで、はからずもコイノスが病死した。王はたしかにその死を悼みはしたが、その一方で、こうも言い足した。すなわち、あの男はまるで自分一人がマケドニアを生きて再び目にしようとしているかのように長口舌を振るったが、それもわずか数日のためだった、と。

二一　すでに、王が建造を命じておいた艦隊は水上にあった[1]。この間に、メムノン[2]が増援としてトラキアから騎兵五〇〇〇と、それに加えて、ハルパロス[3]のもとから歩兵七〇〇〇を引き連れ、二万五〇〇〇人の兵士のために金銀をちりばめた武具を運んできていた。二二　これらが分配されると、王は古い武具を焼却するよう命じた。王は一〇〇〇隻の船で大洋《オケアノス》に向かおうとしていた。そして、インドの王であるポロスとタクシレスは、反目し、宿怨[4]を再燃させていたが、王は婚姻関係によって二人の絆を固めたうえで、それぞれ各自の王国に残した。艦隊の建造にあたっては、両者から最大限の支援を受けていたのである。二三　王は二つの町をも建設した。そのうち一方をニカイア、他方をブケパラと名づけたが[5]、後者は、自分が失った馬の思い出と名前にちなんだものである[6]。二四　その後、象と輜重《しちょう》隊は陸路で従うよう指示を出し、自身は流れに乗って川を下り、軍勢がときおり適当な場所で上陸できるように、一日におよそ四〇スタディオン進んだ。

第四章

一　一行は、ヒュダスペス川がアケシネス川と合流する地点に達していた。二　そこから先は、シバイ人(7)の領地へ下っていくのである。この民族は次のように主張している。自分たちの祖先はヘラクレスの軍隊に属していたが、病気になって置き去りにされたため、自分たちが今住んでいる場所に居を定めたのだ、と。三　彼らは野獣の毛皮を衣服とし、武器は棍棒であった。ギリシアの慣習は廃れていたものの、まだ数多く

(1)この記述では、これがアケシネス川を指すように見えるが、実際にはもっと西のヒュダスペス川を下るはずである。
(2)トラキア管轄の将軍。
(3)アレクサンドロスの幼少期からの友人。財務官を務め、この時はエクバタナに駐在していたらしい。
(4)第八巻第十二章一二、一三参照。
(5)この二都市はヒュダスペス河畔に建設されたものである(本巻第一章六参照)。アケシネス川とヒュダスペス川が混同されているか、またはアケシネス川からヒュダスペス川までの行軍の記述が省略されていることになる。
(6)アレクサンドロスの愛馬ブケパラスは、ポロスとの戦いの際(第八巻第十四章三四の記述がこれに当たるとも考えられる)、または戦いのあとに死んだと伝えられている。
(7)ラテン語原文ではシビ人。本文中にあるように、獣皮をまとい棍棒を武器とするなどの習俗から、ヘラクレスのインド遠征(第八巻第十四章一一、一二参照)に従った者たちの子孫と解釈された。

祖先の名残をとどめていた。四　王は、ここから上陸したのち二五〇スタディオン進み、その地域を略奪したあと、当地の首都である町を、包囲網を敷いて占領した。五　別の部族が四万の歩兵を川岸に配置していた。王は川を渡って敵を敗走させ、城壁内に追い込み、これを征服した。成人男子は殺され、残りは奴隷として売られた。六　次に、もう一つ都市を攻略しようと試みたが、守備兵の強い抵抗に遭って撃退され、多数のマケドニア兵を失った。ところが、あくまで包囲を続けていたとき、住民が身の安全に絶望して建物に火を放ち、妻子もろとも炎に身を投じた。七　住民は自ら火を煽り、敵はそれを消そうとするという、過去に例のない戦いであった。これほどまでに戦争は自然の法則をも逆転させるのである。

八　町の城塞は損傷がなく、王はそこに傷病兵を守備隊として残した。自身は船で城塞の周囲を巡った。というのは、ガンゲス川は別として、インド中で最大の三河川が城塞の防塁を水で守っているからである。北側をインドス川が洗い、南側ではアケシネス川がヒュダスペス川に流れ込んでいる。九　そのうえ、合流した川は海上のような波を生じ、ぶつかりあう水で絶え間なく攪拌された、分厚く澱んだ沈泥のせいで、航路は狭い水域に限定されている。一〇　かくして波が次々と打ち寄せ、ある時は船首に、ある時は側面に打ちつけたので、水兵たちは帆を絞りにかかった。だがその作業は、一つには高波に、一つには猛烈な急流に妨げられた。一一　皆の目の前で、二隻の大型船が沈んだ。小型船は、やはり操縦不能だったが、それでも無傷で岸に押しやられた。王自身は最も激しい渦に巻き込まれ、そのため船は横向きになり、操舵できないまま押し流された。一二　すでに王は川に飛び込もうと衣服を脱ぎ捨て、朋友たちは彼を救い上げるために泳ぎ寄ってきていた。そして、泳ぐのも航行を続けるのも同じように危険だと思われた。一三　それゆえ兵士は競って櫂を動かし、人間の力が及ぶかぎり力を込め、押し寄せる波をかき分けて進んだ。一四　波が裂け、うねりが後ずさるように思えたかもしれない。ついに船はそこから脱出したが、着岸はできず、近くの浅瀬に乗り上げた。まるで川との戦争が行なわれたと思えたことであろう。そういうわけで、王は川と同数の祭壇を設けて供犠を行なったのち、三〇スタディオン前進した。

一五　そこからスドラカイ人とマロイ人(1)の地にやって来た。彼らは他の場合なら干戈を交えるのが常だったが、この時は共通の危機を前にして同盟を結んでいた。九万の若い歩兵がおり、このほかに騎兵一万と戦車九〇〇輌を擁していた。一六　一方、もはやあらゆる危険から解放されたものと思っていたマケドニア人は、インドで最も好戦的な部族との新たな戦いが残っているのを知ると、予期せぬ恐怖にとらわれ、またもや反抗的な言葉で王を非難しはじめた。一七　「王はガンゲス川とその先の地域をあきらめることを余儀なくされたが、まだ戦争は終わらず、場所が変わっただけだ。一八　われわれは、自分たちの血で王のために大洋《オケアノス》への道を切り開くため、野蛮な部族の前に身をさらしている。星座や太陽のかなたまで引きずり回され、『自然』が人間の目から遠ざけていたところへ向かうよう強制されている。武具を新調するたびに、また新手の敵が現われる。それをすべて撃退し敗走させたとしても、どんな報いが待っているだろうか。陰鬱な暗闇、深い海に垂れこめる永遠の夜、獰猛な海獣の群れる海原、自然の力が衰えて滅びつつあるよどんだ

(1) いずれも、パンジャブ地方南部の好戦的な部族。スドラカイ人はアリアノス『アレクサンドロス大王東征記』第五巻二二ではオクシュドラカイ人となっている。

水……」。

一九　王は、自分のではなく兵士の不安に配慮し、兵員会を召集して説いた。「諸君が恐れている相手は戦士などではない。今後、これらの部族を除けば、われわれが陸路を踏破して世界の、そして同時に辛苦の果てに達するのを阻むものは何もない。二〇　ガンゲス川とその先にある数多くの国々については、諸君の不安のために断念した。等しい栄光があるが危険の少ない方向へ、道を転じたのだ。二一　今やわれわれは大洋《オケアノス》を見渡し、今や海風がわれわれのほうへ吹きつけている。[1]わたしが求める誉れを出し惜しみしてくれるな。諸君はヘラクレスとディオニュソスの限界を越え、自分たちの王にわずかな労で不滅の名声を与えることになろう。インドから逃げるのではなく、インドから帰還することをわたしに許してくれ」と。

二二　およそ群衆というものは――とくに兵卒の場合――気まぐれで、衝動に駆られやすい。それゆえ、反乱を抑えるのは、引き起こすのと同様にたやすいものである。二三　この時ほど熱狂的な歓声が軍隊から上がったことはまたとなかった。彼らは王に、神々の恵みのもとに統率してくださるように、また、王が範としている方々[2]と等しい栄光を獲得なさるように、と言った。王はこうした歓呼に気をよくして、ただちに敵に向かって兵を進めた。二四　敵はインド最強の部族であり、精力的に戦争の準備を進め、大将にはスドラカイ人の中から歴戦の勇士を選んでいた。この男は、山の麓に陣取り、大軍という印象を強めるため広い範囲にかがり火が見えるようにし、また当地の流儀で、ときおり喚声と怒号を上げて、休息中のマケドニア人をいたずらに威嚇しようと試みた。二五　すでに夜明けが近づいていた頃、今や自信と希望にあふれた王は意気込む兵士たちに、武器を取って戦列に出るよう命じた。ところが、怖じけづいたのか、それとも仲間割れを起こしたのかは伝えられていないが、異民族《バルバロイ》は突然逃げ出した。二六　ともかく、彼らは遠くの、障害の多い山地を占拠した。王はその軍勢を追ったが、戦果は乏しく、輜重を奪い取ったにすぎなかった。

その後、マケドニア軍はスドラカイ人の町[3]に到着した。敵の大半はそこに逃げ込んでいたが、城壁には武器に対してほど信を置いていなかった。二七　王がすでに攻め寄せはじめていたとき、ある予言者が、攻城を行なわないように、あるいはせめて延期するように、命の危険が示されているから、と警告しはじめた。二八　王は、デモポン[4]――それが予言者の名だった――を見て、「もし、おまえが自分の術に専念して内臓を調べているところを、誰かがこのように邪魔したなら、おまえにはその男が気のきかぬ厄介者と思えるに違いあるまい」と言った。二九　そして、たしかにそのとおりでございましょう、と相手が答えると、王は「獣の臓物ではなく、これほどの重大事を目前にしているときに、迷信にとりつかれた予言者以上に大きな邪魔物があると思うか」と言った。三〇　こう答える以外に時を費やすことなく、王は梯子を掛けるよう命じ、他の者が躊躇する中、城壁の上に登った。城壁の頂部は狭かった。よその城壁のような狭間胸壁[5]が最上部に設けられているのではなく、隙間のない胸壁がぐるりと取り巻いて敵の侵入を防いでいた。三一　そのため王は、あちこちから降り注ぐ矢玉を盾で払いながら、［胸壁の］端に立つというより、しがみついていた。

(1) もちろん誇張である。
(2) ヘラクレスとディオニュソス。
(3) アリアノス『アレクサンドロス大王東征記』第六巻一一・三によると、以下の事件が起きたのはマロイ人の町だという。
(4) アレクサンドロス側近のギリシア人占い師。
(5) 弓矢で応戦するための切り込みのある城壁。

三二　というのは、彼自身はあちこちの櫓から遠矢で狙われ、兵士らのほうも、上からの矢玉の激しさに圧倒されて登ってこられずにいたからである。だが、ついに廉恥心が危険の大きさに打ち勝った。というのも、彼らは自分たちがぐずぐずしているせいで王が敵の手に落ちつつあるのを見てとったからである。三三　しかし、急ごうとするあまり、かえって救援が遅れていた。我先にとよじ登って、梯子に重みをかけすぎたからである。梯子はそれを支えきれず、彼らは転落して王から唯一の望みを奪い去った。彼は、これほどの大軍を目にしながら、まるですっかり見捨てられたかのように、ひとり立ちつくしていたのである。

第五章

一　今や、矢玉を払いのけるために盾を振るっていた左手は疲れ果て、朋友たちはこちらへ飛び降りろと叫び、受け止めようと身構えていた。そのとき彼は、信じがたく、前代未聞の、栄光よりむしろ向こう見ずという評判を高めるような行為をやってのけた。二　すなわち、敵が密集する城内へ自分から飛び込んだのである。せめて戦って死のうとか、復讐せずには死ぬまいなどとは、とうてい望めなかったにもかかわらず、である。というのも、立ち上がる前に押さえ込まれて生け捕りにされるかもしれなかったからである。三　しかし、彼はたまたまうまく釣り合いをとり、足で着地することができた。そのため、立った体勢で戦いを始めた。そして、取り囲まれないようにと「運」が取りはからってくれた。四　城壁から遠からぬところにある老木が、わざわざ王を守ってくれるかのように、葉の茂った枝を投げかけていた。彼は、包囲されないようにと、その巨大な幹に体を寄せ、正面から放たれる矢玉を盾で受け止めた。五　これほど多くの軍勢が彼一人を遠巻きにして全力で攻撃していたにもかかわらず、誰一人あえて近づこうとはせず、盾よりも枝のほうに多くの矢玉が浴びせられた。

六　第一に高い名声が、第二に絶望——名誉ある最期への強い誘因——が、この戦いで王を支えていた。

七　しかし、敵が次々と湧き出てくるので、今や多数の矢玉を盾に受け、すでに石が兜を砕き、すでに長引く苦境に衰弱して膝をついていた。八　このため、最も近くに立っていた敵兵が、軽率にも侮って走り寄った。王はそのうち二人を剣で貫き、相手は死んで足もとに横たわった。これ以後は、誰も接近しようという気を起こさなかった。距離をとって槍と矢を放っていたのである。九　彼は、あらゆる武器にさらされながらも、膝をついたまま身を守るのに苦労はしなかった。だが、とうとうあるインド兵が二腕尺《ペーキュス》の矢を——前述[1]のように、インド人はこの長さの矢を持っていたのである——放ち、それが胸当てを貫いて右脇腹のやや上に突き刺さった。一〇　この傷を負うと大量の血が噴き出し、彼は死んでいくかのように武器を取り落とし、右手で矢を引き抜く力すらなかった。そのため、この傷を負わせた男が、死体から物を剥ぐつもりで、喜び勇んで走り寄った。一一　王はこの男が体に手をかけるのに気づくと、思うに、この上ない不名誉の屈辱感に突き動かされて、失いかけていた気力を取り戻し、剣の切っ先を上に向け、敵の無防備な脇腹をえぐった。

（1）第八巻第九章二八。

一二　王の回りには三つの死体が転がり、他の敵兵は離れた場所で啞然としていた。彼は、命が尽きる前に戦って死ぬために、盾で身を起こそうと試みた。一三　そして、その試みに足る力も残っていなかったので、垂れ下がった枝を右手でつかんで立ち上がろうとした。しかし、それでも体の自由がきかず、またもや膝をつき、誰か一騎打ちする勇気のある者はいないかと、手振りで敵を挑発するのだった。一四　ようやくペウケスタスが[1]、町の別の区域で城壁の守備兵を駆逐して、王の足取りをたどって駆けつけた。一五　これを見たアレクサンドロスは、もはや生への希望ではなく死への慰めが訪れたと思い、疲れた体を盾の上に横たえた。続いてティマイオス[2]、やや遅れてレオンナトス、さらにアリストヌスが[3]駆けつけた。一六　インド軍も、王が城壁内にいるのを知ると、余事は打ち捨ててそこへ駆け集まり、王を守っている者たちを攻撃しはじめた。その一人ティマイオスは、正面から数多くの傷を受け、華々しい戦いぶりを見せた末に倒れた。一七　ペウケスタスも、三本の投槍に貫かれながらも、盾で自分ではなく王の身を守っていた。レオンナトスは、敵の猛攻を撃退しているあいだに首に重傷を負い、半死半生で王の足もとに横たわった。一八　すでにペウケスタスも負傷で衰弱し、盾を下ろしてしまっていた。頼みの綱はアリストヌスだったが、やはり深手を負い、これほど多くの敵を持ちこたえることはもはや不可能だった。

一九　この間に、マケドニア軍には王が倒れたとの報が届いた。他の者なら震え上がるところだが、彼らはかえって奮い立った。彼らはあらゆる危険を度外視して、つるはしで城壁を打ち壊し、突破口を開いて市内へなだれ込み、インド人——あえて刃向かおうとする者より逃げる者が多かった——を斬り殺していった。二〇　老人も女子供も容赦しなかった。誰に出会っても、こやつこそ王に傷を負わせた敵かと思い込んだのである。そして、敵を殺戮することで、ようやく彼らの当然の怒りも和らげられた。二一　クレイタルコス(4)とティマゲネス(5)によればのちに王となったプトレマイオス(6)がこの戦いに加わっていたはずだが、プトレマイオス自身は——間違いなく、自分の栄光に傷をつけまいとして——自分は遠征に出されていてその場にいなかったと書き記している。昔の歴史の編纂者たちの軽率さやら、これに劣らぬ欠点である軽信性やらは、これほどまでに甚だしかったのである。

二二　王が幕舎に運び込まれると、医師たちは体に食い込んだ矢柄を、鏃《やじり》を動かさないようにして切断した。二三　次に、服を脱がせると、矢に顎がついていて、傷口を切開して広げないかぎり、致命傷を与えずに引き抜くことはできないということを見てとった。二四　しかしながら、切開すればまず多量の出血は避けられないという懸念があった。というのも、刺さった矢は長大で、内臓まで達しているように思われた

---

(1) アレクサンドロスの盾持ち。アリアノス『アレクサンドロス大王東征記』第六巻九-三では、王と同じ梯子で城壁に登ったとされている。この時の功で、のちに八人目の側近護衛官(第七巻第七章九参照)に取り立てられた。

(2) 不詳。他の史料にあるリムナイオスの誤りとも考えられる。

(3) マケドニアの将軍。既出のレオンナトスと同じく側近護衛官。

(4) アレクサンドロスと同時代の歴史家。その著作は信憑性に欠けるきらいがあったらしいが、ヘレニズム時代以来人気があり、クルティウスにとっても重要な史料となった。

(5) アウグストゥス(初代ローマ皇帝)時代の歴史家。

(6) 第八巻第一章四五参照。

からである。二五　クリトブロス(1)は腕利きの侍医の一人だったが、こうした危急の事態に恐れをなし、手術に失敗すればその結果が自分の身に降りかかるのではないかと思い、手をつけるのを後込みしていた。二六　王は、この男が泣きべそをかき、怖じけづいて、不安でほとんど血の気を失っているのを目にすると、「何を、あるいは何の時を待っているのか。一刻も早くわたしを、たとえ死ぬことになろうとも、せめてこの苦痛から解放してくれないのか。それとも、わたしが治療できない傷を負ったからといって咎め立てを受けるとでも思っているのか」と言った。二七　これに対しクリトブロスは、ようやく恐れるのをやめたか隠したかして、鏃を引き抜くあいだは体を押さえさせておくように、少し体を動かしただけでも命取りになるから、と促しはじめた。二八　王は、体を押さえる者はまったく必要ないと断言し、指示されたとおり、微動だにせず体を預けた。

かくして傷口が広げられ鏃が抜かれると、大量の血が流れだし、王は気が遠くなり、目を闇が覆い、いまわの際にあるかのように伸びてしまった。二九　そして止血の手当てがむなしく行なわれる一方で、王が息を引き取ったものと思い込んだ朋友たちの叫びと号泣が同時に起こった。しかし、ついに出血が止まり、王は徐々に意識を回復し、周りに立つ者たちを認識しはじめた。三〇　その日とそれに続く夜のあいだずっと、軍勢は武装したまま、全員の命が王一人の命にかかっているのだと真情を吐露して、本営の前にとどまり、王がしばしば睡眠をとっていると知らされるまで引き揚げようとしなかった。その後、多少とも王が回復するという確たる希望を持って兵営に戻った。

第六章

一　王は、七日間の治療を受けてもまだ傷口がふさがっていなかったのだが、自分の死の噂が異民族《バルバロイ》のあいだで盛んになったと聞くと、二隻の船を連結して、どの方向からもよく見えるように、中央に幕舎を設営するよう命じた。彼が死んだと信じ込んでいる者たちにそこから姿を見せるためである。彼は、現地民に姿を見られることで、誤報から生じた敵の希望を打ち砕いた。二　それから、川の流れに乗って下ったが、他の艦船とは一定の間隔を保って前方を進んだ。いまだ傷の癒えぬ身に必要な安静が、櫂の振動で妨げられないようにするためであった。

三　航行を始めてから四日目に、住民に放棄されてはいたが穀物と家畜の豊富な地域に到着した。そこは、王自身にも将兵にも絶好の休息地点だと思われた。四　主な朋友や側近護衛官たちは、王の健康状態が悪化した際はいつも、本営の前で寝ずの番をするのが習わしだった。この時もその慣例は守られていて、彼らはいっしょに王の寝室に入った。五　一同がそろってやって来たので、王は何か変事の知らせかと案じ、敵の急襲の報告かと尋ねた。六　だが、朋友たちの願いを伝える役割を引き受けていたクラテロスは言った。

（1）エーゲ海南東部のコス島出身の医師。アリアノス『アレクサンドロス大王東征記』第六巻一一-一では、このときの医師の名はクリトデモスとなっている。

「敵の来襲など、たとえすでに防御柵の上に乗り込んできていたとしても、あなたの身の安全――今のご様子では、気にも留めておられないが――への懸念以上にわれわれを苦しめるとお思いか。七　あらゆる国々の戦力が集結してわれわれに抗して盟約を結ぼうとも、それが全世界を武器と兵で満たそうとも、海原を艦船で覆い尽くそうとも、見たこともない野獣をぶつけてこようとも、あなたがわれわれを無敵にしてくださるであろう。八　しかし、あなたがかくも多くの同胞の命を災難に引きずり込んでいるのを忘れて、かくも貪欲に明白な危険に身をさらすようでは、いったいどの神が、このマケドニアの大黒柱にして希望の星の永続を保証することができよう。九　誰があなたの死後も生き延びようと願うだろうか。誰がそうできようか。われわれは、あなたの権威と命令に従って、あなたの導きなしには誰一人故郷へ帰れないようなところまで来てしまったのだ。

一〇　しかし、もしまだペルシアの王権をめぐってダレイオスと戦っているのであれば、誰も、望みはしないにしても、あなたがあらゆる危機に際して蛮勇を奮うことに驚くこともないであろう。なぜなら、危険とその報いが釣り合っている場合には、成功の際の利益も、失敗の際の慰めも、それだけ大きいからだ。一一　だが、無名の村とあなたの命とを引き換えにすることには、麾下の将兵は言うに及ばず、あなたの偉大さを知るいかなる異民族《バルバロイ》の住民でも、誰が耐えることができよう。一二　つい先頃の光景を思い浮かべただけでぞっとするのだ。口にするのもはばかられるが、もし幸運の女神があなたを哀れんでわれわれのもとへ救い出してくれなかったなら、きわめて下賤な手があなたの無敵の体から戦利品を奪って汚したことだろう。

あなたについていくことができなかったわれわれは皆、反逆者であり、脱走者なのだ。一三　あなたは全兵士に不名誉の烙印を押すかもしれない。それでも、犯すことを避けられなかった罪であれ、それを償うことを拒む者は一人としてないであろう。一四　どうか、われわれを卑しめるのは、別のかたちにしていただきたい。われわれは、ご命令とあらばどこへでも行く。栄誉なき危険や名声なき戦いでも、われわれは引き受ける。だがあなたは、ご自身の偉大さにふさわしいことのために、身を保っているべきだ。下賤な敵に対する栄光はすぐに色あせるものであり、栄光を示すことのできない所でそれを浪費することほど間尺に合わぬことはない」。一五　プトレマイオスもほぼ同じことを言い、残りの者も口をそろえた。そして今や、彼らは口々に、もうそろそろ満足して誉れの追求に限度を設け、ご自分の、すなわち国の安泰に配慮してほしいと、涙ながらに懇願するのだった。

一六　王は朋友たちの真心をありがたく思った。そこで、ひとりひとりを常ならぬ親しみを込めて抱擁したうえ、腰掛けるよう命じ、いつもよりよく言葉を選びながら言った。一七　「ああ、わが同胞と朋友の中でも最も忠実で、最も義に篤い者たちよ、諸君に心から感謝する。それは、諸君が今日自分よりわたしの命を重んじたからだけでなく、戦争の初期からわたしに対する好意の保証と証拠を示すのを一度として怠らなかったからだ。それだけに、白状せねばならないが、今や諸君との友情を末永く享受できるからには、わたしは今ほどこの命をいとおしく感じたことはない。一八　しかし、わたしの代わりに死にたいと思うなら、その考えはわたしと同じではない。わたしは、諸君のこの好意をわが武勇によって得たのだと考えている。諸君はわたしから長期間の、ことによると永遠の利益を受け取りたいかもしれない。が、わたしは自分自身を人生の長さではなく栄光の程度によって計っている。一九　わたしは、父親の富に満足して、マケドニア領内で安閑として栄誉も名声もない老境を待つこともできた。もっとも、怠け者でさえ自分の運命を持て余し、長生きを唯一の幸福と考える人も往々にして時ならぬ死に見舞われるものだが。しかし、自分の年齢ではなく勝利の数を数えるこのわたしは、もし運命の賜物を正しく勘定しているとすれば、すでに長命なのだ。二〇　マケドニアに始まって、わたしはギリシアの支配権を握り、トラキアとイリュリアを征服し、トリバロイ人(1)とマイドイ人(2)を統治し、ヘレスポントスから紅海沿岸に至るアジアを手中に収めている。わたしはもはや世界の果てから遠からぬところにいる。これを越えて、別の自然、別の世界を切り開こうと決意したのだ。二一　わたしはアジアからヨーロッパの境界へ、わずか一時のあいだに渡った。在位九年、二八歳(3)にして両大陸の覇者となりながら、これまでひたすら身を捧げてきた栄光を仕上げずにいることができると、諸君は思うのか。いや、わたしは義務を全うするつもりだし、どこで戦おうとも、自分が世界という劇場の中にいると信ずるであろう。二二　わたしは無名の地に名声を与え、『自然』が遠ざけていた土地をあらゆる民族のために解放するであろう。

　この功業の中で最期を遂げるのは、もしそれが運命ならば、わたしにとって名誉あることだ。わたしは、長い人生より実りある人生を望むべき家系に生まれついているのだ。二三　諸君にお願いする。女が武名をとどろかせた国々に来ていることを考慮してくれ。何という町々をセミラミス(4)は建設したことか。何という国々を支配下に置いたことか。どれほどの偉業を成し遂げたことか。われわれはいまだ女の栄光に及ばないというのに、もう誉れに飽いたのか。神々のご加護があれば、この先さらに大いなるものが待ち受けているのだ。二四　ただし、われわれがまだ着手していないものをわがものにするには、偉大な栄光を得る余地があるような、いかなることをも軽視してはならない。諸君はただ、内部の陰謀や身内の裏切りからわたしを守ってくれさえすればよい。そうすれば、わたしはひるむことなく戦争と軍神(5)のもたらす危難に立ち向かうであろう。

二五　ピリッポスは劇場よりも戦場にいるほうが安全だった。敵の手からはたびたび逃れたが、味方の手から逃れることはできなかったのだ。(6)他の王たちの最期をも考えてみれば、敵よりも味方に殺《あや》められることの多いのがわかるだろう。二六　それはともかく、久しく心中に思い巡らしていたことを披露する機会がいま与えられたからには言わせてもらうが、もしわが母オリュンピアスが死去の際に神格化されるならば、わたしの艱難辛苦に対する最大の報いとなるであろう。二七　もし許されるなら、わたし自身がそれを果たすつもりだ。だが、仮に運命がわたしに先んじた場合には、諸君にこれをゆだねたということを忘れてくれるな」。そう言って王は朋友たちを解散させた。しかしながら、彼は何日も当地の駐留陣営にとどまった。

(1) イストロス（ドナウ）川下流のトラキア系部族。
(2) ストリュモン川（マケドニアとトラキアの境界）流域のトラキア系部族。
(3) このとき三〇歳のはずである。
(4) 第七巻第六章二〇参照。
(5) 原文ではマルス。ローマの軍神。ギリシア神話のアレスと同一視される。
(6) アレクサンドロスの父ピリッポス二世は、劇場に向かう途中で衛兵の一人パウサニアスに殺害された。

第七章

一　インドでこうしたことが行なわれているあいだに、先般王の命でバクトラ付近の植民市に配置されていたギリシア兵が、内部で生じた騒乱の結果、アレクサンドロスへの敵意というより処罰への恐怖から、反乱を起こしていた。二　優位に立った一派は、同国人数名を殺害したうえ武装蜂起を企て、たまたま警備の甘かった城塞を占拠し、異民族《バルバロイ》にも反乱に加わるよう強制していた。三　首謀者はアテノドロス(1)で、王という称号まで名乗っていたが、それは権力欲というより、自分の権威に従う者を引き連れて祖国に帰りたいという願望のためだった。四　この男に、ビトン(2)なる者――同国人だが、対抗意識のあまり敵意を持っていた――が罠を仕掛けた。饗宴に招待して、ボクソス(3)というバクトリア人の手で食事中に殺害させたのである。五　翌日、ビトンは集会を召集し、アテノドロスのほうから罠を仕掛けてきたのだと大多数の者に信じ込ませた。しかし、ビトンの奸策を疑う者もあり、疑惑は次第に多くの者に広がっていった。六　そのためギリシア兵たちは武器を取り、もし機会が与えられればビトンを殺すところだった。だが、主立った者が群衆の怒りをなだめた。

七　意外にも当面の危機を脱したビトンは、少しあとに、自分を救った当の人々に罠を仕掛けた。この策略が発覚し、その人々は本人とボクソスを捕らえた。八　ボクソスのほうは即刻処刑することに決めたが、ビトンのほうは拷問したうえで殺すことにした。そして、まさに体に拷問具が近づけられようとしていたとき、ギリシア兵たちが――どういう理由か定かではないが――狂ったように武器のところへ殺到した。九 その騒ぎを聞いて、拷問を命じられていた者たちは、騒ぎを起こした連中の喚声が任務の遂行を妨げるためではないかと恐れ、ビトンを放り出して立ち去ってしまった。一〇 ビトンは、裸にされた姿のままだったが、ギリシア人たちの前にやって来た。すると、死刑宣告を受けていたこの男の哀れな様子に、にわかに一同は心情を一転させ、釈放を命じた。一一 こうして、処罰を二度免れたこの男は、王から割り当てられた植民市を放棄した他の者らとともに祖国に帰った。以上が、バクトラとスキュティアの国境付近で起きた出来事であった。

一二 とかくするうち、前述の二部族(4)から一〇〇名の使節が王のもとに到着した。全員が戦車に乗り、尋常でない巨体の持ち主で、堂々たる態度をしていた。衣は亜麻製で、金や紫の刺繍がほどこされていた。一三 使節は以下のように述べた。部族の身柄と町々と土地を引き渡し、先祖代々侵されたことのない自由(5)を、初めて王の保護と権威にゆだねるつもりだ、降伏を決めさせたのは神々であって恐怖ではない、なぜなら力がまだ損なわれないうちに軛《くびき》を受けるのだから、と。一四 王は会議を開いたのち、両部族がアラコ

---

(1) 不詳だが、バクトラ付近に入植したギリシア人傭兵の一人と考えられる。
(2) アテノドロス同様、入植ギリシア人傭兵の一人。
(3) 不詳。
(4) スドラカイ人とマロイ人。本巻第四章一五以下参照。
(5) 実際には次節にあるように、ペルシアの属州アラコシアに貢納の義務を負っていた。

シア人に払っていただけの貢納を課して、降伏者を保護下に受け入れた。そのほかに、王は騎兵二五〇〇名の供出を命令した。そして、それらはすべて異民族《バルバロイ》によって忠実に履行された。一五　次に、王は両部族の使節と領主を饗宴に招き、盛大な宴を催させた。一〇〇にのぼる黄金の寝椅子があまり間隔を置かずに並べられ、寝椅子の回りには紫色や金色に輝くタペストリーが巡らせてあった。この饗宴の中に、ペルシア人の昔からの贅沢にせよ、マケドニア人の最近の流行にせよ、両国の悪徳をごたまぜにして、ありとあらゆる退廃を陳列していたのである。

一六　饗宴の出席者に、有名な拳闘士、アテナイ人ディオクシッポス(1)がいたが、この男は並外れた腕力でつとに王によく知られ、気に入られていた。ねたみや悪意を抱く者たちは、半ば本心、半ば冗談で、「ぶくぶく太った役立たずの野獣が同席しているぞ、俺たちが戦いに行っているあいだに体に油を塗って、ご馳走を胃袋に詰め込む準備をしていたのだろう」などと言ってよく絡《から》んだものだった。一七　さてこの饗宴で、マケドニア人ホラタス(2)がすでに酔いが回っていて、同様な言いがかりをつけはじめ、「おまえも男なら明日この俺と剣で勝負しろ、俺が無鉄砲か、おまえが腰抜けか、その時こそ王に判断していただこう」などと言いだした。一八　ディオクシッポスは、兵士の虚勢を見下してあざ笑い、その挑戦を受けた。そして翌日、二人はいよいよ勢い込んで決闘を要求し、王は思いとどまらせることができなかったので、取り決めの実行を認めた。一九　ギリシア人を含めて、大勢の兵士がディオクシッポスを応援していた。マケドニア人(3)は正規の武具を身につけた。すなわち、左手に青銅の盾とサリサ(4)と呼ばれる長槍を、右手に投槍を持ち、剣を帯びていた。それはまるで、一度に大勢の敵と戦おうとしているかのようだった。二〇　ディオクシッポスはオリーブ油で肌を輝かせ、冠をかぶり、左手に紫の外衣を抱え、右手に頑丈で節のある棍棒を握っていた。そのこと自体が、一同の心にある予感を抱かせていた。というのは、武装した相手と裸で戦うのは、向こう見ずというより狂気の沙汰と思われたからである。

二一　さて、マケドニア人は、間合いをとって殺せると信じて疑わず、投槍を放った。ディオクシッポスはわずかに体をひねってかわし、相手が長槍を右手に持ち替える前に跳びかかり、棍棒でその真ん中を打ち折った。二二　槍を両方とも失ったマケドニア人は、剣を抜こうとしていたところを組みつかれ、不意に下から足を払われた。ディオクシッポスは相手を地面に叩きつけ、剣を奪い取って、横たわった敵の喉に足を掛け、棍棒を振り上げた。そして、もし王に制止されなければ、それで敗者を撲殺するところだった。

二三　この見せ物の結果は、とくに異民族《バルバロイ》が居合わせていたことから、マケドニア勢だけでなく、アレクサンドロスにとっても情けないものだった。マケドニア人の名高い武勇が嘲笑の的になったのではないかと憂慮したのである。二四　王がねたみ深い者たちの中傷に耳を貸したのはこのためである。数日後、饗宴の途中で黄金の杯が筋書きどおりに運び去られ、召使らは、自分たちで隠した物をなくなったかのように偽って王に報告した。二五　往々にして人は、本当に罪を犯した場合よりも単に狼狽したときのほうが、しっか

(1) 本文中にあるとおり、アレクサンドロスの取り巻きの一人。
(2) この名前は不確か。正しくはコラゴスかと思われる。マケドニアの兵士。
(3) ホラタス。
(4) マケドニアの密集歩兵隊が用いた長大な槍。サリッサとも言う。

りした態度をとれないものである。ディオクシッポスは、自分を盗人と決めつける周囲の眼差しに耐えられず、宴席を辞し、王に宛てた手紙を書くと、剣で自殺した。二六　王は彼の死を悲しんだ。それが悔恨ではなく憤激のしるしだと考えたのである。ねたみ深い連中の度を越した喜びようが、彼への咎め立てが誤っていたことを物語っていたので、なおさらその悲しみは深かった。

第八章

一　インド人の使節は、いったん帰されたのち、数日後に献上品を持って戻ってきた。すなわち騎兵三〇〇〇名、四頭立ての戦車一〇三〇輌、相当な量の亜麻布、インド式の盾一〇〇〇、白鋼(1)一〇〇タラントン、まれに見る巨体のライオンと虎であった。二　それらはどちらもよく飼い馴らされていた。また、巨大なトカゲの皮や亀の甲羅もあった。三　それから王は、クラテロスに、自分がこれから航行する川から遠からぬ経路で軍勢を率いていくように命令した。一方、いつも随行している者たちは船に乗り込ませ、マロイ族の領地まで流れに沿って下っていった。

四　そこから王は、インドの強大な部族サバルカイ人(2)の地に来た。そこは王権ではなく民意によって統治され、歩兵六万、騎兵六〇〇〇を擁し、この軍勢に五〇〇輌の戦車が従っていた。部族は百戦錬磨の将軍三名を選び出していた。五　ところが、川縁の畑にいた住民は――この部族の村はとくに川岸に多かったので ある――川一面が見渡すかぎり艦船で覆われ、これほど多くの兵士の武具が光り輝くのを見ると、見慣れぬ光景に度肝を抜かれ、神々の軍隊と第二のディオニュソス――この名は当地の諸部族でも有名だった――が到来したと信じ込んだ。六　一方からは兵士の雄叫びが、他方からは櫂の音と励ましあう水兵のさまざまなかけ声が、彼らの耳を恐怖で満たした。七　そのため、彼らはそろって武装兵のところへ走り、「正気の沙汰ではないぞ。神々と一戦交える気か。船は数えきれぬほどで、無敵の軍勢を乗せている」などと叫んだ。こうして味方の軍隊に甚だしい恐怖を吹き込んだので、部族は降伏のための使節を送ってきた。

八　この降伏を認めると、続いて王は四日目に別の諸部族の地に到着したが、これらは他の部族ほど覇気を持っていなかった。そこで、この地に町を建設してアレクサンドリアと呼ぶように命じたのち、ムシカニ人[3]と呼ばれる者たちの領地に入った。九　ここで王は、パラパニサダイ人[4]の総督に任命してあったテリオルテス[5]を、同部族の訴えにより裁判にかけ、強欲かつ傲慢な所行で有罪と認め、死刑を命じた。一〇　バクトリアの総督オクシュアルテス[6]は、咎めなしとされたばかりでなく、親愛の絆ゆえに、これまで以上に広範な

---

(1) 何らかの合金とも思われるが、詳細は不明。

(2) サンバグライ、サンバスタイとも呼ばれる。アリアノス『アレクサンドロス大王東征記』第六巻一五-一のアバスタノイ人と同一でパンジャブ南部地方の部族。

(3) インドス川下流西岸の部族。その王はムシカノスと呼ばれる（アリアノス『アレクサンドロス大王東征記』第六巻一五-五）。

(4) 第七巻第三章六参照。

(5) この語形は定かでなく、アリアノス『アレクサンドロス大王東征記』第六巻一五-三ではテュリエスピスとなっている。ペルシア人と考えられる。

(6) アレクサンドロスの妻ロクサネの父親。第八巻第四章二一以下参照。ここでは、何らかの問題の釈明のために出頭してきたものと思われる。

支配権を伴う領地を授けられた。(1) 次いで、王はムシカニ人を支配下に入れ、その首都に守備隊を置いた。

一一　そこから、やはりインドの部族であるプラエスティ人の地に着いた。その王はポルティカノスで、(2) 臣民の大軍とともに守りを固めた町に立て籠もっていた。アレクサンドロスはこれを、攻囲を始めてから三日目に攻略した。一二　そして、ポルティカノスは城塞に逃げ込んでから、降伏の条件を交渉するための使節を王のもとへ送った。しかし、それが到着する前に、二棟の櫓《やぐら》が大音響を上げて倒壊し、マケドニア軍はその瓦礫の中を通って城塞に突入した。そこが占領されたあと、ポルティカノスは少数の部下とともに抗戦するうちに殺された。

一三　さて、城塞が破壊され、捕虜全員が奴隷として売り払われたのち、アレクサンドロスはサンボス王(3) の領地に侵入し、数々の町を支配下に入れ、この国で最強の都市を、坑道を掘って攻略した。一四　軍事作戦に疎い異民族《バルバロイ》には、これが奇跡のように思われた。というのは、穴を掘っている気配はまったくなかったのに、町のほぼ中央で武装兵が地面から出現したからである。一五　クレイタルコス(4) によれば、この地域で八万人のインド人が殺され、多くの捕虜が奴隷として競売にかけられたという。一六　ムシカニ人は再び反乱を起こした。これを鎮圧するために派遣されたペイトン(5) は、反乱の首謀者でもある部族の長を捕らえて王の前に連行した。アレクサンドロスは、この者を磔刑に処したのち、川に戻った。艦隊にはそこで自分を待つように命じておいたのである。

一七　それから四日目に、川を下ってサンボスの王国にある町に到着した。この領主は先頃投降していたが、住民は領主の権威を否認し、門を閉ざしていた。一八　王は敵勢の少なさを見下し、五〇〇名のアグリアネス人に、「城壁に近づいてから徐々に後退して敵を城壁外に誘い出せ。こちらが逃げていくと思えば、きっと追ってくるだろう」と命じた。一九　アグリアネス勢は命令どおり、敵を挑発してから、突然踵を返した。異民族《バルバロイ》はこれをやみくもに追いかけ、王自身を含めた別の軍勢に出くわした。こうして戦闘が再開され、異民族三〇〇〇人のうち六〇〇人が殺され、一〇〇〇人が捕虜になり、残りは町の城壁内に閉じ込められた。二〇　しかしその勝利は、当初思われたほど喜ばしいものではなかった。異民族の剣には毒が塗ってあったからである。そのため、負傷者は相次いで死亡し、こうした急死の原因は医師たちにも思い当たらなかった。ちょっとした傷でも手の施しようがなかったのである。

二一　一方、異民族《バルバロイ》は、無分別で向こう見ずな王が墓穴を掘るかもしれないと期待していた。しかし、王は最前線で戦っていながら、たまたま無傷で生還していた。二二　プトレマイオスは左肩を負傷し、軽傷ではあったが傷よりも重大な危険を被り、王に格別な心配をかけていた。彼は[王の]血縁者であり、ピリッポスの落とし胤だと信じる者もいた。少なくとも、その愛妾の息子であることは周知の事実だった[6]。二三

(1) パラパニサダイ人の地と考えられる。アリアノス『アレクサンドロス大王東征記』第六巻一五-二参照。
(2) プラエスティ人については不詳（テクストは不確か）。王の名は、アリアノス『アレクサンドロス大王東征記』第六巻一六-一ではオクシカノスとなっている。
(3) インドス川下流西岸の領主。
(4) 既出。本巻第五章二一参照。
(5) マケドニアの将軍。この後、インドス川・アケシネス川以南の属州総督に任命された。
(6) プトレマイオス（第八巻第一章四五参照）の母親は、マケドニア王家の出とも言われ、結婚前にピリッポス二世の子を宿していたという話が伝えられている。

彼は側近護衛官の一人で、きわめて勇敢な戦士だったが、戦時より平時の手腕でさらに優秀で評判も高かった。温厚で気さくな人柄で、とくに気前がよくて近づきやすく、王族の高慢さを少しも帯びていなかった。二四　このため、王と大衆のどちらのほうからいっそう愛されているかは見極めがたいほどだった。ともかく、このとき初めて、彼は同胞の心情を身をもって知った。この危機に際してマケドニア人は、彼がのちに獲得する地位(1)を予感していたかのように思われるほどだった。二五　実際、彼らのプトレマイオスを案ずる気持ちは王にも劣らなかったのである。王のほうは戦闘と心労で疲れ果ててはいたが、プトレマイオスにつき添い、自分が休むための寝台を運び込ませた。二六　そこに身を横たえると、すぐに深い眠りに落ちた。それから目覚めると王は語った。夢の中で口に草をくわえた蛇の姿が現われ、その草が解毒剤であることを示した、と。二七　また、草の色をも説明し、もし誰かがそれを見つければ自分には見分けがつくだろうと請け合った。それから、薬草が発見されて――大勢が同時に探したのである――王が傷口に貼ってやると、たちどころに痛みはおさまり、傷口も短時間でふさがった。二八　異民族《バルバロイ》は当初の希望をくじかれ、自分たちの身柄と都市を引き渡した。

ここから隣国パタリア(2)に到着した。王はモエリス(3)だったが、町を放棄して山間部に逃げ込んでいた。二九　そこで、アレクサンドロスは町を手に入れ、田園地帯を略奪した。そこから羊や牛といった大量の戦利品が引いていかれ、多量の穀物も見つかった。三〇　その後、王は川に精通した案内人を徴用し、流れの中ほどに浮かぶ島へと下っていった。

第九章

一　王はここに比較的長期間とどまることを強いられた。というのは、案内人があまりにずさんな見張りのために逃亡したので、代わりを探すために部下を派遣していたからである。だが、一人も見つからなかったとき、大洋《オケアノス》を目にし、世界の果てに達したいという飽くなき願望が、地勢に通じた者なしに、未知の川に自分の命とかくも多数の勇者の身の安全をゆだねようという気を起こさせた。二　かくして、一行は通過中の場所について何一つ知らぬまま航行していた。ここから海までどれだけ離れているのか、いかなる部族が住んでいるのか、河口はどれくらい静穏か、軍船がそこを通れるのかどうか――それらは不確実で行き当たりばったりの推測で判ずるほかなかった。この無謀な企ての唯一の慰めは、［王の］いつも変わらぬ幸運であった。

三　すでに四〇〇スタディオン進んでいたとき、舵手たちは、海風を感じるので大洋《オケアノス》は遠くないと思われると王に告げた。四　彼は喜んで、水兵らを激励しはじめた。「櫂に力を込めよ。あらゆる願掛けをして求めてきた艱苦の終わりが近づいているぞ。もはやわれわれの栄光に欠けるものはなく、もはやわれわれの

（1）エジプトの王位。第十巻第十章一、二〇参照。
（2）インドス川デルタの町。アリアノスなど他の文献ではパタラと呼ばれている。
（3）不詳（テクストは不確か）。

武勲を阻むものはない。いかなる戦闘も流血もなしに、われわれは世界を制覇しつつある。『自然』でさえそれ以上先へ進むことはできない。われわれは間もなく、不死なる神々以外には知られていないものを見るであろう」と。五　そう言いながらも、王は、あたりをうろついている農夫を捕まえるために、若干の部下を小舟で川岸に送った。その連中からもっと確かな情報が得られるものと期待していたのである。部下たちは片っ端から人家を捜索し、ようやく隠れていた住民を発見した。六　それらの住民は、海からどれくらい離れているかと尋ねられると、自分らは海のことなど聞いたこともないが、三日でうまい水を台無しにする苦い水に行き着ける、と答えた。

これは、海の性状を知らぬ者が海のことを指して言っているのだと解された。七　そのため水兵は意気盛んに櫂を動かし、次の日もその次の日も、待望の場所が近づくにつれ、熱気は高まっていった。三日目に一行は汽水域に入った。まだ緩やかな潮流が、種類の異なる水を混ぜ合わせていた。八　その後、彼らは川の中央に位置する別の島へと、航行が潮流に邪魔されていたのでややゆっくりと進み、艦隊を接岸させた。そして、食料を求めて駆け回ったが、これから自分たちを不意打ちする災難については予想だにしていなかった。

九　第三時頃(1)、定期的な循環により大洋《オケアノス》が逆巻き、川の流れを押し戻しはじめた。流れは、最初はせき止められ、次にもっと激しく押し返され、急坂の川筋を下る激流よりもすさまじい勢いで逆流した(2)。一〇　兵卒は、海の性質に無知で(3)、神々の怒りの予兆としるしが現われたのだと思った。海は繰り返しうねり、つい先ほどまで乾いていた土地に押し寄せて覆い尽くすのだった。

一一　そして今や、船は［潮流に］押し上げられ、全艦隊が散り散りになり、上陸していた者たちは予期せぬ災いに度肝を抜かれ、四方八方から船のほうへ駆け戻った。一二　しかし、急いては事をし損じるもの(4)である。竿で船を岸から離そうとする者もあれば、席につくことで櫂の装着を妨げている者もあった。一三　ある者は急いで出帆しようとしたが、必要な人員がそろうのを待たなかったため、航行・制御不能の船を力なく動かそうとし、ある船はむやみに殺到した者全員を乗せきれずにいた。こうして、人数が多すぎても少なすぎても、彼らは互いの足を引っ張ることになったのである。一四　一方からは待てと、他方からは進めと命じる叫び声が上がり、まるで目的の違う矛盾したかけ声が、目だけでなく耳までも役立たずにしていた。一五　舵手たちでさえ何の力もなかった。その声は恐慌を来した者の耳には入らず、その指示は恐れをなし狼狽した者の手では実行されなかったのである。

一六　そのため、船はぶつかりあって互いの櫂をもぎ取りはじめ、乗員は互いの船を衝突させはじめた。一七　同一の軍の艦隊が航行しているのではなく、別々の軍の艦隊が海戦を始めたのだと思えたことだろう。船首は船尾にぶつかり、先行する船に衝突した船が、後続の船に追突された。乗員たちは口論の末、怒りに駆られて殴りあいをする始末だった。

（1）三二七頁註（1）参照。
（2）潮津波と呼ばれる異常な高潮と考えられる。
（3）地中海では潮の干満が小さいからである。
（4）直訳は「あわてた時には急ぎさえ遅くなる（急ごうとしてかえって遅くなる）」。格言的表現と思われる。

一八　今や潮流は川の流域全体を水浸しにし、小さな島のように浮き出たいくつかの小丘を残すのみとなった。大半の者は恐怖のあまり船を捨てて、それらの丘へあわてて泳いでいった。一九　四散した船のうち、一部は谷のあった場所の非常に深い水の上に浮かび、一部は――波が大地のでこぼこした表面を覆ってしまった所ではどこでも――浅瀬に乗り上げていた。そのとき突然、新たな、前よりも大きな恐怖が襲ってきた。二〇　潮が激しい勢いで引きはじめ、水は急速にもとの流れに戻り、つい先ほどまで深い海水に沈んでいた地面を回復させた。このため［陸に］取り残された船は、一部は船首から前のめりになり、一部は横倒しになっていた。平原には荷物や武具、［船から］もぎ取られた板材や櫂の破片が散乱していた。二一　将兵は、地面に降り立つ勇気も船にとどまる勇気もなかった。今よりもっとひどい災いがまだまだ続くのではないかと待ちかまえていたのである。彼らは、自分が遭遇したもの――陸地での難破、川の中の海――をわが目で見たとは、ほとんど信じられなかった。

二二　しかも、それが災厄の終わりではなかった。というのも彼らは、海が少しあとには船を浮かせるほどに潮を戻すのを知らず、飢餓と破局を予感したからである。あたりには、波に取り残された恐ろしげな海獣どももうろついていた。二三　そして、今や夜が近づき、脱出する見込みのないことに王までも心を悩ませていた。それでも、そうした心配に不屈の精神がくじかれたわけではなく、彼は一晩中見張りを務め、騎兵を河口のほうへ派遣した。再び潮が満ちてくるのを察知したらそれより先に駆け戻るように命じたのである。二四　王はまた、破損した船を修理し、波で転覆した船を引き起こすよう、そして、また海が陸地を覆うときにそなえて警戒するよう命じた。二五　その晩ずっと見張りと督励を続けていると、騎兵が全力で逃げ戻り、その直後に上げ潮が来た。それは、初めのうちは緩やかに流れ込む水で船を浮かせはじめ、やがて一面の土地を水浸しにして、艦隊までも動かした。
二六　予期せぬ脱出を手放しで祝う将兵と乗員の拍手喝采が、川岸や土手にこだました。いったいどこからこれほどの潮流が突然戻ってきたのか、昨日はどこへ引いていったのか、同一の元素(1)でありながら、時の法則にある時は背き、ある時は従うとは、いかなる性質を持っているのかと、一同は驚嘆して尋ねあうのだった。二七　王は、今回起こったことから[上げ潮の]定刻は夜明けのあとだと予測していたので、上げ潮に先んずるため真夜中に、少数の船で川を下って河口に達したのち、四〇〇スタディオン沖へ進み、ついに宿願を果たした。そして、海とその地域を司る神々に犠牲を捧げたあと、艦隊に戻った。

第十章

一　ここから、艦隊は川をさかのぼり、二日目に塩湖の近くに停泊した。その未知の性質に多くの者が欺かれ、軽率にも水に飛び込んでしまった。皮膚炎が体を襲い、病気の感染が他の者にも広がった。二　治療薬となったのは油だった。その後、行軍予定の陸路――乾燥地域だった――に沿って井戸を掘るためにレオンナトスが先遣され、王自身は軍勢とともに駐留して春を待った。三　その間に王はいくつもの都市を建設

(1) 水のこと。

し、海事に精通したネアルコス(1)とオネシクリトス(2)に、最強の艦船を率いて大洋《オケアノス》に向かい、安全に進めるかぎり前進し、海の性質を調べるように命令した。戻りたくなったときには、同じ川なり、エウプラテス川なりをさかのぼることができよう、と。

四 そして今や冬の寒さが和らぐと、用済みと思われる船を焼き捨て、陸路で軍隊を率いていった。**五** 九日間の行軍でアラビタイ人(3)の領域に、そこからまた同じ日数でケドロシア人(4)の地に着いた。この独立民は、会議を開いたうえで降伏したが、その降伏に際して補給物資以外には何も要求されなかった。**六** そこから五日目に川に着いたが、住民はアラブス川(5)と呼んでいる。荒涼たる、水の乏しい地域が一行を迎えた。王はそこを踏破して、オレイタイ人(6)の地へ渡った。ここで、王は軍の大部分をヘパイスティオンにゆだね、軽装部隊をプトレマイオスおよびレオンナトスと分けあった。**七** 三部隊が同時にインド人(7)から略奪を行ない、大量の戦利品が運び去られた。プトレマイオスは沿岸部を焼き払い、残る地域は王自身と、別方面から進軍したレオンナトスが焼き払った(8)。王はこの地方にも都市を建設し、アラコシア人がそこに住まわされた。

八 そこから沿岸のインド人(9)の地に到着した。この民族は、不毛の砂漠地帯に広く居住し、近隣諸国とさえ何の交易も行なっていなかった。**九** まさにその孤立ゆえに、生来も荒々しい気性がさらに野蛮なものになっていた。決して切らない爪は伸び放題、髪はくしゃくしゃで、刈ることがない。**一〇** 彼らは自分の住む小屋を貝殻や、その他浜辺に打ち上げられた物で飾っている。野獣の毛皮をまとい、天日で干した魚を食べ、波が打ち上げた大型の野獣の肉も食用にしている。**一一** そういうわけで糧食が底をつくとマケドニア人は、最初は食料不足を、最後には飢えを感じるようになり、椰子《やし》——そこに生える唯一の樹木だった——

の根をそこら中で探しまわった。一二　だがこの食物すらなくなると、駄獣を屠殺しはじめ、馬にまで手をつけた。そして、荷を運ぶための手段を失うと、敵からの戦利品を——そのためにはるばる東洋の端まで旅してきたというのに——焼き捨てたのだった。

一三　飢えの次には疫病が続いた。すなわち、不衛生な食物の見慣れぬ液汁が、行軍の苦しさや心労と相まって病気を広め、災厄なしにはとどまることも前進することも不可能だった。とどまれば飢えが、進めばもっと厳しい疫病が襲ってきたからである。一四　このため、平原には、死体の数に劣らず多くの瀕死の人間が散らばっていた。また、軽症者でもついていくことはできなかった。というのは、先を急げば急ぐほど、その分助かる見込みがあると各人が信じ、強行軍が続いていたからである。一五　それゆえ力尽きた者は、

(1) クレタ島出身の将軍で、アレクサンドロスの側近。インド沿岸の航海記を著わした。
(2) アステュパライア（キュクラデス諸島南部の町）出身の哲学者。アレクサンドロスが乗る船の舵取りをも務めた。ここではネアルコスが提督で、オネシクリトスは操舵長である。
(3) インドス川デルタ地域から西方に住んでいた部族。
(4) アラビア海沿岸からイラン高原南部に及ぶ地域。ガドロシアとも言う。
(5) アラビオス川、アラビス川とも呼ばれる。東側のアラビタイ人と西側のオレイタイ人を隔てる川。現在のハブ川とも考えられる。
(6) ラテン語ではホリタエ人。アラブス（アラビオス）川から西に住む部族。
(7) ここではオレイタイ人のことだが、アリアノス『インド誌』二二-一〇によるとこの部族はインド人に含まれない。
(8) アレクサンドロスは山麓部を、レオンナトスは内陸部を攻撃した。
(9) 魚食民（イクテュオパゴイ）と呼ばれる部族。

知り合いであろうとなかろうと誰彼かまわず、助け起こしてくれと頼んだ。しかし、乗せていくための駄獣もなく、兵士は自分の武具を持ち運ぶのに精一杯だったうえ、目の前には彼ら自身をも脅かす災厄の光景が広がっていた。そういうわけで、兵士らは何度となく呼び止められたが、仲間を振り返って見ることにすら耐えられなかった。同情が恐怖に変わっていたのである。一六　置き去りにされた者たちは、証人として神々に呼びかけて共通の信仰に訴え、王の助けを乞うたが、聞く耳を持たぬ相手をいたずらにうるさがらせるだけだと知ると、絶望が憤激に転じ、「おまえたちも同じ目に遭うがよい、おまえたちと似たような［無慈悲な］友人や仲間を持つがよい」と呪詛するのだった。

一七　王は、自分にこそこのような災厄の責任があったので、悲しみと慚愧の念とに同時に苛まれ、調理済みの食料を駱駝で運んでこさせるよう命じるための伝令をパルティア[1]の総督プラタペルネス[2]のもとへ送り、近隣地域の総督たちにも自軍の窮状を知らせた。一八　これは遅滞なく実行された。こうして、少なくとも飢餓からは解放され、軍隊はついにケドロシアの領内に入った[3]。そこは、あらゆるものを産する土壌を持った地域である[4]。王は、弱った兵士を休ませて回復させるため、ここに駐留陣営を設置した。一九　ここでレオンナトスからの書簡を受け取ったが、オレイタイ人の歩兵八〇〇〇、騎兵四〇〇〇と交戦して勝利を収めた、とのことだった[5]。クラテロスからも、ペルシア貴族オジネスとザリアスペス[6]が反乱を企てたが、自分が鎮圧して拘禁したという報告が届いた。二〇　そこで、王はこの地域をシビュルティオス[7]にゆだね――総督のメノン[8]が最近病死していたからである――、自身はカルマニア[9]へ進んだ。二一　その地の総督はアスタスペス[10]で、王がインドにいるあいだに謀反をたくらんだという疑惑があった。王はこの男が伺候すると、怒りを押し隠して愛想良く話しかけ、報告されていたことの調査が済むまで、同じ地位にとどめた。二二　その後、総督たちが命令に従って多数の馬や駄獣を支配下地域全体から送ってくると、王は輜重を失っていた者たちに輜重を再分配した。二三　武具もまた、元の立派なものに戻された。というのも、平定されただけでなく裕福でもある国、ペルシアからそう遠くはなかったからである。二四　そういうわけで、前述[11]のように、王はディオニュソスが当地の諸民族から勝ち取った栄光だけでなく、伝説――それが本当に神の創始した凱旋だったにせよ、乱痴気騒ぎをする者たちの戯れにすぎなかったにせよ――にもあやかって、

(1) カスピ海南方の地域。
(2) 第八巻第三章一七参照。
(3) アリアノス『アレクサンドロス大王東征記』第六巻二四-一などによると、アレクサンドロスの軍隊がこのような辛酸をなめたのはケドロシア（ガドロシア）においてであり、その首都プラに達してようやく一息入れたということになっている。
(4) テクストは不確か。solo fertili と読む。
(5) 以前に征服されたオレイタイ人（四二一頁註（6）（7）参照）が反乱を起こし、後方駐留部隊を統率するレオンナトスがそれを平定したということ。
(6) 両者とも不詳。アリアノス『アレクサンドロス大王東征記』第六巻二七-三にはオルダネスという名が挙がっている。クラテロスはこの時、アレクサンドロスとは別の部隊を率いて、内陸（アラコシア、ドランギアナ）ルートで西進していたが、カルマニア（後註（9）参照）で本隊に合流する。
(7) マケドニアの将軍。「この地域」とあるのはケドロシアだが、アラコシアの総督も兼ねる。
(8) 前任のアラコシアおよびケドロシア総督。第七巻第三章五参照。
(9) ペルシア湾東端の北側にある地域。
(10) 不詳だが、地元の豪族で、ダレイオス三世以来の地位をアレクサンドロスからも追認されていたものと考えられる。
(11) 第八巻第十章一八。

人間のほどを越えて高揚した気分で、それ［神の行為］を模倣しようと決心した。二五　王は、旅程にある村々に花や花冠をまき散らし、家々の敷居に葡萄酒を満たした混酒器や、そのほか並外れた大きさの容器を並べ、次に、より多くの兵士を乗せられるように荷車に敷物を広げ、幕舎のように、あるものには白い幕を、あるものには高価な布を張るように命じた。

二六　側近たちと王の部隊(1)が、さまざまな花の冠をかぶって先頭を進んだ。一方からは笛の音が、他方からは竪琴の調べが聞こえていた。他の軍勢も、それぞれの財力に応じて装飾した、各自の最も美しい武具をぶら下げた荷車で飲み騒いだ。王自身とその同伴者たちは、黄金の混酒器や同じ素材の巨大な杯を満載した車に乗っていた。二七　このようにして、七日間にわたって乱痴気騒ぎの行列が進んでいった。もし敗北した諸民族に、せめて飲み騒いでいる者に対してでも、いささかなりとも立ち向かう勇気があったなら、この行列は格好の餌食であったのだが。まったく、しらふの男が一〇〇〇人もいれば、七日間の酩酊で体の重い彼らを、凱旋の最中に捕虜にすることができたことだろう。二八　しかし、物事に名声と価値を授けるのは「運」であり、それがこうした軍務の恥をも栄光に変えてしまった。当時の人々も後世の人々も、まだ十分に平定されていない国々を彼らが酔ったまま通過したことに驚嘆した。また異民族《バルバロイ》は、無鉄砲にすぎないことを自信の現われだと思い込んだのである。二九　この見せ物に続いて登場したのは死刑執行人だった。つまり、上述(2)の総督アスタスペスを処刑するよう命令が出たのである。このように、残虐はいささかも贅沢の妨げとならず、贅沢は残虐の妨げとならぬものである。

（1）近習を指すと考えられる。第八巻第六章二以下参照。

（2）本章二一。

第十巻

第一章

一　ほぼ同じ頃、クレアンドロス[1]、シタルケス[2]、アガトン[3]、それにヘラコン[4]が到着した。かつて王の命令でパルメニオンを殺害した面々である[5]。歩兵五〇〇〇と騎兵一〇〇〇を従えていた。二　ただし、彼らが担当していた属州から、告発者たち[6]も同行していた。そして、暗殺の際の働きは王にとって大いに満足すべきものではあったが、彼らが犯した罪のすべてを埋め合わせるには至らなかった。三　というのは、彼らは世俗のものを何でも略奪したばかりか、神聖なものにまで手を出し、乙女たちや身分の高い婦人が暴行を受け、身の恥辱を嘆いていたからである。四　彼らの物欲と淫欲は、マケドニアという名を異民族《バルバロイ》にとって憎むべきものにしていた。五　しかしながら、その中でも際立っていたのはクレアンドロスの狂気である。この男は、名家の乙女を強姦したうえ、自分の奴隷に愛人として与えていたのである。

六　アレクサンドロスの朋友のほとんどは、表立って咎められた罪の非道さよりも、むしろ彼らによるパルメニオン殺害──それは王に関してはひそかに被告人たちに有利にはたらいていたかもしれない──の記憶を念頭に置いていた。今や王の怒りの矛先が怒りの道具だった輩のほうへ向き、誰であれ罪悪によって手に入れた権力など長続きしないということを喜んでいたのである。七　王は、訴えを吟味したのち、告発者たちが一つの、それも最大の罪を見落としている、すなわち、被告人たちがわたしの生還を絶望視したことだ、と言明した。インドから無事帰還するのを望むか信じるかしていたなら、決してそこまで大それたことに手を染めはしなかったはずだ、というわけである。八　そこで王は罪人を拘禁する一方、その暴虐の手先となっていた兵士六〇〇人を処刑するよう命じた。九　同じ日、ペルシア人反乱の首謀者としてクラテロスが連行してきていた者たち(7)についても、処刑が行なわれた。

一〇　それからほどなくして、大洋《オケアノス》をやや先まで進むように命じられていたネアルコスとオネシクリトス(8)が到着した。一一　二人は、一部は伝聞から、一部は自らの観察に基づいて報告を行なった。「河口近くに島があり、黄金が豊富だが馬は産しない。馬については、本土からの輸送をやってのける者から一頭一タラントンで購入しているのがわかった。海には怪物(9)が群れている。一二　その体は大船ほどの大きさがあり、潮流に乗って回遊するが、耳障りな音に驚いて船を追うのをやめ、船が沈むときのような轟音を立てて水中

(1) 第七巻第二章一九参照。
(2) トラキア出身の将軍。トラキア人投槍兵部隊の指揮官。
(3) トラキア人騎兵隊指揮官。
(4) マケドニアの将軍。スサ（アケメネス朝ペルシアの王都の一つ）の神殿を荒らしたとされる。
(5) 第七巻第二章では、このうち殺害者としてクレアンドロスの名しか挙げられていない。
(6) 以下の本文中にあるようなクレアンドロスらの犯罪を告発するために来た者たち。
(7) オジネスとザリアスペス。第九巻第十章一九参照。
(8) 第九巻第十章三参照。
(9) ここでは鯨のこと。

に潜った」。

一三　他の事柄については、二人は住民の話を信用していた。「紅海は、たいていの人が信じているような水の色からではなく、エリュトロス王にちなんでそう呼ばれている。(1) 一四　本土から遠からぬところに椰《や》子《し》の木を密に植えた島があり、森のほぼ中央に柱がそびえている。これはエリュトロス王の記念碑で、その国の文字で銘が記されている」。一五　彼らはまた、従軍者や商人を乗せた船が――水先案内人が黄金の噂を追っていたのだが――その島に渡ったものの、その後二度と姿を見せていない、と言い添えた。一六　王は、もっと多くのことを知ろうと熱意を燃やし、エウプラテスの河口に着くまで再び沿岸航海し、そこからバビュロン(2)まで川をさかのぼるように、と命じた。

一七　王自身は、果てしない夢を思い描き、次のような計画を立てていた。すなわち、東方の沿岸地域をすっかり平定したうえで、シリアからアフリカ――カルタゴに対して敵意を持っていたので(3)――を目指し、続いてヌミディア(4)の砂漠を横断してガデス(5)――そこにヘラクレスの柱(6)があるという風説が流布していた――へ進路をとる。一八　さらに、ギリシア人がイベル川(7)にちなんでイベリアと呼んでいたヒスパニア(8)に赴き、アルプス山脈とイタリア――そこからエペイロス(9)までは短い旅である――の海岸に沿って進む、というものである。一九　そのため、王はメソポタミアの総督たちに、リバノス山(10)の木を伐採してシリアのタプサコス市(11)に運び、七〇〇隻の船の竜骨を据えるように、また、すべて七段櫂船とし、バビュロンに運ぶようにと命令した。キュプロス島(12)の諸王には、青銅と麻と帆を供出するよう命令が出た。

二〇　こうしたことを行なっているところに、ポロス王とタクシレス王の手紙が届けられた。アビサレス(13)

が病死し、王の任命した総督ピリッポス[14]は負傷がもとで死亡し[15]、怪我を負わせた者らは罰せられたとのことだった。二一　そこで、王はピリッポスに代えてトラキア人部隊の指揮官だったエウダイモン[16]を任命し、アビサレスの王国はその息子に継承させた。

二二　次に、パルサガダ[17]に到着した。そこの民族はペルシア人で、総督はオルシネス[18]、全異民族《バルバロイ》の中でも家柄と財産で抜きんでた男だった。二三　家系はいにしえのペルシア王キュロス[19]にまでさかのぼり、財産は

（1）第八巻第九章一四参照。
（2）エウプラテス（ユーフラテス）河畔の都市。バビュロニアの首都。
（3）アレクサンドロスは前三三二年、フェニキアの都市テュロス（カルタゴの母市にあたる）を包囲して陥落させた。
（4）北アフリカ西部の地域。
（5）スペイン南西部の港湾都市。現在のカディス。
（6）ジブラルタル海峡を指す。神話によると、ヘラクレスはヨーロッパとリビュア（アフリカ）の境に来たとき、それぞれの大陸の山頂に、向かいあう二つの柱を立てたという。
（7）スペイン北東部の川。現在のエブロ川。
（8）スペイン。なお、イベリアはスペインのギリシア名。
（9）ギリシア北西部の地域。
（10）レバノン中部の山脈。現在のレバノン山脈。
（11）エウプラテス川中流の町。
（12）地中海東部の島。当時、いくつもの都市がそれぞれの王によって統治されていた。
（13）第八巻第十二章一三、第九巻第一章七参照。
（14）マカタスの子。アレクサンドロスから属州インド北部の総督に任命されていた。
（15）部下の傭兵隊に暗殺された。
（16）アリアノス『アレクサンドロス大王東征記』第六巻二七―二ではエウダモスと呼ばれている。
（17）パサルガダイとも呼ばれる。アケメネス朝ペルシアの王都の一つ。
（18）オルクシネスとも呼ばれる。ペルシアの名門貴族。
（19）第七巻第三章一参照。

祖先からも受け継いでいたし、自分でも長年の統治を通じて蓄えていた。二四　さて、彼はあらゆる種類の贈り物を携えて王を出迎えた。王自身だけでなく、その朋友たちにも贈呈するためである。このとき伴っていたのは、調教済みの馬の群れ、金銀で装飾された戦車、豪華な馬具、高級な宝石、大変な目方の黄金の器、紫の衣、銀貨三〇〇〇タラントンであった。二五　ところが、このような気前のよさが、かえってこの男の死を招くことになった。彼は、王の朋友全員に、彼ら自身の期待を超えるほどの贈り物をしたが、体を差し出すことでアレクサンドロスの寵を得ていた宦官バゴアス(1)には何の礼も尽くさなかった。二六　そして、この者がアレクサンドロスの大変なお気に入りだとある人々から忠告されると、自分が敬意を払うのは王の朋友に対してであって娼婦に対してではないし、ペルシアには淫行のために女と化した者を男と見なす慣習はない、と答えた。

二七　宦官はこれを聞くと、きわめて高貴で無実の人物の生命に対して、恥ずべき不名誉によって手に入れた権力をふるった。つまり、同じ民族(2)のろくでもない連中に偽りの告発を用意してやり、自分が指示したときに初めて表沙汰にするようにと注意しておいた。二八　その間に誰もいないときを見計らっては、王の信じやすい耳に讒言を吹き込み、告発の重みが増すように、恨みの理由は伏せておいた。二九　オルシネスは、まだ嫌疑をかけられてはいなかったが、もはや以前ほど敬意を受けなくなっていた。隠れた危機に気づかぬまま、暗黙のうちに裁かれていたのである。そして、まったく恥知らずな男娼は、恥ずべき淫行を甘受するときでさえ奸策を忘れず、王の愛欲を燃え立たせるたびに、オルシネスをある時は強欲のかどで、時には謀反のかどでも告発するのだった。

三〇　今や、無実の男を破滅に陥れる作り事の機が熟し、「運命」――その意志を避けることはできない――が近づいていた。たまたまアレクサンドロスはキュロスの墓を開けるように命じた。そこには遺体が安置されていて、そのために祭礼を催したいと思ったのである。三一　王はそこに隠された金銀が詰まっているものと信じ込んでいた――ペルシア人がそのように噂していたからである――が、朽ちた盾とスキュティアの弓二張りと短剣以外には何も見つからなかった。三二　アレクサンドロスは遺体が横たわる石棺の上に黄金の冠をのせたうえ、自分がいつも身につけていた衣をかぶせ、これほど名高い、これほど財力に恵まれた王が、まるで一庶民であったかのような埋葬を受けていることに驚きを示した。三三　傍らに控えていた宦官は、王を見て言った。「王様方の墓が空だからとて、何の不思議がありましょう。総督どもの家には、ここから持ち出した黄金が入りきらないのですから。三四　わたくしに関して申しますと、今までこの墓をこの目で見たことはなかったのですが、キュロスとともに三〇〇〇タラントンが埋められた、とダレイオス王から聞いたことがございます。三五　陛下に対するあの気前のよさはこういうことだったのです。オルシネスは、お咎めなしには持っていられないものを贈り物にすることによって、ご好意まで得ようとしたのです」。

三六　バゴアスがすでに王の心を怒りへとかき立てていたとき、同じ件を頼んであった連中(3)がやって来た。

(1) ダレイオス三世に寵愛された少年。投降した重臣ナバルザネスがアレクサンドロスに献上した。

(2) ペルシア人。

(3) 本章二七参照。

一方からはバゴアスが、他方からは彼に教唆された連中が、王の耳に偽りの告発を吹き込んだ。三七　オルシネスは、自分が告発されつつあるのを疑う間もなく捕縛された。無実の人の断罪にも飽き足らず、宦官は死を前にしたこの人に手を掛けた。オルシネスは相手を見て、「昔アジアでは女が支配者だったと聞いたことがある。だが、これはまったく前代未聞だ、宦官が支配者だとは」と言った。三八　これが、ペルシア人の中で最も高貴で、無実であるばかりでなく、王に対して格別の好意を示していた人物の最期であった。三九　同時に、王位をうかがったという疑いでプラダテス[1]が処刑された。王は、早まって即座に罰を下したり、軽率にも下劣なことを信じ込んだりするようになりはじめていた。四〇　確かに、順境には人の性格を変える力があり、誰であれ自分の幸運に対し十分に警戒することはまれである。というのは、同じ彼が、少し前には、二人の証人に告発されたリュンケスティスのアレクサンドロス[2]を断罪する気になれなかったからである。四一　また、もっと身分の低い被告人の場合も、周囲の者が無罪と判断したという理由で、意に反して放免を許したし、敗北した敵に王国を返してやったこともあった。四二　それが、晩年には、本来の姿からひどく堕落した末、かつては欲望に負けない精神の持ち主だったにもかかわらず、男娼の判断に従ってある人々には王国を与え、ある人々からは命を奪うようになったのである。

四三　ほぼ同じ頃、王は、自身がインドを征服しているあいだにヨーロッパとアジアで生じた事態についての手紙をコイノスから受け取った[3]。四四　トラキアの総督ゾピュリオン[4]の全軍が、ゲタイ人[5]に対する遠征中に、突然起こった嵐と突風によって壊滅していたのである。四五　この災厄を知ったセウテス[6]は、臣民であるオドリュサイ人[7]を反乱へと駆り立てた。トラキアがほとんど失われたうえ、ギリシアすら……[8]

〔アレクサンドロスのインド遠征中に数々の罪を犯していた総督たちは、処罰を恐れて傭兵隊に頼り、亡命をもくろんでいたが、王からの書簡で、傭兵部隊をすべて解散するよう命じられる。ハルパロスは、王がバビュロンの総督（また宝庫の管理者）に任命しておいた人物だが、自分の罪ゆえに王の好意を失ったと思い、王家の宝庫から五〇〇〇タラントンを横領し、傭兵六〇〇〇人を連れてヨーロッパに逃亡する。アテナイ人と結んで反乱を起こそうと考えたのである。〕

（1）第八巻第三章一七参照。
（2）第七巻第一章五以下参照。
（3）コイノスはすでにインドで病死している（第九巻第三章二〇）。著者の何らかの思い違いと考えられる。
（4）マケドニアの将軍で、トラキア総督。惨敗を喫した相手はスキュティア人とも伝えられる。
（5）ドナウ川下流のトラキア系部族。
（6）トラキアのオドリュサイ人の王。
（7）エーゲ海北辺のトラキア系部族。ピリッポス二世に敗れて以来、マケドニアに臣従していた。
（8）以下欠文。「動乱に揺るがされずにはいなかった」などと推測されている。そこに取り上げられていたと思われる事項を、あとの括弧内に要約して記しておく。

第二章

一　そういうわけで、彼ら[1]は三〇隻の船でアッティカ[2]の岬、スニオン[3]に渡った。そこからその都市の港[4]を目指そうと決めていたのである。二　王はこれを知ると、ハルパロスにもアテナイ人にも等しく怒りを覚え、ただちにアテナイを目指すべく、艦隊の準備を命じた。三　しかし、このような計画をひそかに思い巡らしているうちに、手紙が届いた。ハルパロスは確かにアテナイに入り、金の力で有力者たちの支持をとりつけたものの、間もなく開催された民会の結果、国外退去を命じられ、ギリシア兵のもとに身を投じたが、そこで拘束され、ある友人の教唆で謀殺された、というものである。四　王はこれに喜び、ヨーロッパへ渡航する計画を中止したが、その一方で、市民の流血に手を染めた者を除き、ギリシアの全都市が追放者を元どおり復帰させるように命じた。五　ギリシア人は、それが法秩序の崩壊の始まりだと考えたにもかかわらず、命令を拒む勇気はなく、かつて断罪した者たちに、残っていた財産を返還さえした。六　アテナイ人だけは、自国だけでなく万人の大義の擁護者として、そのような党派や個人の寄せ集めに耐えられなかった。王の命令ではなく、法と父祖伝来の慣習による支配に慣れていたからである。七　それゆえ彼らは、かつては自国の屑であり、今は追放地の屑でもある輩を受け入れるくらいなら、むしろどんなことでも忍ぼうという覚悟で、追放者たちを領地から締め出した。

八　アレクサンドロスは年輩の兵士を祖国に帰し[5]、アジアはほどほどの戦力で維持できると考えて――というのは、かなり多くの地点に守備隊を配置し、最近建設した諸都市を、新規巻き直しを希望する入植者で満たしていたからである——、アジアに残留させるべき歩兵一万三〇〇〇、騎兵二〇〇〇を選抜するよう命じた。九　しかしながら、とどめるべき兵士を選ぶ前に、全兵士が負債を申告するようにと命令を出した。多くの者が重い負債を抱えているのを知っていたので、それが彼ら自身の贅沢からできたものだったにもかかわらず、自ら清算してやろうと決めていたのである。一〇　兵士たちは、浪費家と節約家を見分けやすくするために自分たちを試しているのだと考え、しばらくはぐずぐずと時間をつぶしていた。すると王は、負債の申告を妨げているのが反抗心ではなく羞恥心であるとよくわかっていたので、陣営中に台を並べて一万タラントン積み上げてやるようにと命令を出した。一一　するとようやく、彼らは正直に申告を行なった。そして、これほどの大金のうち、残ったのはわずか一三〇タラントンにすぎなかった。実際、この軍隊は、これほど多くの、きわめて豊かな国々の征服者でありながら、アジアからより多く持ち帰ったのは戦利品よりも勝利だったわけである。

一二　さて、祖国に帰される者もあれば残留させられる者もあることが知れわたると、兵士たちは王がア

(1) ハルパロスとその傭兵隊。
(2) アテナイを含む、ギリシア中部の地域。
(3) アッティカ南端の岬。
(4) アテナイの外港、ペイライエウス。
(5) 実際に出発させたのは、本章一二節以下の騒擾事件よりあとのことと考えられる。約一万人の復員部隊をクラテロスが引率した。第四章の補足を参照。

ジアに永続的な玉座を設けるつもりだと思い、逆上して軍規を忘れ、陣営を反逆的な言辞で満たし、いまだかつてないほどに激しく王を攻撃し、傷跡の残る顔や白くなった頭を示しながら口をそろえて除隊を要求しはじめた。一三　指揮官の叱責にも王への敬意にも引き止められることなく、彼らは反抗的な怒号と武力の誇示によって王が口を開こうとするのを遮り、祖国に向かう以外にはここから一歩も動かないぞ、と公然と宣言した。一四　ようやく沈黙が生じたが、それは、自分たちが思い直すことができたからというより、王が思い直したと思ったからである。そして、彼らは王がいったいどう出るかと待っていた。

一五　王は言った。「この突然の騒乱と、このように厚顔で、たがの外れた放埒はどういうつもりなのか。口にするのもはばかられるが、諸君は公然とわたしの権限を侵害し、わたしはお情けで王位にあるというわけだ。諸君はこのわたしに、諸君に話しかける権利も、諸君を理解し忠告する権利も、諸君の顔を見る権利さえも残していないのだから。一六　実際、〔諸君の〕一部を祖国に送り返し、一部を少しあとで自ら連れ帰ろうと決めたにもかかわらず、出発しようとしている者も、わたしとともに先発隊のあとを追うことになっている者も、今見れば同様に怒号を上げているではないか。一七　いったいこれはどういうことか。全員が同じように叫びながら、理由は別々なのだ。わたしに不満を述べ立てているのが立ち去る者なのか、それとも残留する者なのか、ぜひ知りたいものだ」。

一八　この時、全員が同一の口から叫びを上げたと思えたことだろう。それほど会衆全体から異口同音に、全員が不満なのだ、という答えが返ってきたのである。一九　すると王は言った。「いや断じて、諸君が示しているような不平の理由が全員にあるなどと、わたしを得心させることはできない。わたしは留め置くつもりの者より多くの者を除隊させたのだから、軍の大半はその理由に関係がない。二〇　間違いなく、諸君をわたしから離反させるような、もっと根深い問題があるのだ。というのも、全軍が王を見捨てるなどということがかつてあっただろうか。奴隷でさえ、一団となって主人のもとから脱走するものではなく、他の奴隷に見捨てられた人々を置き去りにすることには、ある種の後ろめたさを感じるものだ。二一　しかし、わたしはこれほど気違いじみた騒乱を忘れ、治療不可能な連中に治療を施そうと試みているわけだ。はっきり言うが、わたしは諸君に寄せていた期待をきっぱり捨て、わが兵士としてでなく――諸君はもはやそうであることをやめているからだ――まったく恩知らずの雇い人として扱うことに決めた。二二　諸君は、周りにあふれる豊かさに惑わされはじめ、わたしのおかげで脱することのできた、以前の境遇を忘れている。まったく、諸君はその中で老いるのがふさわしいのだが。というのも、諸君は順境より逆境に対処するほうが容易だからだ。

二三　いやはや、つい最近までイリュリア人やペルシア人に貢納していたくせに、アジアやこれほど多くの国々からの戦利品が気に食わぬとは！　ピリッポスの治世でつい最近まで半裸だったくせに[(1)]、紫の衣が物足りぬとは！　その目は金銀に耐えられぬとは！　それというのも、木製の器や、枝編み細工の盾や、錆刀を恋しがっているのだからな。二四　そういうご立派ないでたちの諸君を、五〇〇タラントンの負債とともに

(1) このあたりの表現は誇張的である。アリアノス『アレクサンドロス大王東征記』第七巻九‐二には、以前のマケドニア人が羊の毛皮を着ていたという記述がある。

に、わたしは迎え入れた――王家の全資産が六〇タラントンに満たなかった頃にだ。それが、のちの大業の土台となったのだが。にもかかわらず、それらによってわたしは――こう言って許されるなら――世界の大部分に支配権を確立した。二五　偉大な功業によって諸君を神々に等しい者にしたアジアに嫌気がさしたというのか。諸君は王を捨ててヨーロッパへ急ごうとしている。もしわたしが負債を一掃してやらなかったら、大半の者は路用にも事欠くだろうに。もちろん、アジアの戦利品についてもそうだ。二六　また、征服した国々からのせっかくの戦利品を底なしの胃袋に詰め込んで持ち運びながら、妻子のもとへ帰りたいと思うとは、恥ずかしくないのか。勝利の報酬を見せることができる者はわずかしかおらず、残りの者も、望み(1)を遂げようとするあいだに、武具さえ質入れしている有様だ。

二七　まったく、わたしはご立派な兵隊を失おうとしている。女と寝るだけの輩をな。莫大な富のうち、諸君にはもはやそれ(2)しか残っておらず、なおもそれに金を費やしているとは！　さあ、わたしから逃げ出す者たちに道をあけてやるがよい。さっさとここから立ち去れ。わたしはペルシア人とともに、逃げる諸君の背後を守ってやろう。一人も引き留める気はない。忘恩の同胞たちよ、目の前から消え失せよ。二八　両親や子供は、王を捨てて戻ってきた諸君を喜んで迎えてくれるであろう。脱走者にして逃亡者を出迎えに来ることだろう。二九　誓って言うが、わたしは諸君の逃亡を祝うであろう。そして、どこに行っても、諸君がわたしとともに残していく者たちを諸君より尊重し優遇することによって、諸君に罰を与えるであろう。そのうえ、王のいない軍隊にどれだけの力があるかも、わたし一人がどれほどの助けになるかも、諸君はじき思い知ることになろう」。

三〇　そう言うと、王は猛り立って壇から跳び降り、武装兵の列の中に分け入り、最も激しい言辞を弄していた者たちを認めると、手ずからひとりひとり逮捕した。彼らはあえてあらがわず、王は衛兵にその一三名を拘禁すべく引き渡した。

第三章

一　つい今し方大荒れだった会衆が、突然の恐怖に身をすくめたのを、誰が信じただろうか。二　それも、他の者以上に悪事をやってのけたわけではない兵士らが処刑のために連行されていくのを見ていたのに、である。三　〔王という〕称号――王制下の民族は王を神々に等しく敬っている――に対する敬意からか、この王個人への敬意からか、あるいは、これほど強圧的に権力を行使した王の自信のためか、彼らはすっかり怖じけづいた。四　ともかく、彼らはまたとない忍耐の模範を示した。夕方に戦友たちが殺されたのを知っても、その処刑に憤るどころか、それぞれいっそうの従順さと忠実さを示そうと、どんなことでもしたのである。五　彼らは翌日、謁見を拒まれ、アジアの兵士にのみそれが許された時、陣営中で悲嘆の叫びを上げ、もし王が怒りを解かないなら自分たちはこの場で死ぬつもりだ、と宣言した。六　しかし王は、計画したことは残らず実行する決意だったので、マケドニア兵を陣営内にとどめたまま、外国人兵士の集会を召集する

（1）故郷に帰ること。　（2）女。

よう命じ、その群衆が大挙して寄り集まると、通訳を呼び、次のような演説を行なった。
七「わたしは、ヨーロッパからアジアに渡るとき、多くの名高い民族、多数の人々を支配下に加えようと希望していた。そして、これらの人々についての評判を信じたのは間違っていなかった。八 しかし、その評判にこのこともつけ加えよう。王に対する誰にも負けぬ忠誠心を持った勇士たちをわたしは目にしている、と。九 かつてわたしは、すべてが奢侈に流れ、豊かさのあまり快楽に染まっているものと思っていた。だが実は、諸君は心身の力で、誰にも劣らぬほど精力的に軍務に励み、勇敢な男でありながら、勇気に劣らず忠義を涵養している。一〇 これは、公言するのは初めてだが、前々から知っていたことだ。だからこそ諸君の中から若者を選抜し、わが軍の本体に組み入れたのだ。諸君には［マケドニア人と］同じ装備、同じ武具がある。だが、服従と命令の遵守では、他の者をはるかに凌駕している。

一一 それゆえに、わたし自身、虜囚から生まれた子を育てることを恥とせず、ペルシア人オクシュアルテスの娘(1)と結婚した。一二 その後、一族の血筋をもっと広げようと思い、ダレイオスの娘(2)を娶り、最も親しい朋友たちに、虜囚から子をもうける手本を示した(3)。この神聖な絆により、敗者と勝者の区別を一切消し去ろうとしたのだ。一三 それゆえ、諸君はわたしにとって、徴兵でなく血縁による兵士なのだと信じてもらいたい。アジアとヨーロッパは今や同一の王国なのだ。わたしは諸君にマケドニアの武具を与える。異国の新参者とはいえ、古参兵として扱っているのだ。諸君はわが同胞でもあり、兵士でもある。一四 すべての物が同じ色を帯びる。ペルシア人がマケドニア人の慣習をまねることも、マケドニア人がペルシア人を模倣することも、不名誉ではない。同じ王のもとで生きようとする者は、同じ権利を持たねばならない。

……(4)

〔王は、ペルシア人の中から衛兵と従者を選ぶ。騒乱の首謀者たちがこれらのペルシア人によって処刑場へ連行されていくとき、そのうちの一人が王に次のように抗議する。〕

第四章

一 「あなたはいつまでこうした処刑、それも外国式の処刑を行なえば気が済むのか。ご自分の兵士、ご自身の同胞が、裁判もなしに、ああ何と、自分たちの捕虜に連行されて刑場に引かれていくのだ。われわれが死に値すると判断なさるのなら、せめて処刑人を替えていただきたい」とその男は言った。二 もし王が真実を聞く耳を持っていたならば、善意からの諫言を受けたということになっただろうが、王の怒りは狂気にまで達していた。そのため、王は再び——というのも、命令を受けた者たちがしばらくためらっていたか

(1) ロクサネ。第八巻第四章二三参照。
(2) スタテイラ。ただし、アリアノス『アレクサンドロス大王東征記』第七巻四-四ではバルシネと呼ばれている。
(3) 有名な「スサの集団結婚」に言及したものと思われるが、詳しい記述はない(本巻第一章末の欠文の中にあったとも考えられる)。アリアノス『アレクサンドロス大王東征記』第七巻四-六によると、およそ八〇名の朋友がペルシア人女性と結婚式を挙げた。
(4) 以下欠文。そこに取り上げられていたと思われる事項を、あとの括弧内に要約して記しておく。

らである――罪人を縛ったまま川に沈めるよう命じた。三　この処刑でさえ、兵士の反乱を引き起こしはしなかった。逆に、兵士たちは部隊の指揮官や王の朋友に近づき、同じ罪に手を染めた者がまだいるとお思いなら処刑を命じてほしい、と乞うたのである。自分たちの身を王の怒りにゆだねる、どうぞ殺していただきたい、と言うのだった。……(1)

〔兵士たちは本営の前に立って許しを乞い、進んで罰を受ける意向を示すが、王の怒りは二日間続く。三日目に王は姿を現わし、和解を宣言する。さらに、盛大な供犠を行なったのち、ペルシア人とマケドニア人の主立った者を招いて祝宴を催す。その後、古参兵ら一万人以上が、過去の兵役に対する報酬に加え、旅費として一タラントンを与えられたうえで除隊となる。この際、王は、アジア女性から生まれた子は全員残していくように命令する。復員部隊はクラテロスに率いられて祖国に向かう。クラテロスがマケドニアの総督に任命される一方、アンティパトロス(2)は増援兵を引き連れて王に合流するよう命じられる。

　多くのペルシア兵を軍隊に加えたあと、アレクサンドロスはメディアの首都エクバタナへ進軍する。その間にエウメネスとヘパイスティオンのいさかいが起きるが、王の介入でとりあえず終息する。王はエクバタナで供犠を行ない、競技会を催し、饗宴で心を和ませる。この地でヘパイスティオンが病死する。その遺体はバビュロンに送られ、盛大な葬儀が営まれる。アレクサンドロスは帝国全体にわたってヘパイスティオンのため喪に服するよう命じる。

　アレクサンドロスはコッサイオイ人(3)の地へ侵攻し、これを征服したのちバビュロンへ向かう。カルデア人(4)

から警告を受けていたネアルコスは、市内に入らないよう王に懇願するが、王はそれを気にせず入城する。そこへほとんど世界中から使節がやって来る。その後、王はアラビア方面までパラコパス川(5)を航行し、都市を建設して、そこに年老いたギリシア兵などを入植させる。さまざまな凶兆にもかかわらず、王はバビュロンに戻る。王は饗宴でネアルコスを歓待し、退室しようとしていたときに、メディオス(6)から宴会に誘われる。一晩飲んで過ごしたあと、王は病気になり、六日間で体力を消耗して話もできなくなる。兵士たちは謁見を許可するようにと要求し、認められる。〕

第五章

一　彼らが王を見つめていたとき、あふれる涙は、もはや王に拝謁したのではなく、その葬儀に参列した軍隊という様相を呈した。二　しかしながら、寝台の周りに立つ面々の悲しみはさらに深かった。王は一同を見て、「わたしの死後、これほどの男たちに値する王を、諸君は見つけるだろうか」と言った。三　語る

---

(1)以下はやはり欠文。そこに取り上げられていたと思われる事項を、あとの括弧内に要約して記す。
(2)第七巻第一章七参照。
(3)メディア辺境の山地に住む好戦的な部族。
(4)バビュロニアの神官、占い師。
(5)ポラコパス川ともいう。エウプラテス川下流から引かれた運河。
(6)ラリッサ(マケドニア南方、テッサリアの都市)出身で、アレクサンドロスの朋友の一人。

も聞くも信じがたいことだが、王は、兵士たちを入室させようとしているときに取った姿勢を、そのまま全兵士から最後の挨拶を受けるまで崩さなかった。兵卒を解散させると、あたかも人生の義務すべてから解放されたかのように、疲れた四肢を再び横たえた。**四**　そして、朋友たちにもっと近づくように――もう声も消えかけていたのである――命じ、指から指輪を抜いてペルディッカスに渡し、自分の遺体をアンモン(1)のもとへ運ばせるよう指示を加えた。

五　一同が誰に王国を譲るのかと尋ねると、王は、最も優れた者に、と答えた。一方で、その争いゆえに大がかりな葬礼競技(2)が催されるのを自分はすでに予見しているとも言った。**六**　さらにペルディッカスが、いつ神としての栄誉をお望みかと尋ねると、諸君自身が幸福なときに、と言った。これらが末期《まつご》の言葉であり、王はしばらくのちに死去した。

七　そして、最初は王宮中に号泣と悲嘆と胸を打つ音が響きわたった。やがて、まるで荒涼たる砂漠のように、すべてが悲痛な沈黙で静まり返った。悲しみが、これからどうなるのかという思いに転じていたのである。**八**　ふだん護衛を務めていた貴族の少年たち(3)は、深い悲しみを抑えることも、王宮の前庭にとどまっていることもできなかった。彼らはあたりを徘徊し、狂ったように町中を悲嘆で満たし、このような際に悲しみが促すようなどんな嘆きもなしには済まさなかった。**九**　このため、王宮の外に立っていた者は、マケドニア人、異民族《バルバロイ》を問わずそこへ駆けつけた。そして、共通の悲しみの中で、勝者と敗者の区別はなかった。ペルシア人は「最も公正で最も慈悲深い主君よ」と呼びかけ、マケドニア人は「最善・最強の王よ」と呼びかけて、競って一種の愁嘆場を演じていた。

一〇　悲しみの声だけでなく、憤りの声も聞かれた。かくも強壮な人物が、人生と幸運の絶頂で、神々のねたみゆえに人間界から奪い去られた、というのである。彼の活力や、兵を戦闘へ率いたり、都市を包囲したり、城壁によじ登ったり、会衆の前で武勲を立てた男たちに褒賞を与えたりしたときの表情が、目に浮かぶのだった。一一　それからマケドニア人は、王に対して神としての栄誉を拒んだことを悔やみ、自分たちが王の耳からふさわしい呼称を奪ったのは不忠で恩知らずだったと認めるのだった。そして、ある時は王への崇敬を、ある時は痛惜を長いあいだ続けたのち、哀れみは自分たち自身に向けられた。一二　彼らは、マケドニアを離れてエウプラテス川を越えた自分たちが、新たな支配体制に不満を持つ敵の真ん中に取り残されたことに気づいたのである。王にも王国にもはっきりした継承者がなく、誰もが全兵力をわがものにしようともくろんでいる、というわけである。

一三　次いで、彼らは内乱――その後実際に起こった――を予感していた。再び、アジアの支配ではなく王の座をめぐって血を流さねばならず、古い傷跡が新たな傷口を開けなければならない。一四　つい最近正当な王に除隊を求めた老兵や傷病兵が、今度はおそらく誰か無名の取り巻きの権力のために死ぬことになろう、と。一五　そのような考えを巡らしているうちに、夜が訪れ、それが恐怖を増幅した。兵士は武装して見張りに立ち、バビュロニア人も、ある者は城壁から、ある者はそれぞれ自宅の屋根から、少しでも確かな

（1）ラテン語原文ではハンモン。エジプトの神だが、ギリシアではしばしば最高神ゼウスと同一視された。

（2）のちに生じる権力闘争（後継者戦争）を暗示する。

（3）近習（小姓）のこと。

情報を手に入れようとするかのようにあたりを見回していた。一六　誰もあえて明かりを灯さず、夜目がきかなかったので、耳で物音や声をとらえ、何度となく根拠のない恐怖に脅かされて暗い夜道を駆け、互いに出くわしては疑心暗鬼に陥るのだった。

一七　ペルシア人は、しきたりによって頭髪を剃り、妻子ともども喪服をまとって、征服者にして最近までの敵としてではなく、自国の最も正当な支配者として、王のことを本当に惜しんで嘆いた。王制下で暮らすのに慣れていたこともあって、彼ほど自分たちを支配するのにふさわしい人はいなかったと認めていたのである。

一八　また、悲しみは町の城壁内にとどまらず、近隣の地域や、さらにはエウプラテスのこちら側のアジアの大半に、かくも大いなる災いの知らせが広まっていた。一九　それはすぐにダレイオスの母親[1]の耳にも届いた。そこで彼女は着ていた服を引き裂いて喪服をまとい、髪をかきむしって地面に身を投げ出した。二〇　その傍らには、先頃亡くなったヘパイスティオンと結婚していた孫娘の一人[2]が嘆きつつ座り、国全体の悲しみの中で自身の悲嘆の理由を思い返していた。二一　しかし、一族に降りかかった災いに気づいていたのはシシガンビスだけだった。彼女は自分自身の、そして孫娘たちの身の上を嘆いていたのである。新たな悲しみが、過去のことをも思い起こさせていた。ダレイオスが亡くなったばかりであって、この女性が哀れにも同時に二人の息子の葬儀を行なわなければならない――まるでそのように思われたことだろう。彼女は生者と死者のために同時に泣いていた。二二　いったい誰が、この娘たちの面倒を見てくれるだろうか。第二のアレクサンドロスになど、誰がなってくれようか。自分たちは再び囚われの身となり、王家の地位は再び失われたのだ。ダレイオスが死んだときには擁護者を見つけることができたが、アレクサンドロスが死んだ今、そのような人物はまず見つからないであろう。

二三　こうした思いの中で心に浮かぶのは、八〇人の兄弟が同じ日に、王の中でも最も凶暴な男オコス(3)に虐殺されたこと、これほど多くの息子たちの死に、その父親の死が加わったこと、自分が生んだ八人の子のうち一人(4)だけが生き残ったこと、ダレイオスの栄華でさえ束の間にすぎず、なお無惨な最期を遂げることになったこと、などであった。二四　とうとう彼女は悲しみに屈し、頭を衣で包み、膝にすがる孫や孫娘に背を向け、食物も日の光も遠ざけた。死を決意してから五日目に、彼女は死去した。二五　その死は紛れもなく、アレクサンドロスの彼女に対する寛大さと、すべての捕虜に対する公正さの証であった。彼女は、ダレイオスの死後も生きることには耐えたが、アレクサンドロスの死後も生きながらえることは潔しとしなかったのである。

二六　さて、たしかに、この王を正当に評価する人にとって、美点は生来の資質に帰すべきもので、欠点は幸運か若さに帰すべきものだということは明らかである。二七　信じがたい精神力。労苦に対するほとんど過度とも言うべき忍耐。王侯に比してだけでなく、勇気しか美点のないような者たちに比しても傑出した

---

(1) シシガンビス（本章二一参照）。アレクサンドロスに手厚く保護されていた。

(2) ドリュペティス（アリアノス『アレクサンドロス大王東征記』第七巻四-四）。

(3) ペルシア王アルタクセルクセス三世のこと。

(4) ダレイオスの弟オクサトレス。第七巻第五章四〇参照。

勇気。二八　しばしば神々でさえ求められないほど多くのものを与える気前のよさ。これほど多くの王国を、戦争で奪い取った相手に返してしまうか、贈り物として与えてしまうという敗者への寛恕。二九　余人の心をおののかせる死に対する常日頃からの軽侮。栄光と名誉に対する、度が過ぎてはいるが、若さとこれほどの偉業を考慮すれば許されるべき欲求。三〇　また、両親――そのうちオリュンピアスについては神格化しようと決め、ピリッポスのためには仇を討った――に対する孝心。三一　さらに、ほとんどすべての朋友への厚意。兵士への思いやり。高邁な精神に見合う思慮。その年齢ではまず持ちえないほどの機略。三二　過度な欲望の抑制。自然の欲求の範囲内での性生活。社会的に許されること以外の娯楽にふけらないこと。これらは、まさしく生来の美点であった。

三三　以下は幸運に帰すべき事柄である。自己を神々と同列に置き、神としての栄誉を求め、そうしたことを勧める託宣を信じ込み、自分を崇拝するのを拒む人々に必要以上に激しく憤慨したこと。服装を異国風に変え、勝利の前には軽蔑していたにもかかわらず、征服した民族の風習を模倣したこと。三四　一方、短気と酒好きについては、若気の至りであり、年をとればその分和らげられたことであろう。三五　しかしながら、このことは認めなくてはならない。すなわち、彼は多くのものを自分の美点に負っていたが、さらに多くのものを幸運に負っていた。すべての人間のうちただ一人それを掌中に握っていたのである。何とたびたび、それは彼を死地から救ったことか。何とたびたび、軽率にも危機に陥った彼を、絶え間ない幸運が守ったことか。三六　その幸運はまた、彼の人生の終末を栄光の終末と同じものと定めた。彼が東方を完全に征服し、大洋《オケアノス》に到達し、死すべき人間にできるかぎりのことを成し遂げるまで、運命は待ってくれたのである。

三七　このような王にして指導者の後継者が今や求められていたが、それは、一人の人間が背負うには荷が重すぎた。ゆえに、彼の名声と名高い功業こそが、諸々の王と王国をほとんど世界中に分立させることになったわけである。そして、これほどの幸運にほんのわずかでもかかわった人々は、名声赫々たる人物と見なされたのである。

第六章

一　さて、バビュロンでは――そこから話が脱線したわけだが――側近護衛官たちが王の主な朋友と軍の諸将を王宮に呼び集めた。兵士の群れも、アレクサンドロスの遺産が誰の手に渡ろうとしているのか知りたくてたまらず、あとに従った。二　多くの将軍は、ひしめく兵士に遮られ、王宮に入れずにいた。というのは、伝令が、名指しで呼ばれた者以外の入場を禁じていたからである。もっとも、この命令は権威に欠け、無視されていた。三　そして、まずは大変な号泣と悲嘆の声が繰り返され、次いで、今後のことを予期して、涙が止まり、沈黙が生じた。四　このときペルディッカスが玉座を衆目にさらしたが、そこにはアレクサンドロスの王冠と衣服、それに武具がのせてあった。その同じ席に、彼は前日に王から渡された指輪を置いた。

その光景は再び一同の涙を誘い、悲しみを新たにさせた。すると、ペルディッカスは言った。五　「わたしとしては、あのお方が王権と帝国の力のしるしとして押印にいつも使っていたこの指輪を――ご自身からわたしに手渡されたものだが——諸君にお返しする。六　また、怒った神々といえども、われわれが被ったこの災いに匹敵する災いを考え出すことはできまいが、王の功業の偉大さを考えれば、こう信じてもよいだろう。すなわち、神々はこれほど偉大な人物を人間界に貸し与えていただけであり、その使命を全うすれば、すみやかに元の家に呼び戻すつもりだった、と。七　したがって、つねに不滅性とは切り離されるもの以外[1]には何も残っていないからには、せめてその遺体と名に一刻も早く正当な礼を尽くそうではないか。われわれがいかなる都市に、いかなる民族のあいだにあり、いかなる指導者にして王を奪われたかを忘れてはならない。

八　戦友たちよ、われわれが打ち破った当の相手のあいだでいかにしてその勝利を維持できるか、討議し、熟考しなければならない。われわれには頭首が必要だ。それを一人とするか複数とするかは諸君しだいだ。だが、このことは知っておかねばならない。将のいない兵隊は魂のない肉体に等しい、ということだ。九　ロクサネ[2]の懐妊から六ヵ月目になる。われわれは、彼女が男児を出産し、成人したあかつきには、神々の恵みのもとに王国がその方のものとなるよう祈る。それまでのあいだ、誰の支配を是とするのか決めてもらいたい」。このようにペルディッカスは述べた。

一〇　すると、ネアルコスが言った。「アレクサンドロスの血筋、血族のみが王の権威にふさわしいという点は、誰も不思議に思うことはない。一一　しかし、まだ生まれてもいない王を待ち、すでにいるお方を除外するのは、マケドニア人の心情にも目下の緊急性にも合わない。王にはすでにバルシネ[3]が生んだご子息がいる。この方に王冠が与えられるべきだ」と。一二　この主張が気に入った者は一人もなかった。そのため、群衆は慣習に従って槍で盾を叩いて反対の意を示し続けた。そして、ネアルコスがさらに強硬に自説を主張したので、あわや暴動に至ろうかという時、プトレマイオスが言った。一三「まったく、ロクサネかバルシネの息子とは、マケドニア民族を支配するのにふさわしい世継ぎだな！ ヨーロッパはその名を口にすることさえ嫌悪するであろう。何しろ、ほとんど虜囚の子なのだから。一四 われわれがペルシア人を征服したのは、その子孫に隷従するためだったのか。あの正当な王たち、ダレイオスとクセルクセスが、あの何千何万の軍勢とあれほどの大艦隊をもってしても、果たしえなかったことだというのに。一五 わたしの意見はこうだ。アレクサンドロスの玉座を王宮に置き、かつて王の審議に与っていた者たちが、協議が必要となるたびに集合し、そのうち過半数による決定を有効とし、軍の将軍や将校はこれらの者に従うこととする、というわけだ」。

一六 一部の者はプトレマイオスに同意し、ペルディッカスに同意する者はそれより少なかった。このときアリストヌス(4)が口を開いた。「アレクサンドロスは、誰に王国を譲るのかと尋ねられたとき、最も優れた者を選ぶようにと要望した(5)。その一方で、王は自ら、指輪を渡すことで、ペルディッカスこそ最も優れた者

(1) 肉体のこと。
(2) 第八巻第四章二三参照。ロクサネが産んだ子（アレクサンドロス四世）は、その後名目上即位するが、母親とともに暗殺される。
(3) アルタバゾスの娘で、メムノン（ペルシアに仕えたギリシア人傭兵隊長）の寡婦と伝えられる。アレクサンドロスとのあいだに生まれた息子（ヘラクレス）は後に暗殺される。
(4) 第九巻第五章一五参照。
(5) 本巻第五章四以下参照。

と判断したのだ。一七　なぜなら、死に際の王のそばに座っていたのは彼一人ではなく、王は回りを眺めて、それを渡すべき相手を側近の一団の中から選び出したからだ。したがって、最高権力をペルディッカスに譲るのが王の意志だったのだ」。一八　この考えが正しいことを疑う余地はなかった。そこで、皆が口をそろえて、中央に進み出て王の指輪を取るようにとペルディッカスに促した。彼は切望と羞恥心のあいだで逡巡し、期待しているものを欲しがるのは控えめにしたほうが、その分しつこくそれを押しつけてくるだろうと考えた。一九　そこで、彼はぐずぐずし、長いあいだどうすべきか決めかねていたが、とうとう引き下がり、すぐそばに座っていた人々の後ろに立った。

二〇　さて、将軍の一人メレアグロス[1]は、ペルディッカスのためらいに勢いづいて言った。「アレクサンドロスの遺産と、かくも偉大なる王国の権威が、そのような肩にかかるのを、神々が禁じたまわんことを。少なくとも人々はそれを甘受しないであろう。わたしが言うのは、この男より高貴な方々のことではなく、何ら意に反して我慢する必要のない男たち[2]のことだけだ。二一　実際、諸君が王とするのが――いつ生まれるにせよ――ロクサネの息子であろうと、ペルディッカスであろうと、違いはない。というのも、その男は摂政という名目で王権を手に入れるつもりだからだ。だからこそ、その男の気に入る王というのは、まだ生まれていない者だけであり、皆がこれほど急いでいる――それは妥当であるだけでなく必要でもある――中で、ひとり彼だけが月日がたつのを待ち、男子が生まれると今から予言しているのだ。替え玉さえ用意しかねないと、諸君は思わないのか。二二　神懸けて、もしアレクサンドロスがわれわれにこの男を自分の代わりに残したとすれば、それは唯一従うべきでない命令だとわたしは考えるであろう。二三　では、なぜ諸君は宝庫を略奪しに駆け出さないのか。というのも、こうした王の富の相続人は、まさしく国民だからだ」。彼はこう言うと、武装兵の真ん中へ分け入り、立ち去ろうとする彼に道をあけた者たちは、今約束された略奪品を求めてあとに続こうとした。

第七章

一　そして今や、メレアグロスの周囲に武装兵の大集団ができ、兵員会が騒擾と無秩序に陥ろうとしていたとき、大部分のマケドニア人に知られていない最下層階級のある男が言った。「諸君には求める王がいるのに、どうして争いと内乱の必要があるのか。二　ピリッポスの息子、故アレクサンドロス王の兄、アリダイオス(3)は、つい最近王と宗教儀式をともにし、今では唯一の相続人でありながら、皆から無視されている。なぜこのような扱いに値するのか。世界共通の権利を奪われるような、どんな行為をしたというのか。もしアレクサンドロスのような王を求めるなら、どこにも見つからないだろう。もし最も血縁の深い人を求めるなら、この人しかいない」。三　これを聞くと、会衆は、最初はそう命じられたかのごとく静まり返り、次に、アリダイオスを呼ぶべきだ、彼なしで兵員会を開いた者たちは万死に値する、と一斉に叫び立てた。

（1）第七巻第六章一九参照。
（2）一般兵士を指すと思われる。
（3）ピリッポス二世の庶子で、アレクサンドロスの異母兄。知的障害者だったと伝えられる。

四　その時、ペイトン[1]が涙を浮かべて口を開いた。「今ほどアレクサンドロスが哀れなときはない。これほど立派な同胞にして兵士たちの享有と支持を奪われたのだから。というのも、皆が王の名と記憶にばかり目を向け、他のことが目に入らないからだ」。五　ペイトンは、王位に据えられようとしている青年に対してあからさまに敵意を示していた。だが、その侮辱の言葉は、アリダイオスへの軽蔑よりも、むしろペイトン自身への憎悪を招いた。なぜなら、会衆はアリダイオスに同情するうちに支持にまで傾いていたからである。六　そのため彼らは、王位を期待できる生まれのお方以外は王として受け入れないぞ、と繰り返し気勢を上げて宣言し、アリダイオスを呼べと要求した。七　メレアグロスは、ペルディッカスへの憎悪と敵愾心から、すぐさまこの人物を王宮に連れてきた。そして、兵士らは彼を王として、ピリッポスという名で歓呼して迎えた。

八　ただしこれは大衆の声であり、主立った人々の意見は違っていた。このうち、ペイトンはペルディッカス案の支持にまわり、ロクサネから生まれるべき息子の後見人として、王族の出であるペルディッカスとレオンナトスを指名した。九　また、ヨーロッパの統治はクラテロスとアンティパトロスに担当させよう、と言い足した。次いで、各人とも、アレクサンドロスの血を引く王に臣従するという誓言を強いられた。一〇　メレアグロスは――当然ながら処罰への恐怖に駆られ、部下を連れて引き揚げていたのだが――再びピリッポス[2]を引きずって王宮に乱入し、「つい先ほど新しい王にかけられた期待を彼の若い力が保証している。ピリッポスの血を引く者――二人の王の息子にして兄――を試そうではないか。われわれ自身の判断を何よりも信じようではないか」と叫んだ。

一一　いかに深い海も、いかなる嵐の吹き荒れる大海原も、群衆――ことに、新しいが束の間の自由に酔いしれている場合――の感情ほど大きな波を引き起こすことはない。一二　一部の者は先ほど選んだペルディッカスに、多くの者はそれまで蔑視していたピリッポスに、権力を与えようとしていた。しかし、何事であれ支持も不支持も長くは続かず、今自分の決心を後悔したかと思うと、今度はその後悔そのものを悔やむ始末だった。しかしながら、結局は王家の血筋への支持に傾いた。一三　すでにアリダイオスは主立った人々の権威に恐れをなして集会から立ち去り、その姿が見えなくなって、兵士の支持は弱まったというより静まっていた。そこで、彼は呼び戻されると、弟の衣服――玉座の上にのせてあった、まさにその衣服(3)――を身につけた。一四　そしてメレアグロスは、胸当てをつけ、新王の護衛官として武器を取った。密集歩兵隊は、槍で盾を打ち鳴らしつつこれに倣った。自分には何の資格もないくせに王権に手を伸ばそうとした者たちの血を存分に流す覚悟を決めていたのである。一五　彼らは、帝国の力が同じ家と家族の中にとどまることに満足を覚えていた。王家の血族が継承した帝国を守るであろう、自分たちは家名そのものを敬い崇めることに慣れており、王として生まれついた者以外の誰もその名を名乗ることはない、と考えていたのである。

一六　このためペルディッカスは恐れをなし、アレクサンドロスの遺体が安置されていた部屋に錠を下ろ

(1) 側近護衛官の一人。第九巻第八章一六のペイトンとは別人。
(2) アリダイオスのこと。
(3) 本巻第六章四参照。

すよう命じた。彼には百戦錬磨の部下六〇〇名が従い、プトレマイオスと王の近習の一団も合流していた。一七　しかし、きわめて多数の武装兵により、かんぬきはやすやすと破壊された。そして、王[1]自身も乱入していた。衛兵の一団に取り巻かれていたが、メレアグロスがその先頭に立っていた。一八　怒ったペルディッカスは、アレクサンドロスの遺体を守りたい者はいないか、と呼ばわった。しかし、押し入った者たちは彼に向かって遠距離から槍を投げつけていた。そして多くの負傷者が出たあと、ついに年輩の兵士たちが、見分けがつきやすいようにと兜を脱ぎ、ペルディッカス側の人々に、戦いをやめて王と多数派に従うようにと懇願しはじめた。一九　ペルディッカスが真っ先に武器を捨て、他の者もそれに倣った。次に、アレクサンドロスの遺体から離れぬようにとメレアグロスに説得されたが、罠にかける機会をうかがっているのだと考え、王宮の別の側からエウプラテス川方面へ逃走した。二〇　貴族の若者からなる騎兵隊は、大挙してペルディッカスとレオンナトスに従い、町を出て平原で野営したいと考えていた。二一　しかしペルディッカスは、歩兵をも自分に従わせることをあきらめてはいなかった。そのため、騎兵を引き離すことで残りの軍勢と袂を分かったと見なされないように、市内にとどまった。

第八章

一　一方メレアグロスは、ペルディッカスを殺害することによって王権を強化すべきだ、と王に忠告するのをやめなかった。あの野心をくじかなければ政変を起こすに違いない、あの男は自分が王をどのように扱ったか自覚しており、誰しも恐れている相手に忠義を尽くしたりしないものだ、と言うのである。二　王は同意したというより黙認した。そこでメレアグロスは、沈黙を命令と見なし、王の名のもとにペルディッカスを召喚するための部下を派遣した。それらの部下には、もし相手が来るのを躊躇すれば殺害するようにと命令を下しておいた。三　ペルディッカスは、衛兵の到着を聞くと、王の近習(2)わずか一六名を伴って自分の家の敷居に立ち、相手を叱りつけて何度もメレアグロスの手先どもと呼び、断固たる決意と形相で威嚇したので、彼らは這々《ほうほう》の体《てい》で逃げ帰った。四　ペルディッカスは少年たちに馬に乗るよう命じ、少数の友人とともにレオンナトスに合流した。誰かが暴力に訴えてきた場合に、もっと強い力ではねのけるためである。

五　翌日、ペルディッカスが死の危険にさらされたのは不当なことだとマケドニア人は考え、メレアグロスの軽挙を武力で罰しに行こうと決定していた。……(3)。六　一方メレアグロスは、反乱を見越して、王の前に出ると、王自身がペルディッカスの逮捕を命じたかどうかと尋ねた。王は、メレアグロスの勧めで命じたが、騒動を起こすべきではない、ペルディッカスは生きているのだから、と答えた。七　そのため、兵員会が解散すると、メレアグロスは、とくに騎兵の離脱のせいで怖じけづき、途方に暮れて――というのは、つい先頃政敵に対して企てたのとまったく同じ危機に陥っていたからである――定まらぬ方針を思い巡らすうちにほぼ三日を費やした。八　実のところ、王宮の様子は以前と変わらなかった。諸国の使節が王に伺候し、

(1) アリダイオス（ピリッポス）のこと。以下このように呼ばれている。

(2) ここではアレクサンドロスを指す。

(3) ここに脱落があると考えられる。

各部隊の指揮官も姿を見せ、衛兵や武装兵が前庭を満たしていたのである。九　しかし、おのずから生じる大きな悲しみは深い絶望のしるしであった。彼らは互いに疑心暗鬼となって、あえて近づいたり言葉を交わしたりせず、考えを心の内に秘めて思い巡らし、新王との比較から失った王への追慕の念が湧き起こっていた。

一〇　彼らは自問するのだった。「われわれがその命令に、その権威に従っていたあのお方は、どこに行ってしまったのか。われわれは敵意ある野蛮な部族のあいだに取り残され、奴らは機会さえあればいつでも、あれほど多くの災厄に対する復讐をねらっているのに」と。一一　こうした思いが彼らの心を苛んでいたとき、ペルディッカス麾下の騎兵がバビュロン周辺の平原を占領し、市内への穀物搬入を遮断したという知らせが入った。一二　そのため、まず食糧不足が、続いて飢餓が生じ、市内にいる者たちは、ペルディッカスと和睦するか武力で決着をつけるか、二つに一つだと考えはじめた。一三　折しも、以下のような事態が起こっていた。すなわち、郊外にいた者は、家や村の略奪を恐れて町へ逃げ込み、一方町の者は、食料が底をついたので郊外へ逃げ出そうとしていた。どちらの側にも、自分の住まいより他人の住まいのほうが安全に思えたのである。一四　これらの者の暴動を恐れたマケドニア人は王宮に集まり、それぞれ自分の意見を表明した。だが結局、内紛をやめて武器を置く交渉のために、騎兵のところへ使者を送ることにした。一五　そこで、テッサリア人[1]パサスとメガロポリス人[2]アミッソスとペリラオス[3]が王の命で派遣された。彼らは王の伝言を伝えたのち、王が内紛の首謀者を引き渡さないかぎり、騎兵は武器を置く気はない、という返答を持ち帰った。

一六　この返答が伝えられると、兵士たちは自発的に武器を取った。この騒ぎで王宮から呼び出されたピリッポスは言った。「騒乱の必要はない。互いに争えば、静観する者が漁夫の利を得ることになろう。一七　同時に、この件では同胞が相手だということを忘れてはならない。彼らから性急に和睦の機会を奪うのは、内乱を急ぐ者のすることだ。一八　いま一度使節を送り、和解できないものか試してみよう。また、王の遺体がまだ埋葬されていないからには、この儀礼を果たすために皆が集まってくれることと思う。一九　わたしに関するかぎり、この権力を同胞の血を流して行使するくらいなら、むしろ返還したい。そして、もしほかに和解の望みがなければ、どうかもっとふさわしい人物を選ぶようお願いする」。

二〇　そして、彼は目に涙をためて、頭から王冠を取り、それを持った右手を、誰かもっとふさわしい者と自任する者がいれば、それを受け取るようにと差し伸ばした。二一　こうした謙虚な演説は、彼の人格――この日までは弟の名声の陰に隠れていたものである――に対する大いなる期待を呼び起こした。そこで一同は、その方針を実行するように促しはじめた。二二　彼は再び同じ使節を送り、メレアグロスを第三の指導者(4)として受け入れるよう求めた。これは問題なく承認された。なぜなら、ペルディッカスは、メレアグ

(1) マケドニアの南方、ギリシア北部の地域。
(2) アルカディア(ペロポンネソス半島中部)南部の都市。
(3) これらの人物については不詳(人物名も不確か)。中立的な立場のギリシア人が選ばれたものと思われる。
(4) 王アリダイオス、ペルディッカスに次ぐ第三の指導者の意か。他に、クラテロス、ペルディッカスに次ぐ第三の将軍とする解釈もある。

ロスを王から引き離そうともくろんでいたし、この男一人ではあとの二人に対抗できまいと思っていたからである。二三　そういうわけで、メレアグロスが密集歩兵隊を伴って出向いてくると、ペルディッカスは騎兵部隊の先頭に立って迎えた。両部隊は互いに敬礼を交わし、永久に――と彼らは思っていた――固い協調と和合によって合流した。

第九章

一　しかし、すでに運命によってマケドニア人の国には内乱がもたらされようとしていた。というのも、王権は人と共有できるものではなく、多くの者に狙われていたからである。二　そのため、彼らはまず戦力を衝突させ、次に分裂させた。そして、体に耐えられる以上の重みがかかったとき、手足も衰えはじめ、一人の人物のもとで存立できたであろう帝国が、多数の者に支えられているあいだに崩壊した。三　それゆえに、ローマ国民がその安寧を、ほとんどわれわれの最後の夜と言うべきときに新星のように輝き出た元首(1)に負っていると認めるのは、正しく、もっともなことである。四　まさしく、太陽でなく、この方の出現が、頭をなくした四肢が恐慌を来していたときに、暗い世界に光を取り戻してくれたのである。五　そのとき彼は何と多くの松明の火を消したことか。何と多くの剣を収めさせたことか。何という嵐を、突然の晴天によって追い払ったことか。だからこそ、われわれの帝国は、息を吹き返したばかりでなく、繁栄もしているのである。六　こう言ってよければ、同じ家の子孫がこの世代の有りようを、願わくは永遠に、少なくとも末永く、続けることだろう。

七　それはさておき、元の話――国家の繁栄を思うあまり、そこから脱線してしまったのだが――に戻ると、ペルディッカスはメレアグロスを死に追いやることに、生き残るための唯一の望みをかけていた。虚栄心が強く、信用の置けない、すぐ政変を起こしたがり、自分に対してこの上ない敵愾心を燃やしているこの相手には、先制攻撃をしかける必要がある、と考えていたのである。八　だが、相手の不意をつくために、この考えは心中深く押し隠していた。そこで、彼は自分は何も知らないふりをしながら、指揮下にあった部隊の数名をひそかにそそのかし、メレアグロスがペルディッカスと同列に置かれたことに対する不平を公然と述べさせた。九　その連中の発言を知らされたメレアグロスは憤然とし、ペルディッカスに自分の知ったことを語った。ペルディッカスのほうは、いかにも不測の事態に驚愕したかのように、驚いたり、嘆いたり、憂い顔をしてみせたりしはじめた。ついには、そのような煽動的言動の張本人を逮捕すべきだということで合意に達した。一〇　メレアグロスは謝意を述べ、ペルディッカスを抱擁して、自分に対する信義と善意を称賛した。一一　それから、二人は相談の結果、罪人を罰する策を講じた。

彼らは父祖伝来のやり方で軍を浄める儀式を行なうことにした。それには、以前の［歩兵と騎兵の］対立が格好の理由になると思われた。一二　マケドニアの王には、以下のような仕方で兵士を浄めるしきたりがあ

(1) 以下の記述は、この元首がローマを内乱の危機から救ったということだが、どのローマ皇帝のことかは不明。クラウデイウス帝（在位四一－五四年）を指すとも考えられる。

った。すなわち、軍隊を入場させることになっている平原の端で犬を引き裂き、臓物を［平原の］両端に投げ捨て、その内側に全軍が武装して――一方に騎兵、他方に密集歩兵隊が――立つのである。一三　そういうわけで、この儀式に指定されていた日に、王は騎兵と象の群れを伴って、メレアグロスが率いる歩兵と向かいあって立っていた。一四　すでに騎兵隊が動き出していたとき、歩兵は、先日の対立のことを考えて突然の恐怖がおさまらず、何かを予感して、市内に撤退したものかと――平地は騎兵に有利だったからである――しばらく迷った。一五　しかし、いたずらに戦友の信義を咎めることになるのを懸念して、何らかの攻撃を受けた場合には戦う覚悟を固め、その場にとどまった。

すでに両軍は接近し、二つの戦列を隔てるのはわずかな間隔にすぎなかった。一六　そこで王は、騎兵の一翼を率いて歩兵に迫り、ペルディッカスの教唆に従って、騒乱の首謀者たち――自身が保護すべきだったはずだが――の処罰を要求し、拒否すれば象を加えた全部隊で攻撃するぞと脅した。一七　歩兵はこの不意打ちに呆然とし、メレアグロスでさえ彼ら以上の知恵も勇気も持ちあわせていなかった。この状況では、運命を早めるより待つことのほうがずっと得策だと思われた。一八　するとペルディッカスは、彼らが放心してなすがままだと見て、約三〇〇名――アレクサンドロスの死後、最初に開かれた兵員会からメレアグロスが飛び出して行こうとした[1]際、これに従った者――を他の兵から引き離し、全軍が見守る中で象の前に放り出した。全員が野獣の足で踏み殺されたが、ピリッポスは止めるでも公認するでもなかった。一九　そして、首尾よく運んだ企てしか責任をとるつもりがないのは明らかだった。

この件は、マケドニア人にとって内乱の前兆でもあり、始まりでもあった。二〇　メレアグロスは、ペルディッカスの奸策に気づいても手遅れだったが、このときは自分の身は暴力の対象となっていなかったので、黙って戦列に立っていた。二　しかし、やがて、彼自身が王にした人物の名を利用して敵が自分の破滅を図っているのに気づくと、助かる希望を捨てて神殿に逃げ込み、その場所の神聖さにも守られることなく殺害された。

第十章

一　ペルディッカスは、軍隊を市内に導いたのち、主立った人々の会議を開いた。その席で帝国を次のように分割することが決まった。王(2)は最高権力を保持し、プトレマイオスはエジプトのほか、［マケドニアの］支配下にあるアフリカ諸国の総督となる。二　ラオメドン(3)にはシリアとフェニキアが与えられ、ピロタス(4)にはキリキアが割り当てられ、アンティゴノス(5)はリュキアとパンピュリア(6)と大プリュギア(7)を治めるよう命じら

(1) 本巻第六章二三参照。
(2) アリダイオス。
(3) レスボス島ミュティレネ市出身の将軍。エリギュイオスの兄弟。
(4) ピロタスという名の人物は多く、特定は難しい。もちろん、パルメニオンの息子とは別人。
(5) マケドニアの将軍。「隻眼のアンティゴノス」と呼ばれる。前三〇一年にイプソスの戦いで戦死するまで、後継者戦争において重要な役割を果たした。
(6) 小アジア南部の地域。リュキアとキリキアのあいだ。
(7) 小アジア中西部の地域。

れ、カッサンドロス[1]はカリア[2]に、メナンドロス[3]はリュディアに送られた。ヘレスポントスに隣接する小プリュギア[4]はレオンナトスの属州とした。三　カッパドキアはパプラゴニア[5]とあわせてエウメネスの所領となった。彼は、トラペゾス[6]に至るその地域を守って、アリアラテス[7]——［マケドニアの］支配を唯一拒んでいた人物——と戦うように指示された。四　ペイトンはメディアを、リュシマコスはトラキアおよびトラキア付近の黒海諸部族を治めるよう命じられた。インド、バクトラ、ソグディアナ、そのほか大洋《オケアノス》や紅海沿岸の住民を治めている者は、それぞれ領地の支配権を維持するものと定められた。ペルディッカスは、王のそばにとどまって王に従う軍勢を統率することになった。

五　アレクサンドロスの遺言に従って属州が分配されたのだと信じる人もいるが、そのような伝承は、一部の史料によって伝えられてはいるものの、根拠がないことを筆者は確認している。**六**　そして実際、帝国分割ののち、彼らはそれぞれ自分の勢力を確立しただろうと思われる——もし切りのない欲望に限界を設けることができれば、の話だが。**七**　つい最近まで王の臣下だった彼らは、他人の権力を代行するという名目で、それぞれ広大な王国を手に入れ、紛争の原因は取り除かれていた。なぜなら、彼らは皆同じ民族に属し、それぞれ国境によって他の者と切り離されていたからである。**八**　しかし、情勢がもたらしたもので満足することは難しかった。というのも、さらに大きなものに対する望みがあるときには、当初のものは何でもつまらなく思えるものだからである。それゆえ、彼らは皆、王国をそのまま受け取るよりも拡張するほうが得策だと考えた。

九　王の死体が棺に横たわってから七日目になっていた。かくも厳粛な義務から国家体制の確立へと、皆の関心がそれていたからである。一〇　さて、メソポタミア地方ほどの灼熱は他になく、裸の地面に捕らえた多くの動物を死に至らしめるほどである。太陽と大気の熱がそれほど激しく、あらゆるものが火に焼かれるように焦がされるのである。一一　水の湧き出る泉はまれで、住民の奸智によって隠されている。彼ら自身は使用できるが、よそ者には知られていないのである。ここでわたしは、自分で信じていることよりも、むしろ語り伝えられていることを述べることにする。一二　ようやく朋友たちに遺体を顧みる余裕ができたとき、部屋に入った者たちは、それがいかなる腐敗にも損なわれず、それどころかどれほどわずかな変色もないのを目にした。呼吸から生じる生気も、まだ顔から消えてはいなかった。一三　そのため、遺体を自国のやり方で処置するように命じられたエジプト人とカルデア人は、最初はまだ息があるかのように、あえて手を触れようとはしなかった。その後、神に触れることが人間の身に許されますようにと祈ってから、彼らは遺体から内臓を取り除き、黄金の棺は香料で満たされ、頭には地位を示すしるしがのせられた。

---

(1) アンティパトロスの長男。後継者戦争の末、マケドニア王を名乗る。ただし、この箇所では別の人物と混同されているようである。
(2) 小アジア南西部の地域。
(3) マケドニアの将軍。
(4) ヘレスポントス海峡からマルマラ海にかけての南側の地域。
(5) 小アジア北部の地域。
(6) 黒海東南岸の町。
(7) カッパドキア北部の領主。その地方にはアレクサンドロスの支配権が及んでいなかった。

一四　彼が毒殺されたと信じた人も多い。侍従の一人で、イオラス[1]という名のアンティパトロスの息子が、父親の命を受けて毒を盛ったというのである。たしかに、アンティパトロスは王位を狙っているとか、総督以上の力を持っているとか、スパルタに対する勝利[2]の栄誉に驕って与えられたものをすべて自分の手柄にしている、などというアレクサンドロスの発言がしばしば聞かれていた。一五　クラテロスが古参兵の一団とともに派遣された[3]のは、アンティパトロスを殺すためだったとも信じられていた。一六　さて、マケドニアで産出される毒物は非常に強力で、鉄をも腐食させるほどであり、駄獣[4]の蹄だけがその液を持ちこたえることができるという話はよく知られている。一七　その有害な毒液が流れ出す泉は、ステュクス[5]と呼ばれている。これがカッサンドロスによって運ばれ、弟イオラスに渡され、この人物の手で王の最後の飲物に混入された、というわけである。

一八　こうした話は、どれほど信じられようとも、その噂で誹りを受けた者たちの力ですぐにもみ消された。というのも、アンティパトロスがマケドニア、さらにはギリシアの支配権を手に入れたからである。一九　その後、息子が跡を継いだが、それは、どれほど遠いつながりであっても、アレクサンドロスの血縁者は皆殺しにしたうえでのことだった[6]。

二〇　他方、アレクサンドロスの遺体は、エジプトを手中にしたプトレマイオスによってメンピス[7]へ運ばれ、さらに数年後にはアレクサンドリア[8]に移されたのだが、そこでは彼の栄誉と名声に対してあらゆる敬意が払われている。

(1) アンティパトロスの末子。カッサンドロスの弟。王のために酒の毒味と水割りをする役目を務めていたと伝えられている。

(2) スパルタ王アギス三世に対する勝利。第七巻第四章三二参照。

(3) クラテロスはアンティパトロスと交代するため、復員部隊を率いてマケドニアに向かった。本巻第四章の補足を参照。

(4) ここでは騾馬《らば》、驢馬《ろば》などを指す。

(5) 冥界の川の名と同じ。

(6) カッサンドロスは、アレクサンドロスの母オリュンピアス、王妃ロクサネとその子アレクサンドロス四世、バルシネの子ヘラクレス(本巻第六章九―一一参照)を暗殺した。

(7) エジプトの都市。ナイル川にのぞみ、現在のカイロの南方に位置する。

(8) この名で呼ばれる町はいくつもあったが、ここではもちろんエジプトのアレクサンドリア。

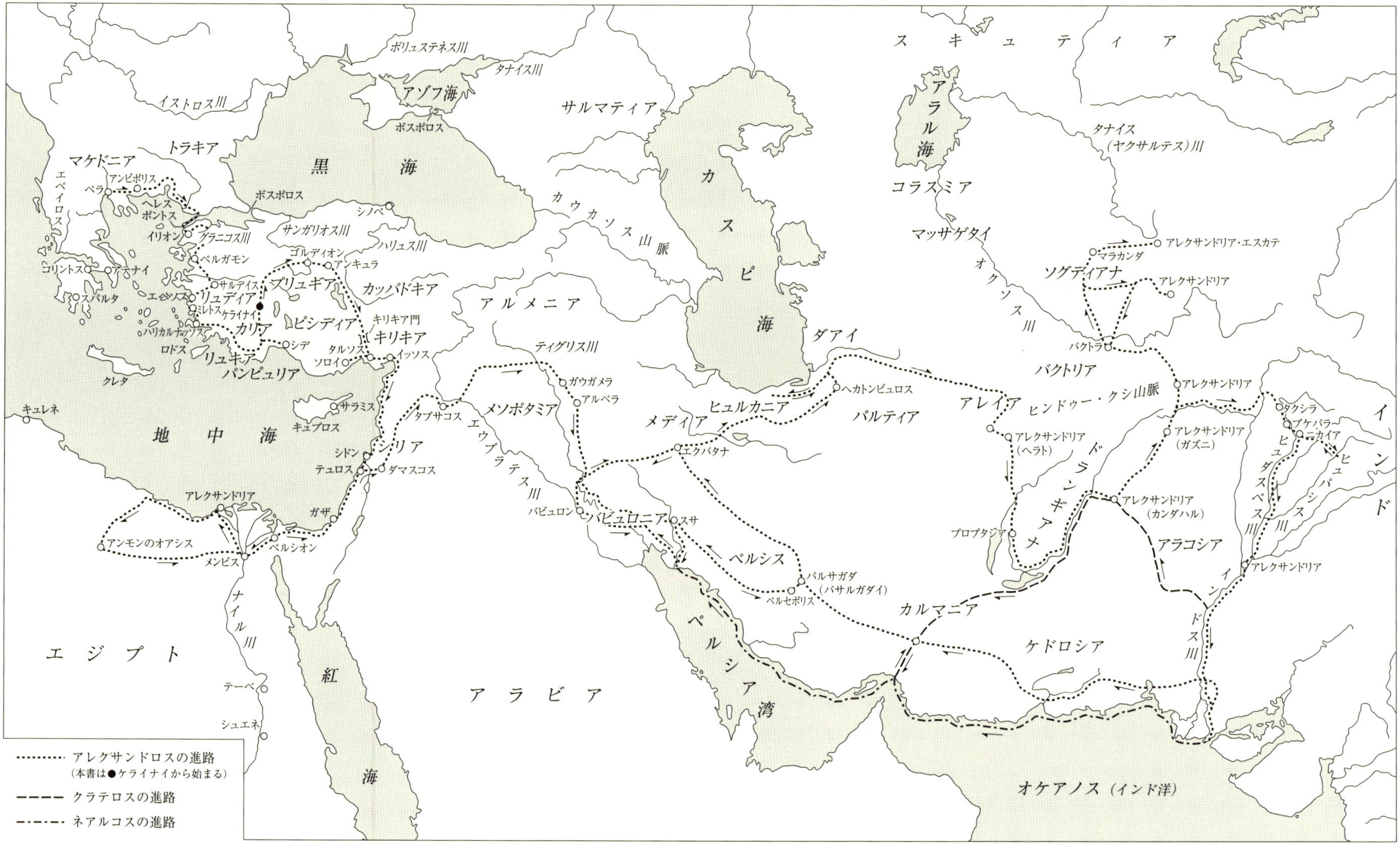

アレクサンドロス大王遠征図

解説

谷　栄一郎

はじめに

クルティウス・ルフスの『アレクサンドロス大王伝』はラテン文学の中でも最も面白い作品の一つと言えるが、残念なことに他の名高い文学作品と比して致命的な欠陥がある。それは冒頭の第一巻、第二巻が完全に散逸していること、さらに古代ではこの作品に対する言及がほとんど皆無なため作者および執筆時期について確実なことがほとんど知られていないことである。また残る作品中にもかなりの分量の脱落、それも叙述の肝心な部分で脱落があったりして、読者の興を殺ぐことがしばしばあるのである。そのため十七世紀の人文学者フラインスハイムなどは失われた第一巻、第二巻を含め、すべての脱落部分を他の史料を使って復元して出版し、これが好評を得て、今日でもロウブ版などはそのまま採用しているくらいである。ただ、いかにフラインスハイムがラテン語に堪能といってもクルティウスが実際に書いたものとは著しく異なっているはずで、同じ方法をとることは訳者にはためらわれた。そのため第五巻末のダレイオスの最後の描写のところを除いてフラインスハイムの復元は採用せず、脱落部分は読者の理解を助ける最小必要限度の事件の経過を要約することにした。

著者と執筆年代について

フェニキアのテュロス陥落の後、次のような記載がある。「かくて多くの災難を経験し、陥落ののちに再生した町は、いま寛大なるローマの保護のもと、やっと長期の平和が世界を包むようになり、その恩恵に浴しているのである」（第四巻第四章二二）。明らかにこれはアウグストゥスによって確立されたパクス・ローマーナ（ローマの平和）への言及であり、この作品がローマ帝政の比較的初期に書かれたものであることを示している。またパルティエネ（パルティア）について次のような記述がある。「ここからパルティエネに到着した。当時は名の知られぬ国であったが、現在は、エウプラテス川とティグリス川の後方に位置し、紅海まで伸びている地域に居住する者たちに君臨している」（第六巻第二章一二）。これはパルティアの繁栄を伝えるもので、後二二六年頃のパルティア崩壊以前であることは確実である。執筆年代について確実なことはここまでである。さらに推測を加えれば、おそらくはトラヤヌス帝のパルティア遠征（一一四―一一六年）以前であろうと思われる。

また、第十巻の終わり近く、アレクサンドロス死後の帝国の混乱の描写の中で、名指しはされていないものの作者執筆当時のローマ皇帝への言及がある。「それゆえに、ローマ国民がその安寧を、ほとんどわれわれの最後の夜と言うべきときに新星のように輝き出た元首に負っていると認めるのは、正しく、もっともなことである。まさしく、太陽でなく、この方の出現が、頭をなくした四肢が恐慌を来していたときに、暗い世界に光を取り戻してくれたのである」(第十巻第九章三、四)。ここの「元首」がいったいどの皇帝を指すのか、これまでその候補としてアウグストゥス、クラウディウス、ウェスパシアヌス、セプティミウス・セウェルスが挙げられてきた。caliganti(暗い)は Caligula(カリグラ)に掛けてあるとして、「われわれの最後の夜」というのは後四一年一月二十四日のカリグラ暗殺の夜を指し、「新星のように輝き出た元首」とはクラウディウス帝であるとする学者も多い。しかし、caliganti(カーリーガンティー)と Caligula(カリグラ)では母音の長短が異なっており、クルティウスは言葉のしゃれを好む作家ではないこと、さらにクラウディウスはカリグラ暗殺後ほとんどすぐに皇帝に推戴されており、「頭をなくした四肢が恐慌を来していたとき」という描写とあまり合致しない。むしろネロなきあとの内戦を経て皇帝についたウェスパシアヌスのほうが可能性は高いかもしれない。

クルティウス・ルフスという名前はキケロ、スエトニウス、タキトゥス、小プリニウスに言及されているが、いずれも本書の著者にはそぐわない点が多い。スエトニウスが言及するクルティウス・ルフスだけは弁論術教師ということで、弁論が頻出する本書の著者ということも考えられなくはないが、それ以上の何らの確証もない。

文体の上からは、キケロが好んだ掉尾文《とうび》(多くの従属文が連なる長文)は避けられ、短く簡潔な表現、格言的言い回しを多用し、ラテン文学史でいう白銀の時代(後一八年のアウグストゥス帝没後からマルクス・アウレリウス帝の治世が終わる一八〇年まで)のラテン語の特徴を示している。本文中の演説はギリシア語史料の翻訳というより著者の創作の部分が多いと思われ、著者の弁論術に対する造詣の深さを推測させる。紀元一世紀は模擬弁論が盛んな時代であった。とくにアレクサンドロスの説話は説得演説の材料として好んで使われており、あるいは著者もそのような説得演説の練習を通じてアレクサンドロスの伝記に興味を持つようになったのかもしれない。

マケドニアの勃興とアレクサンドロス

半野蛮人の国とされていたマケドニアから世界を征服するアレクサンドロスが出たことは驚くべきことである。ちょうどギリシア本土はペロポンネソス戦争とそれに続く覇権をめぐる争いで疲弊していた。まさにそのような時にアレクサンドロスの父ピリッポスは人質としてテバイにあり、かの勇将エパメイノンダスから戦術を大いに学び、帰国してから必勝の戦闘隊形である密集歩兵隊戦術（パランクス）を考案した。この密集歩兵隊と騎馬隊をうまく組み合わせ、またたく間にマケドニアを強力な軍事大国に育て上げたのである。

この父ピリッポスとエペイロスの王女オリュンピアスのあいだにアレクサンドロスが生まれる。王子はレオニダス、リュシマコスといった家庭教師のもとで躾を受けるが、さらに長じてはミエザの学問所で哲学者アリストテレスから三年にわたって本格的学問を学んだ。このミエザでの学友に、のち朋友（王の近臣）として活躍することになるヘパイスティオン、プトレマイオス、ピロタスたちがいた。アリストテレスが若い王子にどのような影響を与えたかはっきりしないが、当時盛んになりつつあった自然学への興味はちょうど近世の探険家のように珍しい動・植物に対する強い関心を起こさせ、まだ見ぬ国への憧れをかき立てたのかもしれない。ただアレクサンドロスに最も心理的影響を与えたのはホメロスの『イリアス』で学んだ英雄アキレウスの功業であろう。アキレウスに倣おうとする衝動は彼の生涯を通じて見られるように思う。

王子はまた生まれつきすぐれた資質を見せていた。一二歳のときブケパラスという誰も乗りこなせない荒馬をやすやすと乗りこなしたという話が伝わっている。前三三八年のカイロネイアの戦いでは騎兵隊を指揮し、軍統率の才が認められた。ところが二年後の三三六年ピリッポスが暗殺され、アレクサンドロスは突然マケドニア王に推戴されることになった。新王は国内の反対派を粛清して地盤を固め、ギリシアの反マケドニアの動きは厳しく粉砕し、ピリッポスのときと同じペルシア征討の指揮権を得た。アレクサンドロスの真の意図がどうであったかなど誰にもわからない。しかし、ペルシア遠征の公的な大義名分は約一五〇年前にギリシアに加えられたペルシアの狼藉に対する報復であった。実際、ペルシア戦争時クセルクセスはアテナイのアクロポリスを焼いており、ギリシア人たちはこの自分たちの神々に対する侮辱行為を決して忘れることができなかった。アレクサンドロスはこのギリシア人たちのペルシアに対する敵愾心を最大限に利用したと言えるかもしれない。

本書の特徴

アリアノスはその『アレクサンドロス大王東征記』冒頭で「プトレマイオスとアリストブロスとが、ともにおなじことを書きのこしているばあいには、それをまったく真実のこととして書きとめることにする。

ただし両者の伝えが一致しないばあいには、私としてはそのうち比較的信頼がおけて、しかも記述するに足ると思われた方を選ぶことにした」（大牟田章訳）と宣言している。史料の中でも、アレクサンドロスの同時代人で最も信頼のおけそうな二人の歴史書を選び、それから自分の判断で最も信頼できるほうを取るというような批判的方法を採用したため、アレクサンドロスについては最も信頼できる伝記が成立した。残念ながら、クルティウスにはこうしたアリアノスのような批判的視点はなかった。クルティウスが自ら参照したと認めている作家はクレイタルコスとティマゲネスである（本書第九巻第五章二一、第八章一五）。クレイタルコスはエジプト王となったプトレマイオス一世の庇護を受けて執筆しているためプトレマイオス賛美の傾向があるが、描写が生彩に富んでおりヘレニズム期に人気があった。クルティウスはこのクレイタルコスに多くを負っていると思われるがまったく無批判に彼に従っているわけではなく、クレイタルコスを引用している箇所でも「昔の歴史の編纂者たちの軽率さやら、これに劣らぬ欠点である軽信性やらは、これほどまでに甚だしかったのである」（第九巻第五章二一）とつけ加えている。

著者はまた別の箇所で「筆者としては、自分で信じる以上のことを書き伝えている。というのは、自分が疑問に思うことを保証する気にも、伝え聞いたことを伏せる気にもなれないからである」（第九巻第一章三四）とも書いている。利用した史料について自ら批判を加えて取捨選択するのではなく、筆者自身信じられなくても興味があると思ったことはそのまま採用したようである。

作者像とも関係するが、東方の地名に多くの混同が見られ、戦闘の描写でもかなり不正確な箇所が散見し、軍事経験はなかったようである。その点ハドリアヌス帝の高官であり、帝のパルティア遠征にまで従軍した体験を持つアリアノスの『アレクサンドロス大王東征記』に正確さの点で大いに劣ることは仕方がない。アリアノスはクルティウスなどを読んで、その不正確さに強く反発して自らの大王伝を執筆する気になったのかもしれない。

書中に現われる時間、貨幣、長さの単位について

ギリシア、ローマでは昼の時間は日の出から日没までを一二等分して第一時、第二時のように表わした。当然、季節によって一時間の長さは異なっていた。夜明けを午前六時、日没を午後六時とすると、第一時は午前六時から七時頃まで、第二時は午前七時から八時頃までを表わしたわけである。英語で正午のことをnoonというがこれはラテン語のnona（第九時）から来ている。夜はギリシアとローマでは異なっていた。ギリシアの軍隊では日没から夜明けまでを三等分し、約四時間ごとに見張り（ピュラケー）をたてた。ローマの軍隊では夜を四等分し、三時間ごとに見張りをたて、第一更、第二更、第三更、第四更とした。日没が夕方六時とすると、第一更は午後六時から九時までの時間帯、第二更は九時から一二時までの時間帯ということになる。クルティウスは夜の時間を表わすのに、このローマの「更（vigilia）」（初出第三巻第八章二二）を使っており、そのまま訳すしかなかった。

クルティウスは通貨単位としてはローマの通貨単位デーナーリウスを頻繁に使っている（初出第五巻第一章四五）。これはローマ帝政期には普通の銀貨で、新約聖書などにも一日の労働の賃金として出てくる。この

デーナーリウスをそのままアレクサンドロスの軍隊の通貨として使うのは違和感を覚えるかもしれないと考え、ギリシアの史書との比較からこれをあえてドラクマと訳すことにした。クルティウスは一ドラクマは一デーナーリウスに等しいとして使っているからである。大きな貨幣単位としてはタレントゥム（初出第三巻第一章二〇）が使われており、これはギリシア語形に直してタラントンとして訳した。なお一タラントンは六〇〇〇ドラクマにあたる。

　行軍の描写には距離の単位としてスタディオン（初出第三巻第三章二一）がよく使われている。ローマの軍隊ではローマ・マイルが使われるのが普通であるが、さすがクルティウスもそこまで面倒な換算はやっていない。一スタディオンは六〇〇フィートで約一八〇メートルである。短い長さでは足を意味するペースが使われ、これはギリシア語のプースにあたるので、そのままフィート（約三〇センチメートル）と訳してある。日本でも使われていた尺と同じ長さである。その他、腕尺を表わすクビトゥム（初出第三巻第三章一六）もときどき出てくる。英語のキュービット（cubit）である。これはギリシア語のペーキュスに対応するので腕尺《ペーキュス》と訳すことにした。中指の先端から肘《ひじ》までの長さで約四五センチである。ほかに長さの単位としてユーゲルムが一度（第五巻第一章二六）使われているが、これだけはそのままにしておいた。一ユーゲルムは約二〇〇フィート（約六〇メートル）の距離である。

後世におけるクルティウス

ルネサンス期の名君の一人アラゴン王アルフォンソ五世（ナポリ王としてはアルフォンソ一世）は、病床にあってクルティウスを朗読させたところ、気晴らしを得たばかりか病気まで直ってしまったというエピソードが伝えられている。古典古代にあってはほとんど知られることがなかったクルティウスであるが中世になると九世紀を過ぎる頃から読まれるようになり、中世を通じて流行したアレクサンドロス伝記物語（アレクサンダー・ロマンス）の種本となった。一四七一年にヴェネツィアにおいてスピーラのヴェンデリーノによる最初の校訂本が出た。続いてさまざまな改良版が出され、一六四八年と一六七九年には、フラインスハイムが欠落部をアリアノス、シケリアのディオドロス、ユスティヌス、プルタルコスをもとに補った有名な校訂本が出版された。

底本以外の主な参考文献を以下に挙げておく。

テクスト・註釈・翻訳

Atkinson, J. E., *A Commentary on Q. Curtius Rufus' Historiae Alexandri Magni Books 5 to 7*, 2, Amsterdam, 1994.
Baraldi, G., *Curzio Rufo: Storia di Alessandro Magno*, 2 vols, Bologna, 1989.

Sibelis, H. & Weismann, H., *Curtius Rufus: Alexandergeschichte*, Stuttgart, 1987.

Warmington, E. H., *Quintus Curtius: History of Alexander*, 2 vols, Loeb: London and Massachusetts, 1981.

Yardley, J., *Quintus Curtius Rufus: The History of Alexander*, London, 1984.

その他の参考文献

Duff, J. W., *A Literary History of Rome in the Silver Age from Tiberius to Hadrian*, London, 1968.

フラウィオス・アッリアノス『アレクサンドロス東征記およびインド誌』本文編、註釈編、大牟田章訳註、東海大学出版会、一九九六年。

アッリアノス『アレクサンドロス大王東征記』上・下、大牟田章訳、岩波文庫、二〇〇一年。

大牟田章『アレクサンドロス大王』清水書院、一九八四年。

森谷公俊他『NHKスペシャル文明の道⑴アレクサンドロスの時代』日本放送出版協会、二〇〇三年。

安彦良和『コミック版NHKスペシャル文明の道⑴アレクサンドロス』日本放送出版協会、二〇〇三年。

長澤和俊編『アレクサンダーの戦争』講談社、一九八五年。

ユニアヌス・ユスティヌス抄録／トログス『地中海世界史』合阪學訳、京都大学学術出版会、一九九八年。

訳者略歴

谷　栄一郎（たに　えいいちろう）
奈良県立大学教授
一九四八年　兵庫県に生まれる
一九七八年　京都大学大学院文学研究科博士課程修了
一九九〇年　奈良県立短期大学講師、奈良県立商科大学助教授を経て現職

主な著訳書
『ラテン文学を学ぶ人のために』（共著、世界思想社）
『キケロー選集2、4、5』（共訳、岩波書店）
『ローマ喜劇集5』（共訳、京都大学学術出版会）

上村　健二（かみむら　けんじ）
甲子園大学人間文化学部准教授
一九六三年　大阪府に生まれる
一九九一年　京都大学大学院文学研究科博士課程修了
一九九七年　現職

主な著訳書
ネポス『英雄伝』（共訳、国文社）
『キケロー選集1』（共訳、岩波書店）
『ローマ喜劇集4、5』（共訳、京都大学学術出版会）

アレクサンドロス大王伝《だいおうでん》　西洋古典叢書　第Ⅱ期第28回配本

二〇〇三年九月二十八日　初版第一刷発行
二〇一〇年七月十日　初版第二刷発行

訳　者　谷《たに》　栄《えい》一《いち》郎《ろう》
　　　　上《かみ》村《むら》健《けん》二《じ》

発行者　檜山為次郎

発行所　京都大学学術出版会
606-8305 京都市左京区吉田河原町一五-九　京大会館内
電　話　〇七五-七六一-六一八二
FAX　〇七五-七六一-六一九〇
http://www.kyoto-up.or.jp/

印刷・土山印刷／製本・兼文堂

ISBN978-4-87698-144-1

定価はカバーに表示してあります

固有名詞索引

アラビア数字は本書頁数を示す。「第一巻、第二巻の梗概」の箇所も参考のため収載した。

ア　行

アイオリス (Aeolis)　小アジア西部の地域　80, 198
アイスキュロス (Aeschylus)　ロドス出身、エジプト総督を命じられる　94
アイトリア (Aetolia)　ギリシア中西部の地域　15
アオルニス (Aornis)　インドの岩山　356
アカディラ (Acadira)　インドの町　353
アカルナニア (Acarnania)　ギリシア西部の地方　15, 26
アガトン (Agathon)　マケドニアの将軍　143, 428
アキレウス (Achilles)　ギリシア神話の英雄　5, 88, 327
アギス (Agis)　スパルタ王　65, 190－192
アギス (Agis)　アルゴス出身の詩人　330, 333
アグリアネス (Agriani)　トラキア系の部族　39, 118, 127, 148, 357, 370, 412, 413
アケシネス (Acesines)　インドの川　346, 390－392
アゲノル (Agenor)　テュロスの建設者　78
アサンドロス (Asandros)　マケドニアの将軍　297
アスクレピオス (Aesculapius)　医術の神　30
アスクレピオドロス (Asclepidorus)　マケドニアの将軍　297, 334
アスタスペス (Astaspes)　カルマニアの総督　422, 424
アタナゴラス (Athanagoras)　ペルシア派の指導者　82
アタリアス (Atarrhias)　マケドニア軍の千人隊長　144, 222－244, 312
アッグランメス (Aggrammes)　インドのガンゲス川東方の王　381
アッサカノス (Assacenus)　インドのマザガエ人の王　354
アッタロス (Attalus)　アグリアネス人部隊の指揮官　118
アッタロス (Attalus)　マケドニアの有力貴族　4, 226, 244, 312, 314, 339, 340, 343
アッタロス (Attalus)　マケドニア人兵士　365
アッティカ (Attica)　アテナイ周辺の地域　436
アッティナス (Attinas)　マケドニアの将軍　306
アティジュエス (Atizyes)　大プリュギアの総督　43
アテナ (Minerva)　ギリシア神話の女神。知恵、芸術、学芸、戦争をつかさどる　30, 51, 115, 319, 359
アテノドロス (Athenodorus)　バクトラでのギリシア兵反乱の首謀者　406
アビオイ (Abii)　スキュティアの部族　278
アビサレス (Abisares)　インドの山岳地帯の王　361, 362, 366, 377, 430, 431
アピスタメネス (Apistamenes)　ペルシア人と思われるが不詳　21
アブダロニュモス (Abdalonymus)　シドンの名士　61, 62
アブリテス (Abulites)　スサのペルシア人総督　145, 146
アポベトス (Aphobetus)　アレクサンドロス暗殺陰謀の一味　217
アポロドロス (Apollodorus)　バビュロ

ニアの総督　143
アポロニオス (Apollonius)　エジプト近接のアフリカの指揮官　94
アポロニデス (Apollonides)　ペルシア派の指導者　82
アポロン (Apollo)　ギリシア神話の神。詩、音楽、医術、予言をつかさどる　74
アマゾン (Amazon)　伝説的な女族　203, 208, 209
アマノス門 (Amanicae Pylae)　イッソス北方の隘路　35
アミッソス (Amissus)　アリダイオスが派遣した使者の一人　460
アミュンタス (Amyntas)　アンティオコスの子。ペルシア側に亡命　45, 63, 64
アミュンタス (Amyntas)　リュンケスティスのアミュンタス。アレクサンドロスの兵士　144
アミュンタス (Amyntas)　デュムノスの共謀仲間　217
アミュンタス (Amyntas)　ペルディッカスの子　226, 233
アミュンタス (Amyntas)　アレクサンドロスの将軍　228
アミュンタス (Amyntas)　アレクサンドロスの将軍、バクトリア総督　316, 317
アミュンタス (Amyntas)　アンドロメネスの子。アレクサンドロスの将軍　38, 88, 89, 117, 142, 154, 155, 201, 246, 247, 252, 253
アメディネス (Amedines)　ダレイオスの書記官、のちに投降　259
アラクセス (Araxes)　アルメニアの川　152, 156, 165, 262
アラコシア (Aracosia)　ペルシアの属州　80, 110, 256, 259, 363, 407, 420
アラドス (Aradus)　シリアの町　58
アラブス (Arabus)　アラビタイ人とオレイタイ人を隔てる川　420
アリアラテス (Ariarathes)　カッパドキアの王　466
アリオバルザネス (Ariobarzanes)　ペルシアの総督　110, 150, 153－155
アリスタンドロス (Aristander)　ギリシアの占い師　68, 86, 115, 128, 151, 283, 285, 286
アリストゲイトン (Aristogiton)　アテナイ人使節　54
アリストニコス (Aristonicus)　メテュムナの僭主　83, 95
アリストヌス (Aristonus)　マケドニアの将軍　398, 453
アリストメデス (Aristomedes)　ペルシア側傭兵隊長　38
アリストメネス (Aristomenes)　ペルシアの将軍　64
アリストン (Ariston)　パイオネス人騎兵隊の指揮官　100
アリダイオス (Arrhidaeus)　アレクサンドロスの異母兄　455－457
アリマスポイ (Arimaspi)　ヘルマンド川流域の部族　258
アリマゼス (Arimazes)　ソグディアナの豪族　298, 299, 302
アルケポリス (Archepolis)　アレクサンドロス暗殺陰謀の一味　217
アルケラオス (Archelaus)　マケドニアの将軍　146
アルケラオス (Archelaus)　マケドニアの王　239
アルサケス (Arsaces)　ペルシア人と思われるが不詳　323
アルサメス (Arsames)　キリキア総督　21
アルサメス (Arsames)　ドランギアナの総督　323
アルタカナ (Artacana)　アレイアの首邑　214
アルタバゾス (Artabazus)　ダレイオスの忠臣　54, 170, 172, 173, 175, 179－181, 205, 206, 208, 258, 270, 299, 303, 307, 308
アルベラ (Arbela)　アッシリアの村。マケドニア、ペルシア両軍合戦の地　97, 130, 136, 137, 193, 384
アルメニア (Armenia)　メソポタミア北方の地域　13, 98, 110, 111, 138, 143, 198, 262

アルワイ (Arvae)　ヒュルカニアの部族　204
アレイア (Aria)　ペルシア東部の地域　212, 258, 268
アレクサンドリア (Alexandria)　アレクサンドロスが建設した町　93, 94, 262, 281, 411, 468
アレクサンドロス (Alexander)　アレクサンドロス一世、マケドニアの王　239
アレクサンドロス (リュンケスティスの) (Alexander)　マケドニアの有力貴族　244, 245, 247, 339, 342, 434
アレクサンドロス (Alexander)　マケドニアの指揮官　357, 358
アレクサンドロス (Alexander)　クレオピスの子　355
アレテス (Aretes)　マケドニア投槍兵の指揮官　126
アンキュラ (Ancyra)　小アジアのガラティアの町　12
アンティクレス (Anticles)　アレクサンドロスの近習。陰謀者の一人　334
アンティゲネス (Antigenes)　マケドニア軍の千人隊長　144
アンティゲネス (Antigenes)　マケドニアの将軍　368
アンティゴノス (Antigonus)　マケドニアの将軍　64, 82, 465
アンティゴノス (Antigonus)　マケドニア人兵士　144
アンティパトロス (Antipater)　マケドニアの代理統治者　5, 11, 65, 142, 190, 192, 214, 245, 297, 444, 456, 468
アンティパトロス (Antipater)　アレクサンドロスの近習。陰謀者の一人　334
アンティパネス (Antipanes)　騎兵隊書記官　247, 250
アンドロス (Andros)　エーゲ海の島　65
アンドロニコス (Andronicus)　マケドニアの将軍　258
アンドロマコス (Andromachus)　パルメニオンの部下　81, 95
アンドロメネス (Andromenes)　アミュンタスの父　142
アンポテロス (Amphoterus)　マケドニア艦隊の指揮官　11, 82, 83, 96
アンモニオイ (Hammonii)　アンモン神託所の森の住民　91
アンモン (Hammo)　エジプトの太陽神。ゼウスと同一視される。　89, 91, 93, 226, 234, 236, 446
イオニア (Ionia)　小アジア西岸と近隣のエーゲ海諸島を含む地域　59, 80, 198
イオマネス (Iomanes)　インドの川　347
イオラオス (Iolaus)　アレクサンドロス暗殺陰謀の一味　217
イオラス (Iollas)　アンティパトロスの息子　468
イダルネス (Idarnes)　ペルシアの将軍　82
イッソス (Issus)　キリキア最果ての町　30, 31, 35, 64
イピクラテス (Iphicrates)　アテナイ人使節　54
イベリア (Hiberia)　スペインのギリシア名　430
イベル (Hiberus)　スペインの川　430
イリオネウス (Ilioneus)　アルタバゾスの子　54
イリュリア (Illyria)　アドリア海の東側の地域　4, 40, 41, 118, 136, 197, 214, 310, 404, 439
インドス (Indus)　インダス川　346, 351, 356, 360, 392
インブロス (Imbros)　エーゲ海の島　84
ウェネティ (Veneti)　現在のヴェネツィア一帯に住んでいた民族　12
ウクシオイ (Uxii)　スシアナ地方の住民　147, 148, 150
エウエルゲタイ (Euergetae)　アリマスポイ人の別名　258
エウクセニッポス (Euxenippus)　マケドニアの若者　295
エウクテモン (Euctemon)　捕虜のキュメ人　157, 159, 160

エウボイア (Euboea)　エーゲ海西部の島　110
エウメネス (Eumenes)　アレクサンドロスの書記官長　378, 444, 466
エウリピデス (Euripides)　ギリシア三大悲劇詩人の一人　310
エウリュロコス (Eurylochus)　エピメネスの兄　337, 338
エクバタナ (Ecbatana)　メディアの首邑　80, 166, 182, 297, 444
エクボリマ (Ecbolima)　インドの町　359
エチオピア (Aethiopia)　エジプトの南の地域　91, 93
エテュマントス (Ethymantus)　インドの川　347
エピメネス (Epimenes)　アレクサンドロスの近習。陰謀者の一人　334, 336, 337
エペイロス (Epirus)　ギリシア北西部の地域　430
エラプトニオス (Elaphthonius)　アレクサンドロスの近習。陰謀者の一人　334
エリギュイオス (Erigyius)　マケドニアの将軍　201, 204, 222, 258, 268, 269, 283, 285, 320
エリケス (Erices)　インドの豪族　359, 360
エリス (Elis)　ペロポンネソスの地方　193
エリュトロス (Erythrus)　南アジアの伝説上の王　348, 430
エルシラオス (Ersilaus)　メテュムナの僭主。不詳　95
オクサトレス (Oxathres)　ダレイオスの弟　43, 54, 195, 276
オクサルテス (Oxartes)　アレクサンドロスの軍使　318, 319
オクシュアルテス (Oxyartes)　ソグディアナの豪族　326, 411, 442
オクシュダテス (Oxydates)　ペルシアの貴族　195, 323
オクソス (Oxus)　現在のアム・ダリヤ川　263, 266, 271, 272, 298
オコス (Ochus)　ダレイオスの前のペルシア王　54, 194, 204, 205, 449
オコス (Ochus)　ダレイオスの息子　106, 123
オコス (Ochus)　バクトリアの川　298
オジネス (Ozines)　ペルシアの貴族　422
オドリュサイ (Odrysae)　トラキアの部族　434
オネシクリトス (Onesicritus)　マケドニア艦隊の操舵長　420, 429
オノマストリデス (Onomastorides)　スパルタ人使節　54
オラ (Hora)　インドの町　356
オリュントス (Olynthus)　カルキディケ半島 (マケドニア南方) の町　345
オリュンピアス (Olympias)　アレクサンドロスの母　405, 450
オルシネス (Orsines)　ペルシアの総督　110, 431－434
オルシロス (Orsilos)　ペルシア人　183
オレイタイ (Horitae)　ケドロシアの民族　420, 422
オレスタイ (Orestae)　エペイロスの部族　117
オロントバテス (Orontobates)　カリアの総督　110
オンカイ (Onchae)　シリアの町　58
オンピス (Omphis)　インドス川周辺地域の王　360, 361

カ　行

カイロネイア (Chaeronea)　ギリシアの町　310
カウカソス (Caucasus)　コーカサス山脈もしくはヒンドゥー・クシ山脈　80, 152, 208, 261, 262, 266, 346
カウノス (Caunos)　カリア南東の港町　30
カスタバロン (Castabalum)　キリキアの町　30
カストル (Castor)　ギリシア神話の双子神の一人。ポリュデウケスとともにディオスクロイと呼ばれる　330
カタオネス (Cataones)　カッパドキアの一地方の部族　110

カタネス (Catanes)　ソグディアナの豪族　272, 273, 276, 279, 328
カッサンドロス (Cassander)　マケドニアの将軍。アンティパトロスの長男　466, 468
カッパドキア (Cappadocia)　小アジア東部、キリキアと黒海のあいだの地域　12, 21, 64, 111, 198, 262, 466
カドゥシオイ (Cadusii)　カスピ海近辺の部族　111, 120, 125
カラス (Calas)　マケドニア軍先遣隊指揮官　12, 82
カラノス (Caranus)　マケドニアの将軍　258, 268
カリア (Caria)　リュディアとリュキアのあいだの地方　198, 466
カリクラティデス (Callicratides)　スパルタ人使節　54
カリクラテス (Callicrates)　スサの宝物庫管理官　146
カリス (Calis)　アレクサンドロス暗殺陰謀の一味　241
カリステネス (Callisthenes)　アレクサンドロスに従軍した哲学者・歴史家　331－333, 337－340, 345
カリデモス (Charidemus)　アテナイの将軍　5, 14, 16
カリュベス (Chalybes)　カスピ海近隣の部族　203
カルタゴ (Carthago)　アフリカ北岸のフェニキア人植民市　67, 68, 73, 74, 78, 430
カルタシス (Carthasis)　スキュティア王の兄弟　282
カルデア人 (Chaldaei)　バビュロニアの神官　17, 139, 444, 467
カルマニア (Carmania)　ペルシア湾岸の地域　422
カレス (Chares)　アテナイの将軍　83
カロス (Charus)　マケドニアの青年貴族　357, 358
ガザ (Gaza)　パレスチナの町　81, 85, 86, 89
ガザバ (Gazaba)　ソグディアナ東部の地域　324
ガデス (Gades)　イベリアの町　79, 430
ガンガリダイ (Gangaridae)　ガンゲス川東方の民族　381
ガンゲス (Ganges)　ガンジス川　346, 347, 381, 392－394
キオス (Chios)　エーゲ海東部の島　6, 11, 65, 82, 83, 95
キュドノス (Cydnus)　キリキア地方の川　22, 24
キュプロス (Cyprus)　地中海東部の島　63, 72, 95, 430
キュメ (Cyme)　アイオリス地方の首邑　157
キュレネ (Cyrene)　アフリカ北部のギリシア人植民市　90
キュロス (Cyrus)　アケメネス朝ペルシアの創建者　21, 110, 123, 162, 187, 199, 258, 278, 280, 431, 433
キュロポリス (Cyropolis)　ソグディアナの町　279, 280
キリキア (Cilicia)　小アジア南東部の地域　10, 21, 22, 24, 25, 30, 35, 65, 80, 81, 96, 99, 114, 119, 121, 143, 151, 166, 198, 200, 262, 299, 383, 384, 465
クセニッパ (Xenippa)　ソグディアナの一地域　316
クセノピロス (Xenophilus)　マケドニアの将軍　146
クセルクセス (Xerxes)　第二次ペルシア戦争の時のペルシア王　12, 41, 60, 160, 166, 211, 274, 275, 453
クラテロス (Craterus)　マケドニアの将軍　38, 70, 72, 117, 153, 155, 156, 162, 201, 204, 213, 214, 220－222, 237, 238, 279, 280, 283, 295, 307, 328, 351, 401, 410, 422, 429, 444, 456, 468
クリトブロス (Critobulus)　アレクサンドロスの侍医　400
クレアンドロス (Cleander)　傭兵募兵官　8, 72, 255, 256, 428
クレイタルコス (Clitarchus)　アレクサンドロスと同時代の歴史家　399, 412
クレイトス (Clitus)　マケドニアの将軍　5, 117, 308－314, 316, 328, 339,

343, 346, 362
クレオカレス (Cleochares) マケドニアの将軍 363
クレオピス (Cleophis) アッサカノスの母親 354
クレオメネス (Cleomenes) ナウクラティス出身のギリシア人 94
クレオン (Creon) アレクサンドロスの取り巻きの一人 330−333
クレタ (Creta) 地中海東部の大島 32, 39, 65, 96, 118
クロイソス (Croesus) リュディアの王 21
クロノス (Saturnus) ギリシア神話の神。ゼウスの父 74
グラニコス (Granicus) 小プリュギアの川 5, 9, 41, 100, 119, 121, 309, 384
ケドロシア (Cedrosia) アラビア海沿岸からイラン高原南部に及ぶ地域 420, 422
ケバリノス (Cebalinus) ニコマコスの兄弟 217−219, 221, 224, 225, 230−233, 235
ケライナイ (Celaenae) 大プリュギアの首邑 8
ケルケタイ (Cercetae) カスピ海近隣の部族 203
ゲタイ (Getae) ドナウ川下流のトラキア系部族 434
コアスペス (Choaspes) インドの川 353
コアスペス (Choaspes) スサ近郊の川 145
コイノス (Coenus) マケドニアの将軍 38, 117, 133, 154, 155, 222, 228, 237, 306, 354, 359, 368, 369, 387, 389, 390, 434
コイリロス (Choerilus) カリア出身の詩人 330
コス (Cos) エーゲ海南東部の島 6, 11
コッサイオイ (Cossaei) メディア、スシアナ、バビュロニアのあいだの山中に住む住民 110, 444
コバレス (Cobares) メディア人魔術師 264−266
コペス (Cophes) ペルシア人アルタバゾスの息子 299, 301, 302
コラスミア (Chorasmii) アラル海南方の地域の部族 264, 307
コリュコスの聖林 (Corycium nemus) コリュコスはキリキアの町 22
ゴバレス (Gobares) ペルシアの将軍 162
ゴルガタス (Gorgatas) マケドニアの兵士 251
ゴルギアス (Gorgias) マケドニアの兵士 251
ゴルテュアイ (Gortuae) エウボイア出身の部族とあるが不詳 110
ゴルディオス (Gordius) ミダス王の父 10
ゴルディオン (Gordium) 大プリュギアの古い首邑 6, 10
ゴルデュアイオイ (montes Gordyaei) クルディスタン山岳地帯 102, 138

サ 行

サカイ (Sacae) スキュティアの部族 171, 199, 264, 294, 295, 326
サティバルザネス (Satibarzanes) アレイア人を治める総督 212−214, 258, 268, 269
サトロパテス (Satropates) ダレイオスの騎兵隊指揮官 97, 100
サバケス (Sabaces) ペルシア軍の指揮官でエジプト総督 44, 63
サバルカイ (Sabarcae) インドの民族 410
サマクソス (Samaxus) インドの小国の王 363
サマリア (Samaria) パレスチナの町 95
サモトラケ (Samothrace) トラキアの島 310
サルデイス (Sardis) リュディアの首邑 5, 6, 48, 143
サルマティア人 (Sarmatae) ドン川付近の地域に住む民族 282
サンガリオス (Sangarius) ゴルディオン付近を流れる川 10

サンボス (Sambus)　インドス川下流西岸の王　412
ザリアスペス (Zariaspes)　ペルシアの貴族　422
シキリア (Sicilia)　シチリア (シシリー) 島　330
シシガンビス (Sisigambis)　ダレイオス三世の母親　20, 49, 50, 125, 146, 147, 149, 448
シシミトレス (Sisimithres)　ソグディアナの豪族　317－319, 326
シセネス (Sisenes)　ペルシア人　32
シソコストス (Sisocostus)　アオルニスの守備隊指揮官　359
シタルケス (Sitalces)　マケドニアの将軍　428
シッタケネ (Sittacene)　アルメニア南部の地域　143
シドン (Sidon)　フェニキアの町　60, 78
シノペ (Sinope)　黒海南岸にあるギリシア人植民市　206
シバイ (Sibae)　インドの民族　391
シビュルティオス (Sibyrtius)　マケドニアの将軍　422
シプノス (Siphnos)　エーゲ海の島　65
シミアス (Simias)　マケドニア貴族アンドロメネスの息子。アミュンタスの弟　246
シムオイ (Simui)　エチオピアの民族　91
シュラクサイ (Syracusae)　シキリアの町　73, 74
シュルテス (Syrtes)　北アフリカの大砂州地帯　91
シリア (Syria)　地中海東岸の地域　35, 51, 58, 66, 81, 95, 111, 119, 121, 141, 184, 198, 290, 297, 308, 430, 465
スキュティア人 (Scythae)　スキュティア (黒海の北、および北東の地域) の人　84, 96, 110, 113, 120, 125, 126, 195, 196, 211, 262, 264, 268, 278, 282－284, 288－294, 307, 316, 367, 384, 386, 407, 433
スサ (Susa)　ペルシアの古都　137, 145, 146, 148, 150, 161
スシアネ (Susiane)　ペルシアの属州　110
スタサノル (Stasanor)　キュプロス島出身の将軍。ドランギアナの総督　323
スタテイラ (Statira)　ダレイオスの娘　79
スタメネス (Stamenes)　バビュロニアの総督　323
ステュクス (Styx)　マケドニアの泉　468
ストラトン (Straton)　アラドスの王　59
ストラトン (Straton)　シドンの王　60, 62
スドラカイ (Sudracae)　インドの民族　393－395
スニオン (Sunium)　アッティカの岬　436
スピタケス (Spitaces)　インドの王ポロスの弟　366
スピタメネス (Spitamenes)　バクトリアの貴族。ベッソスの側近　272, 275, 276, 279, 281, 286, 287, 295, 320－323
セウテス (Seuthes)　トラキアの王　434
セミラミス (Semiramis)　バビュロンを建設した女王　140, 280, 404
ゼウス (Iuppiter)　ギリシア神話の主神　10, 18, 51, 89, 90, 92, 93, 115, 157, 226, 234, 236, 239, 312, 329, 341, 344, 350, 352, 354
ソグディアナ (Sogdiana)　アラル海南東、オクソス川とヤクサルテス (タナイス) 川のあいだの地域　14, 80, 110, 199, 263, 266, 270, 272, 279, 290, 296－298, 307, 312, 384, 466
ソストラトス (Sostratus)　アレクサンドロスの近習。陰謀者の一人　334
ソピテス (Sopithes)　インドのヒュドラオテス川・ヒュパシス川間の地域の王　379－381
ソポリス (Sopolis)　マケドニアの将軍。ヘルモラオスの父親　339
ソロイ (Soli)　キリキア西部の町　30
ゾイロス (Zoilus)　マケドニアの将軍

214
ゾピュリオン (Zopyrio)　マケドニアの将軍　434

タ 行

タイス (Thais)　アッティカ出身の遊女　164
タウロス (Taurus)　小アジア南東部の山脈　262
タウロン (Tauron)　マケドニアの将軍　148, 368
タクシレス (Taxiles)　インドス川周辺地域の王。オンピスが名乗った世襲的称号　361, 363, 371, 372, 390, 430
タナイス (Tanais)　アジアとヨーロッパの境界の川。ドン川もしくはシル・ダリヤ川　80, 196, 211, 264, 265, 268, 275, 278, 281, 282, 284, 291, 292
タバイ (Tabae)　パライタケネの町　182
タプサコス (Thapsacus)　シリアの町　430
タプロイ (Tapuri)　ヒュルカニアの一部族　13, 204, 323
タルソス (Tarsus)　キリキア地方の首邑　23
タレストリス (Thalestris)　アマゾン族の女王　208, 209
ダアイ (Dahae)　スキュティア系部族　110, 264, 286, 307, 320, 323, 367, 384
ダイダラ (Daedala)　インドの一地域　353
ダタペルネス (Dataphernes)　ベッソスの部下　272, 323
ダマスコス (Damascus)　シリアの首邑　35, 51, 52, 58, 107
ダレイオス (Darius)　ダレイオス一世。第一次ペルシア戦争の時のペルシア王　41, 59, 160, 453
テアイテトス (Theaetetus)　捕虜のアテナイ人　159
ティトノス (Tithonus)　曙の女神の夫、メムノンの父　94
ティマイオス (Timaeus)　マケドニアの兵士　398
ティマゲネス (Timagenes)　アウグストゥス時代の歴史家　399
ティリダテス (Tiridates)　ペルシアの王室資財管理官　156, 162
テオドトス (Theodotus)　マケドニアの兵士　144
テゲア (Tegea)　アルカディアの町　193
テッサリア (Thessalia)　ギリシア北部の地域　15, 38, 42, 44, 118, 130, 214, 460
テネドス (Tenedos)　エーゲ海の島　82
テバイ (Thebae)　ギリシア中部ボイオティア地方の都市　4, 78, 311
テベ (Thebe)　キリキアの町　22
テミスキュラ (Themiscyra)　カッパドキアの町　208
テュポン (Typhon)　神話上の怪物　22
テュモデス (Thymodes)　傭兵隊指揮官　16, 33, 38
テュリダテス (Tyridates)　ペルシア人と思われるが不詳　338
テュロス (Tyrus)　フェニキアの町　66－78, 81, 95, 96, 104, 105
テリオルテス (Terioltes)　パラパニサダイ人の総督　411
テルシッポス (Thersippus)　アレクサンドロスの使者　60
テルモドン (Thermodon)　カッパドキアの川　208
ディアルディネス (Diardines)　インドの川　347
ディオクシッポス (Dioxippus)　アテナイ人拳闘士　408－410
ディオクセノス (Dioxenus)　アレクサンドロス暗殺陰謀の一味　217
ディオニュソス (pater Liber)　酒の神（バッコスと同じ）　294, 315, 330, 332, 350, 352, 386, 394, 411, 423
ディデュメイオン (Didymeon)　ミレトス近くの神殿　274
デメトリオス (Demetrius)　アレクサンドロス暗殺陰謀の一味　217, 224,

241
デモクラテス (Democrates)　反マケドニア派のアテナイ人　206
デモポン (Demophon)　ギリシア人占い師　395
デュムノス (Dymnus)　アレクサンドロス暗殺陰謀の一味　215－219, 223－226, 230－233, 240
デルダス (Derdas)　アレクサンドロスの部下　278, 307
デルビケス (Derbices)　カスピ海東岸の部族　13
トラキア (Thracia)　バルカン半島東部の地方　23, 39, 40, 42, 118, 136, 142, 148, 190, 196, 197, 282, 292, 370, 390, 404, 431, 434, 466
トラペゾス (Trapezus)　黒海東南岸の町　466
トリバロイ (Triballi)　トラキアの部族　197, 404
トリポリス (Tripolis)　フェニキアの町　63
トロゴデュテス (Trogodytes)　エチオピアの民族　91
ドランガイ (Drangae)　ドランギアナの住民　215
ドランギアナ (Drangiana)　ペルシア東部、アレイアの南の地域　323
ドロピデス (Dropides)　アテナイ人使節　54

ナ　行

ナウタカ (Nautaca)　ソグディアナの町　317
ナサモネス (Nasamones)　北アフリカの住民　91
ナバルザネス (Nabarzanes)　ダレイオスの千人隊長　32, 38, 170, 172－175, 177, 181, 185, 199, 202, 208
ニカイア (Nicaea)　アレクサンドロスがインドに建設した町　390
ニカノル (Nicanor)　近衛歩兵部隊指揮官　38, 117, 185, 212, 225, 228
ニカノル (Nicanor)　アレクサンドロス暗殺陰謀の一味　217
ニカノル (Nicanor)　マケドニアの青年貴族　364
ニコストラトス (Nicostratus)　アレクサンドロスの近習。陰謀者の一人　334
ニコマコス (Nicomachus)　デュムノスの愛人　215, 217, 218, 220, 221, 224, 230, 232, 241
ニノス (Ninus)　アッシリア王朝の創設者　18
ニュサ (Nysa)　インドの町　351
ヌミディア (Numidia)　北アフリカ西部の地域　430
ネアルコス (Nearchus)　マケドニア艦隊の提督　420, 429, 445, 452, 453

ハ　行

ハウスタネス (Haustanes)　ソグディアナの豪族　328
ハリカルナッソス (Halicarnassus)　カリアの都市　6, 30, 144, 312
ハリュス (Halys)　小アジアの川　79, 106
ハルパロス (Harpalus)　マケドニア軍の財務官　390, 435, 436
バギスタネス (Bagistanes)　バビュロニア人の使者　182
バクトラ (Bactra)　バクトリアの首邑　40, 80, 166, 171, 173, 174, 177, 182, 185, 199, 213, 240, 268, 282, 290, 292, 295, 297, 406, 407, 466
バクトリア (Bactria)　オクソス川上流の地域　14, 84, 96, 108, 110, 113, 126, 127, 167, 172－175, 179－181, 212, 260, 264, 266, 267, 270, 279, 282, 284, 286, 290, 306, 316, 384, 386, 406, 411
バクトロス (Bactrus)　バクトラ付近の川　268
バゴアス (Bagoas)　ペルシア王オコスの時の宦官　199, 202
バゴアス (Bagoas)　ナバルザネスからアレクサンドロスに譲られた宦官　208, 432－434
バゴパネス (Bagophanes)　バビュロニ

ア人　139, 143
バザイラ (Bazaira)　サマルカンド付近の地域と思われるが不詳　307
バッコス (Bacchus)　酒の神　40, 50, 352
バビュロニア (Babylonia)　バビュロンを中心とした地域　17, 84, 96, 110, 138, 139, 142, 143, 182, 323, 447
バビュロン (Babylon)　メソポタミアの古都　12, 97, 130, 137, 138, 140, 141, 143, 161, 430, 435, 444, 445, 451
バラクロス (Balacrus)　マケドニアの将軍　82, 117, 358
バルカニ (Barcani)　カスピ海南東岸の部族　13
バルザエンテス (Barzaentes)　ペルシアの貴族　215, 363
バルシネ (Barsine)　アルタバゾスの娘　452, 453
パイオニア (Paeonia)　マケドニア北方の地域　100, 112
パウサニアス (Pausanias)　ピリッポス二世を暗殺したマケドニアの青年貴族　4, 245
パウシッポス (Pausippus)　スパルタ人使節　54
パサス (Pasas)　アリダイオスが派遣した使者の一人　460
パシス (Phasis)　黒海東岸の川　208
パシティグリス (Pasitigris)　ペルシアの川　147
パタリア (Patalia)　インドの町　414
パトロン (Patron)　ペルシア側ギリシア人傭兵隊指揮官　173, 176－179
パプラゴニア (Paphlagonia)　黒海南岸、小アジア北部の地域　12, 64, 82, 198, 236, 466
パライタケネ (Palaetacene)　メディアとペルシアのあいだの地域　182
パラコパス (Pallacopas)　エウプラテス川下流から引かれた運河　445
パラパニサダイ (Parapanisadae)　ヒンドゥー・クシ山脈 (アフガニスタン北東部) の民族　260, 411
パラパニソス (Parapanisus)　ヒンドゥー・クシ山脈　268
パルサガダ (Parsagada)　ペルシアの旧都。(パサルガダイ)　162, 431
パルティア (Parthia)　カスピ海南東の地方　111, 165, 166, 196, 422
パルティエネ (Parthiene)　メディアとバクトリアのあいだの地域　181, 195, 198, 201, 210
パルテュアイオイ (Parthyaei)　パルティアに住んでいた部族　111
パルナバゾス (Parnabazus)　ペルシア側海軍提督　16, 33, 54, 64, 82, 83
パルメニオン (Parmenio)　アレクサンドロスの重臣　4－6, 23, 27, 28, 30, 31, 38, 39, 42, 44, 51－53, 58, 81, 94, 103, 107, 108, 112－114, 116－118, 125, 129, 130, 132, 150, 162, 212, 217, 220－222, 224, 225, 228, 235, 238, 240, 241, 249, 254－257, 259, 311, 312, 314, 340, 342, 428
パロス (Pharos)　エジプト北部の島　93
パンピュリア (Pamphylia)　小アジア南部の地域　8, 151, 198, 465
ヒアロティス (Hiarotis)　インドの川　378
ヒュスタスペス (Hystaspes)　ダレイオスの近親　194
ヒュダスペス (Hydaspes)　インドの川　80, 361, 363, 383, 391, 392
ヒュパシス (Hypasis)　インドの川　381
ヒュプシデス (Hypsides)　マケドニアの兵士　287
ヒュルカニア (Hyrcania)　カスピ海南東の一地方　13, 38, 80, 184, 185, 199, 201, 203－206, 208, 262, 323
ビオン (Bion)　アルベラで脱走したペルシア人　119
ビトン (Biton)　アテノドロスを殺害したギリシア兵　406, 407
ビュブロス (Byblos)　フェニキアの町　60
ピシディア (Pisidia)　小アジア南部の地域　198
ピナロス (Pinarus)　イッソスの南方、

北シリアの川　35, 37, 51
ピュタゴラス (Pythagoras)　キュプロスの王　72
ピュラモス (Pyramus)　小アジア東部の川　22, 30
ピリッポス (Philippus)　アレクサンドロスの侍医　27−29, 87, 235
ピリッポス (Philippus)　バラクロスの子。マケドニアの指揮官　117
ピリッポス (Philippus)　テッサリア人騎兵隊の指揮官　118
ピリッポス (Philippus)　アリダイオスの即位後の名　456, 457, 461, 464
ピリッポス (Philippus)　マカタスの子。属州インド北部の総督　431
ピリッポス (Philippus)　マケドニアの青年貴族。リュシマコスの弟　320
ピリッポス (Philippus)　アレクサンドロスの父ピリッポス２世　439
ピロタス (Philotas)　アレクサンドロスの近習。陰謀者の一人　334
ピロタス (Philotas)　アレクサンドロスの側近。パルメニオンの子　81, 117, 144, 146, 154, 155, 212, 217−229, 233, 235−238, 240, 241, 244, 246−250, 252, 254, 256, 257, 337, 339, 342
ピロタス (Philotas)　キリキアの総督　465
ピロタス・アウガイオス (Philotas Augaeus)　マケドニア人兵士　144
ブケパラ (Bucephala)　アレクサンドロスがインドに建設した町　390
ブケパラス (Buchephalas)　アレクサンドロスの愛馬　207
ブバケス (Bubaces)　ダレイオスに仕える宦官　176, 180
ブバケネ (Bubacene)　ソグディアナの一地域　328
ブランキダイ (Branchidae)　ミレトスの神官一族　274
ブロクベロス (Brochubelus)　ペルシア人の脱走者　184
プトレマイオス (Ptolemaeus)　マケドニア側指揮官　6, 38, 297, 313, 314, 337, 353, 365, 366, 368, 399, 403, 413, 414, 420, 453, 458, 465, 468
プラシオイ (Prasii)　ガンゲス川東方の民族　381
プラタペルネス (Phrataphernes)　パルティア、ヒュルカニア総督　204, 307, 323, 422
プラダテス (Phradates)　タプロイ族の総督　110, 204, 208, 323, 434
プラトン (Platon)　アテナイ人の指揮官　166
プリュギア (Phrygia)　小アジアの地方（小プリュギアと大プリュギアに分かれる）　10, 110, 198, 236, 465, 466
プロメテウス (Prometheus)　ギリシア神話のティタン神族の一人　262
ヘカタイオス (Hecataeus)　マケドニアの兵士　251
ヘカトンピュロス (Hecatompylos)　パルティエネの町　196
ヘクトル (Hector)　パルメニオンの息子　94, 95, 228
ヘゲシマコス (Hegesimachus)　マケドニアの青年貴族　364
ヘゲロコス (Hegelochus)　マケドニアの将軍　82, 83, 238−240
ヘネティ（ヘネトイ） (Heneti)　パプラゴニアの住民　12
ヘパイスティオン (Hephaestion)　マケドニアの将軍　49, 51, 60, 61, 81, 133, 194, 222, 237, 283, 295, 306, 307, 316, 351, 360, 362, 368, 381, 420, 444, 448
ヘラクレス (Hercules)　ギリシア神話の英雄　40, 51, 66, 69, 74, 96, 116, 200, 330, 332, 350, 356, 368, 386, 391, 394, 430
ヘラコン (Heracon)　マケドニアの将軍　428
ヘラニケ (Hellanice)　クレイトスの姉。アレクサンドロスの乳母　309
ヘラニコス (Hellanicus)　マケドニアの兵士　144
ヘルモラオス (Hermolaus)　アレクサンドロスの近習。陰謀の首謀者　334, 338−342, 344
ヘレスポントス (Hellespontus)　ヨーロ

ッパとアジアを分かつ海峡　5, 11, 12, 25, 50, 59, 64, 79, 80, 106, 121, 198, 200
ベイラ (Beira)　インドの町　353
ベッソス (Bessus)　ダレイオスの側近　84, 110, 124, 167, 170, 172－179, 181, 183－185, 199－202, 211, 212, 215, 258, 262, 264－266, 268, 269, 272－276, 279, 297
ベティス (Betis)　ガザの指揮官　85, 87, 88, 201
ベリタイ (Belitae)　部族名。不詳　110
ベロス (Belus)　バビュロニアの最高神　18, 140
ペイトン (Phiton)　マケドニアの将軍　412, 456, 466
ペウケステス (Peucestes)　マケドニアの将軍。エジプト統括を命じられる　94
ペウコラオス (Peucolaus)　アレクサンドロス暗殺陰謀の一味　217, 224, 297
ペゲウス (Phegeus)　インドのヒュパシス川西岸地域の王　381
ペリラオス (Perilaus)　アリダイオスが派遣した使者の一人　460
ペルシオン (Pelusium)　エジプトの町　63, 89
ペルシス (Persis)　ペルシアの属州　148, 150, 152, 194, 198
ペルセポリス (Persepolis)　ペルシアの首都　80, 156, 162, 163, 165
ペルディッカス (Perdiccas)　マケドニアの将軍　38, 70, 133, 222, 233, 239, 280, 313, 314, 351, 367, 368, 378, 446, 451－454, 456－466
ペロポンネソス (Peloponnesus)　ギリシア南部の半島　8, 38, 117, 142, 190, 197, 268
ホラタス (Horratas)　マケドニアの兵士　408
ボイオティア (Boeotia)　ギリシア東部の地方　41, 78, 197
ボウメロス (Boumelus)　ガウガメラ近くの川　98
ボクソス (Boxus)　バクトリア人暗殺者　406
ボスポロス (Bosphorus)　ボスポラス海峡　196, 278, 307
ボリュステネス (Borysthenes)　現在のドニエプル川　196
ボロン (Bolon)　マケドニアの将軍　236
ポセイドン (Neptunus)　ギリシア神話の海の神　69, 76
ポリュストラトス (Polystratus)　マケドニア人兵士　186－188
ポリュダマス (Polydamas)　マケドニアの将軍　125, 254－256
ポリュティメトス (Polytimetus)　ソグディアナの川　296
ポリュペルコン (Polypercon)　マケドニアの将軍　114, 117, 154, 155, 328, 333, 356
ポルティカノス (Porticanus)　インドのプラエスティ人の王　412
ポレモン (Polemon)　マケドニアの指揮官。ナイル河口の守備を命じられる　94
ポレモン (Polemon)　マケドニア貴族アンドロメネスの息子。アミュンタスの弟　246, 252, 253
ポロス (Porus)　インドの有力な王　361－363, 365－372, 377, 382, 384, 390, 430

マ　行

マイオティス (Maeotis)　現在のアゾフ海　203
マイドイ (Maedi)　トラキア系の部族　404
マゴス僧 (Magus)　ゾロアスター教の神官　18, 85, 139
マザイオス (Mazaeus)　バビュロンの総督　97, 98, 100, 102, 109, 110, 112, 124, 129, 130, 138, 139, 143, 168, 184, 323
マザガエ (Mazagae)　インドの民族　354
マザケス (Mazaces)　ペルシアの将軍　64, 89

マッサゲタイ (Massagetae)　スキュティア系部族　110, 124, 199, 306, 307
マナピス (Manapis)　ペルシア人亡命者　204
マラカンダ (Maracanda)　ソグディアナの町。現在のサマルカンド　278, 281, 295, 307, 308, 316
マラトス (Marathus)　シリアの町　59
マリス人 (Malieis)　テッサリアの部族　118
マルギアナ (Margiana)　バクトリア西方の町　298
マルシュアス (Marsyas)　大プリュギアの川　8
マルドイ (Mardi)　ヒュルカニア (カスピ海南方) の民族　52, 110, 163, 206, 323
マルドニオス (Mardonius)　ペルシアの将軍　60
マレオティス (Mareotis)　エジプトの湖　90, 93
マロイ (Malli)　インドの民族　393, 410
マロス (Mallus)　キリキアの町　30
ミダス (Midas)　プリュギアの伝説上の王　10
ミトラ (Mithras)　ペルシアの神　114, 183
ミトラケネス (Mithracenes)　ペルシア人の脱走者　183
ミトレネス (Mithrenes)　ペルシア側守備隊指揮官　5, 48, 143, 168
ミュティレネ (Mytilene)　レスボス島の首邑　83, 95
ミュンドス (Myndus)　カリアの都市　30
ムシカニ (Musicani)　インドの民族　411, 412
ムリノス (Mullinus)　アレクサンドロスの書記官　356
メガロポリス (Megalopolis)　アルカディアの町　190, 193, 460
メダテス (Medates)　ウクシオイ族を治める総督　148, 149
メテュムナ (Methymna)　レスボス島の町　83, 95
メディア (Media)　カスピ海の南側、現在のイラン北西の地域　13, 24, 38, 80, 110, 111, 123, 137, 138, 151, 166, 182, 195, 198, 222, 225, 227, 236, 254, 264, 290, 323, 444, 466
メディオス (Medius)　アレクサンドロスの朋友の一人　445
メトロン (Metron)　武器庫長官　218, 224, 225
メドス (Medus)　アルメニアの川　152
メナンドロス (Menander)　マケドニアの将軍　466
メニダス (Menidas)　アレクサンドロスの騎兵隊指揮官　109, 110, 125, 133, 297
メネス (Menes)　マケドニアの将軍　143
メネデモス (Menedemus)　マケドニアの将軍　281, 286, 287, 295
メノン (Menon)　シリア総督　259, 422
メマケニ (Memaceni)　ソグディアナの民族　280
メムノン (Memnon)　ダレイオスに仕えるギリシア傭兵隊指揮官　5, 6, 12, 16, 21, 54, 190
メムノン (Memnon)　不詳。トラキアから騎兵隊を連れて帰る　390
メムノン (Memnon)　エチオピアの伝説的王　94
メレアグロス (Meleager)　マケドニアの将軍　38, 117, 153, 280, 362, 454－459, 461－464
メロス (Meros)　インドの山　352
メロン (Melon)　ダレイオスの通訳　183
メントル (Mentor)　ペルシア側傭兵隊長。メムノンの兄弟　16, 54
メンニス (Mennis)　バビュロニアの町　138
メンピス (Memphis)　エジプトの町　64, 89, 93, 468
モエリス (Moeris)　インドの町パタリアの王　414
モッシュノイ (Mossyni)　スキュティアの部族　203
モニモス (Monimus)　スパルタ人使節

54　　5, 81, 94, 95

ラ　行

ラオメドン (Laomedon)　マケドニアの将軍　465
ラケダイモン (Lacedaemon)　スパルタに同じ　65, 190−193, 206
リダグノス (Rhidagnus)　パルティエネの川　202
リバノス (Libanus)　レバノン中部の山脈、現在のレバノン山脈　69, 70, 430
リュカオニア (Lycaonia)　小アジアの地方　82
リュキア (Lycia)　小アジア南部の地域　8, 152, 166, 297, 465
リュコス (Lycus)　プリュギアの川　8
リュコス (Lycus)　アッシリアの川　97, 130, 131
リュシマコス (Lysimachus)　マケドニアの将軍　308, 314, 320, 466
リュディア (Lydia)　小アジア西部の地域　5, 21, 64, 80, 106, 123, 198, 214, 290, 466
リュルネソス (Lyrnesus)　キリキアの町　22
リュンケスタイ (Lyncestae)　エペイロスの部族　117
レウコシリア人 (Leucosyri)　西アジアに住む部族　203
レオミトレス (Rheomithres)　ペルシア軍の指揮官　44
レオンナトス (Leonnatus)　アレクサンドロスの朋友の一人　48, 222, 314, 337, 368, 398, 419, 420, 422, 456, 458, 459, 466
レスボス (Lesbos)　エーゲ海北東部の島　6, 11
ロクサネ (Roxane)　オクシュアルテスの娘。アレクサンドロスの妻　327, 452−454, 456
ロクリス (Locris)　アイトリアの地方　118
ロサケス (Rhosaces)　ペルシアの将軍　309
ロドス (Rhodus)　エーゲ海南東部の島